KB202666

농신학農神學

농신학農神學
― 농農의 눈으로 세상 읽기

2023년 5월 18일 처음 찍음

지은이   이영재
엮은이   이영재 목사 유고집 출판위원회
편집인   여태권 한경호
펴낸곳   도서출판 동연
등 록   제1-1383호(1992. 6. 12.)
주 소   서울시 마포구 월드컵로 163-3
전화/전송   (02)335-2630 / (02)335-2640
이메일   yh4321@gmail.com
인스타그램 dongyeon_press

ISBN 978-89-6447-905-6 94230
ISBN 978-89-6447-904-9 (농신학연구시리즈)

농신학연구시리즈 1

농신학 農神學

농農의 눈으로 세상 읽기

이영재 지음 | 이영재 목사 유고집 출판위원회 엮음

동연

책을 펴내며

우리와 함께 미래를 꿈꾸어 왔던 이영재 목사가 우리 곁을 떠난 지 2년의 세월이 흘렀다. 그가 초대 회장직을 맡았던 농신학회 모임은 월례 세미나와 공개 심포지엄을 지속해 오고 있고, 회원도 여러 명이 새로 들어왔다. 아직도 많이 부족하지만 천 리 길도 한걸음부터라고 생각하면서 유지를 받들어 꾸준히 걸어가려고 한다.

여기 이영재 목사가 남기고 간 농農신학 관련 글들을 모아 단행본으로 출간한다. 그가 떠난 후 그 유지를 이어가려고 생각하던 중 그가 남긴 글들을 모아 출간하기로 하였다. 이 목사가 남긴 글들을 모아 보니 제법 분량이 되었다. 2007년도부터 발병 직전인 2020년도까지 무려 14년간 계간 「농촌과 목회」에 게재한 글들이다. 그런 글을 실어 줄 마땅한 매체가 없었을 때였다. 그는 농의 눈으로 구약성서를 보는 사람이 아무도 없을 때 홀로 작업을 해 왔다. 그의 이러한 작업에 힘입어 농신학연구회가 탄생하였다.

그는 목회자이며 동시에 구약성서 학자이다. 관념적인 사유에만 치우치지 않고 목회자로서의 삶을 통해 인생과 역사를 보았고, 민중, 특히 농민들에 대하여 남다른 애정을 가졌다. 그들을 억압하고 괴롭히고 있는 사회경제적인 모순에 분노하고, 도시 경제의 하부구조로 전락한 농農의 회복을 꿈꾸었다. 그는 또 인생살이의 비합리성과 비인간적인 모습들에 대해 안타까워했고, 그것을 극복해 보려고 애썼다. 그러나 그것이 어찌 개인의 뜻대로 해결될 것인가! 실존적인 고뇌가 깊어질수록 그는 답답한 나머지 세상에 대한 미련을 갖지 않고 훌훌 털어 버리고 싶은 마음을 갖기도 하였다.

유고집을 단행본으로 출간하려면 여러 사람의 뜻과 마음을 모아야 했다. 일단 농신학연구회가 나서서 기장 농목의 회원들, 이 목사의 한신대 동기 회원들이 모여 함께 출판위원회를 꾸리면서 논의의 틀을 만들었다. 이후 수차례의 만남을 통해 논의를 정리하였다. 출판은 진보적 기독교 서적을 많이 발간하고 있는 동연출판사에 맡기기로 하였다. 출판비는 여러 단위의 단체와 뜻있는 독지가들의 후원을 받기로 하였다. 논의해 보니 현실적으로 가능한 일이 되었다.

돌아보면 농신학 관련하여 개인의 저서를 단행본으로 출판하는 일은 처음인 것 같다. 매우 뜻있는 일이 아닐 수 없다. 아카데믹한 차원에서 보면 미흡하고 미진하겠지만, 이제 커다란 첫걸음을 내디뎠을 뿐이다. 학문적 체계성을 들먹이면 거칠고 조악하게 보일지 모르지만, 그것은 고정관념에서 비롯되었거나 지나친 과욕의 산물이다. 성급한 진단은 잠시 미루어 두고 시간을 기다려 보자. 우리는 신학이 학자들의 전유물이거나 관념적 차원에 머무르는 유약한 논리들의 집합체가 아니라고 생각한다. 성경은 자신의 삶의 상황에 의거하여 누구나 다 나름의 해석을 가할 수 있으며, 그것을 통해 개인이 변화되고 아울러 집단과 사회도 변혁시킬 수 있는 동력이 되어야 한다고 생각한다. 하물며 인류 전체의 생존 위기가 닥치고 있는 이즈음 우리는 성경을 통해 시대를 통찰할 수 있는 근원적 시각을 얻어야 한다는 사명감을 갖고 있다. 고도의 인위적인 문명이 하나님의 뜻과 자연의 거대한 흐름을 역행하고 있는 이때 인간이

세우고 발전시켜 온 오늘의 자본 중심의 도시산업 기술 문명이
과연 하나님의 뜻에 맞는 것인지를 성찰하여 방향 및 해결 방안을
제시하는 것은 인류의 구원을 위해 너무도 절박하고 시급한 일이
아닐 수 없는 것이다.

구약성서는 바로 이 점에서 우리에게 매우 새로운 통찰을 갖도록
해 준다. 이제 우리는 우리가 서 있는 토대인 도시 문명적 삶 자체와
그 뿌리가 무엇인지 다시 캐 들어가야 한다. 쉽지 않을 것이다.
민족과 역사와 국가 의식에 너무도 익숙해져 있는 삶의 기반을
흔드는 일일 수 있으니 용기가 없으면 사고를 진전시키기 쉽지
않다. 그동안 해법이라고 생각해 왔던 것들까지 비판의 도마 위에
올려놓아야 하니 더욱 그렇다. 종교개혁 시대 근원적 개혁주의자들
이 루터파 개혁자들과 교회의 탄압을 받았던 일이 문득 떠오른다.

근원과 현실은 거리가 매우 멀다. 그래서 근원의 이야기는 비현
실적으로 들릴 수 있다. 그러나 위기가 심각할수록 근원을 통찰하고
방향을 제대로 잡으면서 현실과의 거리를 좁히기 위한 방안을 모색
해야 한다. 그 거리를 좁혀 나가는 것이 운동이다. 이 시대는 혁명적
인 사유와 실천을 요구하고 있다. 근본적이고 혁명적인 성격을
띠는 하나님의 나라 운동의 동력은 농農의 눈으로 성경을 볼 때
주어질 것이라고 생각한다. 인간의 불행은 땅을 떠나면서부터, 농을
육신의 도구로 삼으면서부터 시작되었기 때문이다.

이영재 목사는 우리에게 농의 눈으로 구약성서를 보도록 안내해
주고 있다. 농의 눈으로 성경을 볼 때 세상이 새롭게 보이고, 인생과
역사와 자연이 달리 보인다. 그동안 사회경제의 하부 구조로, 사람대
접 못 받는 일로 천시 여겨졌던 농은 언제나 가장 밑바닥에 있었기에,

그러면서도 끊임없이 생명을 살리는 살림의 에너지였기에 이 위기의 시대를 구원할 수 있는 생명의 소리를 담아낼 수 있다. 갈릴리 농어촌에서 거대한 도시 문명 로마와 예루살렘의 변두리에 있는 사람들과 함께 동고동락하면서 하나님 나라의 비전과 소망을 보여 주셨던 예수처럼 말이다.

2023년 5월 18일
여태권(이영재 목사 유고집 출판위원회 공동위원장) ·
한경호(한국농신학연구회장)

차례

1부

농(農)신학이란 무엇인가?

농(農)신학은 무엇을 말하려고 하는가?

한국에서 자생하여 생겨난 '토착화신학'과 '민중신학'은 한국교
회사에서 큰 의미를 지닌다. 모든 신학이 그렇듯이 완결된 사상
체계일 수가 없다. 역사의 현상은 늘 변화하고 있고, 성서에 대한
지식과 이해도 시대를 이어 점점 깊고 넓어지고 있기 때문이다.
지난 세기의 60년대에서 세기말까지 살아온 한국의 기독교는 엄청
나게 급변하는 사회경제적 변전과 정치적 변동을 체험하였다. 그
변전의 과정 속에서 소중하게 열매로 맺힌 것이 토착화신학과 민중
신학이다.

21세기를 들어와서 역사의 새로운 지평이 펼쳐지고 있다. 이
시대에 교회는 좀 더 깊고 폭넓은 신학적 성찰을 요구하고 있다.
인공지능(AI) 시대에 요구되는 기본소득 정책에 대한 신학적 대응도
절실히 요구하는 작업이다. 이러한 상황에서 앞서 말한 두 가지
자생적 한국 신학을 바탕에 깔고서 이 시대의 요구에 대해서 서구
신학과 교조를 중심으로 살고 있는 한국 교회가 어떻게 부응할
것인지를 진지하게 고민한 것이 '농신학'이다. 특히 이 시대의 질문
들을 성서에 진지하게 물어보는 작업을 하면서 조직신학과 역사신

학 그리고 실천신학의 학자들과 머리를 맞대면서 보낸 노력의 결과
가 '농신학農神學'이란 이름으로 태동했다.

I. 새 시대가 요구하는 주제들

시대의 주제들을 성서에 물어보는 작업이 지난 10년간 이어졌다.
지금 4차 산업혁명의 시대를 맞아서 신학은 산업이란 무엇인지를
다시 생각해야 했다. AI의 개발을 보면서 인간은 누구인지를 다시
물어보게 되었다. 인간이 왜 살고 있는지, 꼭 이러한 문명의 형태로
살아야 하는 건지, 역사란 무엇인가, 하나님의 누구신가, 성령은
성경에 어떻게 나타나 있는지, 우리가 믿는 예수는 누구이시며,
나의 그리스도론은 무엇인지 그리고 마지막으로 성서가 말하는
교회론은 무엇인가 등등 긴급한 질문들을 가지고 응답해야 했다.

전통적인 신학을 구성하고 있는 하이델베르크 신앙고백과 웨스
트민스터 신앙고백은 이렇게 성서에 직접 질문하고 얻은 대답과는
매우 거리가 동떨어진 고백을 담고 있음을 발견할 수 있다. 이미
500~600년이나 지난 서구의 신앙고백문을 오늘의 상황에서 그대
로 고백하도록 강요하는 것은 부당하다. 오늘의 문제를 한국의
상황에서 생각하면서 전 세계의 보편교회들과 소통하는 가운데
보편성을 견지하면서 다시 성경을 읽어 본 결과 떠오른 생각들이
모여서 '농신학'이라는 하나의 일관된 사상체가 형성되었다.

우선 창세기 1장 28절과 2장 5절의 관계를 문학적 관련성 속에서
살펴보는 농신학의 작업부터 소개해 보려고 한다.

Ⅱ. 성서에 나타난 '농'(農)의 사상

창세기 2장 5절 말씀에 "땅을 갈 사람이 없었으므로"란 구절이
문장 끝에 나온다. 이 말씀은 사람의 사는 의미와 목적을 밝혀
준다. 사람의 존재 이유, 곧 인생론이 펼쳐진다. 사람은 땅을 가는
존재로 생겨났다는 뜻이다. '땅을 갈 사람'이란 곧 농부를 가리키는
표현으로 이해될 수 있다. 하지만 사람은 본디 농인(農人)[1]으로 창조되
었다는 뜻도 된다. 그런데 '땅을 갈 사람'이란 말씀이 어떠한 의미를
전달하고 있는지는 너무나 애매하다.

하나님께서 천지 창조를 완성하시고 일곱째 날에는 쉬셨다(창
1:1-2:3). 하지만 들판이나 산야에는 아직 식물들이 다 나지 않은
상태에 있었다(창 2:5). 하나님께서 세계를 창조하셨으나 창조 작업
은 계속됨을 의미한다. 창조의 작업은 여전히 진행 중이다. 문서가설
로는 이 두 문장을 따로 떼어서 혹자는 P문서와 J문서, 근자에는
P문서와 pre-P문서의 결합으로 이해했지만, 그러한 이론은 이 다른
본문을 최종 본문으로 읽는 독자에게는 사전 지식으로서 의미가
있을 뿐이다. 토라를 완결한 최종 본문을 읽는 독자의 눈에는 1장의
창조 기사가 2장에서 다시금 술회되고 있는 것으로 간주된다. 창세
기 2장이 1장을 더욱 상론하고 있다는 느낌을 준다.

주께서 하시는 창조 사역은 지금까지도 계속 이루어지고 있다.

---

1 이영재 목사는 애초에는 '농자'(農者)라는 용어를 사용하였다. 그러나 2019년도에 농신학연
구회가 결성되어 활동하면서 농자 대신에 '농인'(農人)이라는 말을 사용하기로 의논이 되어
이후에는 이 용어를 사용하고 있다. 따라서 이전의 글에서는 농자라는 용어가 사용되고
있음을 알려드린다(편집자 주).

끝날까지 주의 창조는 이어질 것이라는 암시가 창세기 2장 4절의 '톨도트'란 단어를 통해 주어져 있다. '톨도트'는 처음과 끝을 전제한 단어로 개역은 '내력'이라고 번역했다.

주께서 창조의 사역을 계속하기 위하여 '땅을 갈 사람'이 필요했다. '땅을 갈 사람'의 히브리어 원어는 '아담 라아보드-하아다마'이다. 동사 '아바드'는 '섬기다, 노동하다'란 뜻이고 명사 '아다마'는 '흙'이란 뜻이다. 직역하자면 '흙을 섬기는 사람'이 된다. 모든 피조물은 흙으로 지어졌다고 전제한다면, 이 말씀은 '모든 피조물을 섬기는 사람'이란 의미로 확대할 수 있다. 사람의 몸도 흙이고, 모든 동물도 흙이며, 식물도 흙이다. 이렇게 볼 때, 흙을 섬긴다는 말은 생명을 살린다는 뜻도 된다. 흙은 모든 존재자이다. 따라서 흙을 섬기는 사람은 타자를 위해서 일하는 사람을 가리킨다. 모든 생명을 살리는 일꾼이 '땅을 갈 사람'이다. "모든 생물을 다스리라"(창 1:28). 이런 일을 하는 존재가 있어야 하나님의 창조 작업은 계속될 수 있다. 예수는 전적으로 타자를 위해 사신 분이셨다. 예수는 창조의 원인간의 삶을 살아내신 것이다. 본회퍼는 예수님을 "전적으로 타자를 위하여 사신 분"이라고 정의하였다(Being for others).

창세기 1장은 '농農'의 개념을 정립하고 있으며, 2장은 '농인農人'이 누구인지를 정의하고 있다. 흙을 이용하고 착취하는 것이 농사가 아니다. 흙에 노동력을 투여하여 흙을 살리는 일이 농사이다. 흙의 생명을 증진하고 보존하는 사람이 농인이다. 타자를 위해 살아가는 사람, 그가 곧 '농인'인 것이다. 농인은 하나님과 함께 일하는 일꾼이다. 사람은 본디 하나님과 함께 생명을 살리는 농인으로 이 땅에 태어났다.

현대의 산업사회에서 농사는 산업의 한 분야가 되었다. '공업'이나 '상업'과 마찬가지로 '농업'도 국가 경제를 위해서 중요한 산업이다. 자본주의 국가 안에서 살아가야 하는 농사꾼은 돈을 벌려고 농사를 짓는다. 돈이 안 되는 작물은 수확하지 않고 버린다. 그러나 하나님을 믿는 농부는 하나님을 위해서 일한다. 흙을 파고 밭을 고르면서 농사꾼은 하나님의 숨결에 흠뻑 젖는다. 인간은 본디 모든 타자를 살리는 일을 하는 창조의 동역자로 태어났다.

농부가 일을 해야 사람이 먹을 채소가 자란다. 농사꾼이 없는 채소는 존재하지 않는다. 채소는 사람의 식단에 오르는 재료가 된다. 창세기 1장 29절은 "씨 맺는 모든 채소와 씨 가진 열매 맺는 모든 나무"가 본디 사람의 먹을거리였다고 한다. 사람은 워낙에 채식 동물로 지음 받았다는 선언이다. 채소가 나지 않으면 사람은 굶어 죽는다. 이 점은 모든 육식 동물에게도 적용된다. 동물도 모두 채식을 하도록 창조되었다. 채소를 재배하는 믿음의 농사꾼의 일이 있어야 지구상의 사람은 생존할 수 있고, 땅에서 채소가 자라야 동물들도 생존할 수 있다.

이러한 성경의 선언은 인류학적 지식에 비추어 볼 때 참이 아니다. 원인류학이나 지구학의 연구 결과로 미루어 볼 때, 본디 사람이나 동물이 채식만 하였다는 성경의 가르침은 근거가 없다. 그러나 성서의 저자는 자기 시대에 사람들에게 채식의 원론을 제시함으로써 하나님의 뜻을 선포하는 데 총력을 기울이고 있다. 그가 영적인 지도자라는 사실은 불변의 참이다. 성서의 저자가 제시하는 것은 평화를 위하여 일하는 사람은 육식을 피하고 채식을 하라는 것이다. 여기에는 생명 존중의 사상이 담뿍 담겨 있는 것이다.

창세기 1장에 의하면 셋째 날에 식물이 창조되었다(창 1:11-12). 마른 땅이 드러나니 거기에 씨 맺는 식물이 났다. 식물의 씨올이 창조된 이후인 넷째 날에 하늘의 일월성신日月星辰이 창조되었다. 지구와 태양계가 넷째 날에 이루어졌다면 식물과 씨올의 창조는 지구의 세계를 넘어 우주적 삼차원의 공간에서 이루어졌다고 보아야 한다. 이것도 과학적으로는 지지를 받을 수 없는 언설이지만, 창세기 저자의 시대에 그가 선포하려는 진실은 오류라고 볼 수 없다. 그는 생명과 씨알의 중요성을 강조하고 있는 것이다. 지구상에서 동물은 창조의 다섯째 날에 생겨났다.

창세기 2장 5절에 의하면 지구에는 아직 식물이 다 나지 않았다고 한다. 히브리어 '테렘'은 '아직 아니'란 뜻인데 접속사가 되면 '~하기 전에' 곧 영어로는 before~가 된다. 게다가 '모든 것, all, everything' 이란 의미의 명사 '콜'과 부사 '테렘'을 연결하면 "채소가 아직 다 나지 않았다"라고 부분부정으로 해석할 수 있다. 그러나 모든 역본은 그렇게 하지 않고 '테렘'을 접속사 before로 간주하여 채소나 초목이 아직 나지 않았다고 해석하였다.

식물이 계속 돋아나는 상황이 전제되어 있다. 여호와 하나님께서 지구상에 식물을 창조하셨는데 각종 식물이 계속 번성하여 나고 있는 중이었다. 식물은 번성하려면 물이 있어야 하고, 채소를 생산하기 위해서는 사람이 있어야 한다. 비가 오지 않았고 흙을 가꿀 사람이 없었기에 아직 땅에는 식물이 잘 번성하지 못하고 있는 상황이었다.

종래의 성서학자들은 창세기 1장 1절부터 2장 4절과 창세기 2장 4절 이하의 본문을 서로 다른 문서 자료에서 온 것으로 간주했다.

그래서 이 두 문서 자료 사이의 상이점과 모순점이 성경으로서의 최종 본문에서 어떻게 통합적으로 이해되어야 하는지를 거의 논하지 않았다. 다행히도 2000년대에 들어오면서 성경을 온전한 하나의 본문으로 일관되게 이해하려는 노력이 이루어지고 있다. 식물 창조에 대한 창세기 1장 11-12절의 말씀과 창세기 2장 5절의 말씀 사이에 보이는 불연속성을 하나의 통일된 연속성으로 주석해 내는 일은 매우 중요하다.

지구상의 동물 창조는 창조 다섯째 날과 여섯째 날에 이루어졌고, 지구상의 식물 창조는 최초의 안식일 이후에 이루어진다. 지구상의 식물 창조를 위해서는 물과 사람의 존재가 필요하였다. 이레째 안식하신 하나님께서는 이제 월요일부터 창조 사역을 계속하신다. 이제 식물의 창조에 초점이 쏠리면서 물과 사람의 존재가 부각되는 것이다. 사람의 창조는 앞의 창세기 1장 26-28절에 보도되었지만, 그것은 다시 창세기 2장 5-25절에서 재론되면서 해설이 곁들여서 나온다. 2장은 1장에 대한 '미드라쉬'이다. 창세기 2장은 하나님의 계속창조를 전제하고 있다. 토라의 최종 본문 차원에서 창세기 2장은 한번 창조된 피조물은 고정된 것이 아니라 계속해서 창조되어 가는 과정 속에 있음을 보여 주고 있다. 성경의 계속창조론은 과학의 진화론에 대한 신학적 토론에도 새로운 지평을 열어 줄 수 있을 것이다.

Ⅲ. 창세기 2장 6절에 나타난 물의 신학

개역성경은 창세기 2장 6절을 "안개만 땅에서 올라왔다"라고
번역했다. 히브리어 '에드'를 '안개'라고 번역한 것이다. 흠정역(KJV)
이 mist라고 번역한 것과 일치한다. 이와 달리 새번역과 공동역은
'에드'를 '물'이라고 번역했는데 개역(RSV)의 stream과 일치한다.
최근에 번역한 가톨릭역은 이것을 '안개'라고 번역했다. 학계에서는
'에드'를 '안개'라고 보는 전통적인 학자들과 '샘물'이라고 보는 학자
들로 갈라져 있다. 나는 '에드'가 아래 물에서 솟아나는 샘이라고
본다.

안개가 온 지표를 적셨다고 하니 좀 어색하다. 개역은 "온 지면을
적셨더라"라고 옮겼고, 새번역은 "온 땅을 적셨다"라고 옮겼다.
히브리어 '아다마'는 '흙'을 가리키는 명사로서 바로 앞 5절에 나온
바 있다. 사람은 '흙'(아다마)을 살리기 위해서 창조된 존재라는 인생
론을 창세기 2장 5절은 펼쳤다. 하나님께서 흙을 살리기 위해서
우선 흙을 적시는 물을 솟아나게 하셨다. 물은 생명의 원천이므로
흙에 생명이 번성하도록 물을 공급하신 것이다. 창세기 1장 9절에
의하면 셋째 날에 창조된 '뭍, 마른 땅'은 물기 없이 바싹 마른
상태를 가리킨다. 물기 없이 마른 상태의 '뭍'(야바샤)에다가 이제
주께서 물을 공급하신 것이다. 이것이 창세기 2장 5절의 뜻이다.
'에드'가 '안개'이건 '물'이건 간에 중요한 것은 마른 땅이 물에 젖었다
는 뜻이다.

물이란 단어 '마임'은 창세기 1장 2절에 처음 언급되었다. 물은
빛보다 먼저 창조된 물질로서 삼차원 세계의 피조물이 아니다.

삼차원 이전의 상태에 물이 하나님의 영과 함께 기존하고 있었다. 궁창을 만드실 때 윗물과 아랫물로 나누셨는데 창세기 2장 5절은 이 아랫물이 지면으로 솟아올라서 온 흙을 적셨다고 보도한다. 주께서는 이처럼 흙을 적신 다음에 그 젖은 흙으로 사람을 지으셨다 (창 2:7).

물에 젖은 흙으로 만들어진 사람은 그의 몸에 수분이 70%가 넘는다. 세포의 원형질에는 물이 94%가 넘는다. 창세기 1장 2절에 의하면 물은 하나님의 영에 따라 함께 움직이는 물질이다. 그러니 사람의 몸속에 있는 물을 움직이는 분은 성령이시다. 사람은 본디 성령의 감동에 따라 움직이도록 창조된 존재이다. 사람이 사는 거처가 에덴동산이었는데 이곳에서 물이 발원하여 사방으로 흘러 나갔다(창 2:9-15). 물이 가는 곳마다 생명이 꽃을 피웠으니 에덴동산은 물 댄 동산이며 모든 생명의 원천이다.

처음에는 아랫물에서 샘이 솟아올랐지만, 나중에 노아 홍수 때에는 윗물에서 비가 쏟아져 내려왔다. 하늘의 창문이 열렸다고 표현되어 있다(창 7:4, 11). 이와 같이 창세기에는 '물'의 중요성이 아주 강조되고 있다. 사람의 몸속에 있는 물이 깨끗해야 병이 없다. 이 땅에 있는 물이 풍부하고 깨끗해야 모든 생명이 번성하고 행복하게 살 수 있다. 죄가 많아지니 물 부족 현상이 심해지고, 지구상에 물이 없어 고통을 당하는 사람들이 수억 명을 넘는다고 한다. 이 때문에 2017년 사순절에 세계교회협의회(WCC)는 지구의 물 문제를 놓고 기도하자고 제안하였다. 일반 학문에 '수문학水文學'(hydrology) 이라는 분야가 있다. 물이 얼마나 중요한 물질인지 물의 동향에 대해서 특별히 연구하는 학문이다. 이러한 학문이 생기기 오래전에 벌써 성경은 물의 중요성을 역설해 왔다. 우리가 깨닫지 못했을 뿐이다. 성경에는 물과 성령의 교호작용에 관한 이야기로 가득 차 있다. 이것을 나는 '물의 신학'이라고 부른다.

IV. 창세기 2장 7절에 나타난 인간론

인간학은 영어로 '안트로폴로지anthropology'인데 '인류학', '인간학', '문화인류학'이라고 번역한다. 신학에서는 이 용어를 인간의 기원에 관한 탐구를 가리킨다. 이와 달리 인생론은 인생의 목적과 삶의 의미에 대하여 질문하고 답하는 논의이다. 창세기 1장 26-28, 2장 5절은 인생론이지만, 창세기 2장 7절은 인간을 구성하고 있는 요소를 논하고 있으니 인간학이다. 인문학은 영어로 humanities인데 인간에 관련된 모든 사항을 연구하는 학문 분과이다. 인간은 무엇인가?

창세기 2장 7절에 의하면 인간은 세 가지 요소로 구성되어 있다. 첫째로 인간 속에는 하나님의 노동이 들어 있다. '조형하다'란 동사 '야차르'는 인간 속에 하나님의 노동과 창조의 에너지가 들어 있음을 의미한다. 둘째로 인간을 이루는 물질은 '황토'이다. 히브리어로 '아파르 민 하아다마'라고 되어 있는데 이것은 입자가 가장 고운 흙을 가리킨다. 시편에는 '진토'라고도 번역했지만 가장 올바른 번역어는 '황토'이다. 황토가 흙 중에서는 가장 입자가 곱다. 개역은 '흙', 개정역 · 새번역은 '땅의 흙', 공동역은 '진흙', 가톨릭역은 '흙의 먼지'라고 옮겼다. 셋째로 인간 속에 생명의 숨(너쉬마틱 하임)이 들어 있다. '너샤마'는 '숨'이고 '하임'은 '생명'이다. 이것을 개역·개정역은 '생기', 새번역은 '생명의 기운', 공동역은 "입김~ 숨을 쉬었다", 가톨릭역은 '생명의 숨'이라고 옮겼다. 이것은 하나님께서 사람의 코에 숨을 불어넣어 주었기에 인간 속에는 하나님의 숨이 들어 있다.

사람을 구성하는 물질은 흙(황토)과 물(창 2:6)이고, 사람을 결정적으로 살리는 요소는 하나님의 살리시는 숨이다. 흙은 땅과 소통하는 물질이고, 물은 성령과 교통하는 물질이다. 창조 이전에 하나님의 영이 물 위에 감돌고 있었으니(창 1:2) 성령은 물을 움직인다. 성령은 체내의 물을 통하여 사람을 감동시킨다. 사람은 숨 쉬는 행위를 통하여 하나님과 교제한다. '하나님의 힘'과 '흙'과 '물'과 '숨', 네 가지 요소가 합하여 '생령' 곧 '사람'(아담)이 되었다. '생령'의 히브리어는 '네페쉬하야'인데 '네페쉬'는 '목숨, 생명'이란 뜻이고 '하야'는 '살아있는'이란 형용사이다. 직역하면 '살아있는 생명'이 된다. 개역·개정역은 '생령', 새번역·가톨릭역은 '생명체', 공동역은 애매하게도 "사람이 되어 숨을 쉬었다"라고 번역했다.

히브리어 '너샤마'는 무엇인가? '너샤마'는 하나님의 입에서 나온 것이다. 그 코에 '불어넣으시니'란 히브리어 동사는 '나파흐'인데 바람을 불어넣는 동작을 가리킨다. 하나님께서 사람의 코 속으로 자신의 숨을 불어넣으셨다. 숨은 하나님과 소통하는 통로이다. 하나님의 뜻을 깨달아 하나님과 함께 숨을 쉬며 살아가는 존재자가 인간이다.

'너샤마'라는 단어는 오경에 딱 세 차례 언급된다(창 2:7; 7:22; 신 20:16). 노아 홍수기 가운데 '니쉬마트-루악흐 하임'이란 어구가 나온다(창 7:22). 개역은 '생물의 기식을 호흡하는 것', 개정역은 '생명의 기운의 숨', 새번역은 '숨을 쉬며 사는 것', 공동역은 '코로 숨쉬며 살던 것', 가톨릭역은 '생명의 숨이 붙어 있는 것'이라고 각기 다르게 번역하였다. NKJV는 'the breath of the spirit of life', NRSV는 'the breath of life'라고 옮겼다. 그리스역(LXX)은 '프노엔 조에스^{πνοὴν} ^{ζωῆς}'라고 옮겼고, 라틴어역(VUL)도 '스피라쿨룸 비태$^{spiraculum vitae}$'라고 옮겨서 창세기 2장 7절과 동일하다. 하나님께서 '너샤마'를 거두어 가면 사람은 죽는다. 신명기 20장 16절에도 심판받아 진멸되는 사람을 묘사하면서 '너샤먀'란 단어를 사용한다. 심판하실 때 범죄자에게서 '너샤마'를 거두어 가신다.

'너샤마'는 사람이 살아 있게 만드는 결정적인 요소이다. '너샤마'가 없으면 그 사람은 죽는다. 사람은 숨 쉼으로써 하나님과 함께 움직인다. 하나님과 동역하는 영성은 숨을 하나님처럼 쉬어야 한다. 하나님의 숨을 쉬는 자가 행복하다. 영성은 숨을 잘 쉬는 것을 의미한다. 하나님과 함께 일하려면 하나님의 숨을 쉬어야 하기 때문이다. 하나님을 부인하고 하나님의 뜻대로 살지 않는 사람은 이미 죽은 존재이다. 그래서 창세기 2장 17절의 말씀이 가슴을 울린다. "선악을 알게 하는 나무의 열매는 먹지 말라. 네가 먹는 날에는 반드시 죽으리라 하시니라."

사람은 하나님과 직통으로 교제하는 존재이다. 하나님의 성령에 따라 움직이면서 땅에 발을 붙이고 살아간다. 사람은 땅의 사정을 잘 알아 하나님께 중보하며 하나님의 뜻을 따라 창조 사역에 동역하는 존재이다. 인간은 하나님의 숨을 쉬는 생명체로서 땅의 사정을 잘 알아서 하나님께 알려 드리고(흙, 아파르 민 하아다마), 성령의 능력으로 살아가며(창 2:5-6, 젖은 흙), 하나님의 운동과 하나가 되어서(숨, 너샤마), 창조 사역에 동역하는 존재이다(하나님의 노동, 야차르).

V. 창세기 2장 8-15절에 나타난 하나님 나라의 원형

에덴동산의 위치는 메소포타미아 문명이 발호한 지역에 속해 있다. 이 소문단에는 사람의 주거 문제가 주제로 등장한다. 본디 사람은 에덴에 살도록 지음 받은 존재였다. 하나님은 사람을 지으시고 사람을 에덴에서 살도록 인도하셨다. 에덴의 사람은 메소포타미아 지역으로 흘러가는 강물을 따라 나아가서 그 물길 따라 피어나는 생명들과 토지의 생명력을 돌보는 일을 맡은 일꾼이었다. 온 땅의 생명체들이 저마다 생육하고 번성하도록 환경을 조성해 주는 일을 사람에게 맡긴 것이다. 이처럼 창세기 2장 10-15절 소문단의 취지는 생명 돌봄의 사상을 펼치는 데 있다.

15절의 '러아브다흐'는 직역하면 '그녀를 섬기도록'이다. 삼인칭 여성 단수 인칭대명사 '흐'가 동사 뒤에 붙어 있다. 이 여성대명사는 '아다마'를 가리킨다. 바로 앞에 '간-에덴'이란 어구가 나오지만, 이 여성대명사가 '에덴동산'을 지시할 수는 없다. '간'은 중성(공성) 명사이기 때문이다. 에덴동산에서 편히 쉬며 안주하게 된 사람은 흙에 노동력을 투여하여 흙을 살리고 그 생명력을 보존해야 하는 사명을 받았다. 이것인 15절의 의미이다. 한글 역본들은 모두 사람이 에덴동산을 가꾸는 사명을 받은 것으로 해석하고 있다. 그러나 '러' 부정법을 좀 더 폭넓게 해석하면 지구상의 모든 생명을 살리는 일을 에덴의 사람이 해야 한다는 뜻으로 읽어 내고 녹색 생명 섬김이로서 사람의 위상을 이 본문을 통해 제시할 수 있게 된다. 아래의 한글 역본들을 비교해 보라.

> [한글개역] 여호와 하나님이 그 사람을 이끌어 에덴동산에 두사 <u>그것을 다스리며</u> 지키게 하시고
>
> [개역개정] 여호와 하나님이 그 사람을 이끌어 에덴동산에 두어 <u>그것을 경작하며</u> 지키게 하시고
>
> [새번역] 주 하나님이 사람을 데려다가 에덴동산에 두시고, <u>그곳을 맡아서</u> 돌보게 하셨다.
>
> [공동번역] 야훼 하느님께서 아담을 데려다가 에덴에 있는 <u>이 동산을 돌보게</u> 하시며
>
> [가톨릭역] 주 하느님께서는 사람을 데려다 에덴동산에 두시어, <u>그곳을 일구고</u> 돌보게 하셨다.

이상의 번역은 여성대명사 목적어가 에덴동산을 가리키는 것으로 이해했다. 이것을 창세기 2장 5절과 같은 어구로 해석하면 "주 하나님께서 사람을 데리고 에덴동산에 편히 살면서 흙을 살리며 흙을 보존하는 일을 시키셨다"가 된다. 이렇게 번역하면 모든 생명을 살리는 생명 살림의 사명을 사람들이 더욱 분명하게 깨우칠 수 있게 될 것이다. 에덴은 물이 솟아올라 사방으로 흘러나가서 온 지면을 적시는 수원지이다. 물이 있어야 생명이 태어나고 번성할 수 있다. 에덴에서 흘러나가는 물은 온 세계로 뻗어나가서 생명체들을 탄생시킨다.

VI. 농신학의 방법론

서구 신학은 심지어 성서신학까지도 창세기 1-2장에 나타난 신학적 의미를 제대로 읽어 내지 못했다. 농신학은 서구 신학이 놓친 부분들을 세심하게 찾아서 다시 해석해 낸다. 토착화신학과 민중신학을 바탕으로 하되 이 두 신학이 미처 다루지 못한 성서를 그 자신이 해석하도록 하는 주석 작업에 더욱 집중한 것이 '농신학'이다.

본문을 읽어 낸 결과 드러난 사상을 고대의 사회경제사적, 종교사적 측면에서 다시 비교 검토하는 작업으로 나아가야 한다. 성서를 저술한 삶의 자리는 바빌로니아-페르시아의 제국을 살았던 디아스포라(diaspora) 공동체인 것으로 간주된다. 고대 제국의 주류 이데올로기와 투쟁하면서 디아스포라는 당대의 폭력 문명에 대한 대안을 제시하였다. 그것이 토라로 결집되었다. 그러므로 고대 제국의 종교와 문화와 사상계를 상세히 읽어 내고, 토라와 대비하는 작업은 농신학의 중심 작업이 된다.

문화비평을 통해서 성서가 말하는 중심 주제를 충분히 이해한 다음에 다시금 현대의 주류 이데올로기와 대면을 시도한다. 현대를 장악하고 있는 제국주의, 국가주의, 전체주의 등 모든 문명적 현상과 대결하여 성서의 메시지를 적용한다. 이 과정을 겪은 후에 농신학은 성서에 가득 찬 고대의 언어들을 오늘의 언어로 통역하는 작업으로 나아간다. 농신학을 결국 현대의 문명을 하나님의 뜻에 비추어 바르게 해석해 내는 작업으로 귀결된다 하겠다.

성서를 바르게 현대의 언어로 통역하는 작업 위에 조직신학과 역사신학과 실천신학이 구축되어야 한다. 농신학은 이처럼 방대한 학문 분과들과 부단히 대화하는 일로 이어지고 있다. 과학의 세계관을 이해하면서 농신학은 성서의 세계관과 대화하는 작업에 들어간다. 농신학은 현대의 인문학과 대면하면서 교회로 하여금 현대의 요구에 올바르게 부응할 수 있도록 성서적 전거를 제공해 준다.

마지막으로 현대 문명의 격동기를 살아가는 그리스도인들이 각자 하나님의 창조하신 원형, '하나님의 형상'을 회복하는 영성 수행에 성과를 거둘 수 있도록 농신학은 바른 성서 이해를 제공해 준다. 농업 경영인들이 상업 농사를 넘어서서 참된 생명의 일꾼으로 성장해 나가도록 돕는다. 농촌 교회의 공동체 안에서 이러한 묵상과 수행의 과정은 부단히 이루어져야 한다. 도시에서 사는 그리스도인들에게도 성경의 '농인'을 바르게 제시함으로써 도시의 폭력 문화를 극복하고 도시에서 참된 생명 운동을 펼쳐갈 수 있도록 이끌어 줄 것이다.

이러한 농신학의 과제는 민중신학의 계급적 지평을 성서가 보여주는 보다 더 깊고 넓은 보편의 차원으로 나아가게 도와줄 것이다. 또한 풍류신학과 토착화신학 그리고 생명 문화 신학의 근거를 성서에서 재발견하게 돕고 토착화신학이 농신학의 도움을 통하여 모든 인류에 적용될 수 있는 보편화의 길로 나아갈 수 있게 될 것이다.

우선 농신학의 당면 과제는 농사일로 생명을 다루는 농부들에게 성서의 말씀이 깨달음의 원천이 되게 돕는 일이다. 농부들이 제국주의 질서에 포로가 된 농업을 해방시켜야 한다. 그 길의 출발점에는 농부들이 말씀 곧 도(道)를 깨우쳐서 참으로 자유로운 생명의 '농인'으로 회복되는 거듭남의 변화가 있어야 할 것이다.

정의와 생명, 그 성서적 토대
— 기농 운동 및 정농 운동

I. 들어가는 말

2008년 11월에 '한일 도시농어촌선교'(URM) 제8차 협의회가 일본 교토에서 "동아시아에서의 경제정의와 기독교"란 주제로 열렸다. 이 회의에서 한경호 목사는 한국의 농촌 운동을 정리하여 발제하였다. 1970년대에 시작한 정농회는 생명 운동에 집중했고, 기독교농민회는 정의 운동에 집중했는데, 현재 서로 이 둘이 수렴해 하나의 운동으로 나아가고 있어 희망적이라고 그는 평가했다. 이 평가에서 우리는 생명과 정의를 한데 아울러 이해하는 일이 미래의 농지農者 운동을 위하여 꼭 필요한 과제임을 느낄 수 있다.

정농회는 '하나님의 뜻'을 깨닫고 실천하려는 기독 농민들이 모여서 출발하였다. 바른 농사가 무엇이며 어떻게 하여야 생명을 잘 살릴 수 있는지를 배우려고 성서의 말씀에 귀를 기울였다. 또 한편 기독교농민회(이하 기농)는 농민의 권익을 쟁취하기 위하여 사회정의를 바로 잡으려고 출발하였다. 이들은 사회정의를 올바로 세우기 위해 정의가 무엇인지를 성서에서 알려고 공부했다. 성서의 말씀에서 해답을 추구한다는 점에서 정농회와 기농은 공통점이 있다.

또 정농회는 무교회주의 사상의 영향을 받아 기존의 농촌 교회를 공동체 운동으로 끌어들이지 못하였다. 마찬가지로 기농은 사회사상의 영향을 받아 기존의 농촌 교회에 대해 체제 지향적이라는 평가를 하면서 기구 운동으로 실행하였다. 둘 다 교회와의 연대를 충실히 맺지 못했다는 점에서도 공통점이 있다.

한 개인이 수행하여 악에서 벗어난다 해도 사회 구조가 여전히 악하면 그 개인의 수행은 완성될 수 없다. 그와는 반대로 사회의 구조를 아무리 선하게 개혁한다 해도 한 개인이 악에서 벗어나지 못하면 사회체제의 변화는 별 의미가 없다. 정농회는 개인의 수행을 강조하지만, 사회변혁을 위한 운동에 소홀하다고 비판받았고, 기농은 사회변혁에 앞장섰지만, 개인의 수행을 소홀히 했다고 비판받았다. 이 둘 사이의 견해 차이는 어떤 다른 사회과학이나 철학의 이론으로서는 극복할 수 없다. 이 두 가지 다른 생각은 성서의 말씀에서 만날 때 하나로 설 수 있다.

하나가 되기 위한 작업에 기초를 놓으려면, 우선 성서가 말씀하시는 생명과 정의가 무엇인지를 알아보아야 할 것이다. 우선 성서에 나타난 생명 사상을 조감해 보고 이어서 성서가 제시하는 정의가 무엇인지를 살펴볼 것이다. 그리고 이 둘을 종합하여 미래를 향한 농민 운동의 하나 되는 새 지평을 열어보려고 한다.

II. 생명

1. 생명의 구도자: 농자(農者)

태초에 하나님이 천지를 창조하시고 사람과 동물에게 먹을거리를 제공해 주셨다. 생명이 잘 살려면 먹을거리가 있어야 한다. 그러나 아직 비가 내리지 않았기 때문에 들에는 나무가 많이 나지 못했다. 또 흙에서 일할 사람이 아직 없었기 때문에 밭에는 채소가 나지 않았다(창 2:5). 하나님의 창조 사역은 아직 미완의 상태에 있었고 하나님은 계속해서 창조하셨다.

하나님은 흙에서 함께 일할 동역자가 필요했다. 그래서 사람을 흙으로 빚으시고 그 코에 자신의 숨을 불어넣어 생명을 만드셨다(창 2:7). 사람은 창조를 위한 하나님의 동역자로 지음을 받았다. 사람은 흙에서 일하는 천직을 부여받았다. 밭에서 채소와 열매와 곡식을 생산하기 위해서 농사짓는 일은 사람의 몫이다.

먹을거리를 생산하는 일은 본디 농사의 목적이 아니었다. 하나님은 사람을 에덴동산에 두실 때(창 2:8) 에덴동산에는 이미 먹을거리를 넉넉하게 예비해 두셨다(창 2:9). 하나님 자신이 진정한 농자農者이시다. 하나님께서 에덴동산에 사람을 두신 까닭은 사람으로 하여금 에덴동산에서 살면서 흙을 잘 섬기고 흙을 잘 보존하는 일을 시키기 위해서였다(창 2:15). 사람은 에덴동산에서 각종 나무의 열매를 마음껏 먹고 살았다. 이처럼 완전한 동산에서 살면서 동산 바깥으로 나아가서 아직 황무한 땅의 흙을 관리하는 일을 하였다(창 2:16). 농사의 목적은 본디 하나님이 행하시는 계속창조의 사역에 동참하는 것이다.

하나님의 동역자로 일하는 사람에게 먹을거리는 하늘이 내려 주는 법이다. 에덴동산에 먹을거리를 잔뜩 장만해 주신 것과 마찬가지로 광야를 지나가는 이스라엘에게 만나를 내려 주셨다. 이스라엘을 백성으로 삼으시려고 애굽에서 인도해 내셨을 때, 하나님은 이스라엘을 우선 광야로 인도하였다. 물이 없고 먹을거리가 없는 척박한 광야의 상황에서 바위를 쪼개어 물을 주시고 하늘을 열어 만나를 내려 주셨다. 사람은 본디 내일을 위하여 무엇을 먹을까, 무엇을 마실까, 무엇을 입을까 염려하지 않고 사는 존재였다(마 6:25-34).

2. 먹을거리: 채식이냐 육식이냐?

사람에게는 채소와 열매와 곡식을 주셨고, 동물에게는 푸른 풀을 주셨다(창 1:29-30). 본디 사람은 육식을 하지 않도록 지음을 받았다. 사람이 육식을 시작하게 된 것은 노아 홍수 때부터였다(창 9:3). 광야에서 만나를 주셨는데 만나는 깟씨와 같이 생긴 식물의 종류였다(민 11:7). 광야 생활 40년 동안 이스라엘은 채식을 한 것이다. 광야에서 이스라엘이 고기를 먹고 싶어서 모세를 원망하였을 때 하나님께서는 메추라기를 보내 주셨다(민 11:4-35). 그러나 이스라엘이 고기를 두 가마니나 사재기하고 게걸스럽게 먹다가 탐욕을 억제하지 못하여 많이 죽었다(민 11:33).

노아 시대에 대홍수로 온 땅이 물에 잠겨서 모든 생명이 죽었다. 온 땅에 폭력이 난무하였기 때문에 심판을 당한 것이다. 오직 방주에 들어간 생명만이 살아남았다. 방주에 들어간 생명을 위하여 노아는 먹을거리를 방주에 비축하였다. "이것이 너와 그들의 먹을거리가 되리라"(창 6:21). 근 1년 2개월 남짓 온 땅에 물이 뒤덮여 있었기에 모든 식물이 물에 잠겨서 다 녹아 버렸다. 방주에 비축했던 먹을거리도 다 떨어졌다. 하나님께서 비상식량으로 육식을 허락하셨다. 방주에 실었던 동물들을 잡아먹어도 된다고 하셨다(창 9:3).

그러나 고기를 먹되 그 생명이 되는 피째 먹어서는 안 된다(창 9:4). 이것은 폭력이 난무하던 세상에 피를 흘리는 일이 다시는 없어야 한다는 경구이다. 육식은 죄의 결과 하나님께서 부득불 허락하신 것이다. 하지만 육식은 식량이 없을 때나 구황음식이 필요하거나 농사가 불가능한 지역에서 허락될 뿐이다.

다니엘이 느부갓네살의 궁전에서 삼 년 동안 훈련을 받을 때 환관장은 왕의 음식과 왕의 포도주를 먹도록 강요하였다. 다니엘은 열흘 동안 채식으로만 먹겠다고 하면서 이를 거부하였다. 그 결과 다니엘은 여느 소년들보다 아름다운 용모로 나오게 되었다. 환관장은 왕의 음식과 포도주 대신에 채식을 주어 황궁의 소년들을 먹이게 되었다(단 1:15-16). 다니엘서는 왕의 음식에 대한 반대어로서 채식을 제시하고 있다. 육식은 포도주와 더불어 도시의 상류사회 사람들이 매일 먹고 취하는 음식으로, 하나님의 창조의 뜻에 어긋나는 음식이다.

죄가 점증할수록 육식도 늘어났다. 시내산에서 율법을 주실 때 하나님은 먹을 것과 먹지 못할 것을 구별하도록 법을 제정하여 주셨다(레 11:3-4). 식물이 아니라 동물을 잡아먹을 때 주의할 사항을 말씀하신 것이다. 굽이 갈라져 쪽발이며 새김질을 하는 동물은 잡아먹어도 된다. 하나님께서는 동물을 잡아먹을 때 매우 까다로운 규정을 두어서 함부로 육식을 하지 못하도록 규제하였다. 동물을 도살할 때 제사장의 입회 아래서 잡아야 하며, 자기 맘대로 도살하는 자는 동물의 피를 흘린 자로 간주되어 백성 공동체에서 추방된다(레 17:4). 동물 도살에 관한 엄격한 규정은 하나님께서 가능한 한 채식을 하도록 백성에게 권고하는 뜻을 전달한다.

예수 시대에 바리새인들은 이 법령을 근거로 까다로운 음식 규정을 만들어 자기들끼리의 음식 문화를 만들었다. 이 문화로써 유대인 민족주의를 부추겼다. 예수는 입으로 들어가는 것이 사람을 더럽히는 것이 아니라고 가르침으로써 유대 민족주의의 음식 문화를 일축하였다. 바리새인들이 금기시하는 죄인들과 이방인들과 식탁을 함께 나눔으로써 예수는 비난을 받았다. 하나님께서 시내산에서 율법을 주신 뜻은 개인이 죄를 버리고 말씀에서 하나님을 만남으로써 모든 개별의 한계를 뛰어넘어 천지를 창조하신 하나님 눈으로 참다운 생명을 살도록 하는 데 있었다. 모든 개체를 품고 계신 보편자 하나님에게 만민이 서로 소통하는 역사가 회복된다. 바리새인은 율법을 가지고 소통의 통로를 가로막았지만, 예수는 율법에 나타난 하나님의 뜻을 그대로 실천하여 만인을 서로 소통하게 회복시켜 주셨다.

베드로가 로마 군인 백부장 고넬료의 초청을 받고 욥바에서 가이사랴로 가는 도중에 음식물 환상을 보았다. 하나님은 베드로에게 온갖 종류의 동물을 가리지 말고 다 잡아먹어도 좋다고 허락하셨다(행10:15). 하나님께서 깨끗하다 하신 것을 사람이 더럽다 하면 안 된다. 바리새인들이 왜곡하여 적용하던 율법이 무효화되는 순간이었다. 율법은 본디 제정된 그대로 하나님의 마음을 드러내며 하나님의 뜻을 준행하는 것으로 회복되어야 마땅하다.

이방인은 하나님의 율법을 알지 못하고 들은 바도 없고 배운 바도 없는 사람이다. 부담스러운 음식물 규정으로 복음 전도가 방해를 받아서는 안 된다. 이방인에게 복음을 전하는 것이 중요하지, 음식물 규정에 매이는 것은 올바른 판단이 못 된다. 복음을 받고 구원을 받은 후에 하나님의 뜻을 저절로 깨우치게 되면, 그때야 하나님의 율법을 실천할 수 있다. 율법 공부를 통해 하나님의 마음을 알게 되면, 구원받은 이방인이 저절로 음식을 구별하여 먹게 되고 채식으로 기울어지게 될 것이다. 베드로가 본 환상을 가지고 율법 폐기론을 주장하며 아무것이나 마구 먹어도 좋다고 가르치는 성직 자는 성경을 오해한 것이다. 믿음이 성장할수록 성도는 하나님께서 규정해 주신 법도대로 자연스럽게 살아간다.

그러므로 농사꾼은 도시에 대량의 고기를 공급하는 축산업을 멀리해야 한다. 죄 많은 도성민이 왕의 음식과 왕의 포도주를 즐기면 서 흥청망청 살아가는 동안 저들의 몰골은 찌들어가고 몸에는 병이 생기며 삶의 생명력은 시들어간다. 도성민은 전쟁을 수행하는 과업 을 본업으로 딛고 산다. 저들은 잘 싸우기 위해서 고기를 매일 먹어야 한다. 전쟁이 났을 때는 출정하기 전에 돼지고기와 독주를 잔뜩 마시고 한껏 상기된 몸으로 전쟁터로 나아간다. 도성의 주변에 는 언제나 대형 돼지 막사가 있었다.

3. 농자(農者)의 타락

창세기 1-11장은 성경 전체의 서문이라고 할 수 있다. 창조 이야기를 펼치면서 인간의 기원과 죄의 기원과 전개를 다룬다. 이 이야기에 같은 구절을 반복하여 말함으로써 일정한 주제를 강조하는 기법이 나타난다. 특히 히브리어 본문에 '아바드+아다마'란 구절이 창세기 2장 5, 15절, 3장 23절, 4장 2, 13절에 다섯 차례 반복되며 그 응용구가 창세기 9장 20절에 마지막으로 나온다. 이 어구를 번역한 사례를 아래의 도표로 제시해 보았다.

구절	개역	히브리어	사역
창 2:5	땅을 갈 사람도	라아보드 에트-하아다마	흙을 섬길 사람도
창 2:15	그것을 경작하며	러아브다흐	흙을 섬기며
창 3:6, 선악과를 따 먹다; 창 3:17-19, 그 결과 흙(하아다마)이 저주를 받는다.			
창 3:23	그의 근원이 된 땅을 갈게 하시니라	라아보드 에트-하아다마	흙을 섬기게 하다.
창 4:2	가인은 농사하는 자였더라	오베드 아다마	가인은 흙을 섬겼다.
창 4:12	네가 밭을 갈아도	타아보드 에트-하아다마	네가 흙을 섬겨도
창 9:20	노아가 농사를 시작하여	와약할 노악흐 이쉬 아다마	노아가 흙의 사람이 되었다.

위의 표에서 밑줄 친 부분은 히브리어 동사 '아바드'가 변형된 것들이다. 이 동사의 뜻은 타자에게 자신의 노동력을 투여하는 행위를 가리킨다. 이 동사의 목적어가 사람이 되면 그 사람을 섬기는 노예 노동을 가리키고, 목적어가 왕이 되면 그 왕을 섬기는 신하가 된다. 이 동사가 남성명사 '에베드'가 되면 노예(창 9:25-27)나 신하(출 10:1)나 노동자(사 19:9)를 가리킨다. 이 동사의 목적어가 야훼 하나님

이 되면 하나님을 섬기는 예배 행위를 가리킨다(출 10:24; 창, 출 3:18; 8:4, 히 1).

1) '땅을 갈다'의 말놀이

창조 이야기에는 동사의 목적어가 명사 '아다마'로 나온다. 이 명사는 '땅'이라고 번역하기보다는 '흙'이라고 번역하는 편이 낫다. 땅은 여성명사로 '에레츠'로서 공간 개념이다. '아다마'는 이 땅을 이루는 물질로서 흙을 가리킨다. 동사 '아바드'가 명사 '아다마'를 목적어로 가지면 사람이나 동물이 흙에 자신의 노동력을 투여하는 행위를 가리킨다. 그래서 '아마드 하아다마'란 어구는 농사 행위를 가리키는 관용어로 널리 사용되고 있었다고 판단할 수 있다. 이사야 서에 "밭 가는 소와 어린 나귀도"란 표현, 이 관용어가 나타난다(사 30:24, 오브데이 하아다마). 이것을 개역성서는 '밭을 갈다'라고 번역했다.[1]

위의 도표에서 창세기 2장 5, 15절은 사람이 타락하기 이전의 문맥에 들어 있고, 나머지 구절들은 사람의 타락 이후의 문맥에 들어 있다. 사람이 선악과를 따 먹고 타락하기 이전에 흙을 섬기는 행위는 하나님이 사람에게 주신 천부의 사명임을 표현한다. 그러나 사람이 선악을 알게 하는 나무의 열매를 따 먹고 타락한 이후에는 흙이 저주를 받게 되었고, 흙을 섬기는 행위가 저주받은 행위가

---

1 밭을 가는 행위를 가리켜 '하라쉬'란 동사가 쓰이는 경우가 많은데 이 동사는 어떤 사물의 표면에 도구로 긁어서 홈을 파거나 홈집을 내는 동작을 가리킨다. 흙을 쟁기로 긁어대는 동작을 가리킨다(왕상 19:19, 호레쉬; 암 6:12).

된다. 가인이 동생 아벨을 죽여 피를 땅에 흘린 후에도 흙은 또다시 저주를 받는다. "네가 흙(아다마)을 갈아도 흙(아다마)이 다시는 그 효력을 네게 주지 아니할 것이요 너는 땅에서 피하며 유리하는 자가 되리라"(창 4:12).

선악과를 따 먹은 사람은 에덴동산에서 추방되었다. 에덴에서 추방된 인간은 그때부터 자신의 육체를 이루고 있는 흙을 위하여 노동하는 존재로 전락하고 말았다. 이것이 창세기 3장 23절의 의미 이다. "그의 근원이 된 땅을 갈게 하시니라."[2] 선악과를 따 먹기 이전에는 하나님의 동역자로 지음 받은 사람은 에덴동산에 편히 살면서 하나님께서 지으시는 땅의 창조 사역에 동참하고 흙을 가꾸 고 흙에 살았다. 모든 노동이 하나님과 함께 이루어져서 거기에는 아무런 삿된 동기도 없었다. 그러나 선악과를 따 먹은 결과 하나님과 의 관계는 깨어지고 소통은 끊어졌으며 사람은 저주 아래 놓이게 되었다.

2) 선악을 안다는 것

하나님은 '선과 악을 알게 하는 나무의 열매'를 먹지 말라고 금하였다. 선악과란 단어는 성경에 없다. 매우 길게 표현하여 "선과 악을 알게 하는 나무의 열매"라고 표현한다. 여기에 핵심 되는 단어는 '알다'란 동사이다. 무엇을 아는가? 선과 악을 알게 된다.

---

2 히브리어 본문의 전치사 '민'(~으로부터)의 용법은 장소의 이동(loca-tive)이 아니라 존재의 근원을 가리키는 탈격(ablative)이다. 사람의 육신이 흙으로 지어졌다는 의미이다.

하나님께서 천지를 창조하시면서 오로지 세계를 선하게만 지으셨다. "보시기에 좋았더라"는 구절이 창세기 1장에 일곱 번이나 되풀이되는 것은 하나님의 창조계에 악은 없고 선만 있음을 뜻한다. 본디 세계는 하나님의 눈에 참으로 아름답고 좋고 선하게만 창조되었던 것이다. 선악과를 먹고 선과 악을 알게 되면 사람이 하나님의 창조계를 자기중심의 눈으로 판단하기 시작한다. 여기서 선과 악을 판단하는 능력이 생긴다는 것은 하나님 중심으로 사고하는 눈을 상실하게 된다는 뜻이다.

사람은 본디 하나님과 유무상통하는 소통의 존재로 지어졌다. 동산에 해거름 무렵이 되면 하나님께서 사람과 대화를 나누시고 늘 계속창조의 사역에 대해 논의하신다(창 3:8). 개체가 보편자와 하나이면서 보편자는 개체 속에 들어와 하나가 되어 있었다. 하나님과 하나된 인간은 하나님의 숨을 쉬는 존재로서 하나님의 뜻과 마음을 잘 알고 하나님의 뜻에 따라 순종하며 사는 존재였다. 하나님께서 에덴동산에 이 나무를 심어둔 이유는 사람에게 무슨 변동이 생겼는지를 알아보기 위한 시금석을 마련해 두고 사람의 이탈 여부를 점검하시기 위해서였다. 선악과를 따 먹은 인간은 하나님이 부르실 때 몸을 숨기고 자기 자신을 변명하고 자신의 이익만을 챙기기에 급급한 모습을 보였다(창 3:10-12).

선과 악을 분별하여 알게 된 인간은 자기 자신의 육체의 소욕에 따라 움직이게 되었다. 인간에게 유리한 타자는 선하고 인간에게 불리한 타자는 악한 것으로 규정되었다. 인간은 자연으로부터 스스로 소외되어 자연을 자신의 호불호好不好에 따라 착취하는 존재로 타락하고 말았다. 더 이상 개체가 보편자를 인식할 수 없게 되었고,

보편자는 개체의 불순종으로 인하여 개체 속에 함께할 수 없게
되었다. 하나님의 뜻을 거슬러 자기 멋대로 살게 된 인간은 에덴동산
에 더 이상 거주할 수 없게 되었다.

3) 인간 중심주의의 출현과 귀결

타락한 사람에게 가장 먼저 찾아온 것은 먹을거리의 변동이었다.
먹을거리에 걱정이 없던 삶에 결핍이 느껴지기 시작하였다. 흙(아다
마)이 사람으로 인해서 저주를 받아 소출을 넉넉히 내지 못하게
되었다(창 3:17-19). 먹을거리가 부족해졌다. 인간은 결핍에 시달리면
서 자기 자신을 보호하고 지키기 위하여 살기 시작했다. 삶의 목적은
하나님을 영화롭게 하는 데 있는 것이 아니라 먹고 살면서 육체의
결핍을 충족시키기 위한 것으로 변질되었다. 이것이 창세기 3장
23절의 "자신의 근원이 된 땅을 갈게 하시니라"라는 말씀의 뜻이다.
선악을 따지는 인간은 인간 중심주의에 빠지게 된다. 세계를
인간의 복지를 위해 희생시키는 것이다. 인간 중심주의(homo-cen-
trism)는 기필코 사람 사이의 경쟁 관계를 유발한다. 사람이 타자와
경쟁하여 이기는 과정에서 자기중심주의(ego-centrism)가 사람의
본능에 뿌리를 박는다. 자기중심주의에 길들인 인간은 언필칭 이기
주의(egoism)의 속성을 연마하게 된다. 인간 중심주의에서 자기중심
주의로 전락하고 더 나아가 이기주의에 갇히는 과정은 에덴에서
쫓겨난 사람이 걷는 필연의 과정이다.
이기주의에 갇힌 인간은 만인에 의한 만인의 투쟁을 연출한다.
투쟁 관계에서 자기를 보호하는 길은 폭력뿐이다. 폭행하고 폭행을

당하는 기나긴 과정이 인간의 역사를 장식한다. 강자는 약자를 폭력으로 억압하여 착취를 일삼는다. 영웅이 출현하면 그 주변의 모든 사람이 그의 종으로 전락한다(창 6:1-6). 폭력으로 인해서 땅에 죄가 넘치게 되었다(창 9:5). 이와 같이 인간 중심주의로 인해서 땅에는 폭력이 가득하고 생명은 약화되었다.

노아 홍수로 인해 하나님께서 무지개 언약을 체결하셨다. 이 문맥에 뒤이어 갑자기 노아가 만취하여 벌거벗고 잠든 장면이 연출된다. 이처럼 갑작스러운 문맥 전환으로 독자를 당황하게 만드는 대목이 성서에 심심찮게 나온다. 예컨대 출애굽기 4장 24-26절의 할례 이야기나 출애굽기 18장 2절의 "모세가 돌려보내었던 그의 아내 십보라와 아들들"의 귀환에 관한 보도는 앞뒤 문맥에 맞지 않아 갑작스럽다. 이 대목에서 독자는 잠시 독서를 중단하고 상상의 나래를 활짝 펴고 명상의 세계로 들어갈 것을 요청받는다.

노아는 대홍수 심판 이후에 포도원을 가꾸었다(창 9:20). 온 천지가 물에 잠겼기에 모든 식물이 녹아 버려 황무해진 땅의 모습을 독자는 상상할 수 있다. 그런데 갑자기 노아가 포도원을 만들었다는 진술이 등장한다. 노아가 포도 농사를 시작한 것이다. 사람이 노아 때부터 육식을 시작했으므로 고기에 곁들여 마실 포도주가 필요했을 것이다. 다니엘서는 왕의 음식과 왕의 포도주를 나란히 언급하고 있다(단 1:15). 포도주가 육식에 곁들였음을 알 수 있다. 홀로 살아남은 노아는 이웃이 전멸해 버린 살벌한 상황을 보고 마음의 고통에 시달렸을 것이다. 혼자 남은 고독감에 시달리고 어쩌면 저들을 살려내지 못한 죄책감에 시달렸을지도 모른다. 방주를 만들면서 사람들에게 회개할 것과 방주로 들어와 목숨을 부지할 것을 아무에게도 알리지 않았던 과거에 시달렸을지도 모른다(창 7:9, 16). 아픈 마음에 익숙지 않은 고기를 씹으면서 비린내를 견디려고 포도주에 탐닉하였을 것이다. 벌거벗고 잠이 들었다는 것은 노아가 어느 정도 알코올 중독의 증세를 보였다는 말이 된다(창 9:21).

이 대목에서 히브리어 본문은 매우 이상한 표현을 내놓는다. '와야할 노악흐 이쉬 아다마'란 표현이다. '와야할'은 '~하기 시작했다'는 뜻이고, '이쉬 아다마'는 '흙의 사람'이란 뜻이다. 직역하면 "노아는 흙의 사람이 되기 시작했다"가 된다. 개역성서는 이것을 "노아가 농사를 시작하여"라고 번역했다. 창세기 3장 23절에 연결하여 읽어보면, 노아에게서 다시금 끈질기고도 못된 인간 중심주의가 다시 잡초처럼 돋아나기 시작했다는 뜻으로 이해된다. 노아는 홍수 후에 다시 육체의 질료를 이루는 흙을 위해서 살게 되었다. 그 결과는 포도주에 만취한 슬픈 행동이며, 그래서 자식을 저주하는 비운을 겪는다. 노아의 저주로 인해서 인류에 다시 죄가 스며들어 왔다.

III. 생명의 부정

1. 도시 문명(文明: civilization)의 출현

1) 죄의 결과: 자기중심주의

인간 중심주의에 빠진 타락한 인간의 운명은 동생을 살해하고 불행하게 살다 간 카인의 삶으로 나타났다. 아담은 에덴동산에서 추방된 이후로 자기중심주의로 살아가기 시작했다. 카인은 이러한 아버지의 죄를 계대^{繼代}하였다. 카인은 '흙을 섬기는 일'을 하였고, 이와는 반대로 아벨은 '양을 먹이는 일'을 하였다(창 4:2).

카인의 '흙을 섬기는 일'은 히브리어로 '오베드 아다마'이다. 위의 도표에서 보듯이 이 어구는 사람의 타락한 결과를 표현한다. 아벨은 피조물을 먹임으로써 생명을 양육하는 일에 종사하였다. 카인과 아벨이 노동의 결과물을 제물로 바쳤을 때 하나님은 아벨의 제물은 기꺼이 받으셨지만(창 4:4), 카인의 제물은 달가워하지 않았다(창 4:5). 왜냐하면 아벨은 생명을 양육하는 일을 하고 그 결과로 하나님께서 좋아하시는 맏배를 골라서 제물로 드렸지만(출 13:2; 22:29[히 28]; 34:20; 레 27:26; 신 12:6, 17 등), 카인은 자기 멋대로 저주받은 "흙의 열매 중 일부 '미프리 하아다마'"를 제물로 바쳤기 때문이다(창 4:3, "땅의 소산으로"). 흙이 저주받은 상황은 창세기 3장 17절에 진술되어 있다("흙은 너로 말미암아 저주를 받고").

하나님 중심으로 바친 아벨의 제물은 열납되었지만, 인간 중심으로 바친 카인의 제물은 열납되지 못했다. 카인은 제물을 바치면서 하나님이 자기를 도와주고 자기를 위해서 봉사해 줄 것을 기원하였다. 하나님을 섬기는 것이 아니라 하나님으로 하여금 인간을 섬기도록 요구하는 것이 카인의 제물이 가진 결점이었다. 이러한 태도는 곧장 우상숭배의 기원이 되었다. 자기의 존재를 부정당한 카인은 화가 났다. 동생 아벨에게서 질투심을 느꼈으며 타오르는 분노를 억제하지 못하여 동생을 죽이고 말았다.

인간 중심주의에 빠진 인간이 가장 주의해야 할 일은 자기중심주의에 빠지는 일이다. 인간 중심주의를 극복하려면 자기를 부인하고 하나님의 뜻을 따름으로써(막 8:34; 10:45; 12:33) 창조의 시원에 가득했던 선을 실천해야 한다. "네가 선을 행하면 어찌 낯을 들지 못하겠느냐"(창 4:6) 선과 악을 분별하게 된 결과 카인은 자기에게 이득이 되는 일만 골라서 행하였던 것이다. 이것이 카인의 제물이 열납되지 못한 주요 원인이었다. 하나님의 일을 실천하지 않는 자는 아무리 제물을 많이 바쳐도 소용없다. 그것은 한갓 우상에게 바치는 제물에 불과하기 때문이다.

또한 자기중심주의에 빠진 인간이 실패하는 이유는 욕망을 다스리지 못하는 데 있다. 죄짓게 하는 욕망 '터슈카'가 카인에게 있으나 카인은 그 욕망을 억누르고 다스려야 했다(창 4:7). 자기의 뜻을 실현하고 자기를 내세우려는 욕망이 충족되지 못하자 자기를 부정당한 분노에 치를 떨게 된다. 하나님의 조언을 무시하고 카인은 욕망을 다스리려는 자성의 시간을 갖는 대신에 자신의 경쟁자 아벨을 죽이고 말았다. 이것이 인류 최초의 살인 사건이다. 생명을 죽이는 사건이 처음으로 벌어진 것이다.

자기중심주의에 빠진 카인은 "내가 내 아우를 지키는 자니이까?"라는 대꾸로 하나님에게 대들었다(창 4:9). 고대의 동태 관습법에 의하면 형은 아우를 위하여 피의 복수를 감행해야 하는 의무를 진다. 형이 동생을 지키는 것은 당연지사였다. 그러나 카인은 반대로 동생을 죽이고 시치미를 뚝 떼고 말았다. 자기중심주의에 빠진 인간은 이기주의의 덫에 걸려서 폭력을 휘두르는 데까지 나아갔다.

2) 살리시는 하나님

하나님은 카인의 죄에 대하여 사형으로 다스리지 않았다. 사형은 또 하나의 생명 부정이다. 하나님은 일찍이 아담에게 금단의 열매를 먹으면 정녕 죽으리라고 하셨건만 막상 금단의 열매를 먹자 아담을 죽이지 않으셨다. "네가 먹는 날에는 반드시 죽으리라"(창 2:17). 성경은 하나님과의 소통이 끊어진 상태를 죽음의 상태로 보고 있다. 아담이 금단의 열매를 먹는 그 순간에 영생의 통로를 상실하고 생명의 길이 끊어졌다. 아담은 죽은 목숨이나 마찬가지였다. 이런 맥락에서 카인은 주의 낯을 뵈옵지 못하는 불통의 상태가 죽음임을 인식하고 있다. 그러나 카인은 회개함으로써 하나님과의 관계를 회복하려고 애쓰기보다는 육신의 삶을 더 연장하려고 도모하였다. "무릇 나를 만나는 자마다 나를 죽이겠나이다"(창 4:14).

인자하시고 오래 참으시는 야훼 하나님(출 34:6)은 카인에게 표를 주셔서 카인을 벌하기는커녕 오히려 보호해 주셨다. "카인을 죽이는 자는 벌을 칠 배나 받으리라"(창 4:15). 카인은 만나는 모든 사람에게서 죽임을 면하게 되었다. 카인이 생명을 부지할 수 있는 길은 오로지 야훼 하나님을 믿고 사는 길뿐이다. 그러나 카인은 아기를 낳고서 불안감에 시달리게 되었다. 언제 어느 때 사람들이 자신과 아기를 죽일지 몰랐다. 살인에 대한 기억과 살해당할지 모른다는 불안에 시달리다가 가인은 하나님을 믿는 신앙에 금이 갔다. 카인은 눈에 보이는 자구책을 마련하였다. 성을 쌓고 아기의 이름을 따서 에녹성이라 명명한 것이다(창 4:17). 이로써 인류 사회에 도시 문명이 출범하였다.

3) 도성의 출현

성서는 최초의 에녹성이 사람의 공격에 대한 방어용임을 보여 준다. 방어용으로서의 도성은 사람과 사람 사이의 소통이 단절되었음을 의미한다. 유무상통하는 가운데 서로를 사랑하는 관계가 깨어졌음이 도성의 건설에 전제되어 있다. 사람 사이의 관계는 서로를 죽이고 죽이는 투쟁의 관계로 고착되었다. 사람은 성벽으로 성을 둘러싸야만 비로소 안심하고 잠이 들 수 있었다.

이 도성에 사는 카인의 후예들은 하나같이 불행하고도 힘겨운 삶을 살았다. 라멕은 두 아내를 얻어서 일부다처제의 원조가 되었다. 라멕은 살인을 두 차례나 저지르고 자신의 불행한 삶을 탄식하는 동시에 조상 카인의 삶보다 자신의 삶이 열한 배나 더 불행했다고 회고하였다(창 4:23-24).

카인의 후예 라멕의 아내 아다에게서 두 아들이 태어났다. 형 야발은 장막에 거주하며 가축을 치는 자의 조상이 되었다. 야발은 도성에 거주하지 않고 도성 근처에 거주하면서 도성에 고기를 공급하는 역할을 맡았던 모양이다. 동생 유발은 수금과 퉁소를 잡는 음악가들의 조상이 되었다. 음악은 에녹성에서 밤마다 벌어지는 연회장에서 연주되었을 것이다. 그리고 라멕의 다른 아내 씰라에게서 두발가인이 태어났다. 그는 구리와 쇠로 여러 가지 기구를 만드는 장인이 되었다.

구리는 청동기시대를 전제하고 쇠는 철기시대를 전제한다. 청동기시대는 구리광산에서 구리를 캐는 노예 노동자들을 전제하고 있으며, 철기시대는 철광산에서 철을 캐는 노예 노동자들을 전제한다. 라멕이 사는 에녹성을 유지하기 위해서는 구리와 철로 만든 제품들이 필요했다. 각종 무기와 도시 문명을 창달하는 데 필요한 온갖 기구들은 노예 노동자들이 흘리는 피 위에 서 있었다.

이와는 달리 아담이 아벨 대신에 얻은 아들 셋의 후예는 카인의 후예와는 전혀 다른 삶을 살았다(창 5:1-32). 셋의 후예 중에 에녹이 태어났는데 그는 카인의 아들과 동명이인同名異人이다. 에녹은 카인의 아들 에녹과 달리 도성에 살지 않았으며, 하나님과 동행하는 삶을 살다가 하나님이 그를 데려가시므로 승천하였다. 카인의 아들 에녹과는 대조되는 삶을 살았다. 에녹의 아들 므두셀라는 969세라는 인류 사상 최장수의 기록을 세우는 복된 삶을 살았다. 므두셀라에게서 라멕이 태어났는데 이는 카인의 후예 라멕과 동명이인이다. 그는 당대의 의롭기로 이름난 노아의 아버지로서 자식을 신앙으로 훌륭하게 교육시킨 경건한 아버지였다. 이와 같이 셋의 후예는 도성에서 불행하게 살았던 카인의 후예와는 정반대로 자연 속에서 살면서 행복한 삶을 누렸다.

셋의 후손들은 도성 문명을 창달한 카인의 후예와는 달리 농사짓는 사람들의 선조가 되었다. 그러나 농자農者의 후예는 노아 한 사람만 남았다. 하나님의 뜻을 알고 하나님과 동역하며 살았던 의인은 당시에 사람이 땅 위에 번성하였음에도 불구하고(창 6:1) 노아 한 사람으로 대표될 만큼 극소수에 불과하였다.

노아가 함을 저주하자 함의 후예들은 죄악의 자녀로 둔갑하였다. 흙의 사람이 된 노아는 왕년에 의인으로 흠 없는 사람이었던 모습을 상실하였다. 나이가 들면서 노아는 자신의 육신을 이루는 흙을 만족시키려고 급급한 모습을 보였다(창 9:20). 노여움을 쉽게 타며 모든 인류가 사망한 아픈 기억에 시달렸다. 삶의 무게를 이기지 못하고 술을 퍼마시다가 보니 자기도 모르게 주사酒邪가 생겼다. 천막에서 벌거벗고 잠들었다. 함은 아버지의 벌거벗은 모습을 보고 바깥에 나가서 다른 형제들에게 떠들어 댔다. 이 사실을 나중에 알고 아버지 노아는 아들 함을 저주하고 말았다. 노아가 화를 내어 자식을 저주한 데서부터 대홍수 이후에 인간의 죄악상이 다시 땅에 독버섯처럼 피어나기 시작한 것이다.

2. 도성의 전개: 심판의 대상

예언자들은 도성에 대한 심판을 선포했다. 아모스는 이스라엘과 유다를 포함하여 가나안의 모든 도성을 하나님께서 심판함으로써 멸망할 것이라고 예언하였다(암 1-3장; 미 5:11; 6:9; 7:11-13; 나 3:1). 니느웨도성은 야훼의 심판을 받을 대상이었다(욘 1:2; 3:2-4; 4:5, 11). 야훼의 심판 날에 견고한 성읍이 무너질 것이다(습 1:16; 3:6). 도성은 패역하고 더럽고 포학하였다(습 3:1). 카인이 세운 에녹성으로부터 유다의 예루살렘에 이르기까지 도성이 거쳐 온 과정을 성서는 세밀하게 묘사하고 있다.

1) 도성의 건축자들

함의 자손 중에서 또다시 도성을 건축하는 자들이 생겨났다. 도성의 규모도 더 커졌다. 레센성은 매우 큰 도성이었다(창 10:12). 창세기 2장 13절에 의하면 구스의 위치는 메소포타미아 동쪽 카사이트제국이 있었던 산악지대인 것으로 판단된다. 구스의 권역을 소개하면서 '니므롯'에 대한 전설과 시날 땅과 바벨성과 앗수르와 니느웨와 레센성을 언급한다. 이들 신화와 지명들은 모두 수메르 지역을 가리키므로 구스가 메소포타미아 지방을 가리켰을 것이다. 이들이 모두 도성을 건축한 자들로서 제국을 영위하였다.

구스가 다섯 아들을 낳고 마지막으로 니므롯을 더 낳았다. 니므롯은 미가서 5장 6절에 앗수르와 평행법으로 나오므로 같은 지역의 사람을 가리키는 것으로 보인다. BDB사전에 니므롯은 구스의 아들이며 영웅이자 사냥꾼으로 묘사되어 있는데, 바빌로니아의 한 왕으로 니느웨성을 건설한 자로 보인다고 한다. 그러나 창세기 10장 12절에는 니므롯이 레센이라는 큰 성을 건설하였다고 되어 있다. 니므롯이 다스린 나라는 바벨론과 앗수르, 곧 수메르 지역이었다고 보도한다.

니므롯은 카인의 후예들과 매우 유사한 문학적 연관성을 보여주고 있다. 창세기 6장 1-4절의 네피림이 하나님의 아들들과 사람의 딸들 사이에 태어난 거인족 용사들이었다는 진술은 창세기 10장 8-9절의 니므롯은 용감한 사냥꾼으로서 세상에 나타난 첫 용사였다는 진술과 너무나 흡사하다.[3]

카인이 최초로 에녹성을 건설한 후에 노아의 대홍수가 지나서 니므롯이 레센이라는 더 큰 성을 건설하였다. 성의 규모가 점점

---

3 용사를 가리키는 '깁보르'는 창 6:4에 먼저 나왔기 때문에 NKJV처럼 "he began to be a mighty one on the earth"라고 번역하는 편이 더 낫다. 처음으로 나타난 용사라고 번역하면 창 6:4과 모순을 일으킨다. 대홍수 심판 이후에 처음으로 나타난 용사라고 이해하면 모를까 "니므롯은 땅 위에서 용사로 등장하였다"라고 번역하는 것이 더 낫다.

더 커져 가는 상황을 묘사한다. 레센성은 니느웨와 갈라 사이에 위치하고 있었다고 보도하는데 여기서 니느웨란 앗시리아제국의 수도였음을 자연스레 상기하게 된다(창 10:11). 용사 니므롯이 바벨 성을 건설하였다는 진술은 바빌로니아제국의 흥기를 가리킨다. 아시리아는 북 왕국 이스라엘을 멸망시켰고, 바빌로니아는 남 왕국 유다를 멸망시켰다. 창세기 10장 13-14절은 미츠라임, 곧 이집트제 국을 가리킨다. 미츠라임에서 블레셋도 생겨났다.

함의 아들 가나안에게서 열한 명의 아들이 태어났다. 시돈, 헤트, 여부스, 아모리, 기르가스, 히위, 알가, 신, 아르왓, 스말, 하맛이다. 여기에 가나안의 권역이 표시되는데 시돈, 그랄, 가사, 소돔, 고모라, 아드마, 스보임, 라사이다. 출애굽기 23장 23절에 가나안 여섯 부족 이 아모리, 헷, 히위, 가나안, 여부스, 브리스로 언급되고, 신명기 7장 1절에는 여기에 기르가스가 포함되어 일곱 부족이 언급된다. 창세기 10장 15-19절의 목록에는 브리스가 빠지고 대신에 기르가스 가 언급되어 있다. 소돔과 고모라와 아드마와 스보임은 하나님의 심판을 받아 멸망한 도성들이다(신 29:23[히22]; 호 11:9).

창세기 10장 21-31절은 셈의 자손들을 적은 목록이다. 셈의 족보는 함의 족보와 상당히 다르다. 여기에는 도성이나 권역에 대한 언급이 전혀 없다. 셈은 에벨 온 자손의 조상이라는 언급으로 시작한다. 21절의 '에벨'이란 이름은 동사 '아바르'에서 나온 이름인 데 이 동사는 '물을 건너다'란 뜻으로 '히브리'란 이름을 연상시킨다. 에벨은 히브리인의 조상이었음을 암시한다.

2) 폭력의 도성민

함 족속의 죄악을 따라 도성을 쌓고 제국을 이룩하는 행렬이 이어졌다. 이들이 동방으로 옮기다가 시날 평지를 만나 거기 거류하며 벽돌을 만들어 도성과 망대를 건설하였다(창 11:4, 성읍과 탑). 이것이 바벨도성이었다. 망대는 적의 침입을 감시하는 탑으로 높이 쌓아 올려야 했다. 도성민은 탑을 하늘에 닿게 쌓음으로써 지면에서 흩어지지 말고 단결하여 살자고 다짐하였다.

고대 도성의 주민 구성은 보통 노예가 40% 정도 차지하고, 나머지는 왕과 그 가족, 제사장 집단, 귀족들과 무사들 그리고 병사들로 이루어져 있었다. 이 중에 노예는 인간으로 취급하지 않고 거의 가축으로 간주하였다. 탑을 하늘에 닿게 쌓고 흩어지지 말고 단결하자는 구호는 도성의 지배자들의 구호였다.

높음을 뜻하는 히브리어 '롬'은 교만을 뜻하는 말이다. 가나안에 즐비한 도성들은 성벽을 높이 쌓아 올렸다(민 13:28). 태초에 하나님께서 사람을 창조하시고 "생육하고 번성하고 땅에 충만하여 땅을 정복하라"고 축복해 주셨다. 이 구절에서 '정복하라'는 히브리어 동사는 '카바쉬'이다. 이 동사는 땅을 꾹 밟아 누르고 서 있는 동작을 표현한다. 사람은 땅에 충만하여 땅이 하늘에 닿지 않도록 땅을 꾹 밟고 살아야 한다는 뜻이다. 창세기 1장의 이 축복문은 창세 서곡의 문단 창세기 1-11장의 앞부분에 나와서 성서 전체를 지배한다. 인간의 사명은 땅을 낮은 데 처하게 관리하는 것으로서 그는 언제나 낮은 데 처하여야 한다. '낮다'란 히브리어 '아나브'는 겸손을 뜻하는 말이다. 사람은 모름지기 겸손하게 자기를 낮추어야 한다.

그러나 죄가 계대하여 증가함에 따라 바벨도성을 쌓고 사람은 하늘에 닿으려는 교만한 몸짓을 취하였다. 죄는 교만으로 나타난다.

애굽도성은 교만하여 폭행을 일삼았다. 아브람이 하란을 떠나 가나안 세겜을 거쳐서 파라오가 다스리는 애굽의 도성에 내려갔을 때 애굽 사람이 자기를 죽이고 아내 사래를 빼앗을까 봐 전전긍긍하였다(창 12:10-12). 아브람은 아내를 누이라고 속여야 했다. 애굽도성이 얼마나 폭력을 휘둘렀는지를 보여 주는 대목이다.

아브람과 함께 동거하던 롯이 아브람을 떠나 독립하게 되었다. 롯은 요단 지역의 소돔과 고모라와 소알의 도성들이 있는 지역으로 이주하였다(창 13:12). "소돔 사람은 여호와 앞에 악하며 큰 죄인이었다"(창 13:13). 가나안 지역에서 성을 지배하던 왕들은 늘 전쟁을 벌이며 폭력을 휘둘렀다. 소돔성에 살던 롯은 졸지에 전화戰禍에 휘말려 포로로 끌려가는 신세가 되었다(창 14:1-16). 롯은 소돔성에 살면서 폭행을 휘두르는 성민 가운데서 소외된 삶을 살았다. 하나님께서 천사들을 보내어 소돔성을 심판하실 때 도성의 성민들이 롯의 집을 에워싸고 나그네들에게 폭행을 가하려고 협박하였다(창 19장). 소돔성에는 의인이 열 명도 없었다(창 18:24, 26, 28).

야곱이 세겜 성에 이르렀을 때(창 33:18), 딸 디나가 하몰의 아들 세겜에게 성폭행을 당하였다(창 34:2). 오빠들이 여동생이 당한 것을 복수하기 위해서 세겜 성민들을 학살함으로써 덩달아 폭력을 휘두르게 되었다(창 34:26). 에서의 후손들이 강성하여 에돔 땅에 도성들을 건설함으로써 하나님의 백성의 계보에서 떨어져 나갔다(창 36:32, 35, 39). 에돔도성은 나중에 광야를 거쳐 가나안으로 진행하는 이스라엘의 길을 가로막고 방해하였다(민 20:16-17). 기근이 났을 때 도성민은 농작물을 사재기하여 성에 비축하여 두었고, 농민들은 양식을 얻기 위해서 도성에 종속되었으며(창 41:35, 48), 마침내 가진 땅마저 도성민에게 빼앗기고 도성 안으로 이주하여 노예 노동에 종사하였다(창 47:20-21).

애굽에 내려간 야곱의 아들들은 마침내 애굽에서 국고성 비돔과 라암셋도성을 건축하는 노예 노동에 종사하는 신세로 전락하였다(출 1:11). 야훼께서 애굽도성에 열 가지 재앙을 내리실 때 우박을 내려서 심판하셨다. 이때 모세가 도성 바깥에 나가서 손을 펼치자 우박이 그쳤다(출 9:29, 33). 히브리인들이 애굽에서 탈출한다는 것은 애굽의 도성에서 노예 노동에 종사하던 폭력으로부터의 탈출을 의미하였다. 도성의 폭행은 술람미 여자가 파수꾼에게 성폭행당하는 장면에서도 여실히 노출된다(아 5:7).

히브리인의 탈출은 도성을 버리고 광야로 나아가는 동선動線을 취했다. 광야에서 도성에서의 때 묻은 정신과 마음과 생활 습관을 버리고 하나님의 백성으로 거듭나야 했다. 시내 광야에서는 하나님의 산으로 나아가서 하나님을 만나고 하나님에게 법도와 율례를 배워야 했다. 탈脫도성의 동선이 바로 출애굽이며 기독교 구원 사상의 뿌리이다. 광야에서 하나님의 법으로 교양 받은 백성은 다시 가나안의 도성으로 들어가야 한다. 가나안에는 서른한 명의 왕들이 도성을 짓고 땅을 지배하고 있었다(수 12:33). 이들은 아낙 자손으로서 견고하고 심히 큰 성을 짓고 있었다(민 13:28). 이스라엘은 이들 교만한 도성들을 무너뜨리는 사명을 받았다(신 9:1-6). 여리고성과 아이성을 필두로 가나안도성들은 다 무너졌다(수 6:3; 8:1; 11:12, 19, 21; 24:13). 가나안의 도성 풍습을 근절하기 위해서 모든 도성을 파괴하고 그 주민들을 추방하여야 했다(출 23:23, 33; 신 7:1-2). 하지만 가나안의 기브온 주민들이 여호수아를 속여서 살아남았다. 이것이 후일 이스라엘을 우상숭배에 빠지게 하는 올무가 되었다(수 10:2). 만약 이스라엘이 교만해져서 하나님께 범죄하고 가나안도성의 풍습을 따라 살면, 이스라엘의 도성에 염병을 돌게 하여 멸할 것이며(레 26:25), 그 도성들을 황폐하게, 성소들을 황량하게 만들어 심판을 당할 것이다(레 26:31, 33).

이스라엘의 진행을 가로막던 아랏 왕과 아모리 왕 시혼과 바산 왕 옥과 모압 왕 발락은 그 다스리던 성읍들과 함께 멸망을 당하였다(민 21:2-3, 25, 34; 24:19). 이스라엘이 미디안에게 원수를 갚을 때 그들이 거처하는 성읍들과 촌락들을 다 불살랐다(민 31:10). 가나안 땅에 정착할 때 이스라엘은 가나안 도성민처럼 집을 크게 짓고 살면 안 되었다. 집을 크게 짓게 되면 으레 교만해지기 십상이기 때문이다(신 8:12-17). 그러나 이스라엘은 자기를 지으신 야훼를 잊어버리고 교만해져서 왕궁들을 세웠으며, 유다도 교만해져서 견고한 도성들을 많이 쌓았다. 이 도성들은 야훼의 불 심판을 당하여 다 멸망하고 말았다(호 8:14; 11:6).

3) 새 예루살렘: 도성 문명의 대안

오경과 육경의 차원에서 도성 문명에 대한 비판 정신은 매우 강한 줄기를 이루고 창세기에서부터 여호수아서까지 흐르고 있다. 폭행이 난무한 도성의 상*은 이스라엘을 통하여 새로운 도성으로 변화를 맞는다. 광야 끝자락에 이르러서 이제 막 가나안으로 진입할

찰나에 갓 지파와 르우벤 지파가 요단 동편에 거주하려고 했다. 하지만 이들의 장정들은 가나안 정벌이 다 끝날 때까지 함께 행군해야 하며 노약자와 부녀자들을 보호하기 위해서 도성에 살아도 좋다는 허락을 모세에게 받았다(민 32:16 이하). 이들의 도성은 사람을 보호하고 생명을 살리기 위한 전혀 다른 목적으로 건축한 것이다. 이러한 맥락에서 레위인들에게 성읍들을 주어서 도피성으로 삼았다(민 35:2 이하). 살인자들이 도피성으로 피했다(민 35:6, 11, 25, 32). 레위의 도피성은 생명을 아끼고 살리려는 장치로 쓰였다.

예언자들은 타락한 도성 예루살렘 대신에 하나님께서 세워 주시는 새 예루살렘을 꿈꾸었다(사 1:7-8; 65:18). 종말에 야훼께서 예루살렘을 즐거운 성으로 창조하며 그 성민을 기쁨으로 삼을 것이다(슥 1:17; 8:3, 5). 느헤미야의 성벽 재건은 새 예루살렘을 꿈꾸는 예언자의 꿈을 실현하고 옛 조상의 뜻을 계대하여 거룩한 도성으로 만들려는 노력의 일환이었다(느 2:5; 8:15; 9:25; 11:1; 12:44). 포로에서 돌아온 이스라엘의 남은 자들은 가나안의 성읍에 거주하면서 그 성읍을 새롭게 만들어야 할 사명을 띤다(스 2:1, 70; 3:1; 10:14). 새롭게 거듭나서 야훼의 말씀을 준행하는 도성은 아드마와 스보임과 같이 멸망당하지 않고 다시 아름다운 자연의 모습을 되찾을 것이다(호 11:9; 암 9:14; 욥 1:20).

IV. 정의(正義) : 생명의 회복

1. 하나님의 정의(正義)

도성에서 생명을 부정하는 문명이 발달한 반면에 의인들이 있어서 생명 문화를 창달하여 구원의 길을 걷고 있었다. 노아는 의인이요 당대에 완전한 자였다(창 6:9; 7:1). '의인'은 히브리어로 '이쉬 차디크'이다. '체데크'는 남성명사이고, 여성명사는 '처다카'이며, '차디크'는 형용사형이다. 이 단어들은 윤리와 도덕의 표준에 부합하는 상태를 가리킨다. 본디 이것은 '곧다'(straight)란 뜻으로 막대기, 잣대, 척도를 의미한다. 이 뜻은 기본으로 '규범'(norm)을 의미한다. 정의를 재는 척도는 하나님의 성품과 뜻이다. "여호와께서는 그 모든 행위에 의로우시며 그 모든 일에 은혜로우시도다"(시 145:17).

창세기 6장 9절에 '차디크'란 형용사가 처음 나온다. 지금까지 선과 악이란 주제가 아담과 이브를 시점으로 그 후손을 둘러싸고 진행되어왔다. 하나님께서는 세계를 선하게만 창조하였다. 사람이 하나님의 말씀을 거역하고 선과 악을 알게 하는 나무의 열매를 따 먹은 후부터 사람은 선악을 판별하는 데 스스로 기준이 되었다. 자기가 기준이 되어 선과 악을 분별하는 수렁에 빠지고 만 것이다. 그 결과 사람은 두 부류로 나누어졌고 하나님과 소통이 끊어져 제멋대로 사는 카인의 후예들이 온 땅에 편만하게 되었다. 의인은 노아 한 사람뿐이었다.

분쟁과 억압과 착취로 인하여 사람 사이에 고난이 줄을 이었고 땅에는 죄악이 넘치게 되었다. 이런 문맥에서 오경의 저자는 노아를

'의인'으로 등장시킨다. 노아는 '의인'이라고 진술할 때, 노아는 하나님을 기준으로 매사에 선악을 판단하는 훈련된 사람이었음을 의미한다. 노아가 의롭게 된 데에는 여호와께 은혜를 입었기 때문이었다(창 6:8). 사람이 선악과 호불호를 판단하는 기준으로 시내산에서 알려 주신 하나님의 율례와 법도를 따를 때 그는 비로소 의로울 수 있다.

아브람이 야훼를 믿으니 그가 의인으로 간주되었다(창 15:6). 야훼께서 아브라함을 택하신 이유는 그 후손으로 하여금 공의(처다카)와 정의(미쉬파트)를 지켜 야훼의 도를 닦게 하시기 위해서였다(창 18:19). 야곱이 스스로 공의(처다카)를 행한 사실은 자기 양 떼 중에 아롱진 것과 점 있는 것과 검은 것밖에 없음이 드러날 때일 것이다(창 30:33). 유다의 며느리 다말은 유다보다 더 의로웠다(창 38:26). 다윗은 사울이 무방비 상태로 있을 때 공격하지 않았기에 사울보다 더 의롭다(삼상 24:7). 노아 외에도 다니엘과 욥이 예로부터 의인으로 명성이 자자하였다(겔 14:14, 20).

'체데크, 처다카, 차디크'의 의미를 윤리 도덕의 의미와 법률적 의미와 신정적神政的 의미로 크게 삼분하여 나눌 수 있을 것이다. 사람 사이의 정의로운 관계는 차별 없이 서로 평등한 관계를 말한다. 의로운 사람은 다른 사람과의 관계에서 하나님의 법도를 준행함으로써 공동체의 평화와 번영에 기여하려고 노력하는 사람이다. 하나님을 섬기는 사람이 의인이다(말 3:18). 욥과 같은 의인은 가난한 자와 고아를 구제하고, 맹인을 인도하며, 약자를 보호하고, 나그네를 돌보았다(욥 29:12-15; 31:31-32). 의인은 가난한 자의 겉옷을 저당 잡았다가도 해 질 녘에 돌려준다(신 24:13). 의인은 이자를 받지 않고 거저 주는 사람이다(시 37:21). 의인이 많아지면 국격이 올라간다(잠 14:34). 도성민이 하나님을 따르면 그 도성에는 의가 상주하게 된다(사 1:21). 예언자들은 이러한 관점에서 도성민이 의를 실천하라고 외쳤다(사 32:15-17; 렘 22:1-4; 겔 36:25-27; 호 10:12; 암 5:15, 24; 합 2:4). 정의로운 재판이 되려면 가난한 자라고 편들어 주지 말아야 하며 부자라고 두둔해서는 안 된다(레 19:15). 상인들은 공평한(체데크) 저울추와 용기(用器)를 사용해야 의로운 사람이 될 수 있다(레 19:36).

법정에서 의로운 재판은 빈자든 부자든 공평하게 판결하는 데서 성립한다. 의인이 사형에 처해져서는 안 된다(출 23:7). 뇌물을 받은 재판장은 의인을 왜곡시킨다(사 5:23). 율법은 사람의 법에 따라 유죄와 무죄를 판별하는 것이 아니라 하나님의 법에 비추어 의롭냐, 의롭지 않느냐를 판단한다. 독재 권력이 만든 실정법을 어겨도 의인은 양심에 거리낌이 없이 하나님 앞에서 무죄할 수가 있는 것이다. 하나님 자신이 의로우시므로 하나님은 참된 재판장이시다(신 32:4; 대하 12:6). 하나님은 억압받는 백성을 구원하시는 의로운 분이다(사 51:1-3). 페르시아의 고레스 왕이 바빌로니아의 압제로부터 하나님의 백성을 구원했기 때문에 그는 의로운 왕으로 칭송받는다(사 42:6; 45:13).

하나님과 언약을 맺은 백성은 하나님의 말씀을 준행해야 의롭다(시 1:1-6; 신 6:25). 언약의 백성을 하나님은 지키시고 구원하신다(시 5:8; 31:1; 37:6). 억압자를 물리치시고 보복하여 주신다(렘 11:20). 원수를 완전히 물리치고 승리하게 도와주신다(사 54:14-17). 결국은 야훼께서 오롯이 의로우신 구주이시다(사 45:21). 언약을 어기고 범죄하면 자기 백성일지라도 원수의 손에 넘겨주신다. 하나님의 심판은 의롭다. 징벌을 당하는 중에 이스라엘이 회개하고 진심으로 뉘우치면 하나님은 의로우시기 때문에 그들을 다시 회복시켜 주신다(사 51:1-8).

설사 포로가 된 이스라엘이 의롭지 못하다 하더라도 하나님이 의로우시므로 그들을 귀환하게 인도하신다(사 46:12-13). 이것은 순전히 의로우신 하나님의 은혜로 말미암은 것이다. 아무 공로 없어도 죄인을 의롭다고 판결해 주시는 것은 하나님의 정의이다(사 53장; 롬 3:26). 아무 공로 없는 이스라엘이 땅으로 귀환하게 하려고 페르시아 왕 고레스를 들어 쓰신 것은 순전히 하나님의 의로우심 덕분이다(사 46:12-13).

의인으로 인정받기 위해서는 하나님의 마음을 알고 하나님과 소통하는 관계에 들어가야 한다. 하나님의 뜻은 시내산에서 주신 하나님의 법을 통해서 알 수 있다. 하나님의 법은 히브리어로 '미츠와', '미쉬파트, 미쉬파팀', '호크, 후킴'으로 분류할 수 있는데 각각 '계명', '율례', '규례'라고 번역되어 있다(출 15:25-26). 이 모두를 합하여 '토라'라고 부른다. 하나님의 큰 가르침이 곧 '토라'이다.

시내산에서 주신 법은 십계명(출 20:1-17), 계약법(출 20:22-23:33), 성막법(출 25:1-31:17), 제사법(레 1:1-10:20), 정결법(레 11:1-16:34), 성결법(레 17:1-26:34), 제사보충법(민 3:1-8:26)으로 구성되어 있다. 이 법들은 하나님과의 관계를 규정하고, 사람과 사람 사이의 관계를 규정하는 것으로 대별할 수 있다. 하나님과의 관계에서는 우상을 섬기지 말 것과 안식일을 지키는 것으로 귀결되고, 사람 사이의 관계에서는 노예를 해방하는 것과 원수와 화해하는 과제에 초점이 맞추어져 있다. 예수께서 요약해 주셨듯이 율법의 대강은 하나님 사랑과 이웃 사랑 두 마디로 간추릴 수 있다(레 19:18, 신 6:5). 그러므로 하나님의 정의는 사랑이라는 한마디로 압축된다(요 15:12). 이 사랑을 온전히 실천하신 분이 곧 예수 그리스도이시다. 그래서 "그리스도는 하나님의 형상이시다"(고후 4:4). 하나님의 사랑은 생명으로 나타나며 그리스도를 통하여 영원한 생명이 주어진다(요일 2:25).

2. 도성의 정의(正義)

고대사회는 노예제사회였다. 도성들이 건설되면 그 도성에 필요한 여러 가지 설비들이 있었다. 우선 도수로를 건설해야 도성에 물을 공급할 수 있다. 수십 킬로미터 바깥의 수원지로부터 물을 끌어와야 했다. 도수로를 건설하는 데는 노예들의 노동이 필요하였다. 또 성벽과 궁전과 신전 및 귀족들의 가옥을 건축하기 위해서 석 제품을 생산하는 채석장을 운영해야 했다. 산에서 돌을 떠서 성으로 운반해 와서 정으로 쪼아 다듬어야 했다. 돌을 뜨는 노동자들과 돌을 다듬는 석공들이 필요했으며, 노예들이 이 노동을 감당했다. 목재가 필요하기에 산판에 노예들을 보내어 아름드리나무들을 베어서 운반해 와야 했다. 여기에도 노예 노동력이 필요했다. 도성의 식량을 조달하기 위해서 성곽 주변의 들판에 농민들을 노예로 만들어서 세금의 형태로 착취하였다. 이처럼 도수로의 건설과 성벽과 성안의 시설물들을 건설하는 일과 광산과 채석장과 산판에서 건자재를 생산하는 일과 들판에서 양식을 조달하는 일을 위해서 노예들을 획득하는 작전이 불가피하였다. 노예를 획득하기 위해서는 이웃의 마을을 습격하거나 이웃 도성을 공격하여 그 주민을 노예로 끌어와야 했다(합 2:12). 도성들은 철철이 전쟁을 수행하였고, 전쟁은 고대 지중해 문명권에서 연례행사로 줄을 이었다(창 14:1-2; 삼하 11:1).

　도성은 처음에는 가로, 세로 수백 미터 정도의 면적에 작은 규모로 시작되었으나 세월이 흐르면서 도성의 규모는 점점 커져 갔다. 나중에는 가로, 세로 수 킬로미터에 달하는 도성들이 줄줄이 건설되었다. 도성들을 서로 동맹 체제를 구축하여 편을 갈라서 전쟁을 벌였다. 이 연맹 체제가 점점 확대되면서 고대 노예제사회에 여러 차례의 제국들이 출몰하여 명멸하여 갔던 것이다. 이집트, 히타이트, 아시리아, 바빌로니아, 페르시아, 헬라, 로마제국 등 수많은 제국이 노예 노동을 기반으로 위세를 떨치고 역사 속으로 사라졌다. 제국이 낳은 도성 문명은 카인의 삶에서 볼 수 있듯이 살인하는 폭력을 기반으로 출범한 것이며, 라멕의 삶에서 볼 수 있듯이 불안하고도 불행한 나날을 살았던 영웅들의 문명이었다.

　도성에는 저마다 섬기는 신이 있었다. 바벨론도성은 '마르둑'을 최고신으로 섬기고 있었고, 이집트는 태양신 '레'와 그 하위 신들을 섬겼다. 시돈과 모압과 암몬과 에돔과 블레셋이 각기 저마다 최고신으로 옹립하고 그 하위 신들을 더불어 예배하였다. 예루살렘도 이들과 마찬가지로 야훼를 최고신으로 섬겼고, 아스다롯과 지방의 산당에서 하위 신들을 예배하였다. 이스라엘의 왕국 시대에 야훼 종교는 다신교였다. 유일신 신앙이 싹튼 때는 유대왕국이 멸망한 후 포로기 때였다. 도성들이 저마다 만신전萬神展(pantheon)의 체계를 갖추고 있었고, 신들을 신전에 봉안하고 있었다. 도성민이 섬기는 신이 곧 그 도성의 표상이었다.

1) 십계명: 도성 문명의 대안 ①

십계명은 도성의 만신전을 폐기할 것을 촉구한다. "너는 나 외에는 다른 신들을 네게 두지 말라"(출 20:3). 이 계명의 '다른 신들'이란 만신전의 다신多神 체제를 가리킨다. 이 신들은 고대 근동의 도시국가들이 내세우는 최고신들의 모둠이다. 예루살렘을 포함한 모든 도시국가가 대표적 상징으로 내세우는 신들은 실제 존재하지 않는 신들이다. 이것들이 곧 우상이다. 이 신들은 인간이 도성의 이데올로기로 만들어 낸 신들에 불과하다(사 41:29).

그러나 야훼는 사람이 상상으로 지어낼 수 없는 하나님이시다. 야훼는 시내산에서 강림하셔서 자기 백성에게 자신을 알려 주셨을 때에야 비로소 백성이 인식할 수 있었다. 누가 감히 도성에 종사하던 히브리 노예들을 해방시킨 하나님을 상상이나 할 수 있었겠는가. 도성에서 노예 노동에 종사하던 히브리인들을 해방시켜서 자기 백성으로 삼으시는 하나님이 야훼이시라는 고백(출 20:2)은 사람이 마음대로 지어낼 수 없는 신앙고백이다. 모든 도성이 저마다 신들을 통하여 지배 이념을 창출하고 이 신앙을 토대로 신민臣民이 단결하여 왕에게 충성하였던 저간의 상황을 감안한다면, 노예 해방자 야훼 신앙은 도성의 통치자에게 매우 해로운 사상이었음에 틀림없다.

노예가 해방되면 그 도시의 경제는 무너지고 만다. 노예 노동이 고대 노예제사회의 물적 토대이기 때문이다. 모든 생산은 노예가 담당하였다. 노예 해방자 야훼는 '새긴 우상'의 제작을 엄금하신다. '새긴 우상'에 대한 히브리어 원어는 '페셀'이다. 페셀은 동사 '파살'에서 파생한 명사이다. '파살'이란 동사는 목재나 석재 같은 재료를

연장으로 쪼거나 파는 조삭 행위를 가리킨다. 그러므로 명사 '페셀'
은 목공예나 석공예를 통해 제작한 조각품을 가리킨다. 이것을
개역성경은 '새긴 우상'이라고 번역했다. 야훼께서 십계명을 통해
'페셀'의 제작을 가장 먼저 금지하셨다.

'페셀'을 만들려면 채석장의 노예 노동이 있어야 했다. 도시들은
저마다 주변에 채석장을 운영하고 있었다(삿 3:19, 26, '돌 뜨는 곳').
도시의 성문이나 신전에 높이 게양되어 있는 석상은 그 도성의
신앙을 표시하였다(행 19:24). 그 신상의 배후에는 그 도시를 건설할
때 피 흘린 노예 노동자들이 있었다. 노예들이 채석장에서 생산하는
각종 석 자재가 그 신상의 배후에 깔려 있다. 성벽과 망루를 쌓고
궁궐과 신전을 건축하려면 석재를 생산해야 한다(왕상 5:15, '산에서
돌 뜨는 자가 팔만 명이며'). 도성에 필요한 물을 끌어들이려면 도수로를
건설할 석 자재가 있어야 한다. 또 '페셀'은 목재를 가리키기도
한다. 목재는 도성의 건축에 있어서 필수품이다. 궁궐과 신전과
귀족의 가옥을 건축하는 데 목재가 필요했다. 병거와 공성퇴와
같은 군사 장비도 목재로 제작하였다. 목재를 얻기 위해서 산판에
노예 노동을 투입해야 한다(왕상 5:13-14). 만일 페셀의 제작을 금하면
도시 문명은 무너지고 만다.

십계명을 해설하고 있는 법이 계약법이다. 계약법은 그 서문인
출애굽기 20장 22-26절에서 하나님과 사람의 관계를 설정하고 있다.
거기서는 '금신'과 '은신'의 제작을 금지한다. "너희는 나를 비겨서
은으로나 금으로나 너희를 위하여 신상을 만들지 말라"(출 20:23).
금신과 은신은 '페셀' 위에 금이나 은을 칠하여 도금한 신상일 수
있다. 이 명령을 어기고 이스라엘은 모세가 없는 사이에 아론을

시켜서 금송아지를 제작하였다(출 32:1-6). 금신을 제작한 것이다(출 32:31). 이 금송아지는 금덩어리를 불에 녹여서 제작하였다(출 32:4, 24). 이것을 '에겔 마세카'라고 불렀다(출 32:4, 8; 신 9:12, 16). '에겔'은 송아지를 가리키고, '마세카'는 주물 상을 가리킨다.

새 계약법인 출애굽기 34장 17절에는 '마세카'의 제작을 엄금하고 있다. "너희는 신상들을 부어 만들지 말지니라." 히브리어를 직역하면 "너희는 마세카 신들을 만들지 말라"가 된다. '마세카'가 주물 상을 가리키기 때문에 한글개역은 "신상들을 부어 만들지 말라"고 원문을 풀어서 올바르게 번역하였다. 주물 상을 만들려면 금속이 필요하였다. 금속은 광산의 노예 노동을 통해서 생산했다. 기원전 1,000년경에 청동기시대는 끝나고 철기시대가 본격화되었다. 도성들은 저마다 구리광산과 철광산을 주변에 개발하였다. 전쟁 포로로 끌려온 노예들이 갱도를 파고 땅속으로 들어가야 했다. 철 제품을 가지고 온갖 병기를 제작하였고, 도성의 건축에 요긴하게 사용하였다. 철 제품을 잘 사용하는 도성이 그렇지 못한 이웃 도성과 싸워서 이겼다. 철강업으로 번영한 도성은 주물 신상 '마세카'로 자신을 표현하였다.

우상숭배의 근절은 도시국가의 체제를 근원에서 근절하는 야훼 하나님의 조치였다. 도성의 체제를 유지하기 위해서는 노예들을 계속 보충해야 했다. 노예는 전쟁포로로 충당하였다(창 14:12, 21). 채무로 인해서 노예가 된 사람들도 있었다. 애굽에서 야곱의 후예들은 파라오의 인구 억제를 위한 인종차별 정책으로 말미암아 노예 노동에 종사하게 되었다. 그러나 대부분의 노예들은 전쟁포로들이었다. 도성의 지배자들은 노예를 인간으로 간주하지 않고 가축으로 취급하였다. 도성의 문명을 찬양하는 노래들에는 오로지 도성을 이끄는 영웅들과 전쟁에서 승리한 용사들에 대한 찬미로 가득하다. 십계명은 이들 노예에게 정기적으로 휴일을 제공하라고 명령하고 있다(출 20:8-11; 신 5:12-15). 신명기 5장의 십계명이 노예 노동의 휴식을 더욱 강조한다(신 5:15).

도성이 하나 생기면 그 주변의 농토는 그 도성에 종속된다. 그 도성에 먹을거리를 제공해야 하며 도성의 왕에게 세금을 지불해야 한다(삼상 8:11-18). 고대로부터 농자는 도성민에 자유롭지 못했다. 도성 주변의 농자는 밭에서 식량을 생산하는 노예 노동에 종사하였고, 군역에 동원되어 전쟁에 병사로 끌려갔으며, 부역에 동원되어 성벽 등 도성에 필요한 시설들을 건축하는 일을 강요당하였다.

2) 계약법: 도성 문명의 대안 ②

도성의 정의는 왕의 규례에 따라 살 때 성립하였다. 노예에게 정의는 해당되지 않는다. 개인 사이의 분쟁은 왕의 법에 따라 조정되었다. 그 원리는 동태복수법(lex talionis)이었다. 이에는 이, 눈에는 눈으로 갚아야 한다(출 21:23-25). 고대 바빌로니아제국에서 왕의 정의는 함무라비 법전에 명기되어 있는데 이 법전의 원리는 동태복수법이었다. 그러나 계약법은 노예의 해방을 촉구하고 모든 분쟁의 당사자들이 보상의 원리를 통한 화해에 이르도록 유도하고 있다. 계약법 본체는 농토와 노예 노동자에게 휴식을 제공하라는 안식법(출 23:10-13)과 야훼 종교를 정립하는 절기법으로 끝난다(출 23:14-19).

계약법에는 서문과 결문이 붙어 있다. 서문은 도성의 이념을 제공하는 우상 종교를 금지하는 제의법이다(출 20:22-26). 결문은 가나안도성의 우상숭배와 일체 타협하지 말고 배격할 것을 촉구한다(출 23:20-33). 계약법은 도성의 정의를 정립하는 왕의 법령들을 수정하여 하나님의 정의를 원리로 삼아 새로운 법으로 재구성한 것이다.

계약법의 서두에 나오는 제의법은 금신과 은신을 만들지 말 것과 제단을 흙으로 쌓아야 한다는 것을 규정한다. 부득이하여 돌로 제단을 쌓을 경우 정으로 쪼지 않은 자연석으로 쌓도록 규정하며 제단에 오르기 위하여 계단을 놓는 것을 금지한다. 이러한 토단 내지 자연석 제단은 지구라트나 피라미드와 같은 이방 제국들의 웅장한 신전과는 정반대되는 제단이다. 엘리사를 통해서 문둥병을 치유한 아람의 군대장관 나아만은 야훼께 제사를 드리기 위해서 이스라엘의 흙을 노새에 실어 가려고 하였는데(왕하 5:17), 그 이유는 야훼의 제단은 흙으로 쌓아야 하기 때문이었다.

예루살렘의 성전이 파괴된 원인을 신명기 사가史家는 솔로몬의 잘못된 건축법에서 찾고 있다. 솔로몬 성전은 채석장에서 돌을 몰래 떠다가 정으로 쪼아서 석조물을 만든 뒤에 그것을 성전 뜰로 몰래 운반하여 조립한 것이다. 게다가 성전에 많은 층계를 둠으로써 야훼의 법을 어겼다(왕상 6:7). 솔로몬이 야훼의 계약법을 어기고 성전을 웅장하게 지은 이유는 당시 주변의 왕국들에 비하여 규모에 있어서 손색없는 신전을 건축하려고 했기 때문이다. 이것은 도시국가들이 즐비한 고대 근동의 국제사회에서 왕이 안고 갈 수밖에 없는 필연적인 숙명이었다. 왕이 된다는 것 자체가 애초부터 하나님의 뜻에 합당하지 않았다(삼상 8:7).

3) 신명기법: 도성 문명의 대안 ③

신명기법은 왕의 제도에 대하여 엄격하게 규정하고 있다(신 17: 14-20). 왕은 아내를 많이 두면 안 된다. 아내를 많이 둔다는 것은 주변 국가들과 동맹관계에 열심을 낸다는 뜻이다. 솔로몬은 국가의 번영을 위하여 주변국들과 혼인 동맹에 열을 올린 결과 수많은 아내를 두었다(왕상 3:1; 11:1). 아합은 시돈왕국의 공주 이세벨과 결혼함으로써 야훼를 멀리 떠나게 되었다(왕하 16:31). 또한 이스라엘의 왕은 부국강병책을 추진하려고 애굽에서 무기를 수입하면 안 된다. 그러나 솔로몬은 병마를 구입하려고 애굽으로 사신을 파견하였다(왕상 16:26-29). 하나님의 정의를 버리고 솔로몬은 도성의 정의를 추구하였다.

신명기법은 전쟁에 대하여 규정한다(신 21:1-20). 이스라엘의 전쟁은 본디 야훼 하나님이 수행하시는 전쟁에 참여하는 믿음의 전쟁이었다. 군대를 모집할 때 새집을 지은 자와 새 포도원을 가꾸는 자와 갓 약혼한 총각과 겁이 많은 자는 모두 돌려보내야 한다. 이러한 모병의 원칙에 따르면 군대를 조직할 수 없게 되는 것은 뻔한 이치이다. 신명기법은 모병제 자체를 반대하고 있는 것이다. 본디 이스라엘의 전쟁은 도성의 문명에 물든 자들을 근절하는 사상의 투쟁이며 전쟁을 치르면서 자연을 파괴하는 일을 금지함으로써 현실의 전쟁 자체를 부정하고 있다. 신명기의 전쟁법은 도성의 왕으로서는 도저히 준행할 수 없는 성질의 법으로서 오히려 현실의 전쟁을 반대하는 평화 법이라 할 수 있다.

다윗과 솔로몬을 계대한 이스라엘과 유다의 모든 왕이 도성의 정의라는 올무에 걸려서 야훼의 정의를 수행할 수 없었다. 이는 도성을 통치하는 왕이 짊어진 숙명이었다. 이스라엘은 매년 어김없이 야훼의 노예 해방을 기념하는 유월절을 지켜야 했다(신 16:1-8). 이 절기 동안에 고난의 떡을 곱씹으면서 노예의 고통을 되뇌고 일체의 노동을 중단하여야 했다. 유월절을 지키는 일은 도성민에게는 원천적으로 불가능한 일이었다. 이스라엘왕국 시대에 유월절을 처음으로 실시한 왕은 남 왕국 말기의 요시아밖에 없었다(왕하 23:21-23).

V. 하나님과 만남: 생명나무에로 복귀

인류의 역사가 안고 있는 문제는 인간이 죄에서 깨끗함을 받는 데서부터 그 해결의 실마리가 풀린다. 죄는 인간이 선악과를 따 먹고 선과 악을 알게 된 순간부터 시작되었다. 선과 악을 분별하면서부터 인간은 하나님과 하나되는 소통의 관계(communion, koinonia)에서 멀어지게 되었고, 창조의 원모습인 하나님의 형상(imago dei)을 상실하고 말았다.

인간이 하나님의 형상대로 지음 받았다는 뜻은 본디 인간은 하나님과 같은 존재였다는 것을 의미한다(창 1:26-27). 하나님처럼 생각하고 하나님처럼 살며 하나님처럼 만물을 사랑하는 존재가 인간이었다. 하나님과 소통하지 못하게 된 인간은 하나님의 형상을 상실하였다. 그는 에덴동산에 적합하지 못한 존재로 전락하여 동산에서 추방되었다.

1. 생명나무

에덴동산에는 생명나무가 있었다. 생명나무를 먹으면 영원한 생명을 누린다(창 2:9; 3:22). 영원한 생명은 하나님과 소통하는 사람이 타자를 죽이는 행위가 아니라 모두가 더불어 활기차게 살아가는 세계를 가리키는 상징어이다. 하나님의 형상을 회복한 인간만이 영생을 누릴 수 있다. 바울 사도는 예수를 하나님의 형상이라고 고백했다(고후 4:4). 요한 사도는 예수를 통해서 영원한 생명을 받는다고 노래하였다(요 4:14; 요일 2:17).

하나님과 다시 만나 소통 관계를 회복하는 것이 죄에서 벗어나 하나님의 형상을 회복할 수 있는 관건이 된다. 이 주제는 성막법의 중심 주제이다. 출애굽기 25장 22절에 의하면 야훼는 백성과 소통하기 위해서 언약궤의 뚜껑(카포렛)에서 모세를 만나겠다는 뜻을 천명한다. 이 구절에 '만나다'란 뜻의 동사 '야아드'가 쓰인다. 하나님께서 '카포렛' 위에서 모세를 만나시겠다는 것이다. 이 본문은 시내단화에 속하여 성막의 주제에 핵심을 이룬다. 성막은 제사장들의 솜씨(P)로 제시된 것이다.

언약궤는 성막의 지성소에 안치된다. '성막'(미쉬칸)이란 용어는 야훼 하나님이 현존하시는 거처라는 관념을 강조하여 예루살렘 성전을 자연스레 연상시키는 반면에, '회막'(오헬 모에드)이란 용어는 백성이 총회(카할)에서 하나님과 만난다는 것을 강조하기 위해서 '만남'이라는 관념을 부각한다. 이 두 용어 모두 P가 즐겨 사용하는 용어이다.[4]

하나님과 헤어지는 주제는 창세기 3장 22-24절에 나온다. 아담이 선과 악을 알게 하는 나무에서 열매를 따 먹고 에덴동산에서 추방당하는 장면이다. 이때 야훼께서는 타락한 인간이 에덴동산의 중앙에 있는 생명나무에 접근하지 못하도록 화염검을 돌리는 두 그룹(허커루빔)을 시켜서 길목을 차단하셨다. 이제 하나님과 소통하는 길이 언약궤의 뚜껑 위에서 열린다.

출애굽기 25장 18-21절은 언약궤의 뚜껑 위에 두 그룹의 날개를 조형하여 설치하도록 지시한다. 하나님은 이 두 그룹의 날개 사이에서 모세와 만나려고 하신다(출 25:22). 창세기에서 하나님으로부터 소외되어 하나님과 동거하던 에덴동산을 떠나야 했던 사람을 이제 시내산에서 하나님께서 다시 만나시려고 시도하신다.

이스라엘이 하나님의 백성으로 택함 받은 것의 진정한 의의는 하나님과 인간의 화해에 있다. 바울 사도는 이 점을 잘 인식하였기에 예수를 '힐라스테리온', 곧 언약궤의 뚜껑이라고 표현하였다(롬 3:25, 개역, '화목제물'; 참조. 히 9:5). 두 그룹의 표상은 신명기 사가나 이사야(6장)가 제시한 대로 예루살렘 성전의 지성소와 연관된다. 이 표상을 이용하여 토라의 최종 저자는 하나님과 사람의 헤어짐과 다시 만남이라는 커다란 주제를 제시하고 있다. 족장 이야기와 출애굽 이야기는 타락한 인간을 다시 만나시려는 하나님의 애타는 몸짓으로 이해할 수 있다.[5] 예수의 제자들은 예수 그리스도 안에서 하나님과 사람의 진정한 화해와 만남과 소통이 이루어진다고 보았다.

---

4 '모에드'란 단어는 신 16:6, 31:10, 14(2회)에 네 차례 쓰이는데 이 모든 구절에서 이 용어는 지정된 시간 내지는 정한 때나 절기에 연관되어 있다. '미쉬칸'은 신명기에 나오지 않는다. 뿐만 아니라 동사 '야아드'도 신명기에 나오지 않는다.
5 이렇게 볼 때 창 2:4-3:22의 문단도 P가 손질한 결과물이라는 주장이 가능해진다.

2. 예수: 생명과 정의의 합류

예수를 통하여 하나님과 소통하는 인간은 에덴동산의 생명나무를 먹고 영원한 생명을 사는 사람이 된다. 이 사람은 하나님의 형상을 회복하여 모든 피조물을 섬기고 돌보는 본래의 사명을 되찾는다(창 1:28; 2:15). 생명을 부정하는 죽음의 도시 문명은 이들에 의해서 대안 사회로 향할 수 있다.

예수는 갈릴리 지역에서 선교하실 때 도성 바깥으로 나아가서 제자들을 가르쳤다. 도성 안으로 들어와서는 바리새인과 논쟁을 벌이셨다. 예루살렘도성으로 들어가서는 성전 지배 체제에 도전하시고 성전을 정화하셨다(막 11:15). 예루살렘의 웅장한 성전이 무너져 돌 위에 돌 하나 포개지지 않게 전파될 것이라고 예언하셨다(막 13:2). 예수는 도성에서 하룻밤도 유숙하지 않고 도성 바깥으로 나가서 주무신다(막 11:19). 체포된 예수는 도성 바깥으로 끌려 나가 영문 밖에서 사형당하였다(히 13:12-13). 예루살렘도성민의 손에 스데반 집사가 맞아 죽었다(행 7:59). 바울 사도는 헬라 제국의 도성들에서 참 생명 사상을 전파하였는데, 가는 곳마다 도성의 지배자들에게 박해를 받고 쫓겨났다. 마침내 바울은 베드로와 마찬가지로 로마도성에서 순교하였다.

요한은 예수를 가리켜 참 생명이 세상에 왔으나 세상은 그를 배척하여 죽였다고 탄식하였다(요 1:4, 10). 요한이 즐겨 사용하는 용어는 '세상', '빛', '영원한 생명'이다. 헬라 철학의 대가 고故 박종홍 교수는 세상으로 번역된 '코스모스'란 그리스어는 도성의 질서를 가리킨다고 분석하였다. 도시국가 내에서 누리는 질서정연한 삶이 곧 '세상=코스모스'이다. 요한은 헬레니즘 세계의 보편화된 개념인 코스모스가 '영원한 생명'을 누릴 수 없다고 보고, 예수가 도성의 질서로서의 세상(코스모스)을 극복하셨다고 고백하였다(요 16:33).

VI. 나가는 말

정농회는 유기농을 통하여 바른 농사의 신학을 정립하려고 애쓴다. 하지만 농자農者가 도시 문명을 위한 먹을거리를 제공하는 역할을 맡은 현실이 바른 농사의 신학을 불가능하게 만든다. 도시가 지배하는 사회에서 농사가 도시의 상업주의에 종속되기 때문이다. 비록 몇몇 소수의 농자께서 명상과 수행을 통하여 상업주의를 벗어나 지극한 평정의 상태를 전취하였다 할지라도 도시와 농촌이 협동하여 하나의 거대한 국가체제를 구성하고 있는 현실만은 벗어날 수 없다. 바른 농사에 정진하는 농자라면 도시의 문제를 안고 고민할 수밖에 없다. 이 때문에 바른 농사는 사회정의의 문제를 해결해야 한다.

기농은 농민의 권익을 위하여 사회정의를 위한 투쟁에 앞장섰다. 그러나 정의란 개념이 인간의 정의인 한 한계에 부딪힐 수밖에 없음을 인정해야 한다. 한 개체가 보편자를 인식하고 천지를 창조하신 보편자가 한 개체 속에 들어와 있는 유무상통의 존재로 농자 자신이 거듭나서 하나님의 도, 그리스도의 도를 닦지 않는 한 성경이 말씀하시는 정의에 도달할 수 없다.

6월항쟁으로 민주화를 달성했다고 환호하였지만, 실상 민주화는 도시를 위한 민주화였음이 백일하에 드러났다. 국가의 경제 발전은 서구식 모델로 진행되었고, 농업을 희생한 바탕 위에 이룩되었다. 서양의 선진국들은 고도로 발전한 산업사회를 이루었고, 제3세계에서 생산한 농산물을 바탕으로 도시 문명을 창달하였다. 한국 사회는 서양 선진국을 본떠 그들을 따라잡으려고 안간힘을 쓰고 있다. 한국의 농자는 이 거대한 국가 정책의 흐름에서 한 발치도 벗어날 수 없게 되었다.

본디 경제 투쟁이란 레닌에게 있어서 혁명을 위해 노동자와 농민을 전선으로 이끌어 내기 위한 한 전략이었다. 사회주의 혁명은 노동자와 농민 대중의 경제적 이익을 약속하면서 봉건 체제에 기반한 절대왕정 체제를 물리치는 데 성공하였다. 하지만 혁명가들이 이룩한 사회주의 사회는 도시에 근거한 국가주의의 한계를 넘지 못하였고, 마침내 금융자본을 통하여 도성 체제를 더욱 강고히 구축한 국가자본주의 진영에게 무너지고 말았다. 패배는 혁명가들이 도성 체제의 근본 문제를 간과했기 때문이었다.

서양의 민주주의는 프랑스 혁명에서 비롯된다. 봉건 영주에 대항한 농민의 운동은 억압당하였고, 도성에 사는 부르주아가 혁명을 달성하였다. 신도시가 건설되었고, 신도시의 자유 시민들은 봉건 영주가 누리던 세속적 삶을 누리려고 안간힘을 다하였다. 먹을거리와 참 인간의 회복과 하나님과의 소통이라는 과제는 혁명에서 뒷전으로 밀려났다. 봉건 영주보다 한층 더 많은 수의 도시민이 봉건 영주와 같은 수준의 삶을 누리려고 벌 떼처럼 일어남으로써 자연은 파괴되고 세계는 노예 노동의 거대한 일터로 더욱 악화되고 말았다. 도시가 주역主役이 되는 곳에서 농촌은 도시를 위해 봉사하는 한

부분으로 전락하였다. 이 점은 고대 노예제사회가 갖는 문명의 악을 더 강화한 현대 문명의 본질을 폭로한다.

바른 농사 운동(정농)과 정의 운동(기농)은 세계 전체를 하나로 인식하고 문제를 해결하려는 신학의 정립이 없이는 하나로 만날 수 없다. 개인이지만 보편자와 소통하는 존재로 성장한 농자들이 많이 생겨나야 한다. 성경의 가르침을 따르는 이들은 예수 공동체를 이룩하여 에녹성과 레센성과 바벨성과 소돔성을 계대한 현대의 대도시들에 대항할 수 있어야 한다. 여기에 무교회주의는 아무런 도움이 되지 않는다. 도시 교회들의 타락상을 보면서 참다운 교회를 추구하여 무교회주의가 나왔다. 도시 교회를 회개시키고 도시의 기독인들을 하나님 나라의 전선에 올바로 세우기 위해서 농촌 지역의 바른 농자들이 활발하게 참된 교회 공동체를 만들어 나가면 좋겠다.

바른 농자 공동체 운동에 가장 걸림돌이 되는 것은 성직자 중심의 교회이다. 기성 목회자는 서양 도성 문명이 만들어 낸 신학에 무비판으로 물들어 있다. 기성 신학에 문제가 있는 것이다. 뜻을 같이할 수 있는 바른 농자로서의 목회자를 만나서 교회 공동체를 구성하면 더할 나위 없이 좋다. 이 공동체의 예배와 성례전을 통하여 하나님과 교통하는 역사가 이어질 것이다. 바른 농자들 사이에 죄의 고백이 일상화되고 적당한 노동과 열심 있는 성경 공부와 기도 생활을 통하여 진정한 소통과 사귐이 이루어진다. 이것이 참다운 성례전이다 (communion, koinonia, sacramento). 그러나 기성 교단의 신학교에서 바른 농자의 목회자를 기대할 수는 없다. 그러한 목회자는 가물에 콩 나듯 배출될 뿐이다. 바른 농자들은 평신도교회의 신학을 더

정교하게 다듬고, 실력 있는 성서 교사를 키우고 영입하기 위해서
노력해야 한다. 바른 농자와 연대하고 하나님의 정의에 입각하여
하나님 나라를 꿈꾸는 신학도들을 키우기 위해서 따로 신학교를
설립하는 것도 좋은 일이다.

　이리하여 생명 운동과 정의 운동이 잘 조화된 농자 운동이 활발하
게 일어나서 폭력의 도성에 포로로 이끌려서 멸망으로 치닫는 대한
민국과 세계를 구원하여야 한다. 이것이야말로 대안 사회를 향한
진정한 하나님 나라의 운동일 터이다.

성경에 나타난 농촌과 도시

I. 들어가는 말

오늘날 농촌 사회는 해체를 거듭하고 있다. 전통적인 마을 공동체는 급속한 산업화의 물결에 휩쓸려 무너진 지 오래되었다. 농촌에 살던 사람들은 대부분 도시로 이주하였다. 돈과 권력은 도시에 몰려 있고, 농촌은 도시의 필요를 채우는 일에 종사하게 되었다. 농산물은 시장에서 현금으로 바꾸어야만 삶에 의미가 있게 되었다. 농사는 완전히 상업농으로 전락하였다. 농촌의 도시 종속화 과정은 1960년대 이후 급속히 진행되었다. 하지만 이 변화의 과정은 오래전부터 서서히 진행되어온 것이지 최근에 새로 생겨난 것이 아니다.

조국의 평화통일, 사회정의 확립 그리고 환경보전의 과제가 가장 뜨거운 사회운동의 쟁점으로 떠올라 있다. 이 모든 문제의 원류原流는 어디에 있는가? 4대강 사업에 대한 반대도 그 문제의 원류가 무엇인지를 알아야 근본에서 처방을 내릴 수 있다. 4대강 정비의 사업을 추진하고 찬성하는 사람들은 무슨 생각을 하고 있으며, 그 생각의 원류에는 무엇이 있는가에 대해서도 깊이 이해해야 한다. 그래야 진정한 소통이 가능해진다.

성경은 사회의 문제를 다룬 책 중에 가장 역사가 오래된 책이다. 성경은 문명사가 출범한 이래 줄곧 사람과 사회와 세계의 문제를 제기하고 해결을 모색해 왔다. 성경은 사회문제의 근본 원인이 도시화의 과정에 있다고 본다는 사실을 나는 이 글에서 살펴보려고 한다. 그리고 문제 해결의 방책을 성경에서부터 모색해 보려고 한다.

II. 성경이 말하는 문명

도시가 생겨나면서부터 많은 문제가 생겨났다. 도시는 농촌을 딛고 발전하였다. 도시가 생겨난 이후의 역사를 문명사라고 부른다. 문명文明(civilization)이라는 용어는 라틴어의 '키비스civis'(시민)나 '키빌리타스civilitas'(도시)에서 유래하였다. '문명'의 일반적 개념을 살펴보기 위하여 위키백과 사전과 브리태니카 사전을 인용해 보자.

오늘날 주로 사용되는 문명이란 낱말은… '문명'과 '야만'을 차별성을 두기 위해 사용하기 시작했다. 사전적으로 인류가 이룩한 물질적, 사회적 발전이라 정의되지만, 실제에 있어 매우 다양한 뜻으로 쓰인다. … 인류의 정신적이고 가치적인 소산을 '문화'라고 부르며 이와는 반대로 물질적, 기술적 소산을 '문명'이라고 한다. 후자의 견해는 제2차 세계대전 후 문화인류학의 보급에 따라 일반화되었다. 이에 따르면 문화 중에서 도시적인 요소, 고도의 기술, 작업의 분화, 사회의 계층분화를 갖는 복합문화(문화의 복합체)를 큰 단위로써 파악한 총체를 문명이라고 한다. 따라서 커다란 문화라는 범위 속에 물질적 요소를 가리키는 용어로써 문명이 존재한다는 것이다. 그 밖에 18세기 몽테스키외나 루소 등의 백과전서파는 문명을 야만(barbarism)과 대치시키지 않고 봉건제, 군주제와 대치시켜 문명이란 말 속에 봉건사회에서 시민사회로의 진보라는 뜻과 계몽의 의미를 포함시켰고, 고대에서 현대에 이르는 모든 세계 문명을 포괄적으로 다룬 드문 역사가인 토인비는 문명의 단위를 국가보다는 크고, 세계보다는 작은 중간적인 범위에서 구하였다(위키백과).

'미개'와 대응하는 진보된 인간 생활의 총체를 이른다. 라틴어의 'civis'(시민)와 'civitas'(도시)에서 유래한 바와 같이 특별히 도시문화를 가리키는 경우가 많다. 19세기 말에 '문화'를 최초로 정의한 타일러(1832~1917)는, '문명'과 '문화'를 동일시했다. 플라톤, 아리스토텔레스 T. 홉스 등은 '문명'과 '사회'를 동일시하고 문명 이전을 무질서 상태(자연 상태)라고 했다. 그러나 자연 상태라고 부를 만한 무질서한 세계는 미개사회까지 포함, 인간사회에는 존재하지 않는다는 것이 밝혀져 이 개념은 무너졌다. 고대문명이 발생한 이들 지역을 통해 농경의 발전에 따른 인구 증가, 부의 축적, 직업의 분화, 도시의 형성, 치수(治水), 토기 및 직물의 제작 등을 볼 수 있다(브리태니카).

문명에 대한 백과사전의 정의를 바탕으로 볼 때, 성경의 문명 이해는 매우 종교적이다. 성경은 문명이 도시에서 나온 것이며 죄인의 작업이라고 본다. 성경은 최초의 도시는 가인이 세운 '에녹' 성이라고 증언한다(창 4:17). 이것은 문명의 출발을 가리킨다. 도시는 살인의 결과물이다. 이에 반대되는 개념은 '에덴'이다. 도시는 히브리어로 '이르'인데 보통 성곽을 갖춘 도시로 성경에는 보통 '도성' 내지는 '성읍'이라고 번역되어 있다. 수메르어로는 '우루', 아카드어로는 '알룸'인데 이 말들은 사람이 살지 않는 평원 지대와는 반대로 사람이 정착하여 사는 영역을 가리킨다. 들판 한가운데 성벽이 없는 마을을 가리킬 때도 있지만, 대체로 요새화된 성읍이나 도성을 가리킨다. 고대 메소포타미아 지역에는 왕이 사는 왕도가 있고, 그 주변에 위성 마을들이 포진하였다. 또 지역 행정처의 역할을 맡았던 마을들도 있었고, 군사가 주둔하는 주둔지 요새들과 전문 수공업자들이 거주하는 마을들도 있었다.

인류사에 있어서 최초의 도시가 생겨난 때는 BC 3,000년경이다. 이때는 청동기 말엽이다. 최초의 도시는 '에리두'라는 도성이다. '에리두'와 '에녹'은 음운상 비슷하다. 그 이후에 작고 큰 도성이 우후죽순처럼 생겨났으며, 초기 철기시대에 이르면 도성들의 연맹체가 구성되면서 결국 제국으로 발전하였다.

문명사가 출범한 이래 농촌은 도시의 지배를 받기 시작했다. 도시가 생겨나면 그 도시의 지배자가 주변의 토지를 자기의 영역으로 지정하고 농민이 생산한 농산물을 세금으로 걷어갔다(삼상 8:14). 도시에는 권력자와 군대와 수공업자와 상인들이 살았다. 문명사에서 농촌은 도시를 섬기는 종으로 전락해 왔다. 따라서 농촌의 문제를 논하려면 반드시 도시의 문제를 논해야 한다. 도시를 이해함이 없이는 농촌을 논할 수가 없다. '농農의 신학'을 펼치려면 반드시 '도성都城의 신학'을 연구해야 하는 이유가 여기에 있다.

이 글에서 나는 성경에 나타난 '농農의 신학'을 정립하기 위해서 성경에 나타난 도시에 대한 평가를 먼저 살펴보려고 한다. 초점은 도시가 딛고 성장해 온 사회경제적 배경을 찾아보고 그것을 성경으로 해석하는 데 두려고 한다.

III. 성경에 나타난 도시

성경에는 이스라엘이 가나안 땅을 정복하는 이야기가 나온다. 야훼의 언약궤를 앞세우고 요단강을 건너서 여리고도성과 아이도성을 차례로 무너뜨린다. 가나안 땅에서 도성을 세우고 도성을 다스리던 31명의 왕을 죽였다. 이스라엘이 가나안에 들어가서 한 일은 가나안에 줄줄이 서 있던 도성들을 무너뜨린 일이다.

가나안 정복은 출애굽을 전제로 한다. 출애굽은 단순히 애굽이라는 국가를 탈출했다는 뜻이 아니다. 출애굽기 20장 2절의 히브리어 원문을 보면 '미츠라임'에서 노예로 일하던 히브리인들을 야훼께서 이끌어 내셨다고 되어 있다. 여기서 '미츠라임'이 '애굽'으로 번역되었는데 이것은 파라오가 살던 애굽의 수도를 가리킨다. 구체적으로는 비돔성과 람세스성을 신축하는 건설 현장에서 탈출하였다(출 1:11). 오경의 이야기를 보면 출애굽 주제는 처음부터 끝까지 계속 발전되고 있다.

아브람의 삶에도 탈출과 이주가 이어진다. 야훼께서 아브람을 하란도성을 떠나라 명하셨고(창 12:4), 또 야훼께서는 아브람을 갈대아 우르란 도성에서 이끌어 내었다(창 15:7). 하나님의 약속은 도성을 떠난 아브람에게 가나안 땅(토지)을 주겠다는 것이다(창 15:7).

구약성서에는 도시들이 많이 언급되고 있다. 초기의 문학들로 보이는 족장기에는 이스라엘 국가가 성립하기 이전에 반半유목 생활을 하던 씨족의 생활 방식들이 기억으로 보존되어 있다. 여기에 인구가 집중된 도시의 생활을 지켜보는 목자들이 도시를 비판하는 입장이 드러나 있다. 목자들은 도시와 접촉하지 않을 수 없었다. 유목민이 도시에 들어가면 고통을 당하기 일쑤였다.

1. 오경에 나타난 도시

창세기에 이스라엘의 조상들이 도시에서 고통을 당하는 이야기가 많이 나온다. 아브람은 하란이란 도시를 떠나서 가나안을 거쳐서 애굽의 수도로 들어갔는데, 그곳에서 왕으로 다스리던 파라오에게 아내를 빼앗기는 수모를 당한다(창 12:10-20). 아브람이 살던 가나안 땅에는 도시들의 연맹군들이 서로 싸우는 전쟁이 수시로 일어났다 (창 14:1-2). 나중에 아브람이 다시 그랄도성으로 들어갔다가 그랄 왕 아비멜렉에게 아내를 빼앗겼다(창 20:1-18). 이와 같이 도시민은 포악하였다(창 6:11).

아브람의 아들 이삭도 도시에 갔다가 마찬가지로 어려움을 당한 다(창 26:1-11). 도시는 유목민들을 종속시키려는 정치권력의 중심지로 등장한다. 거꾸로 유목민들이 겪은 도시는 무법천지요 싸움터이다. 야곱의 딸 딤나가 하몰의 아들 세겜에게 강간을 당하였다(창 34장). 창세기 19장에는 소돔성이 멸망당하는 장면이 나오는데 소돔 도성에는 의인 열 사람이 없었다. 사사기 19장은 도시를 도덕이 땅에 떨어지고 부패한 폭력의 장소로 묘사한다. 도시는 가족이

끈끈한 정으로 뭉쳐서 마을을 이루고 사는 농촌의 사회윤리를 해체해 버린 장본인이다. 이와 같이 성경은 도시의 지배자에게 억압, 고통당하는 농촌 사람들의 관점이 뚜렷하게 드러나 있다.

이와 같이 도시를 비판하는 유다인 지식 사회는 누구였을까? 이들은 도시를 창건하는 자를 폭군으로 간주한다. 예컨대 비블로스의 필로가 그렇게 말한다(Eusebius, praep. evang. 1.10.9, 12-13, 35). 도시 비판은 창세기 4장 1-2절, 17-18절에 뚜렷하게 드러난다. 최초의 도시 에녹은 가인이 세운 것이며 가인은 최초의 살인자이다. 농업 생산력이 증가하면서 도시가 출현하였다는 경제사적 추론은 성경의 생각이 아니다.

도시는 폭행자들이 세운 인간의 문명으로 하나님의 보호하시는 손길을 믿지 않는 불신앙에서 생겨난 것이다. 도시는 하나님 없이 인간 스스로 살아보려는 불신앙의 결과물이다. 이것이 문명이다. 창세기 10장 8-12절을 보면 인간의 죄를 계대(繼代)하여 펼쳐진 문명사가 제시되어 있다. 왕국과 제국은 그 기원이 모두 대도시 바빌론에로 소급된다. 그러므로 유다인 지식사회는 바벨론 포로기에 바벨론 지역으로 끌려간 유다인 디아스포라 공동체에서 형성되었을 것으로 보인다.

바벨론 문명에 대한 부정은 창세기 11장의 바벨탑 이야기에 또렷하게 드러나 있다. 특히 창세기 11장 2-5, 6, 8절은 제국과 도시 이데올로기 사이의 관계를 날카롭게 비판하고 있다. 고대 근동 제국의 대도시를 인간 중심의 결과물로 간주한다. 인간을 통일하고 단결하려고 했으나 오히려 인간은 분열하고 흩어지고 말았다. 이 이야기는 이스라엘의 왕국 시대에 경험했던 도시 집중의 정치권력과 도시문화가 얼마나 긴밀하게 결합하여 야훼 하나님을 대적하였는가를 반성하고 있다.

따라서 창세기에서 민수기에 이르는 4경에는 이스라엘왕국 시대의 도성 이데올로기가 반영되어 있다고 볼 수 있다. 옷토(E. Otto)는 유대 지방의 시골에 살던 농민의 견해가 전승되었다고 보지만 (TDOT, 항목 '이르'), 포로기에 끌려간 사람은 농민이 아니라 도성의 지배자들이었다. 그러므로 시골 지방에 살게 된 몰락한 도시인의 눈으로 도시 생활을 반성하는 문학이 오경이라고 생각된다. 다시 말하자면 바벨론 디아스포라 공동체가 현재의 고난에 비추어 자신의 영광스러운 예루살렘도성 생활을 반성함으로써 오경의 신학이 형성되었다고 할 수 있다.

디아스포라는 에덴동산 이야기를 통하여 인간 문명을 비평하며 도시 문명의 악한 성격을 묘사하고 있다. 낙원에서는 먹고, 자고, 입는 데 대한 걱정과 염려가 없었지만, 인간이 죄를 짓고 난 후에 그 평안함을 상실하였다(창 2:4-3:24). 물질생산을 위해 힘겨운 노동을 감내하게 되었다. 야훼의 보우하심으로만 살 수 있었던 인간이 선악과를 따 먹은 뒤부터는 자기 능력으로 스스로 자기 자신을 위하여 살아가려는 쪽으로 타락하였다. 하나님 중심의 삶을 버리고 인간 중심의 삶으로 바뀐 것이다. 자기중심에 빠진 인간은 도시 문명(창 4:17)을 창달하고 자신의 능력을 극대화하여 하늘을 취하려고 시도한다(창 11:1-9).

도성 문명의 인식론을 창세기 원역사는 제시한다. 선악과를 먹은 인간은 하나님 중심의 삶을 버리고 자기중심의 삶으로 타락했다(창 3:23). 선악을 알게 하는 나무의 열매를 먹기 전의 삶과 먹고

난 후의 삶은 완전히 뒤바뀐다. 이전의 문맥에서는 사람이 흙을 통해 하나님과 소통하도록 창조되었고, 그 흙을 살리고 잘 보존하라는 사명에 따라 순종하며 살았다. 그러나 선악과를 먹고 난 후 사람은 자기중심의 생각에 빠져 하나님과 소통이 끊어지고 말았다. 에덴에서 추방된 사람은 '자신의 근원이 된 흙을 위해서 일하는' 존재로 전락하였다(창 3:23). 이러한 맥락에서 가인의 삶을 새롭게 이해할 수 있다. 창세기 4장 2절의 '오베드 아다마'란 어구가 핵심이다. 아벨과는 달리 흙을 섬기는 '오베드 아다마' 가인은 자신의 육의 소욕을 만족시키려고 살았다. 아벨을 죽인 가인은 하나님의 보호해 주시는 표를 믿지 않고 아들 에녹을 낳자 불안해져서 스스로 안전을 도모하여 성곽을 쌓았다. 이것이 에녹성의 문명이 깔고 있는 방어기제(defence mechanism)의 인식론이다.

창세기 12장 1-3절은 그 대안을 제시한다. 대도시의 장엄한 조직을 통해서 복을 받는 것이 아니라 아브라함을 통하여 축복을 받는다. 지상의 모든 가족이 아브라함의 자손 이스라엘을 통해서 축복을 나누게 된다. 바벨탑에서 실패한 통일과 소통과 단결이 아브람의 축복을 통해서 인간사회에 실현된다. 창세기 15장은 아브람에게 자손의 축복과 땅의 약속을 계약의 내용으로 제시하는데, 자손은 하나님의 백성이 되라고 주시는 것이며, 땅은 폭력을, 도성을 부정하고 평화의 하나님 나라를 이루라고 주시는 것이다. 하나님의 계약은 사람과 땅을 창조의 본모습으로 회복하는 데 그 목적이 있다.

신명기에도 도시 문명에 대한 반성이 나타나고 있다. 신명기 6장 10-13절에 보면[1] 이스라엘은 가나안 땅에 들어가서 크고 웅장한 도성을 차지하게 될 것이며, 그 가옥들을 거저 얻게 될 것인데, 이 도시와 가옥은 이스라엘이 건설하거나 건축한 것이 아니다. 그것은 악인들이 세웠으나 이제는 이스라엘의 차지가 될 것이다. 저들은 폭행하였으나 이스라엘은 거룩한 백성으로서 사랑하며 살 것이다. 그러나 이 도시들에는 위험성이 도사리고 있다. 거기에 살다가는 하나님보다 자기 자신을 믿고 우상숭배에 빠질 수도 있다. 도시에 성곽을 둘러치고 요새로 만들면 안정하다고 생각하는 것, 그 자체가 야훼 하나님을 믿지 않는 불신앙이다. 신명기의 도성 비평 신학은 시간이 갈수록 점점 강해져서 포로기 이후에 이르러서는 새로운 이스라엘을 건설하기 위한 신학으로 발전하였다. 예언서의 영향으로 도시 문명에 대한 경고는 더욱 확대되어 도시가 신봉하던 우상숭배를 가장 큰 위험으로 간주하게 되었다(신 6:14-19; 참조. 13:13-19). 우상은 도시민의 숭배 대상이며 도시인을 단결시키는 이데올로기이다.

2. 신명기 사가의 역사서에 나타난 도시

신명기 사가는 가나안 땅을 정복한 후부터 유다왕국이 멸망하기까지의 역사를 기록하였다. 요단강을 건넌 후 여리고성을 무너뜨리고(수 6:3-16, 24, 26), 나아가 아이성을 함락시킨다(수 8:1-30). 하지만 미처 진멸하지 않고 남겨둔 성읍이 있었는데(수 9:17-21) 이것들이

---

1 E. 옷토는 신 6:10-13이 이스라엘 도시 문명을 긍정적으로 보는 전승으로서 후대의 포로기에 신명기 속으로 병합되었다고 본다. 그러나 나는 이 소문단 자체를 전승물이라고 보지 않고 포로기 신명기 학파의 창작물이라고 본다. 여기에도 강한 도시 비판이 들어 있다.

나중에 이스라엘을 타락시키는 올무가 되었다. 기브온성은 왕궁이 있는 수도였으며 성민들은 강하였다(수 10:2). 여호수아는 "그 왕들의 모든 성읍과 그 모든 왕을 붙잡아 칼날로 쳐서 진멸하여 바쳤다"(수 11:12). "예루살렘 주민 여부스 족속을 유다 자손이 쫓아내지 못하였음으로 여부스 족속이 오늘까지 유다 자손과 함께 예루살렘에 거주하니라"(수 15:63). 남겨둔 여부스 족속으로 인해 예루살렘이 우상숭배에 물들게 되었다. 여호수아는 레위인의 도성을 정하고 도피성(이르 함미크라트)을 설정하였는데, 이 도성은 기존의 가나안도성과는 본질상 완전히 다른 대안의 도성이었다. 이스라엘은 가나안에서 물질문명을 누릴 때마다 감사하는 생활을 해야 한다. "너희가 수고하지 아니한 땅과 너희가 건설하지 아니한 성읍들을 너희에게 주었더니"(수 24:13).

사사기 2장까지는 여호수아서에 연결된 문단이다. "유다 자손이 예루살렘을 쳐서 점령하여 칼날로 치고 그 성을 불살랐다"(삿 1:8). 기드온은 바알과 아세라를 섬기는 도시민을 두려워하여 숨어 지냈다(삿 6:27, 30). 기드온은 야곱이 체류하던 숙곳 성읍의 칠십인 장로들을 징벌하였다(삿 8:16). 기드온은 금으로 에봇을 만들어 오브라성에 두었는데 그것이 기드온의 집에 올무가 되었다(삿 8:27). 이로써 기드온의 집에 화가 미쳐서 아비멜렉의 도성과 전쟁이 터져 자녀들이 몰살당하였다(삿 9:30-51). 사사들이 계속해서 가나안의 도성들을 정복하고 다스렸으나 그 도성들은 완전히 거듭나지 못하고 가나안 도성의 문명을 계대함으로써 계속 하나님을 배신하였다(삿 10:4; 11:26, 33; 12:7). 삼손도 도성의 사람들과 투쟁한다(삿 14:18). 가사성에 들어간 삼손은 그 성문의 문짝과 문설주와 문빗장을 빼 헤브론으로 가져갔다(삿 16:2-3). 삼손은 죽기 전에 그 도성의 다곤 신전을 무너뜨렸다. 사사 시대의 이스라엘은 하나님을 거듭 배신하다가 마침내 소돔의 성민들처럼 폭력을 행사하는 백성으로 타락하여 급기야 지파들 사이에 큰 전쟁을 벌이게 되었다(삿 19:22, 14-48).

사무엘-열왕기서에는 도성의 행태를 아무런 평가 없이 전승 그대로 보도한다. 하나님의 궤는 우상을 숭배하는 도성에게 재앙을 안겨 주었다(삼상 5:9-12). 사무엘은 도성에 거주하면서 이스라엘의 정치에 깊이 참여하였다(삼상 9:6-27). 사울의 성이 있었고, 다윗의 성도 있었으며, 요나단의 성도 있었다(삼상 16:4; 20:6, 42). 사무엘이 죽어 그의 성 라마에 묻혔다(삼상 28:3). 다윗은 요새화된 성에 들어갔다(삼상 23:7). "다윗이 시온 산성을 빼앗았으니 이는 다윗 성이더라"(삼하 5:7). 다윗성은 요새화되었다(삼하 5:9). 요압은 이스라엘의 성들을 가리켜 '하나님의 성읍들'이라고 칭한다(삼하 10:12). 나단이 다윗의 범죄를 질책할 때 두 사람이 행한 일을 비유로 들었는데, 그들은 도성에 사는 성민이었다(삼하 12:1). 아합왕의 도성에서 나봇이 모함을 당하여 처형을 당하였다(왕상 21:8). 아합의 아내 이세벨과 그 식구는 그 도성에서 살해당했다(왕상 21:24). 도성은 또한 주변 환경까지도 훼손한다(왕하 3:19).

3. 예언서에 나타난 도시

도시 문명에 대한 예언자들의 비판은 신랄하다. 북 왕국의 예언 운동은 도시 문명 자체를 비판하지 않고 다만 도시 문화의 제반 현상들에 대해서 사회비평의 잣대를 들이댄다. 하지만 남 왕국의 예언 문학은 사경에 나타나는 것과 같은 반反 도시 정서로 도시를 비판하고 있다. 남 왕국 예언은 특별히 예루살렘을 비판한다. 도시는 피를 흘리며 범죄를 멈추지 않고 행한다(다밈과 아윌라, 미 3:10; 합 2:12; 참조. 겔 22:2). 도시는 억압의 장소이며(오세크, 렘 6:6; 욘; 습 3:1), 심술꾼의 본거지이자(뭇테, 겔 9:9), 떠들썩하게 쾌락을 즐기고 음탕한 술자리를 연일 베푸는 장소이다(사 22:2; 렘 7:34). 유다는 이러한 도성을 많이 쌓아 화를 자초하였다(호 8:14; 11:6). 도시화가 진행되면서 사회가 분화되고, 그 결과 정의로운 행정이 이루어지지 않게 되었다(미 3:9-11; 6:9-16).

호세아서에 남 왕국 유다의 관점에서 본 신학적 해석문이 들어 있는데(호 8:14), 유다의 도시들은 불안에서 벗어나 안전하게 살아보려고 도성 문명에 의존하지만 허사이다. 도성을 의지하는 것은 보우하시는 야훼의 권능과 창조력을 믿지 않고 조롱하는 것이다. 도성의 왕이 구원할 수 없다(호 13:10). 미가 1장 13절은 도시를 죄(핫타트)와 범행(페샤)의 근원으로 간주한다. 도시 문명에서는 이스라엘과 야훼 사이에 맺은 든든한 유대가 깨어진다. 도성에는 전쟁과 기근과 전염병과 멸망의 위험이 상존하는 곳이다(암 3:6; 4:6; 5:3; 6:8; 7:17; 9:14). 요나의 선교지는 바벨성이며 그 왕과 성민이 회개하자 멸망의 심판이 중지되었다(욘 1:2; 3:2). 도성은 피를 흘리기 마련이다(나 3:1; 합 2:12). 말씀에 순종하고 믿음으로 사는 도시는 염려 없이 기쁘게 거주하는 좋은 성이 되지만, 폭력을 행하는 도시는 패역하고 더러운 도시로써 황폐하게 망한다(습 2:15; 3:1, 6). 주께서 예루살렘과 유다 성읍들을 불쌍히 여기시면 그 성읍이 회복되고 번성하며 평화가 찾아온다(습 1:12, 17; 7:7; 8:3, 5, 20; 14:2).

이사야 신학의 관점에서 보면(사 32:19), 오만하게 하나님께 등을 돌리는 막강한 도시는 파괴되고 그 도시로 인해 고통받는 자들은 구원을 받을 것이다. 도시의 재판관들과 지도자들이 회개해야 비로소 신실한 도시가 될 수 있다(사 1:26, 키르야 네에마나). 바벨론 왕은 땅을 황무하게 만들며 도시를 파괴하는 자이다(사 14:17). 앗수르 왕 산헤립도 견고한 도성을 쳐서 멸한다(사 36:1). 야훼께서 해그림자 십 도를 물러가는 증표를 보여 주심으로써 회개하는 도성들을 멸망시키는 왕들의 손에서 구원해 주신다(사 38:6). 마침내 모든 죄 된 도성들의 한계를 넘어서 야훼께서는 거룩한 성 예루살렘을 세워 주시고 그것을 '야훼의 도시'라고 부르시고 '이스라엘의 거룩한 이의 시온'이라 불러 주신다(사 52:1; 60:14; 64:10).

예레미야에게 도시 문명이 갖춘 온갖 보호 기능은 거꾸로 도시민에게 악재가 된다(렘 8:14). 도시를 버리고 자발적으로 떠난 사람은 하나님의 심판에서 살아남을 것이며, 마찬가지로 쳐들어오는 적에게 순순히 항복한 자는 생존할 수 있을 것이다(렘 21:9; 38:2). 예레미야 전승(렘 2:28)과 신명기적 예레미야 전승(렘 7:17-18; 11:12; 왕하 23:5)은 도시를 우상숭배의 온상으로 본다. 결국 도시는 파괴되고 멸망할 것이다(미 1:8-6; 3:12; 렘 2:15; 5:17). 성벽을 가지고 도시를 보호하지 못한다(신 28:52). 그러나 유다왕국의 도성들마다 우상을 섬기고 있었다. "유다여, 너의 신들이 너의 성읍 수와 같도다"(렘 2:18; 11:13). 하나님보다 성의 견고함을 더 믿는 자는 멸망한다(렘 5:17). 예루살렘이 그러하기에 벌을 받는다(렘 6:6). 번영하는 도시로 사람이 몰려 살다가 다 망하고 만다(렘 8:14). 번영하는 도시에는 병자가 많고 성직자가 다 타락한다(렘 14:18). 도시가 망하면 그에 딸린 농촌도 덩달아 망한다(렘 19:15). 바벨론 왕은 하나님이 보낸 멸망의 사자인 만큼 그에게 항복해야 목숨은 연명할 수 있다(렘 27:17). 회복하여 주실 때에 유다의 도시민과 농민들이 그 땅에 함께 살게 될 것이다(렘 31:24). 바벨론 사령관 느브사라단은 빈민과 농민은 유다 땅에 그냥 남겨두고 도시민들만 포로로 잡아갔다(렘 39:9). 현명한 도성민은 도시를 떠나 들판으로 나아가서 바위 사이에 살아야 한다(렘 48:28). 도성이 멸망할 때 도망하면 이미 때가 늦는다. 그때 도망하는 자는 모두 학살당할 것이다(렘 52:5).

에스겔도 도시를 신랄하게 비판한다. 우선 에스겔은 예루살렘도성이 멸망하는 현장에 있었던 청년 제사장이었다. 그는 포로로 잡혀가서 평생 외국에서 살았다. 그의 예언은 처음부터 멸망하는 도시에 대해서 선포한다. 에스겔서는 1장부터 35장에 이르기까지 도시의 심판만을 줄기차게 예언한다. 36장에 가서야 비로소 무너진 도성의 회복을 선포하기 시작한다. 회개한 자들이 그 도시에 거주하면서 빈 땅에 건축을 한다(겔 36:10, 33, 35, 38). 야훼께서 도시를 새로 세우려고 그 땅을 정결하게 하신다(겔 39:16). 새 시대에 도시는 속된 땅과 거룩한 땅을 구별하여 세워야 한다(겔 48:15, 21).

4. 시문학에 나타난 도시

시편에 시온 신학이 나타난다. 시온 신학에서는 예루살렘 성전의 예배가 중요하다. 시온 신학에서는 당시 세상에 통용되던 신화소(神話素)들을 적극 활용하여 예루살렘을 '하나님의 도시'(시 46:5[4]; 48:2[1], 이르 엘로힘[헤누])로 고백한다. 예루살렘은 야훼께서 친히 택하신 하나님의 현존 장소이며(시 132:13), 하나님의 거하시는 집이다. 예루살렘에서 혼돈의 세력은 분쇄된다. 예루살렘에서부터 평화가 세계로 뻗어나간다(시 46:10-11[9-10]). 이러한 시온 신학의 관점에서 볼 때 예루살렘을 요새화하는 일은 하나님 현존을 체험적으로 표현하는 작업이다. 이와 마찬가지로 예루살렘 이외의 요새화된 도시들도 하나님의 도시들로 인정받을 수 있다(시 127:1).

예루살렘이 선택받은 도성이라는 시온 신학은 포로기에 생겨났다. 포로기 이후에는 신명기 학파의 개혁 프로그램에서 이 주제는 중앙 성소 제의의 주제와 결합되었다(왕상 8:16 등). 신명기적 이사야 전승은 성소가 거룩하다는 제의 개념을 예루살렘에 적용하여 예루살렘 도시를 성도聖都(이르 학코데쉬)로 고백하기 시작했다(사 48:2; 52:1). 포로기 이후에 성도 예루살렘의 주제는 유다와 디아스포라에서 광범한 영향을 미쳤다(느 11:18; 단 9:24; 막카 I 2:7; 막카 II 1:12; 3:1; 9:14). 야훼께서 일단 선택한 거룩한 도시이기 때문에 예루살렘은 계속 번영할 것이며, 생명을 살리고 키우는 진정한 도시가 될 것이다(슥 1:17). 야훼께서 예루살렘에 친히 거주하시기 때문에 사람들이 그 도시를 보고 '진실한 성읍'(이르-하에메트)[2]이라 부르게 될 것이다(슥 8:3). 야훼께서 성을 지키지 아니하면 어떤 인간의 수단으로도

---

2 '에메트'란 '진실함', '충실함', '믿음'과 같은 의미를 전달하지만, 그 기본이 되는 의미는 튼튼하여 무너지지 않는 굳건함을 가리킨다. 따라서 슥 8:3에서 '이르 하에메트'는 함락되지 않을 정도로 믿음직스러운 난공불락의 요새를 가리킬 수 있다. 하지만 스가랴 문맥에서 야훼께서 다시 돌아왔다는 표현으로 미루어 새 계약에 충실하고 야훼를 다시는 배반하지 않는 예루살렘을 표현할 것으로 보는 것이 더 맞겠다. 한글개역에는 '진리의 성읍', 공동번역에는 '미쁜 도읍', 표준역에는 '성실한 도성'으로 각기 다르게 번역했다. NRSV, "the faithful city", NKJV, "City of Truth".

성은 안전하지 못하다(시 127:1). 시편의 '도시'(도성)는 하나같이 파멸될 것이 아니요, 하나님의 택함을 받은 새 예루살렘을 가리킨다.

야훼의 도성에서 악을 행하는 자는 무서운 심판을 받는다(시 101:8). 그러나 아가서를 보면, 성안의 순찰꾼들과 파수꾼들이 술람미 처녀를 성폭행하고 겉옷을 빼앗았다(아 3:2, 5:7). 그 결과 예루살렘은 강제 노동을 당하고 배고프고 상하여서 기절하며 여자들이 욕을 당했다(애 1:1, 19; 2:12; 3:51; 5:11).

5. 역대기 사가의 역사서에 나타난 도시

신명기 사가와는 달리 역대기 사가는 도시를 긍정한다. 왜냐하면 역대기 사가는 새 예루살렘과 새 성전에 기초하여 새로운 사회를 건설하는 시점에 서 있기 때문이다. 포로기 이후에 에스라와 느헤미야는 유다 각 성읍을 대상으로 설교하였고(스 2:1, 70: 3:1: 10:14: 느 7:73: 8:15: 12:20), 느헤미야는 예루살렘을 요새로 만들기 위해 성벽을 재건하였다(느 12:37). 성읍이 직영하는 농토가 있었다(느 12:44). 역대기 사가는 왕국 시대의 왕들을 긍정적으로 평가하는데 왕국 시대의 예루살렘을 모범으로 제시한다. 하지만 역대기 사가는 지난날의 멸망한 성읍을 회고한다(느 13:18). 역대기는 사무엘-열왕기를 자료로 사용했는데 도성에 대하여 신명기 사가의 보도를 거의 동일하게 되풀이한다.

역대기 사가는 폭력이 없는 세계, 평화와 사랑의 새로운 도성을 건설하려는 꿈을 꾸는 사람이었다. 그는 새 예루살렘의 꿈을 꾸는 시대에 희망을 제시하기 위하여 장차 세울 새로운 도성과 그 문명을 하나님 예배를 중심으로 제시하고 있다.

6. 묵시문학에 나타난 도시

이사야의 묵시록인 이사야 24-27장에서도 도시를 무거운 주제로 다룬다. 여기에 예언자의 해석과 제의적 해석이 함께 나온다.[3] 이사야 24장 7-12(13)절은 24장 1-6절의 멸망 예언을 정교하게 해석하면서 도시가 마침내 파괴될 것이라고 예언한다. 이사야 25장 1-5절은 하나님의 은혜에 감사하면서 야훼를 예루살렘의 왕으로 계시하는데 이 왕이 예루살렘을 파괴하신 분이라고 한다. 야훼가 다스리시는 도성 예루살렘과 야훼가 파괴하시는 대도시 예루살렘 사이는 뚜렷하게 반제로 대조된다. 이 대조법이 이사야 26장 1-6절의 찬송시에 뚜렷하다. 이 감사시는 하나님의 산이란 주제를 특히 강조하는 이사야 25장 9~10절에 기초하여 작성된 것으로 간주할 수 있다.

이사야 묵시록에 있는 해석층은 다가올 세대의 멸망과 구원이 다 같이 세상의 대도시 위에 운명처럼 임할 것이라고 예언한다. 폭력에 기초한 대도시들은 멸망하고, 사랑과 정의를 펼치는 예루살렘은 구원을 받을 것이다. 여기서 예루살렘은 도시 안에 서 있는 교회를 상징한다고 볼 수 있다. 대도시는 야훼께서 파괴하실 것이다 (사 25:2, 키르야 버추라). 아무리 군사력이 세더라도 멸망의 운명을

---

3 이 문헌층의 연대 결정에 대해 학자들의 견해가 분분하지만, 이 묵시록이 장구한 세월 동안 계속 재해석되어왔다고 보는 점에서는 의견이 일치하고 있다. 웃토는 사 24:7-12(13); 25:1-5; 26:1-6을 독립된 문단으로 분류해내고, 이것이 24:1-6, 14-20, 23; 25:6-7, 8*, 9-10; 26:7-21에 기록된 전승들을 해석하고 있다고 본다(TDOT).

벗어날 길이 없다(키르야 니스카바, 사 26:5). 황폐해질 것이며(이르 샴마, 사 24:12), 돌무더기가 될 것이다(갈, 사 25:2). 난폭한 향락과 음악과 술은 도시의 생활을 상징한다(사 24:8-11; 참조. 창 4:20-21). 높은 건물이 즐비한 도시는 주민의 교만함을 나타낸다. 시민들은 오만하고(제딤) 폭력적이다(아리침). 무례함으로 가난한 자와 곤궁한 자를 무시하고 괴롭힌다(사 25:4-5).

하지만 이사야 묵시록의 해석층은 도시 일반을 모조리 비판하는 것은 아니다. 대도시가 그릇된 승리감에 도취해 교만한 상태에 있지만, 이와는 반대로 새 예루살렘은 겸허하고 진실하다. 새 예루살렘도 강한 도성이 될 것이지만(사 26:1, 이르 아즈), 그것은 야훼께서 구원으로 외벽과 내벽을 세워 주시기 때문이다. 새 예루살렘의 시민은 의롭다(사 26:2, 고이 차디크). 교만한 자들이 폭력을 휘두르며 약탈하는 것과는 달리 야훼를 믿는 자는 변치 않고 믿음을 지킬 것이다. 수치와 파괴를 당하는 대신에 야훼께서 새 예루살렘의 주민들에게 영구한 평화를 굳건히 세워 주실 것이다(사 26:3). 가난하고 낮은 자들이 교만한 자를 누르고 승리할 것이다. 이것이 멸망할 대도시와 영속할 새 예루살렘의 대조법이다. 이 대조법을 잘 나타내기 위해서 고대에 일반에게 널리 알려져 있는 신화론의 전승을 취하고, 또 한편 도시 생활을 경험하면서 생겨난 상세하고도 구체적인 이야기들을 풍성하게 보충하였다. 폭행은 야훼에 대한 믿음과 공존할 수 없다. 재난의 시대도 구원의 시대와 공존할 수 없다. 모압이 멸망을 당할 것이며(25:10-12), 이스라엘은 회복될 것이다(27:6-11). 여기에 도시 상징주의를 보충하는 표현들이 많이 첨가되어 있는 것을 볼 수 있다(25:12; 27:10-11).

다니엘의 환상은 새 예루살렘에 있다. 하나님의 진노를 벗어난 주의 성에 주의 백성이 살게 될 것이다(단 9:19). 그때 예루살렘은 거룩한 성이라 부르게 될 것이다(단 9:24). 장차 한 왕이 오고 그 백성이 따라와서 예루살렘 도시와 그 성전을 파괴할 것이다(단 9:26).

7. 지혜문학에 나타난 도시

지혜 전승에서도 도시는 부정적이다. 도시는 지혜로운 행동을 행하지 못한다. 오히려 권력과 힘에 의존하여 살려고 애쓸 뿐이다. 권력을 믿고 멋대로 행동하는 사람은 요새화된 도시와 같이 반드시 함락된다. 지혜의 인도를 받아 사는 사람이 힘과 권력을 믿고 사는 사람보다 훨씬 더 낫다. 지혜는 참된 힘의 원천이다(잠 21:22). 자제력은 도시의 정복자가 지닌 군사력보다 우월하다(잠 16:32). 그러나 지혜문학에 의하면 야훼께서 예루살렘 도시에 현존하시기 때문에 그 도시가 막강하다고 믿는 것은 잘못이다. 지혜는 야훼를 저버리고 적대하는 교만한 자기 확신을 공격하는데 여기서도 예언자의 비판을 그대로 따르지는 않는다. 지혜로 보면, 요새화된 도시는 거짓에 차 있는 겉모습과 같다. 진정한 내면에서 참된 강함과 나약함이 드러날 것이다(잠 25:28). 지혜자는 어떠한 권력자보다 더 강하지만(전 7:19), 참된 지혜자의 현실은 가난하다(전 9:15). 욥기는 도시에 대해서 거의 관심이 없어 단 두 차례만 언급하고 만다(욥 15:28; 24:12).

8. 쿰란 본문에 나타난 도시

사해사본에서 '이르'는 약 90회 언급된다. 페샤림과 다마스쿠스 문서와 성전 두루마리에도 상당히 빈번하게 나온다(55회). 1QpHab에 도시에 대한 예언자적 비판이 나온다. 종교 정치적 논쟁의 배후에는 사회비평이 깔려 있다. 피 흘리는 도시라는 주제는 거짓 예언자를 가리키는 것으로 해석된다(합 2:12).[4] 거짓 예언자들은 '이르 쉬와와'를 건축하기 위하여 많은 사람을 미혹한다(1QpHab 10:10). 1QpHab 12:7은 하박국 2장 18절과 하박국 2장 12절을 연결하여 해석하면서 '이르 쉬와와'를 예루살렘을 가리키는 것으로 해석한다. 도시에서 자행되는 피어린 유혈 폭력의 사태는 악한 제사장이 성전을 더럽히고 오염시키는 행위로 해석된다. 시골을 착취하고 억압하는 도시민의 폭력은 제사장이 유다의 도시들에서 빈민을 착취하는 행위로서 해석된다. 이와 비슷하게 4QpNah 2:1은 피의 도성 '이르 dmm'의 주제를 '부드러운 것들을 찾는' 자들의 손에 '이르 prym'가 놓여 있다고 해석한다. 1QpHab 12:6b-10은 하박국 2장 12, 17절[5]을 해석하면서 신전과 신전 도시와 유다의 다른 도시들도 거룩하다고 명시한다. 다마스쿠스 문서와 특히 성전 두루마리를 보면 거룩한 도성이라는 개념이 명백하게 나타나는데, 신전 도시로서의 예루살렘을 부르는 호칭은 '이리', '하이르', '이르 하마크데쉬', '이르 하코데쉬' 등 다양하다.

---

4 합 2:12, "피로 성읍을 건설하며 불의로 성을 건축하는 자에게 화 있을진저."
5 합 2:17, "사람이 피를 흘리며 땅과 성읍과 그 안의 모든 주민에게 강포를 행한 것이 네게로 돌아오리라."

쿰란문서는 광야에서 이스라엘의 진영이 거룩하다는 사상을 예루살렘과 이스라엘의 도시들에 적용하였다. 이사야 52장 1절을 그런 식으로 주석한다(참조. 계 21:27). 신전 도시에서는 기쁘고 즐겁게 살아야 한다. 하지만 여자들과 문둥병자들과 장애인들은 그 도시에 살 수 없다(45:12-18). 대변으로 더러워지지 않도록 그 도시 북서쪽으로 약 1km 떨어진 곳에 'mqwm'을 설치해야 한다(46:13-16). 요세푸스가 '최초의 성벽'을 묘사하면서 에세네 문과 벳소에 대한 정보를 제공해 주는데 이것은 단순히 문학적 가공이 아니라 예루살렘에서 실제로 에세네파가 실천한 이야기로 보인다. 세속적인 도시에서 도살은 도성 바깥에서 해야 하고 그 고기는 도성 바깥에 두어야 한다(47:7-18). 시골 전역에 걸친 도시들도 성결 규율에 따라야 하며 신전 도시를 관리하는 자들보다 더 엄격히 준행해야 한다. 특히 이 성결 규정은 도성 내에 시체의 매장을 금하며 네 개의 도성마다 하나의 공동묘지를 두라고 정하고 있다(48:12-14).

9. 칠십인역 성경에 나타난 도시

칠십인역 성경을 살펴보면 '폴리스'란 단어를 번역어로 사용한다. 이것은 약 1,600회 정도 나온다. 흔히 '마을'이라 번역되는 '코메'를 쓸 때도 있다(수 10:39; 대상 27:25; 대하 14:13[14]; 사 42:11). '코메'는 포로기 이후 거주지들 사이에 강하고 약한 위계질서를 표하여 '폴리스'보다 작은 도시를 가리키는 것 같다. 여호수아 10장 1절에 '아레함맘라카'는 '메드로포레오스'라고 번역된 용어들은 해석하기 어렵다. 히브리어 '이르 다윗'(다윗성)를 그리스어로 '헤 아크라 다위드'

라고 번역한 것은 헬레니즘 시대의 예루살렘 건축사를 반영한다. LXX에는 '폴리스'란 용어에 정치적인 의미를 담지 않았다. 여기에는 반헬레니즘 정서도 거의 보이지 않는다. 이는 프톨레마이오스 이집트의 중심 도시에 칠십인역을 번역한 디아스포라가 살았기 때문이었을 것이다.

IV. 도시의 사회경제적 기초6

구약성서에는 도시가 매우 위험한 폭력과 죄의 온상으로 비난의 대상이 되고 있지만, 이와는 반대로 수메르 설형문자 문헌들에서 도시는 엄청나게 경이로운 대상으로 찬양을 받고 있다. 거의 신격화된 도시도 있었다. 수메르 찬양시(Erra Epic, I, 46-60)에 보면 키스, 바빌론, 닙푸르를 찬양하고 있고, 아카드어 찬양시(Hallo, 57)에 보면 바빌론, 아르바일, 아슈르 따위의 도성을 극찬하고 있다.

이집트의 경우를 살펴보자. 이집트어로는 도시가 'nww'인데, 이 단어는 마을, 시골의 부락을 가리키는 'wḥy.t'란 단어의 반대말로 쓰인다. 시골 마을이나 부락을 가리키는 단어는 왕조 이전 시대의 사회 구조를 보존하고 있는 것으로 보인다. 이집트 고왕국 시기에 도시들이 성장하였는데 도시가 성립되었다는 사실은 이집트가 왕국으로 등장했음을 의미한다. 왜냐하면 도성의 건설을 추진한 주체는 영웅들이었고, 이들이 도성의 왕이 되었기 때문이다. 그래서

---

6 이 문단은 주로 TDOT 사전에 기고한 옷토(E. Otto)의 '이르' 항목 논문을 참조하였다.

도시는 곧 국가였고, 그것을 '도시국가'라고 부르는 것이다.

가나안 지역에는 우가릿이란 도시국가가 있었다. 우가릿어로 도시는 ' r 인데 히브리어와 거의 동일하다. 페니키아어로는 ' r shrw 이고 에쉬무나톤비문에 이 말이 나오는데, 요새화된 성곽 도시를 가리킨다.

히브리어 '이르'는 히브리어 성경에 1,092회 언급된다. 경외 자료에서는 라기스 오스트라콘에 '그 도성에로'(예루살렘으로)란 뜻의 '하이라'란 단어가 새겨져 있다. '이르'의 여성형은 그 도시를 어머니로 비유하여 그 성민을 양육하는 어머니로 간주하였다고 이해할 수 있다(삼하 20:19). 고유명사 '아로엘'에서 나온 '아르'가 있는데 그 복수형 '아림'이란 단어도 있다(민 21:15; 신 2:9; 4:48; 수 12:2). 복수형 '이림' 내지는 '아림'은 어떤 한 도시와 그 주변의 위성도시들을 하나로 묶어서 보는 집단성을 보여 준다.

명사 '이르'는 '보호하다'란 뜻의 동사에서 파생한 명사이다(신 32:11; 욥 8:6). 성곽으로 요새화된 도시 '이르'는 성벽이 없는 마을인 '하체르'와 대조된다(레 25:29, 31).[7] 요새화된 도시는 '이르 미브차르' 인데, 울타리가 없이 펼쳐져 있는 시골의 마을 '코페르 합페라지'와 는 대조된다(삼상 6:18).[8] 이스라엘 정탐꾼들이 보고 온 가나안의 도시들은 높은 성벽으로 요새화되어 있었다(민 13:19, 28). 요새화된 도성 '이르'에는 작은 도피성에서부터 큰 요새에 이르기까지 다 포함된다(왕하 17:9; 신 3:5, 19).[9]

---

7 레 25:31, "그러나 성벽이 둘리지 아니한 촌락의 가옥은 나라의 전토와 같이 물려주기로 할 것이요."

8 삼상 6:18, "드린 바 금쥐들은 <u>견고한 성읍</u>에서부터 <u>시골의 마을</u>에까지."

1. 청동기시대의 도시

도시국가가 성립하기 시작한 시대는 청동기 말기였다. 청동기 시대의 정치 구조는 수많은 도시국가가 난립한 구조로서 도성은 제각기 사방 3~4km 정도의 권역을 지배하는 양상을 보인다. 청동기 말기에는 세겜과 같은 상당히 규모가 큰 도시국가들이 성립하였다. 이 도시들은 해안 지방을 따라 비옥한 평원 지대에 쏠려 있었다. 이스르엘 평원이나 세벨라 평원 같은 지역을 들 수 있다. 도시는 초기 청동기와 중기 청동기시대에 매우 번창하다가 청동기 말기에 이르러 잠시 쇠퇴하는 모습을 보인다. 14세기를 거쳐 12세를 지나면서 원거리 교역로에 문제가 생기고 많은 도시가 파괴되자 대부분의 가나안 도시가 마을로 축소되는 현상이 나타난다.

구약성서에서 이스라엘 민족이 성립하기 이전 시대의 도시들을 알려 주는 자료는 전무하다. 도시의 통치 구조나 고대 근동의 사회정치 구조를 알려 주는 전승 자료들은 성경에서 거의 찾을 수 없다. 다만 사사기 5장 19절만은 이스라엘왕국 이전 시대의 전승으로 믿을 만한 자료라 할 수 있다.[10] 사사기 4장 4-22절에 하솔을 왕이 거주하는 도읍지라고 표현하는데, 이 보도는 전승사로 보면 이차적인 전승이다. 2절과 17절에 야빈을 겸하여 소개한다.[11] 여호수아

---

9 삼하 17:9, "여호와를 배역하여 모든 성읍에서 망대로부터 견고한 성에 이르도록 산당을 세우고."

10 삿 5:19, "왕들이 와서 싸울 때에 가나안 왕들이 므깃도 물가 다아낙에서 싸웠으나 은을 탈취하지 못하였도다."

11 삿 4:2-3, "하솔에서 통치하는 가나안 왕 야빈의 손에 그들을 파셨으니… 야빈 왕은 철 병거 구백 대가 있어."

11장 1-9절은 사사기 4장 2절, 17절과 여호수아 10장에 의존하고 있는 본문이다. 여리고(수 2:2; 8:20)와 아이(수 8:2, 14, 29)와 헤스본(민 21:25-26)의 이야기와 막게다 이야기(Khirbet el-Qom)에는 역사성이 없다. 왜냐하면 고고학 발굴의 결과 이 지점에 청동기 말기의 주거 증거가 전혀 나오지 않기 때문이다. 신명기는 가나안 주민이 사는 도시들을 '아림 거돌로트 우버수로트 바싸마임'이라 표기하는데(신 1:28; 9:1),[12] 이 큰 도성들에는 성벽과 성문과 빗장이 있었다(신 3:5). 도시국가들을 무너뜨린 결과를 묘사하는 여호수아 10장 1-5절, 23절, 29-39절의 본문은 솔로몬 시대에 작성된 도시 목록을 참조한 것이다(신 7:24). 이것은 느헤미야 9장 24절과 창세기 14장에도 마찬가지로 적용된다.

이스라엘 국가 이전 시대의 사회를 밝혀 주는 자료는 성경에 거의 없기 때문에 이스라엘의 기원을 청동기 말기의 팔레스타인에서 펼쳐진 도시 문명의 사회적 갈등에서 찾으려는 시도는 다 근거가 없다고 할 수 있다. 예컨대 노르만 갓월드는『야훼의 지파들』이란 책을 통해 가나안의 농민 봉기가 가나안의 도시들을 무너뜨리고 도시의 왕들과 귀족 계급을 뒤집어엎었다고 주장하였는데 이 시대를 갓월드는 청동기 말기로 보았다. 그는 그 봉기의 주체가 이스라엘 민족으로 형성되었다고 주장했다. 이 농민봉기설은 정치적 혁명을 요구하는 제3세계의 상황에서 많은 활동가에게 환영받았지만, 1990년대 이후에 근거가 없는 것으로 비판받았다. 문학의 자리는 청동기 말기의 시대가 아니라 바로 디아스포라의 포로기 시대 내지는 포로

---

12 신 1:28, "그 성읍들은 크고 성곽은 하늘에 닿았으며."

기 이후의 시대였던 것으로 평가되었다. 포로기 내지 포로기 이후의 성서 저자는 자기 시대의 도시 비평을 청동기 말기에 투영하여 오경의 시나리오를 작성하였던 것으로 보인다.

구약성서의 포로기 이전 층의 보도에 의하면 왕국 이전 시대의 이스라엘은 요새화된 도시들의 연합체로 이루어져 있었다고 한다(삼상 9장). 철기 초기 시대에 실로나 헤브론에 요새화된 도시들이 있었다는 고고학적 증거는 없다. 사무엘상 4장 13, 18절과 사무엘하 3장 27절은 성문이 있는 요새화된 도시를 묘사하고 있다.[13] 사사기 19장은 기브아를 광장에 달린 도성이라고 묘사한다(삿 19:15, 17). 아마도 거기에 성문도 있었다고 하는 것 같다(16절). 이러한 모습은 초기 철기시대의 보통 마을들과는 매우 다른 모습이다. 초기 철기시대의 여리고도 '종려나무의 도성'이라고 묘사된다(삿 1:16; 3:13). 위에서도 말했지만, 포로기와 포로기 이후의 성서 문헌은 도시의 모습들을 이스라엘의 고대사에 투영하여 적용하고 있는 것으로 보인다(민 32:16-17; 34-36; 신 3:19; 삿 11:26; 18:28; 21:23; 삼상 8:22; 18:6). 왕국 시대의 도시 목록을 가지고 초기 이스라엘을 묘사한 본문이 특히 더 그렇다(수 13:17-20, 25, 27; 15:21-62; 19:35-38 등).

청동기 말기에 아직 요새화되지 않는 도시들이 많이 있었다는 배경사에 비추어 볼 때, 왕국 이전 시대의 정착지들을 '아림'이라고 묘사하게 된 이유를 알 수 있다. 이스라엘 도시들을 강화하기 위해 놀라운 공법으로 지지대도 없이 서 있는 홑 성벽이나 브엘세바나 네겝, 아이와 므깃도 등지의 정착지들에서 둥글게 배열된 가옥들,

---

13 삼하 3:27, 요압이 아브넬을 "데리고 성문 안으로 들어가 거기서 배를 찔러 죽이니."

브누엘과 야노아 같은 도피성의 망대들과 같은 유물들을 보아 왕국 이전 시대의 도시를 '아림'이라 규정한 듯하다. '테 마소스'와 '키르베트 랏다나'와 같이 성벽이 없이 형성된 마을들도 있었다.

도시는 전쟁 시에 방어하기 위하여 성벽을 쌓아 요새화되었다. 요새화된 도성은 주로 군주가 지배하였으며 군대를 갖추고 있었다. 군주가 성벽을 쌓아 올리고 도시를 건설하려면 반드시 석재를 구입하는 통로를 확보해야 하며, 더 큰 도시라면 도성 주변에 직영 채석장을 운영해야 했다. 성벽 건설뿐만 아니라 왕궁을 짓고 신전을 건축하기 위해서도 석재가 필요하였다. 오늘날 채석장 유적지들이 무수히 발굴되고 있는 것은 도성에 돌을 공급하는 산업이 도성 경제의 가장 기본이 되는 사업이었음을 말해 준다. 에훗이 모압 왕 에글론에게 공물을 바치고 돌아가는 길에 길갈 근처 '돌 뜨는 곳'에 들렀다. 거기서 다시 에글론에게 돌아가 왕을 살해하고 도망을 치는데, 에훗이 다시 '돌 뜨는 곳'을 지나서 스이라로 도망쳤다(삿 3:19, 26). 채석장에는 노예들이 일하였다. 채석장 노동을 기반으로 유지되는 고대 도시들은 노동력을 확충하기 위해서 전쟁을 일삼았다.

도시를 건설하려면 무엇보다도 먼저 물을 확보해야 했다. 물을 먼 곳의 수원지에서 끌어들이려면 도수로를 건설해야 했다. 도수로의 길이는 심지어 수십 킬로미터에 이르기도 하였다. 도수로를 건설하기 위해서 석재와 노예 노동력이 필요했다. 히스기야는 예루살렘 지하로 터널을 뚫어 도수로를 건설하였는데 이 터널 공사를 맡은 감독들이 새긴 비문이 현재 발견되었다.

도시는 전쟁을 수행하기 위해서 무기를 제작하거나 수입해야 했다. 무기 제작을 위해 청동기시대에는 구리를 캐내는 광산이 필요하였다. 철기시대에는 철을 캐는 광산이 있어야 했음을 두말할 필요가 없다. 구리광산과 철광산에도 노예 노동력이 투입되었다. 도시 건설에는 목재도 필요하였다. 목재는 도시에서 멀리 떨어진 산림에서 채벌장을 지니고 있거나 채벌장에서 목재를 수입해야 했다. 나무를 자르고 운반하는 작업에도 노예 노동력이 필요하였다. 운반해 온 목재나 석재를 알맞게 가공하기 위해서 수공업자들이 필요하였고, 건설을 지휘하는 공사 감독이 필요하였다. 이들을 지휘하는 사람들이 도시에서 수학을 공부하였고, 기하학이 도시에서 발달하였다.

2. 철기시대의 도시

이스라엘 마을들이 도시화되는 첫 단계는 철기 초기 시대에 이루어졌는데, 이 시기에 전형적인 마을들로 보이는 유적지들이 많이 발굴된다. 이것들에는 거의 2,000㎡에서 무려 8,000㎡에 이르는 것도 있었다. 평균 인구밀도는 1,000㎡(약 300평)당 40~50명이 사는 정도였다. 브엘세바(지층 7)에는 4,000㎡(1,200평) 정도 되는 면적에 160~200명 정도가 살았던 것 같다. 길로에는 6,000㎡(1,800평) 정도 되는 면적에 240~300명이 살았다. 아이에는 10,000㎡(3,000평) 정도의 면적에 400~500명이 살았다. 5,000㎡(1,500평) 되는 면적의 키르베트 라다나에는 250명이 채 안 되었다. 이즈베트 사르타는 2,000㎡(600평)가 채 못 되는 면적에 100명에 조금 못 미치는 인구가 살았다. 텔 모사스(지층 2)와 같은 큰 마을에는 35,000㎡(10,500평) 정도의 면적에 1,000명 내지는 1,800명의 인구가 살았다. 텔 엔-나스

베(지층 1)에는 20,000㎡(6,000평) 정도의 면적에 1,000명 정도가 살았다. 키르베트 엘-케이바르는 35,000㎡(10,500평) 정도의 면적에 1,400명 내지 1,750명이 살았다. 므깃도(지층 VB)에는 40,000㎡(12,000평) 정도의 면적에 1,600명 내지 2,000명이 살았다.

마을의 정치 지도력은 마을 총회에 있었다(안쉐 하이르, 삿 19:22; 지크네 하이르, 삼상 16:4). 이 사회 구조는 씨족 공동체에 해당한다. 거기에 사는 부락 '미쉬팍하'는 한 단위로 간주될 수 있다(오프라 아비 하에즈리, 삿 6:24; 8:32). 도시와 시골 사이의 적대감은 이스라엘 초기에는 없었다. 사무엘상 11장 1-4절에 보면 특수한 환경에 놓인 요단 동편에서 마을들이 도시로부터 독립하려고 시도했음을 알 수 있다. 이스라엘 지파들과 가나안 도시국가들 사이의 관계는 아코와 맺은 아셀 지파의 봉신 조약에서부터 기브온의 네 개 도시와 베냐민 지파가 맺은 공식적 협정을 거쳐서 군대의 충돌에 이르기까지 다양하다(삿 5장). 하지만 이것이 시골과 도시 사이의 적대감을 표현하는 것은 아니다.

다윗왕국 시대에 열두 지파에 근거한 전 국토가 수도를 중심으로 정치적 행정조직으로 짜여졌다(왕상 4:7-19). 솔로몬 시대에는 이스라엘 영토와 가나안 영토가 다 포함되어 새로운 형태의 통합 체제가 필요하였다. 권력형 행정구조로 개편된 것이다. 도시들 사이에, 도시와 시골 사이에 서열이 정해진 것이다. 여기서 도시와 시골 사이의 갈등이 생겼다. 왕이 사는 수도에 지방의 중심되는 도성들이 종속되었고, 도지사들이 지방의 도성에 거주하였다. 아루봇, 라못길르앗, 마하나임 같은 지방 도시들이 거명된다(왕상 4:10, 13-14). 므깃도는 아마도 다섯 번째로 큰 지방도의 중심지였을 것이고, 하솔은 여덟 번째로 큰 납달리 지방의 중심지였을 것이다.

분열 왕국 시대에 번성했던 단, 하솔, 긴네렛, 므깃도, 티르자, 세겜, 사마리아 등 도시들의 중심가와 여행길들 그리고 이 도시들에서 멀리 떨어진 키르베트 엘-마르야메와 같은 마을들에 관한 정보를 제공하는 풍부한 고고학적 자료들이 발굴되었다(왕상 12:25; 15:17; 16:24, 34; 22:39). 이스라엘의 정치적 사회적 구조가 수직 하향체로 되어 있는 가운데 도시들이 행정 단위로 조직되어 있었음을 알 수 있다. 이 점은 초기 철기시대의 라기스와 므깃도와 하솔 및 아랏과 브엘세바와 라기스와 벳-세메쉬와 세겜과 하솔의 국고성들을 발굴한 결과 고고학적으로 입증된다. 여기에 세무서와 병참기지도 있었다(아레 하미스커노트).

3. 왕국 시대의 도시

이스라엘의 도시화는 BC 10세기에 진행되기 시작했다. 도시들은 수도를 중심으로 배치되었다. 한 도시는 중앙집중식으로 계획되었는데 이것은 초기 철기시대의 둥근 형태의 마을에서 발전한 모습으로 보인다. 둥글게 둘러싼 성벽과 중앙로를 따라 방사형으로 가옥들이 건축되었으며 성문 근처에 광장이 있었다. 이러한 도시계획은 텔 베이트 미르심과 벳-세메쉬와 텔 엔-나스베와 므깃도와 욕느암에서 발견된다. 이러한 도시화는 '잇샤 믹콜-아레 이스라엘'(삼상 18:6)[14]과 '슈브 러이로'(삼상 8:22; 스 2:1; 느 7:6; 왕상 22:36)와 같은

---

14 삼상 18:6, "다윗이 블레셋 사람을 죽이고 돌아올 때에 <u>여인들이 이스라엘 모든 성읍에</u>

표현들이 점점 많이 사용된 점을 보아 알 수 있다. 이에 따라 이스라엘
의 사회 구조도 점점 변하였다.

시골 마을의 주민들은 대부분 농사를 지었다. 많은 곡물 창고와
포도 확과 기름틀이 발굴되는 점으로 미루어 보아 마을 사람들이
인근의 농토를 경작했음을 알 수 있다(수 21:12, 서데 하이르; 민 35:5,
미그러쉐 헤아림). 중심 수도들에는 수공업자들(렘 37:21; 느 3:32)과 상인
들(왕상 20:34)이 집을 짓고 살았다. 라기스와 텔 베이트 미르심과
같은 중소도시에는 직물업자들이 모여 살았으며, 기브온에는 포도
주 산업이 흥했고, 텔 데이르 알라에는 야금술이 발달하였다. 도시화
가 진행되면서 노동도 분화되고 빈부격차도 벌어졌다(삼하 12:1-4).
티르자, 세겜, 예루살렘과 같은 곳에 빈민굴이 생겼고, BC 8~6세기
에 이르러서는 농촌 지역이 전반적으로 빈곤하게 되었다.

도시화에 따른 또 다른 현상이 나타났다. 이스라엘의 사법의
중심이 도시로 이동되었다. 신명기 13장 13-19절, 19장 1-13절,
20장 10-20절, 21장 1-9절에 보면, 사법 전통의 중심이 도시로
이동하였음을 알 수 있다. 이런 전통은 계약법에는 나타나 있지
않지만, 특히 여호사밧 이후에 도시에서 재판이 이루어지게 되었다
(대하 19:5-11). 신명기 12-26장에는 '이르'와 '샤아르'란 단어가 교대
로 사용된다(신 13:13; 17:2). 신명기에 의하면 도피하는 도피처가
지방 성소마다 있었지만(출 21:13-14), 나중에는 세 군데의 도피성으
로 한정되었다.

서 나와서 노래하며 춤추며."

4. 페르시아 시대의 도시

페르시아 시대에 여후디(유다) 속주에서 정착 유형에 변화가
일었다(스 2:21-35; 느 3:2-22; 7:25-38; 11:25-35). 동전과 공문서 인장이
발견되는 지역으로 보아 여후디 속주의 범위는 북으로는 미스바,
남으로는 벳술, 동으로는 여리고와 엔게디, 서로는 아제카와 게제르
에 해당한다. 속주는 다섯 지방으로 구분되는데 그 중심은 벳술,
벳학케렘, 크일라, 예루살렘, 미스바였다(느 3:1-22). 게셀과 여리고
는 두 지방의 중심지였을 것이다. 느헤미야 11장 25-35절을 보면
지방 수도와 그 하부 성읍들과 그 '딸' 마을들의 행정질서를 알
수 있다. 가장 중심에는 예루살렘이 있었다(느 2-7장; 11장).

사마리아 속주(느 2:10, 19; 4:1[7])에 대한 증거는 희소하다. 사마리
아와 세겜 같은 곳에 문헌 증거가 좀 있을 뿐이다. 이들 중앙 팔레스타
인의 소 성읍들은 두로와 시돈의 지배를 받던 해안 지대의 악코,
도르, 야브네, 아쉬도드와 같은 도시들에 비하면 상당히 왜소한
편이다. 헤로도투스에 의하면, 가자는 사르디스와 동맹하여 그 자체
의 성을 지니고 있었다고 한다. 쉬크모나와 텔 아부 하왐에서 정방형
도시계획이 발견된다. 페르시아 군사 하부 구조가 이집트를 겨냥하
여 요새화되었고 해안을 따라(쉬크모나, 텔 카실레, 아쉬도드, 텔 엠메,
텔 엘-파라[남부]) 그리고 네겝 지방(텔 세라, 브엘세바, 아라드, 키르베트
리트마, 카데쉬바르네아, 텔 엘-켈레이페)에 병참 기지들이 있었다.

5. 헬레니즘 시대의 도시

헬레니스트 시대에 고전적인 그리스풍 도시들이 도시와 국가를 통합하였다. 정치·경제적 자치권을 누리며 주화를 제작할 권리를 지녔고, 그 민회民會는 자치권(데모스)을 행사하였으며, 사법과 종교에서 독립을 누리고 있었다. 헬레니스트 근동에 남아 있는 도시들에는 군왕이 통치하여 국가를 이루고 있었다. 유대인이나 이두메인들과 같은 소수민족 집단을 대표하는 코엘레-시리아의 행정 단위들과 나란히, 헬라화된 지역들은 폴리스 형태의 행정 체제를 지닌 반半 자치 도시들의 온상이었다. 고전적 헬라 도시국가 개념에 따라 헬레니스트 정치 이론은 이들 도시들을 왕의 '동맹자들'로 대우했다. 고전적 도시국가 동맹 체제에도 불구하고 행정과 경제는 왕의 고관들에 의해서 조정되었다. 실제로는 정치적 자유를 상실하여 그리스 도시국가의 특징을 지닌 헬레니스트 도시국가들의 성격은 바뀌었다. 하지만 이론적으로는 도시는 최고의 헌법적 개념이었으며, 이런 권리를 누리지 못한 여타의 마을들과 식민지들과는 구별되었다.

페니키아와 팔레스타인 해안은 페르시아 시대에 이미 도시화되어 있었는데, 헬레니스트 시대에 이르러서는 도시들의 중심지가 되었다. 악코-프톨레미는 '시리아와 페니키아' 속주의 수도였을 것이다. 아랍인들을 방어하는 동부 지역의 트란스요르단 북부 지역과 겐네사렛 호수와 세메코니티스 호수 주변 지역에는 헬레니스트 폴리스들이 많았다. 이들 프톨레미 헬라 도시들을 통해서 지중해의 항구들과 항구들 사이의 통상로와 페르시아만과 아라비아반도가 장악되었다(프톨레마이스, 스키토폴리스, 필라델피아, 라밧모압, 게라사, 가

다라, 힙포스, 아빌라, 펠로테리아). 이와는 달리 셀류코스 헬라 도시들(안디옥, 라오디케아, 아파메아, 베뢰아, 두라 유로푸스, 다마스쿠스)은 동종의 문화권을 형성했다. 정치적 목적이 달라서 프톨레미와 셀류코스 지역의 도시계획은 근본에서 달라졌다. 프톨레미 문명은 아크로폴리스나 성채에 도시계획을 집중했고, 중앙로 주변의 주거지역은 피상적으로만 배치했으며, 거기서 도로들이 갈라졌다. 셀류코스 도시계획은 도시의 전체 모양에 관심을 가졌는데, 아고라를 포함하여 경주장에 이르는 도로망을 구축하였고, 공공건물에는 가옥들을 배치하여 도시를 건설했다.

헬레니스트 신도시들은 유다 지역에서는 발굴되지 않는다. 도시문명으로서의 헬레니즘이 끼친 영향은 사마리아의 마케도니아 식민지와 작은 농촌 도시들인 마리싸와 아도라임의 헬레니즘 문명에도 불구하고 사마리아와 이두메아에서는 미미했다. 남부 팔레스타인은 사해에서부터 아라드를 거쳐 벳술에 이르는 일련의 요새들을 거점으로 사막을 군사적으로 방어하였다. 예루살렘은 프톨레미 신전 도시인 히에로솔뤼마로서 그리고 신정국가인 유다의 심장부로서 특별한 역할을 했다. 하지만 셀류코스 시대 동안 예루살렘을 헬라화하려는 시도들은 모두 무위로 돌아갔다. 헬레니스트 도시 개념은 이집트의 프톨레미 중심지에서와 마찬가지로 유대에서도 영향력이 미미하였다. 그만큼 유다의 도시들은 헬레니스트의 정치적 영향력을 많이 받지는 않았다. 그러므로 LXX에는 폴리스란 용어를 비헬라적인 의미로 사용하였다.

V. 도시와 땅의 관계

하나님은 애굽이란 도성에서 히브리인을 이끌어 내어 가나안 땅으로 인도하셨다. 오경은 땅 약속과 자손 약속을 근거로 하나님과 계약을 맺은 이스라엘의 이야기이다. 따라서 계약 신학은 오경 전체에 걸쳐 흐르고 있다. 계약 신학을 사회경제사적 지평에서 해석하려고 할 때 농촌과 도시 그리고 땅이라는 세 가지 주제의 상호 관계를 살펴보아야 한다.

성경을 읽을 때 지금까지 독자들은 단순히 약속과 계약이란 말에만 주목하였지, 그것이 구체적으로 무엇을 가리키는지를 자세히 들여다보지 못했다. 역사비평은 본문의 배경이 되는 역사적 사실의 재건에 집중하면서도 고대 근동과 헬레니스트 사회가 도시 국가들의 연맹체로서 고대 노예제사회에 기반하여 발전하였다는 사실을 제대로 평가하지 않았다.

아비멜렉은 '내 땅'(아르치)이라고 말하지만, 땅은 본디 하나님의 것이다(창 20:15; 출 19:5). 하나님께서 창조하신 땅은 도성을 세우고 폭력에 의거해서 살아가는 가인의 후예들에 의해서 파괴되었다(창 6:1-12). 하나님이 이스라엘을 백성으로 택하시고 양육하시는 이유는 하나님의 창조계인 땅을 회복하시는 동시에 죄로 인해 타락한 사람에게 하나님의 형상을 회복하시려는 데 있다.

오경에서 땅을 오염시키고 파괴하는 주범은 도시이다. 에녹성을 건축한 가인, 노아 시대의 폭력, 노아와 함의 재타락, 바벨도성의 교만, 아브람의 아내를 빼앗는 애굽도성과 블레셋 그랄도성의 폭행, 소돔 도시민의 폭행으로 드러난 도성의 죄악상, 하란도성 지역에 사는 라반의 타락, 애굽도성에서 총리대신이 된 요셉의 고통스러운 운명, 야곱의 자손들이 애굽도성에서 히브리 노예로 전락한 일 등등의 이야기들이 하나같이 땅을 죄로 물들이는 도성의 죄악상을 바탕에 깔고 있다. 그러므로 땅을 주시는 야훼 하나님의 약속에는 땅을 정결하게 창조의 원래 상태로 회복하려는 하나님의 의지가 깔려 있다.

가나안 땅에는 도성들이 무려 서른한 군데나 서 있었다(수 12:33). 이 도성들을 차례로 무너뜨리는 이야기가 여호수아서에 펼쳐져 있다. 여리고도성과 아이도성의 파괴가 대표적인 사례로 나와 있다. 오염된 땅을 회복하려면 그 일을 수행할 하나님의 백성에게 원인간인 아담의 모습이 회복되어야 한다. 그것은 하나님의 형상을 회복하는 일이다(고후 4:4). 그러므로 땅의 도성들을 정복하기에 앞서서 이스라엘은 하나님의 형상으로 회복되어야 한다.

하나님께서 야곱의 자손들로 하여금 애굽도성에서 혁명을 일으켜서 파라오의 노예 체제를 뒤엎고, 모세로 하여금 정의로운 사회를 이룩하게 하지 않으신 이유는 무엇인가? 왜 하필이면 그토록 지난하게도 홍해를 건너서 40년의 세월 동안 광야를 유랑하게 하셨는가? 애굽의 히브리인들은 날마다 서로 싸우고 있었다(출 2:13). 출애굽 후에도 르비딤 광야에서 히브리인들은 날마다 분쟁을 일으켜서 모세가 하루 종일 재판하려고 앉아 있어야 했다(출 18:13). 이처럼 걸핏하면 다투는 인격으로는 폭력과 분쟁으로 망가진 땅을 새롭게 만들어 낼 수 없다. 그래서 야훼 하나님은 히브리인들을 출애굽 시킨 후에 광야로 인도하여 거기에서 그들을 시험해 본다(출 16-18장).

시험 결과는 부정적이다. 히브리인들은 물과 빵이 없을 때 모세와 아론을 원망하였으며, 아직은 안식일을 온전하게 준수하지 못한다. 이처럼 상처투성이의 히브리인들을 자신의 백성으로 택하신 야훼 하나님은 그들을 시내산으로 데려가서 그곳에서 율법을 계시해 주시면서 모세를 통하여 2년 남짓 기간의 교육과정을 이수하게 하신다. 이 과정을 마치고 히브리인들은 이스라엘로 거듭나며, 하나님의 백성으로 세상 속에서 비로소 취임하게 된다. 그러므로 하나님의 뜻을 공부하여 하나님과 소통하며 온전히 자기중심의 좁은 세계를 버리지 못한 사람은 죄에 갇힌 세상을 새롭게 개혁할 수 있는 자격을 얻지 못한다. 하나님의 백성이 새로운 존재로 거듭나야만 가나안 땅에서 폭력의 도성들을 부정하고 땅을 하나님의 창조계로 회복해 낼 수 있다.

땅을 회복하기 위해서 하나님의 형상을 회복해야 하는데 아브라함과 이삭과 야곱에게 주신 자손의 약속은 이러한 맥락에서 비로소 의미를 획득한다. 믿음의 조상의 계보에서 태어난 새로운 인간으로서의 이스라엘이 하늘의 별처럼, 바다의 모래처럼, 이 땅의 먼지처럼 많이 번성하여야 땅을 파괴하는 도성민의 악한 행보를 그치게 할 수 있다. 하나님의 백성이 도성의 세속 문명에 파묻혀 사는 한, 땅을 새롭게 회복할 능력을 지니지 못한다. 하나님의 백성은 우선 도시를 빠져나와야 하며 광야로 나아가서 하나님에게 훈련을 받아야 한다. 예수께서 광야로 이끌려 나가서 마귀에게 시험을 받으신 행보도 그 원본을 이스라엘의 광야 생활에서 찾을 수 있다.

그러므로 하나님의 구원이 지닌 정치·경제학적 의미는 세속 문명을 주도하는 도시 문명으로부터 일탈하는 데 있다. 구원은 그 자체로서 완결된 것이 아니라 죄에 갇혀 있는 세속 사회를 하나님의 나라로 변혁하는 과정을 위한 출발점이다. 구원받은 이스라엘이 광야를 거쳐 가나안 땅에 들어가 그 땅을 창조의 원형으로 회복해야 하는 것처럼 오늘날 구원받은 사람은 도시 중심의 세상을 변혁해야 하는 선교의 과제를 안게 된다. 이것이 바로 성화聖化의 과정이다. 개인의 성화는 사회의 성화 없이는 완성될 수 없고, 사회의 성화는 개인의 성화 없이는 불가능하다.

VI. 나가는 말

지금까지 성경에 나타난 땅과 도시의 관계를 살펴보았다. 성경은 한마디로 하나님이 새로운 인간과 새로운 세상을 지어가시는 과정을 보여 주는 책이라 할 수 있다. 다시 말하자면 성경은 대안 문명을 제시하기 위한 문명 비평의 책이다.[15] 대한민국이 안고 있는 큰 과제가 있다면 조국 통일, 사회정의 그리고 환경보전의 과제로 정리할 수 있다. 남측이나 북측이나 도시 문명 속에 갇혀 있다. 도시 문명은 부富의 불균형적 소유를 극복할 수 없는 문명이다. 도시 자체는 자연환경을 파괴하는 자원 활용의 기초 위에 세워져 있다. 지금 이대로의 사회체제와 정치 운동으로는 도시의 문제를 다 해결할 수 없고, 지금 이대로의 인간으로는 그 문제를 해결할

---

15 문명 비평(文明批評)에 대한 엄밀한 정의(定義)는 없으나 문화, 교육, 정치, 경제 등 여러 문제를 분화적(分化的)이 아닌 종합적인 견지에서 다루어 그 존재 양상과 본질을 비평하는 것이다. 그러므로 현대 문명 비평은 당연히 예언적인 성격을 지니게 마련이다. 단순한 현상의 긍정이 아니라 인류의 문명이 담당해야 할 운동에 관하여 넓은 시야로부터의 예언적인 견해를 나타내는 광범위한 견해도 필요한 조건이 된다(위키백과).

수 있는 주체가 형성되지 않는다.

도시가 문명을 창달해 온 역사는 고대 근동에 '에리두'도성이 처음으로 세워진 이래 5,000년이 되었다. 시대마다 문명은 서로 융합하고 충돌하면서 도시에서 변용해 왔다. 도성들이 즐비한 가나안 땅에 하나님의 형상을 완전히 회복하신 예수 그리스도의 터전 위에 교회가 세워졌다. 교회는 하나님의 백성 이스라엘의 전통을 올바르게 계승한 주의 몸이다. 그러므로 도성의 죄악을 극복할 유일한 대안은 교회밖에 없다. 타락한 교회가 도시 문명과 짝하여 친하게 지내고, 국가에 정당성을 부여해 주는 시녀로 전락하였던 역사를 우리는 알고 있다. 지금 한국교회도 마치 중세 교회의 타락한 전철을 그대로 밟고 있는 듯하다. 하지만 교회의 머리 되신 예수 그리스도께서 곧 재림하셔서 모든 가라지를 가려내고 알곡을 곳간에 들이고 쭉정이는 게헨나 불 속에 다 태우실 것이니 그리 염려할 일이 못 된다. 그리스도인 각자가 주님 앞에 올곧게 서서 믿음을 지키고, 세속주의와 타협하지 않고 말씀대로 살아가면 된다.

4대강 사업을 반대하는 집회에 참석해 보면 반대자들이 대부분 도시에 살고 있는 도시민으로 보인다. 4대강 사업은 도시의 경제를 북돋우기 위해 건설 경기를 살리는 일에 큰 공헌을 한다. 4대강 사업을 반대하기 위해서는 땅을 파괴하는 도시의 속성을 경계해야 할 일이다. 그것은 대안 문명을 찾아내고, 그것을 이루기 위해서 애쓰는 길이다.

교회 없이 대안 문명을 추구하는 일은 불가능하다. 새로운 인간은 오로지 성령을 통해 거듭나지 않으면 태어날 수 없기 때문이다(요 3:3). 여기에 도성을 극복하려는 '농農의 신학'이 공헌할 바가 있다.

가나안 복지와
생명·정의·평화의 세계

I. 들어가는 말

예부터 사람들은 땅을 소유하려고 애썼다. 영토를 놓고 벌이는 싸움으로 인류의 역사는 피비린내를 풍겨 왔다. 오늘도 땅을 차지하려는 싸움은 여전하다. 성경에도 땅에 대한 언급이 많이 나온다. 이것은 고대 이스라엘도 땅에 많은 관심을 기울였음을 의미하는 동시에 하나님께서도 땅에 많은 관심을 가지시고 있음을 뜻한다.

땅을 차지하려는 싸움이 국가 단위로 벌어지면 영토분쟁이 된다. 동북아시아에도 한·중·일 사이에 영토분쟁의 불씨가 언제 전쟁으로 번질지 알 수 없다. 국가의 영도자들은 자국의 영토 확장을 위해서 혈안이 되어 있다. 이 점은 고대 근동의 국제관계에서도 마찬가지였다.

땅 싸움이 도시에서 개인의 차원에서 벌어지기도 한다. 이것은 부동산 취득을 위한 경쟁으로 나아간다. 저마다 땅을 사려고 열을 올린다. 부동산 경기가 어떠한지 연일 미디어가 보도하고 있다.

이 보도에서 정작 농토의 가격은 뒷전으로 밀린다. 도시의 땅값이 천정부지로 치솟는다. 부동산 투기는 사회의 심각한 문제가 된다. 땅을 사유화하려는 열망이 도시민의 마음에 가득하다.

농민의 경우에도 땅을 소유하려는 열망은 지극하다. 그냥 땅이라 부르지 않고 '농토'라고 부르는 땅은 소출이 많이 나는 기름진 땅을 제일로 친다. 황무지는 농민에게 가치가 없다. 성경에 '가나안 복지' 또는 '젖과 꿀이 흐르는 땅'이란 표현이 나오는데 이것은 가나안 땅이 기름지다는 의미이다. 가나안 정탐꾼들이 메고 나온 포도송이 는 두 사람이 어깨에 메고, 옮겨와야 할 정도로 가나안 땅은 비옥하 다. 이 정도 기름진 땅이면 농사꾼들에게는 더할 나위 없는 이상향이 될 것이다. 그러나 요즈음에는 기름진 땅보다도 재개발되는 땅이 더 가치가 있다.

좋은 땅을 차지하려는 경쟁을 성경은 어떤 눈으로 평가하고 있는가? 가나안 땅은 정말 비옥한 땅인가? 땅 문제와 토지 정의를 성경은 어떻게 다루고 있는가? 땅 문제가 생명과 평화의 주제와 어떻게 연결되는가? 이러한 질문을 염두에 두면서 땅을 다루는 성경 본문을 자세히 살펴보자.

II. 토지의 경제정의에 대한 논의

땅을 사유함으로 인해서 생기는 문제들이 너무나 심각하다. 일찍이 선각자들은 토지의 공개념을 정립하고 땅을 사유화하지 말 것을 권고하였다. 토지의 사유화를 쟁점으로 하여 공산주의와 자본주의가 갈라진다. 성경이 토지의 공개념을 강조한다는 사실은 이미 잘 알려져 있다. "온 땅이 내 것이다"(출 19:6, 키 리 콜-하아레츠)라는 말씀과 레위기의 희년 선포(레 25장)는 토지의 사유화를 지양하고 공동체의 토지 소유를 평등의 토대 위에서 시행할 것을 규정한다. 이러한 말씀을 대천덕은 『토지경제정의』란 책에서 성서에 나타난 토지의 경제정의를 통해 살펴보았다.[1] 그는 미국의 경제학자 헨리 조지의 토지관을 수용하는 동시에 토지는 야훼 하나님의 것이므로 아주 사고팔지 못한다는 레위기 말씀에 집중한다. 그는 레위기의 말씀을 근거로 토지는 개인이 사유하는 것이 아니라 공동체가 공유해야 하는 것으로 되어야 한다고 보고 토지의 경제정의를 요구하였다.

또 한편 월터 브루거만도 구약성서의 땅 신학을 공부하여 『땅』이란 책을 썼다.[2] 그는 성서의 땅을 하나님의 주신 선물이자 장차 주실 약속을 보았다. 땅은 유혹인 동시에 해결해야 할 과제이며 또한 위협이기도 하다. 땅의 이런 특성을 그는 성서에 나타난 이스라엘의 역사를 따라가면서 해설했다. 오경은 땅으로 인도하는 하나님의 약속에 관한 이야기이다. 브루거만은 이 책을 통해서 성서의 땅을 소유의 관점에서 해석한다. 땅 소유자와 땅 미소유자의 갈등 관계를 하나님의 백성의 눈으로 바라보고 있다. 이런 점에서 브루거만도 대천덕과 같이 땅이란 쟁점을 정의의 관점에서 바라보고 있다고 할 수 있다.

---

1 대천덕/전강수 · 홍종락 옮김, 『대천덕 신부가 말하는 토지와 경제정의』(홍성사).
2 월터 브루거만/강성열 옮김, 『성서로 본 땅』(나눔사).

또한 해밀턴[3] 같은 학자들은 대부분의 학자들이 인식하고 있듯이 성서의 땅을 우주론적 개념과 영토의 개념 두 가지로 구분한다. 그는 우주론적 땅 개념은 창조 이야기에 나타나며 영토로서의 땅 개념은 족장 이야기나 열왕기 등에 나타난다고 본다. 우주론에 있어서 땅은 창조 이전부터 티아맛(Tiamat)의 지체로서 존재하였다는 고대 근동의 일반 관념을 성경은 반대한다고 본다. 성경은 땅을 철저히 하나님의 창조물이라고 고백한다. 그래서 해밀턴은 이러한 우주론에서 노아의 세계 심판을 이해할 수 있다는 것이다. 우주론적 관점과는 별도로 성경은 다윗의 통일왕국의 영토를 가리켜 '땅'(에레츠)이라고 부르고 있다고 그는 지적한다.

내가 보기에 이상의 학자들이 제시한 분류에 부족한 점이 있다. 우주론적 땅과 영토로서의 땅 사이를 성경은 밀접하게 결합하고 있다는 점을 그들은 간과하였다. 나는 이 두 가지 개념을 서로 떼어서 논할 수 없다고 본다. 창조 이전에 본디 땅은 없었다. 땅은 "혼돈하고 공허하였다"(토후 와보후)는 창세기 1장 2절의 선언은 땅은 처음에는 아예 없었다는 의미이다. 서유럽계 주석가들은 땅이 '카오스chaos' 상태에 있었다고 해석한다. 그러나 이사야서에 보면 우상을 묘사하여 '토후 와보후'라고 하는데 이것은 존재하지 않는 것을 가리키는 말이다. 우상은 실재하지 않는 허상이라는 것이다. 창세기 맨 앞에 빛을 창조하기도 전에 하늘이 아니라 땅을 특별히 언급한 것은 성경이 땅에 관해서 이야기하는 책임을 말해 준다. 성경은 처음부터 요한계시록까지 땅 이야기로 가득 차 있다. 새 하늘과

---

3 Victor P. Hamilton, '에레츠', TWOT 사전 항목 167.0.

새 땅을 주실 때 하나님은 하늘에서 새 예루살렘을 지어서 땅으로 내려 주신다. '마라나타'는 예수께서 이 땅으로 내려오시는 재림을 기원하는 말이다. 성경에서 하늘 이야기는 땅 이야기에 비하면 너무 분량이 적다. 하나님께서 땅을 아름답게 창조했는데 죄인들이 땅을 파괴하여 울퉁불퉁하게 만들었다(창 6:5-6). 창조주 하나님은 자신의 작품인 땅을 망가뜨리는 자들과 이미 망가져 버린 창작물로서의 땅을 쓸어버리고(막하) 다시 작품을 제작하려고 시도한다. 이것이 노아 홍수 심판의 신학이다. '쓸어버리고'의 히브리어 '막하'는 지우개로 지우듯 지워버리는 것을 의미한다. 망가진 작품을 깨버리고 새로 제작하는 도공陶工에 견줄 수 있을 것이다. 그래서 심판은 곧, 바로 하나님의 재창조 시도이며 하나님의 백성에게 심판은 은총의 사건이 된다. 그러나 땅을 사유하여 제 마음대로 이용하다가 급기야 땅을 망가뜨림으로써 이득을 취하는 악인들에게 하나님의 심판은 곧 재앙이 된다.

성서의 땅을 경제정의의 관점으로 다 이해하려는 시도에는 한계가 있다. 성서의 땅은 하나님이 창조하신 세계의 일부이며(창 1:10), 땅이 부패하면 하나님께서 그것을 쓸어버리고 다시 지으신다(창 6:11-12). 하나님은 부패한 땅을 회복하려 하신다. 그렇다면 정작 성서는 땅에 대해서 무어라고 말씀하시는지, 오경이 가나안을 '복지'로 언급하는 익숙한 개념은 실제로 무엇을 의미하는지 지금부터 자세히 검토해 보아야 할 것이다. 여기에서 토지의 공개념이나 전통적인 학계의 계약 신학을 되풀이하지 않을 것이다. 범위를 오경 내지는 육경에 한정하여 땅에 대한 창조 신학에 초점을 맞추어 살펴보려고 한다.

Ⅲ. 가나안 복지: 젖과 꿀이 흐르는 땅

가나안 땅을 가리켜 '복지'라고도 하고 또는 '젖과 꿀이 흐르는 땅'이라고도 표현한다. 이 두 용어가 연결되어 한 문장 안에서 언급한 구절은 에스겔서에 나온다(겔 20:15). "내가 그들에게 허락한 땅 곧 젖과 꿀이 흐르는 땅이요 모든 땅 중의 아름다운 곳"이 가나안 땅이라고 에스겔은 표현한다. 이 땅은 하나님께서 허락하여야 차지할 수 있는 곳이므로 또한 은혜의 장소이기도 하다.

'복지'란 하아레츠 하토바인데, 직역하면 '좋은 땅'이다. 개역성경에는 '아름다운 땅'이라고 번역한다. 오경에서는 신명기에만 5회 나오고, 여호수아서에 1회, 역대상에 1회, 성경 전체에 걸쳐 도합 7회 언급된다.[4] 이 표현은 가나안 땅을 가리키므로 우리말에 '가나안 복지'란 용어가 생긴 것 같다.

'젖과 꿀이 흐르는 땅'이란 표현은 히브리어로 에레츠 자바트 할라브 우더바쉬이다. 자바트는 '흐르다', 할라브는 '젖, 우유', 더바쉬는 '꿀'이란 뜻이다. 이 표현은 성경에 20회 나오는데 오경에만 15회 나온다. 대부분 오경에 쏠려 있다. 창세기에 한 번도 나오지 않고 출애굽기에 4회, 민수기에 4회, 신명기에 6회 언급되고 레위기에는 단 1회 언급될 뿐이다.[5]

창세기에는 약속의 땅을 언급할 때 전혀 다른 표현을 사용한다. 야훼께서 아브라함에게 하란을 떠나라고 명하실 때 처음 가나안

---

4 신 1:35; 3:25; 4:21, 22; 9:6; 수 23:16; 대상 28:8.
5 출 3:8, 17; 13:5; 33:3; 레 20:24; 민 13:27; 14:8; 16:13, 14; 신 6:3; 11:9; 26:9, 15; 27:3; 31:20; 수 5:6; 렘 11:5; 32:22; 겔 20:6; 20:15.

땅을 언급하면서 "장차 내가 네게 보여줄 땅"이라고 표현하였다(창 12:1, 6). 약속과 믿음의 주제가 돋보인다. 약속의 땅은 믿음이 없이는 차지할 수 없다. 나중에 가나안 땅에서 아브라함과 언약을 맺으면서 야훼께서 "나는 이 땅을 네게 주어 소유를 삼게 하려고(야라쉬) 너를 갈대아인의 우르에서 이끌어 낸 야훼이다"라고 언급한다(창 15:7). 또 나중에 다시 할례 언약을 맺을 때 야훼께서 "내가 너와 네 후손에게 네가 거류하는 이 땅 곧 가나안 온 땅을 주어 영원한 기업(아후자트 올람)이 되게 하고 나는 그들의 하나님이 되리라"고 약속하였다(창 17:8). 온 땅이 하나님의 것이기 때문에(출 19:6), 하나님은 자기 마음대로 땅을 자기 백성에게 주실 수 있는 자격을 지니고 계신다.

사라의 장지로 아브라함은 막벨라 에브론의 밭과 굴과 주변의 삼림을 매입하여 소유로 확정하였다(창 23:18). 아브라함이 소유지로 매입한 토지는 극히 작은 땅뙈기에 불과하다. 이것을 근거로 가나안의 광활한 면적이 다 조상의 소유라고 주장하는 것은 어불성설語不成說일 것이다. 또 아들 이삭의 아내, 곧 며느리를 구하려고 늙은 종을 보낼 때 아브라함은 하나님의 땅 약속을 거론한다(창 24:7, "이 땅을 네 씨에게 주리라 하셨으니"). 이삭 이야기에는 땅 약속이 아주 미약하게 언급된 셈이다. 이어서 야곱 이야기에도 땅이 언급된다. 벧엘에서 야곱에게 야훼께서 약속하시기를 "너를 이끌어 이 땅으로 돌아오게 할지라"고 하셨다(창 28:15). 나중에 하나님께서 야곱과 다시 언약을 맺으면서 "내가 아브라함과 이삭에게 준 땅을 네게 주고 내가 네 후손에게도 그 땅을 주리라"고 약속하였다(창 35:12). 야곱은 임종을 앞두고 "나를 헷 사람 에브론의 밭에 있는 굴에 우리 선조와 함께 장사하라"고 유언하였다(창 49:29). 요셉도 임종 시에 "하나님이 당신들을 이 땅에서 인도하여 내사 아브라함과 이삭과 야곱에게 맹세하신 땅에 이르게 하시리라"고 축복하면서 자신의 해골을 메고 그 땅으로 올라가 달라고 유언하였다(창 50:25).

창세기는 가나안 땅을 애굽 땅과 대비시키고 있다. 가나안 땅을 가리켜서 조상 아브라함과 이삭과 야곱에게 주시겠다고 맹세하신 땅이라고 규정하고 있다. 하지만 창세기는 가나안 땅을 가리켜서는 '젖과 꿀이 흐르는 땅'이라고 표현하지는 않는다.

광야 유랑기에도 땅 약속이 중요한 논제가 된다. 고라와 다단과 아비람과 온이 작당하여 모세에게 반란을 일으켰다. 반역자들이 애굽으로 돌아가려고 시도했을 때, 그들은 애굽을 가리켜서 '젖과 꿀이 흐르는 땅'이라고 일컫는다(민 16:13). 나중에 모압 땅에 이르러 모세가 설교하기를 가나안 땅은 애굽 땅과 같지 않다고 하면서 "거기에서는 너희가 파종한 후에 발로 물 대기를 채소밭에 댐과 같이 하였거니와 너희가 건너가서 차지할 땅은 산과 골짜기가 있어서 하늘에서 내리는 비를 흡수하는 땅이요 네 하나님 여호와께서 돌보아 주시는 땅이라"라고 했는데 여기서는 가나안 땅을 '젖과 꿀이 흐르는 땅'이라고 규정한다(신 11:9-12). 모세는 관개수로가 잘 구비되어 있는 애굽의 농경지보다도 순전히 하늘과 기후에 의지하여 농사짓는 가나안의 천수답이 더 좋은 땅이라고 판단한다.

가나안 복지는 광야에서 거역하는 백성이 들어갈 수 없었던 땅이었다(수 5:6). 광야의 거역자들은 다 광야에서 죽고 말았다(참조. 민 14:29, 31, 32). 가나안 복지에 들어가 그 땅을 차지할 수 있는 사람은 광야의 훈련 프로그램을 생명과 정의와 평화의 신앙으로 잘 통과한 사람들이다. 광야 첫 세대는 다 죽고 제2세대가 여호수아의 영도를 받아 가나안 땅으로 진입해 들어갔다. 그렇다면 광야 제2세대는 혹독한 시련의 광야 시험을 믿음과 순종으로 통과했다는 말인가? 아니다. 제2세대의 가나안 진입은 순전히 하나님이 은혜로 그들을 인정해 주신 결과, 가능하게 되었다.

그래서 출애굽기에 의하면 호렙산에서 모세에게 들린 하나님의 음성에 '내가 내려가서' 데려가려고 한다고 말씀하셨다(출 3:8, 17; 13:5). 백성을 가나안으로 데리고 들어가시려는 뜻을 하나님이 세우시고 실행하신다. 이스라엘 백성이 아론이 만든 금송아지를 섬겨서 범죄하였을 때 하나님은 너무나 섭섭하여 대리자 천사를 보내겠다고 하신 적이 있다(출 33:3, "너희를 젖과 꿀이 흐르는 땅에 이르게 하려니와 나는 너희와 함께 올라가지 아니하리니 너희는 목이 곧은 백성인즉 내가 길에서 너희를 진멸할까 염려함이니라 하시니"). 하나님의 동행 계획이 취소되면 성막을 광야에 지을 이유도 없어진다. 백성 공동체 중에 하나님이 임재하지 않으시면 언약궤의 속죄소에서 모세를 만나시겠다는 은총의 약속도 무효로 돌아간다(출 25:22). 나중에 하나님께서 모세의 간청을 들으시고 그 노여우신 뜻을 철회하신다. 친히 백성 중에 동행하시겠다고 약속을 회복해 주신다(출 33:14). 이로써 이스라엘이 광야를 행군할 때 구름기둥과 불기둥으로 인도하여 주시고(민 10장), 또 언약궤가 사흘 길을 앞서가며 길을 찾아 주었다(민 10:33).

성경에 의하면 '복지' 내지는 '젖과 꿀이 흐르는 땅'은 믿음과 순종의 훈련을 받은 사람들에게 열려 있다. 하나님은 아브라함과 이삭과 야곱에게 언약하신 약속을 반드시 지키시는 진실하신 분이시므로 이스라엘은 가나안 복지를 반드시 차지하게 될 것이었다. 하나님께서 친히 가나안 땅을 정탐하시기까지 하신다(겔 20:6, 투르=

'정탐하다'). 그러나 광야의 훈련 과정에서 이기심과 사리사욕과 불안과 원망을 극복하지 못한 사람은 광야에서 다 죽었다. 그 수준에 이르지 못한 제2세대가 복지에 들어가게 된 것은 순전히 하나님께서 베푸신 은혜의 결과물이었다. 그러므로 가나안 복지는 믿음과 순종의 훈련을 받으면서도 자신의 능력이 아니라 오로지 하나님의 은혜에 의지하는 사람에게 주어진다. 이것이 광야 이야기의 요점이다.

광야에 들어가는 은혜를 받은 사람은 광야에서 가나안의 풍속을 따르면 안 된다. 가나안에서 유행하는 문명과 사상과 생활 관습을 끊어 버리고 오로지 하나님의 말씀이 주는 기준에 따라 사는 사람만이 가나안 복지를 '기업'(야라쉬)으로 받고 '유업'(악후짜)으로 삼을 수 있다(레 20:24). 다시 말하자면 '생명 · 평화 · 정의'의 소명을 받아야 하나님께서 땅을 허락해 주신다는 말이 된다.

IV. 가나안 복지: 아름다운 땅

히브리말로 '땅'은 에레츠이다. 이 단어는 공간 내지는 영역을 가리키는 개념이다. 또 다른 히브리말로 아다마라고 하면 그것은 '흙'을 가리킨다. 흙은 땅을 구성하는 질료의 개념이다. 땅, 곧 '에레츠'는 흙, 곧 '아다마'란 물질로 이루어져 있다. 우리말로 토지±地라 하면 흙-토±에 따-지地가 합한 단어이다.

땅은 창세기 1장 초두에서부터 쟁점이 되고 있다. 하나님은 하늘과 땅을 창조하셨다(창 1:1). 하나님이 창조하시기 이전에 땅은 "혼돈하고 공허하였다"(토후 와보후). 이 말씀은 "땅은 애초에 없었다"

라는 뜻이다. 땅은 하나님의 말씀에 의하여 비로소 창조된 피조물이다. 땅이 창세기 1장 2절에서 특별히 언급되고 있는 이유는 이제부터 성경이 땅의 이야기를 해 보겠다는 뜻이다. 하나님의 말씀은 모두 땅에 관한 이야기라는 것을 창세기 1장 2절이 암시한다. 사실 성경은 창세기로부터 요한계시록에 이르기까지 땅의 문제에 관심한다고 보아야 한다. 천국 내지는 하늘을 언급할 때조차도 그 귀결점은 땅의 주제에 쏠려 있다.[6]

땅을 소유의 관점에서 보는 성서의 용어로 '유산'이나 '기업' 또는 '유업'과 같은 용어들이 있다.[7] 이 용어들은 모두 하나님의 땅 약속과 연결되어 있기에 성서는 땅을 땅 소유권의 관점에서 논하는 것처럼 오해되기 쉽다. 하나님께서 자기 백성을 선택하시고 '남의 땅'을 빼앗아서 그들에게 땅을 소유하도록 주려 하신다고 보는 것이 종래의 관점이다. 그러나 이러한 소유의 관점에 하나님의 백성도 약한 민족을 침략하고 정복하고 빼앗는 폭력의 민족이라는 오해가 생긴다.

이러한 관점에 무슨 오류가 있는가? 창조주 하나님은 땅을 아름답고 보기에도 좋게 지으셨다. 거기에 푸르고 푸른 녹색의 식물들이 나게 하셨다. 땅과 바다와 하늘이 조화를 이루니 하나님께서 보시기

---

6 마 16:23, "너희는 하늘의 일은 생각하지 않고 도리어 사람의 일을 생각하는도다"라는 예수님의 질책은 하늘과 땅을 대비시키는 말씀이 아니라, 하나님 나라의 일과 세속 도성의 일을 대비하는 말씀이다.

7 히브리어로 낙할라, 악후짜, 야라쉬 등이 있다. 이 용어들의 용례를 창세기에서만 살펴보면 아래와 같다. 악후짜: 창 17:8(기업); 23:4, 9, 20(매장할 소유지); 36:43(구역); 47:11(소유); 48:4(소유); 49:30(매장지); 50:13(매장지), 야라쉬: 창 15:3, 4, 7, 8; 21:10; 22:17; 24:60; 28:4; 45:11, 낙할라: 창 31:14; 48:6.

에 좋았다. 모든 피조물은 하나님께서 보시기에 좋았다. 창세기 1장에는 "하나님이 보시기에 좋았더라"(키 토브)란 상투어가 일곱 차례나 반복된다(창 1:4, 10, 12, 18, 21, 25, 31). 그러나 그토록 아름다웠던 땅이 울퉁불퉁 망가지게 되었다. 성경은 그 망가진 경위를 설명한다. 땅을 망가뜨리는 자들이 누구인지 지시한다. 그리고 그들을 심판하심으로써 기필코 땅을 좋은 상태로 복구하시려는 것이 하나님의 뜻이다. 땅을 사람의 관점에서 보는 것이 아니라 하나님의 눈으로 한 번 땅을 내려다보라는 강력한 요구가 성경에 있다. 땅은 아직 미완의 상태에 있다. 하나님은 땅을 계속창조하고 계신다. 안식일 다음 날에도 작업을 계속하신다(창 2:4-5).[8] 하나님은 사람을 지으시고 그를 에덴동산에 두셨다. 사람은 에덴동산에 거주하면서 땅을 보살피고 돌보는 일을 맡았다(창 2:15). 에덴동산에는 하나님께서 먹고살 양식을 넉넉히 마련해 주셨다(창 2:9). 에덴동산에서 네 강줄기가 동서남북으로 뻗어나가 그 물이 가는 곳마다 온 땅에는 생명이 꽃을 피웠다(창 2:10). 에덴에 사는 사람은 생명을 살리고 돌보고 먹이고 키우는 방식으로 온 땅의 생물을 다스리는 존재이다 (창 1:28). 땅에서 생명 일꾼으로 일할 사람이 아직 없었기 때문에 하나님은 사람을 흙으로 지으셨다.

그러므로 사람의 사는 제일 된 목적은 하나님의 동역자로 땅을 가꾸고 돌보며(창 2:5, 라아보드-하아다마), 흙의 생명을 보존하고 지키는 데 있다(창 2:15, 러샤므라흐). 사람이 타락하면 땅도 부패하고, 땅이

---

8 문서가설을 넘어서 본문을 통일되게 읽어보면, 창 2:3-5의 문체상의 차이는 하나님의 계속창조 신학으로 이해가 된다.

피를 먹어 부패하면 사람도 고통을 받는다. 사람의 육체를 구성하는 물질이 흙이기 때문이다(창 2:7). 사람은 흙으로 구성된 존재인 동시에 하나님의 숨을 받아서 숨 쉬는 생명체이므로 위로는 하나님의 영(루악흐)과 소통하고, 아래로는 땅의 흙과 소통하는 존재이다. 하나님과 땅 사이에서 일하는 생명체가 곧 사람이다. 그러므로 땅의 생명은 사람에게 달려 있다고 성경은 본다.

V. 부패한 땅: 도시 문명

하나님이 지극히 아름답게 지으신 토지가 망가지기 시작했다. 가인이 동생 아벨을 살해하니 흙에 피가 떨어져 땅이 망가졌다. "흙(아다마)이 그 입을 벌려 네 손에서부터 네 아우의 피를 받았은즉 네가 흙(아마다)에서 저주를 받으리니"(창 4:11). 그 저주의 결과로써 가인은 자신과 자신의 가족을 자력으로 보호하려고 에녹성을 건설하였다(창 4:17). 성벽으로 일정한 영역을 둘러싸는 행위는 방어기제의 표출이다. 사람과 사람 사이의 소통이 사라지고, 불소통에서 생기는 방어기제가 저주받은 사람의 마음에 아로새겨졌다. 사람 사이의 불소통은 하나님으로부터 스스로를 소외시킨 가인의 숙명이었다.

가인이 건축한 에녹도성은 흙이 저주받은 결과물이다. 히브리어로 '도성'은 이르인데 그리스어 성경에는 이 단어를 일관되게 폴리스라고 번역하고 있다. 하나님의 보호하시는 '표'(오트)를 가인이 받았지만, 가인은 아들 에녹을 낳고서 이 표를 더 이상 믿지 않게 되었다.

인류 최초의 도성인 에녹도성은 불신앙의 산물이었다.[9]

에녹성에 사는 가인의 후예들은 하나 같이 불행한 삶을 살았다(창 4:24). 라멕은 겹살인을 저질러서 살인의 죄를 두 배로 증폭시켰다. 이 도성에서 축산업과 음악과 산업이 발달하였다. 그러나 인간의 불안 위에 세워진 문명은 인간을 더욱 불행하게 만들 뿐이었다. 이들의 후예들은 도성에 살면서 도성 주변의 영토를 지배하는 강자들이 되었다. 이들이 길가메쉬로 대표되는 영웅들이었다. 성경은 이들 영웅을 '하나님의 아들들'이란 용어로 묘사한다(창 6:1). 이에 반대되는 표현이 '사람의 딸들'인데 이는 사회적 약자를 지칭하는 말이다. 사회적 강자들이 사회적 약자들을 자기들이 마음대로 부려먹기에 '좋다'는 사실을 알고 약자를 억압하고 마음대로 부려먹으며 착취하였다(창 6:2). 이들에게서 네피림이라 불리는 후예들이 태어났는데 이들은 유명한 용사들이었다. 가나안을 점령하고 거기에 도시 문명을 구가하고 있던 아낙 자손들이 바로 이 네피림의 후예들이었다.

가인의 후예들이 건설한 도시들이 강자의 손아귀에서 땅을 망가뜨리는 일을 저지르게 되었다. 성경은 이를 일컬어 "땅이 부패하였다"라고 평한다. "그 때에 온 땅(에레츠)이 하나님 앞에 부패하여 폭력(하마스)이 땅(에레츠)에 가득한지라"(창 6:11). 오경에는 도시 문명을 비평하는 구절들로 가득 차 있다. 에녹성과 강자의 문명을 하나님께서는 노아 홍수를 일으켜서 완전히 창조계에서 지워버리셨다.

---

9 에리두도성이 최고 오래된 최초의 도성이라고 고고학자들은 간주한다. 에녹과 에리두는 언어학상으로 유사한 점이 인정된다.

성경은 '쓸어버리다'(막하)란 단어를 사용하여 노아 홍수를 묘사한다. 하나님은 잘못 기록된 글자처럼 가인의 후예들과 그들의 도시들을 지우개로 지우듯 말끔히 지워버리고 새 창조의 사역으로 나아가려 하셨다. 이것이 노아 홍수였다. 그러나 노아 홍수 직후에 다시 땅을 망가뜨리는 족속들이 등장하였는데, 이들이 곧 함의 후예들이다. 애굽(미츠라임)제국을 위시하여 아시리아제국과 바빌로니아제국 그리고 이들과 공생하는 가나안의 도시국가들이 미츠라임과 니느웨와 레센성 그리고 소돔과 고모라와 아드마와 스보임과 같은 크고 작은 도시들을 건설하였다(창 10장). 대표적으로 시날 땅에 세운 바벨도성과 그 망대가 언급된다(창 11:1-9). 이 도성을 건설한 자들이 하나님을 거역하고 폭력을 일삼고 전쟁을 일으키고 있었다(창 14장).

아브람은 애굽도성 미츠라임에 양식을 구하러 갔다가 그 도성민의 폭력이 두려워서 아내를 누이라고 속여야 했다(창 12장). 후일 아비멜렉의 도성 그랄에 들어갔다가 또 역시 도시민의 폭력이 두려워서 자기 아내를 누이라고 속였다(창 20장). 그의 아들 이삭도 폭력의 도성에 들어갔다가 아내를 누이라고 속여야 했다(창 26장). 도성은 폭력의 도가니였다. 하나님은 대도시 우르에 살던 아브람의 가족을 이끌고 중소도시 하란으로 이주하게 하셨다가 마침내 아브람을 택하여 도성을 벗어나서 가나안 지역으로 이주하게 하셨다(창 12:5).

소돔의 성민들도 남녀노유를 불문하고 폭력에 완전히 젖어 있었다. 낯선 나그네가 들어오면 성민들이 몰려와서 그 나그네를 폭행하기 일쑤였다(창 19:4). 하나님의 사자들이 롯의 가족을 구원하려 하였으나 롯의 가족은 롯의 말을 듣지 않고 한사코 소돔도성을 떠나려고 하지 않았다. 유황불이 내리기 직전에 천사들이 롯과 그 식구들의 손을 잡고 강제로 성 밖으로 번쩍 들어서 이끌어 내었다(창 19:16). 도성에서 살다가 롯의 가족은 온통 도성의 문명에 푹 젖어 살고 있었던 것이다. 자신들이 심판의 대상이 되어 있는 줄은 전혀 깨닫지 못하고 문명의 축복을 누리며 살고 있다고 착각하였던 것이다. 롯의 아내는 도성을 탈출하는 와중에 도시 문명의 삶을 버리는 것이 너무나 아쉬워서 롯의 뒤를 하염없이 바라보다가(나바트)[10] 그만 소금기둥으로 변하고 말았다(창 19:26).

도시 문명에 대한 비평은 야곱의 이야기에도 가득하다. 이삭의 아내 리브가의 친정도 도시 문명의 영향을 받아 타락의 일로를 걷고 있었다. 리브가의 오빠 라반은 조카 야곱을 맞이하여 그를 이용하여 재산을 불리고 축적하는 일에 혈안이 되었다. 야곱을 통하여 하나님의 축복이 임하는 줄 알게 된 라반은 재산을 늘리는 일에 광분하여 조카를 착취하였다(창 30:27). 라반의 인간성이 이토록 타락한 이유는 그가 하란도성의 영토에서 오래 살았기 때문이었다. 그의 아들들도 외사촌이 잘되는 꼴을 차마 보지 못하여 야곱을 해치려고 음모를 꾀하였다(창 31:1). 도시 문명이 물질주의를 한껏 꽃피우고 있는 상황에서 라반과 그 가족은 자기도 모르게 폭력적 존재로 변하고 있었다.

도시는 그리스어로는 '폴리스polis' 내지는 히브리어로 '이르yir'로 표기된다. 폴리스는 도시국가를 가리킨다. '이르'도 마찬가지다.

---

10 동사 '나바트'는 그냥 보는 행위가 아니라 유의하여 바로 보는 행위를 가리킨다. 영어로는 'regard'이다.

도시가 국가를 주도한다. 나중에 도시들의 연맹이 국가를 구성하였다. 성경이 저술되던 시대에는 이 도시국가의 문명이 최고조로 번영하던 시대였다. 성경은 이 도시 문명의 폭력성을 경계하라고 우리에게 알려 주고 있는 것이다.

성경이 가르치는 핵심은 도시 문명(세상)을 이기는 데에 있다(요 16:33). 그것은 폭력성에 대한 경고이다. 도시의 창시자는 가인이었는데(창 4:17), 그는 자신의 동생 아벨을 살해한 살인자였다. 성경은 하나님의 백성을 가르쳐서 세속의 도시 문명의 폭력성과 투쟁하도록 이끈다. 이 투쟁이 바로 하나님의 계속창조의 운동이다. 아브라함과 이삭과 야곱 그리고 모세와 히브리인들의 삶을 땅과 관련하여 묵상함으로써 예루살렘도성에서 구가한 다윗 왕조의 숙명이 왜 멸망으로 치달았는지를 깨우치도록 인도하는 것이 성경의 목표일 것이다.

1. 가나안

하나님의 창조계를 망가뜨리는 죄인들이 가나안 땅을 장악하고 있었다. 가나안에는 폭력이 난무하고 있었다. 폭력의 땅을 정화하려고 하나님은 이스라엘 백성을 가나안 땅으로 파견하신다. 여호수아의 영도 아래에서 이스라엘 백성은 가나안 땅으로 진입하였다. 이스라엘은 제일 먼저 여리고성을 무너뜨렸다. 이어서 차례로 아이성과 서른한 개의 도성들을 무너뜨렸다(수 12:33).

여리고도성이 무너진 이유는 그 도성의 시민들이 교만하여 폭력을 일삼고 있었기 때문이었다(수 6장). 이스라엘이 광야를 거쳐 행진

하다가 마침내 가데스에 이르러서 가나안에 정탐꾼을 파견하였다
(민 13장). 정탐꾼들이 가나안 땅을 둘러보고 나서 보고하기를 "우리
는 능히 올라가서 그 백성을 치지 못 하리라 그들은 우리보다 강하니
라"고 하면서 "우리가 두루 다니며 정탐한 땅은 그 거주민을 삼키는
땅이요 거기서 본 모든 백성은 신장이 장대한 자들이며 거기서
네피림의 후손인 아낙 자손의 거인들을 보았나니 우리는 스스로
보기에도 메뚜기 같았다"라고 보고하였다(민 13:31-33). 훗날 모세는
신명기에서 이 사건을 다음과 같이 회고했다. 가나안 땅의 정탐꾼들
이 말하기를 "그 백성은 우리보다 장대하며 그 성읍들은 크고 성곽은
하늘에 닿았으며 우리가 또 거기서 아낙 자손을 보았노라"라고
보고하였다는 것이다(신 1:28). 가나안 땅의 "모든 성읍은 높은 성벽
으로 둘려 있고 문과 빗장이 있어 견고하였다"고 모세는 술회하였다
(신 3:5).

모세가 영도하였던 광야의 이스라엘은 요단강 동편에서 번영하
던 강하고 견고한 도성들을 줄줄이 무너뜨리며 행진하였다. 아랏
왕이 쫓겨났으며, 아모리 왕 시혼과 바산 왕 옥이 멸망을 당하였고,
이어서 모압 왕 발락이 진멸당하였다(민 21-24장). 이들은 이스라엘의
행진을 가로막았으며, 세상에 거룩한 백성의 출현을 저지하려고
총력을 기울인 세속주의의 대표자들이었다. 야훼 하나님은 이들을
진멸하시고 그 무너진 성터에 거룩한 하나님의 나라를 건설하려
하셨다(사 6:11).

여호수아가 영도한 이스라엘은 요단강을 건너서 여리고성과
아이성을 위시한 서른한 개의 도성들을 무너뜨리고, 그 왕들을
폐위하고 마침내 가나안 땅을 정복하였다(수 12장). 가나안 땅의

세속 도성들은 교만하게도 높은 성벽을 쌓고, 아낙 자손과 같은 영웅의 육체적 능력을 한껏 뽐내며, 도시 문명을 구가하며 우상을 숭배하고 있었다. 성경은 이들 세속 도성의 문명이 하나님 나라와는 정면으로 배치되는 죄의 산물이라고 규정한다.

시날 땅에 건설된 바벨도성이 그 대표적인 사례로 제시된다(창 11:1-9). 함의 후예들이 니느웨도성, 애굽(미스라임)도성, 레센도성, 소돔과 고모라와 아드마와 스보임과 같은 죄악의 도성들을 건설하였다. 함의 후예들은 도시 문명을 발전시킨 문명의 전사들이었다. 이들이 동방으로 옮겨 가다가 마침내 시날 평지에 이르자 거기에 바벨도성을 건설하였다. 이들은 이름을 온 세상에 드높이 날리기 위하여 성벽을 높이 쌓고 망대를 하늘에 닿도록 높이 쌓아 올렸다. 도성의 가치관은 단결이었다. 뭉치면 살고 흩어지면 죽는다는 슬로건을 내걸었다(창 11:4). 도시 문명의 발달과 더불어 '단결'이라는 가치관이 최고의 가치로 자리를 잡았다. 하나님께서는 바벨성의 인화단결을 해체시키시고 도성민의 언어를 혼잡하게 하셔서 저들을 온 지면에 흩으셨다. 이로써 도시를 건설하는 작업이 중단되었다(창 11:8). 하나님은 도시 문명이 끝없이 추구하는 도시건설사업과 토목사업을 고운 눈초리로 보지 않으신다.

그러나 바벨성을 흩으신 후에도 죄 많은 인간은 계속 도성들을 세워나갔다. 아브람은 갈대아 우르도성에서 살다가 아버지 데라를 따라 앗시리아 지역의 하란도성으로 이주하였다. 도성에 살던 아브람을 하나님은 불러내어서 광야로 나아가게 하셨다(창 12:1-3). 아브람에게 행선지를 알려 주지 않으신 채 도성 탈출을 명하신다. "장차 내가 알려 줄 땅으로 가라"고 하셨던 것이다. 아브람이 스스로 선택하여 가나안 땅으로 발길을 내딛자 하나님은 아브람을 따라나서신다. 아브람이 가는 그곳이 어느 곳이든지 하나님은 자신이 선택한 아브람을 따라가는 것이다. 아브람이 동서남북 어디를 가든지 온 세상에는 도시 문명이 지배하고 있었기에 하나님은 아브람이 어디를 가든지 그곳에 거룩한 하나님 나라의 사역을 펼치려고 하신 것이다. 아브람이 가나안으로 내려가자 하나님도 가나안으로 따라가셨다. 이제 가나안에서 하나님은 망가진 창조계를 다시 창조할 참이었다.

가나안에는 소돔과 고모라와 아드마와 스보임과 소알이라는 명칭의 도성들이 문명을 주도하고 있었다. 아브람이 가나안에서 처음으로 목격한 전쟁은 이들 도성이 총단결하여 외세를 물리치려고 벌인 독립전쟁이었다(창 14:1). 소돔 연맹군이 아람의 그돌라오멜 연합군의 지배에 항거하여 독립을 선언하자 제국의 연합군이 가나안을 침공하였다. 그 당시 롯은 아브람을 떠나 도시 문명의 이기를 선택하여 소돔성으로 이주하여 거기에서 문명을 향유하고 있었다. 전쟁 통에 롯과 그 식구들은 참화를 당하여 온 집안이 포로로 끌려가게 되었다. 하나님은 아브람에게 도성들 사이에서 필연코 벌어지는 전쟁을 경험하게 함으로써 하나님 나라의 참모습이 무엇이어야 하는지를 은연중에 교육하셨다.

아브람이 가나안 땅에 이르자 벧엘성과 아이성 사이의 광야에서 처음으로 야훼 하나님께 제단을 쌓았다. 아브람은 가나안 땅에서 정주하여 살고자 하였지만, 하나님은 기근을 그 땅에 보내셔서 아브람을 애굽 땅으로 데려가신다. 아브람은 애굽도성에서 세속 도시의 극치를 구경하게 된다. 애굽도성 미스라임에는 파라오라는 제왕이 군림하고 있었고, 그는 폭력으로 도성을 다스리고 있었기에 온 도성민이 폭력을 휘두르고 있었다. 미츠라임도성민은 총단결하여 외부에서 들어오는 나그네들을 착취하고 약탈하였다. 아브람은 이 무서운 소문을 듣고 두려워 떨면서 미츠라임도성으로 들어간다(창 12:12). 애굽도성에서 아브람은 아내를 누이라고 속여야 했다. 도성민은 아리따운 아내를 지닌 남편을 죽이고 아내를 빼앗는 폭행자들이었기 때문이었다. 아브람은 미츠라임도성에서 외국인 나그네로서 생존의 위협을 경험한다. 하나님은 아브람에게 제국의 도시 문명이 생래적으로 지니고 있는 폭력성을 체험하게 하였다. 하나님은 자기 백성이 도시에서 폭력을 겪게 만드셔서 도시 문명의 악한 본질을 족장들에게 알려 주셨던 것이다.

도시 문명의 폭력성을 경험하게 하는 체험 교육은 아브라함의 당대에 또다시 이어진다. 아브라함이 나중에 네겝 땅으로 이주하여 그랄에 거류할 때 아내 사래를 누이라고 속였기 때문에 그랄 왕 아비멜렉이 그의 아내 사래를 자신의 궁궐로 데리고 갔다(창 20:1-2). 이러한 정황은 아브라함이 애굽의 도성 미츠라임에서 당한 정황을 그대로 반영한다. 하나님은 도성민의 폭력을 누르고 아브라함에게 아내 사래를 구하여 돌려주셨다.

나중에 아브라함의 아들 이삭도 그랄도성으로 들어가서 살았는데 거기서 아내 리브가를 누이라고 속이면서 살아야 했다. 폭력을 휘두르는 블레셋 성민들을 두려워했기 때문이었다(창 26:7).

아브라함의 손자이자 이삭의 아들이었던 야곱마저도 도성민 가운데 섞여 살다가 고통을 당한다. 야곱의 딸 딤나가 하몰의 아들 세겜에게 강간을 당하자 야곱의 아들들이 칼을 휘둘러 복수를 감행함으로써 피비린내를 풍기는 폭력의 역사가 전개된다.

야곱의 아들 유다는 딤나도성의 지역에서 살면서 가나안 사람들의 풍습에 젖어서 살다가 많은 고생을 하게 된다. 유다는 도성의 행음하는 문화에 젖어서 창녀와 동침하는 짓을 일삼는다. 어느날 딤나 길옆 에나임 성문 곁에서 앉아 있던 창녀와 행음을 하고 말았는데(창 38:14-15), 그 창녀는 그가 내버린 맏며느리 다말이 변장한 여자인 줄 까마득하게 모르고 있었다.

창세기가 들려주는 가나안의 도성들은 하나 같이 폭력의 도가니에 빠져 있다. 이러한 땅을 출애굽기에서는 '젖과 꿀이 흐르는 땅'이라고 묘사하며, 신명기에서는 '아름다운 땅'이라고 찬양한다.

2. 예루살렘

하나님께서는 폭력의 도가니에 빠진 가나안을 정화하시려고 예루살렘이라는 도성을 허락하였다. 다윗을 일으켜서 본디 여부스 족속의 도성 터에 이스라엘의 도성을 건설하게 허락하였다. 그러나 성경에는 시온성 곧 예루살렘 시민의 삶에 대한 아쉬움을 토로하는 구절이 많이 나온다. 특히 예언서들에는 예루살렘의 권력자들과 제사장들과 예언자들의 타락상을 질타하는 말씀들로 가득 차 있다. 예루살렘은 자신의 범죄로 인하여 바빌로니아의 손에 함락되어 멸망하였다. 하나님의 심판을 받아 멸망한 것이라고 성경은 해석한다. 예루살렘에 무슨 잘못이 있었는가? 왜 하나님은 저들을 소돔과 고모라와 같이 심판하셨을까?

예루살렘도 다른 도시들과 마찬가지로 우상을 표방하고 있었다.

예루살렘이 다스리는 가나안 땅에 도성의 수효만큼이나 우상들이 있었다(렘 10:8). 유다의 도성들도 가나안의 옛 도성들과 마찬가지로 하나같이 타락하였기에 하나님은 유다와 열국의 도성들이 앓는 질병을 치료하려 하신다(렘 33:6; 51:9). 이 치료의 대상에서도 가장 심각한 질병을 앓고 있는 도성이 곧 예루살렘이었다. 예루살렘도성은 여느 도성과는 완전히 다르게 구별된 삶을 살아야 했다. 그래야 하나님의 통치를 이루는 거룩한 도성으로 세상에서 하나님의 거룩하심을 드러낼 수 있었다. 그러나 사정은 정반대로 흘러갔다. 예루살렘의 모든 왕은 하나같이 폭력을 휘두르며 세속의 도성들과 마찬가지로 하나님의 말씀을 저버리고 우상을 숭배하였다. 솔로몬은 차치하고라도 심지어 다윗마저도 죄의 올무에서 벗어나지 못하였다. 폭력의 도성 한가운데 세속주의가 극성을 부리기 때문에 예루살렘 성전의 종교가들과 도성민이 모두 세속에 물들고 말았다.

예수님도 예루살렘을 보면서 한탄하고 우셨다. 웅장한 예루살렘 성전을 보시면서 돌이 돌 위에 하나도 포개짐이 없이 깡그리 다 무너질 것이라고 예언하셨다. 그 웅장한 건물이 무너지고 나면 예수께서 사흘 만에 새로운 성전을 세울 것이라 예언하심으로써 바리새파와 사두개파와 헤롯당의 지도자들에게 미움을 받았다. 예수께서는 사형을 받으시고 사흘 만에 부활하심으로써 그리스도인의 심령에 새 성전을 세우신 것이다.

예루살렘은 다윗이 세운 도성이었다. 이스라엘의 통일왕국을 건설한 태왕이 곧 다윗이었다. 그는 가나안 땅의 이방인 도성들을 다 정복하고 국토를 가장 넓게 확장한 왕이었다. 다윗은 여부스 주민들이 살던 예루살렘 땅에 통일왕국의 경영을 위하여 수도를 건설하였다. 다윗의 왕위를 계승한 솔로몬은 수도 예루살렘에 웅장한 성전을 건축하여 야훼 하나님에게 봉헌하였다. 솔로몬이 예루살렘에 건축한 성전에 야훼의 언약궤를 안치함으로써 죄로 물든 이 세상에 하나님의 말씀을 중심으로 살아가기로 결단한 사람들이 역사상 초유의 말씀 공동체로 등장하게 되었다. 이스라엘 공동체는 모든 세속적 국가와는 완전히 다른 이념과 전망으로 이룩되었기에 성경은 이를 가리켜 거룩한 도성이라고 부른다.

그러나 다윗의 범죄가 예루살렘에서 자행되었고, 솔로몬의 타락이 거룩한 성에서 이루어졌다. 이스라엘과 유다의 모든 왕이 하나같이 범죄하고 야훼 하나님을 배반하였다. 히스기야도 성전의 금기구들을 느부갓네살 왕의 사신들에게 자랑하는 세속주의의 태도를 보임으로써 마침내 무너지고 말았다.

'거룩'이란 세속 도성과 차원이 다르게 하나님의 말씀을 실천하는 삶의 모습을 가리킨다. 세속 도성들과는 거리가 멀리 떨어진 곳이 거룩한 곳이다. 세상 사람들의 사고방식과는 완전히 다른 사고방식으로 사는 도성을 거룩한 도성이라고 불렀다. 그러므로 '거룩'은 '폭력'으로부터 온전히 자유로운 상태에 있어야 했다. 시온 성에는 노예제도가 폐지되었어야 했다(렘 34:16). 예루살렘은 '거룩'을 최고의 이념으로 내세운 도성으로서 세상의 여느 도성과는 질적으로 완전히 다르게 평화를 이룩하고 확산시키는 도성이어야 했다.

3. 애굽(미츠라임)

애굽은 미츠라임이란 도성에서 발원하여 위세를 떨친 제국이었다. 이 제국의 총리대신이 된 요셉의 이야기가 창세기에 나온다. 선대들이 애굽 땅과 가나안 땅에서 고난을 당한 것과 마찬가지로 요셉도 애굽으로 내려가서 고난을 당한다. 처음에는 근위대장 보디발의 집에서 하인의 신세로 전락하였다가 모함을 당하여 감옥에 갇히는 신세가 되었다. 감옥에서 풀려나서는 파라오의 꿈을 해석하여 일약 애굽의 총리대신이 되었다. 총리대신이라 왕의 꿈을 풀어주는 점쟁이의 역할도 감당해야 했다(창 44:5, "이것은 내 주인이 가지고 마시며 늘 점치는 데에 쓰는 것이 아니냐"). 이스라엘 백성 안에서는 점쟁이와 복술자를 용납해서는 안 되는데 요셉은 미츠라임도성에서 점쟁이의 역할을 맡고 있었다.

요셉은 애굽 여자와 억지로 혼인해야 했다. 파라오가 요셉에게 아내를 지정하여 결혼시켰으며, 이름까지도 애굽인의 이름으로 바꾸었다. 게다가 애굽의 제사장 보디베라의 딸 아스낫과 혼인시켜서 요셉의 신앙에 제약을 두었다. 야훼 하나님은 이방의 여인들과 혼인 언약을 맺는 것을 금지하신다. 시내산의 율법에서 이 점을 매우 명료하게 성문화하셨다. "또 네가 그들의 딸들을 네 아들들의 아내로 삼음으로 그들의 딸들이 그들의 신들을 음란하게 섬기며 네 아들에게 그들의 신들을 음란하게 섬기게 할까 함이니라"(출 34:16). 요셉은 애굽 여자, 그중에서도 제사장의 딸과 혼인하여 신앙의 자유를 박탈당하였다. 요셉에게 애굽의 우상숭배를 강요하고 가정에서조차 감시하였다.

나중에 요셉은 애굽에서 맡은 총리대신의 직무를 수행하면서 애굽의 농민들이 소유한 모든 농지를 전매하여 파라오에게 귀속시키는 일을 하였다(창 47:20). 이로써 애굽제국의 절대왕권이 확립되었다. 이것은 폭력의 극대화를 의미한다. 애굽인들은 인종을 차별하여 히브리인들을 불가촉천민으로 규정하고(창 43:32), 유목민들을 멸시하였다(창 46:34). 야곱의 식구들이 만약 애굽도성 미츠라임 안에서 거주한다면 애굽인들이 소요를 일으킬지도 몰랐다. 파라오가 이 점을 우려하여 고민하고 있음을 눈치챈 요셉은 기지를 발휘하여 야곱의 아들들로 하여금 고센 땅 도성 바깥 목초지로 보내달라고 청원하라고 지도한다. 파라오는 일거에 고민을 해결하고 기꺼이 고센 땅을 야곱의 가족에게 내어 주었다.

요셉은 애굽의 총리대신을 지내면서 죽었다. 그는 죽어서도 애굽에 묻히기를 싫어하였다. 그는 유언하기를 자신의 해골을 거두어다가 조상들이 묻힌 땅으로 이장해 달라고 부탁하고 숨졌다. 이 부탁은 애굽을 탈출하는 히브리인들이 이행하였다. 히브리인들은 요셉의 해골을 거두어서 가나안 땅에 들어가서 거기에 이장하였다(수 24:32).

VI. 땅의 회복: 희망

성경은 망가진 땅을 창조의 원형으로 회복시키려는 하나님의 사역을 증언한다. 하나님은 먼저 아브라함을 부르셔서 언약을 맺으신다. 이 언약에 따라서 이삭과 야곱과도 언약을 맺으신다. 아무리 택한 백성이 잘못하고 넘어간다 하여도 그를 다시 일으켜 세우셔서 언약을 이루려고 노력하시는 분이 야훼 하나님이시다. 아브라함의 후손들, 곧 히브리인들이 시내산에 이르러 마침내 하나님의 백성으로서 하나님과 언약을 맺는 데까지 이끌고 가신다. 이 모든 하나님의 목적은 땅을 회복하려는 데 있다.

하나님께서 아브라함과 이삭과 야곱을 불러 언약을 맺으실 때, 두 가지 약속을 하셨다. 그들이 땅을 차지하게 되리라는 약속과 그들에게 자손이 엄청나게 불어나리라는 약속을 해 주셨다. 족장들에게 주신 약속은 여호수아가 가나안 땅을 점령함으로써 성취된 듯 보인다. 여호수아는 기브온 주민에게 속아서 가나안의 세속 문명을 완전히 끊어내지 못하였다. 가나안 땅을 점령하는 과정에서 미처 가나안 주민을 쫓아내지 못하고 실패한 경우도 여럿 되었다. 이로써 하나님의 땅 정화 계획은 미완으로 끝나고 만다. 이것이 육경 차원에서 전개된 이야기이다.[11]

그러나 우리가 지금 들고 있는 성경은 오경으로 신명기에서 끝이 난다. 신명기 마지막 부분에서 모세는 비스가산에서 약속의 땅을 멀리서 바라보면서 이 지상의 생애를 마감한다. 하나님의 백성 이스라엘은 미래의 희망을 품은 채 가나안 땅 앞에 서 있다. 이 장면으로써 오경은 마감된다. 이것은 희망의 신학이다. 오경을 마감하는 신명기의 마지막 장면은 희망으로 마감한다. 곧 종말론이다.

이스라엘의 희망은 땅을 소유하고 차지하는 소유에 있지 않았음을 육경과 오경이 분명하게 보여 준다. 소유의 희망을 품은 것이

---

11 육경(六經, hexateuch)이라 함은 창세기, 출애굽기, 레위기, 민수기, 신명기, 여호수아서의 여섯 권으로 된 두루마리를 가리킨다. 현대 구약학회의 연구는 육경이 저술되어 있었고, 그 후에 여호수아가 잘려 나감으로써 창세기-신명기로 이루어진 오경이 성립되었다고 본다.

아니라 망가지고 부패한 땅을 하나님의 창조에 따라 정화하는 데 희망이 있었다. 창조의 아름답고 선한 원형을 바탕으로 재창조를 이루어 가시는 과정에 하나님의 미래가 있었다. 이스라엘은 이러한 하나님의 미래 앞에 서 있었던 것이다. 육경에서 오경으로 전환하는 편찬 작업이 이루어질 때 이 희망의 내용이 더욱 또렷하게 부각되었다. 오경에는 창세기부터 신명기까지 처음부터 끝까지 '희망'의 주제가 흐르게 되었고 이것이 오경의 통주제(overarching theme)를 구성하게 되었다.

그러므로 오경의 땅 주제는 땅 소유에 초점이 맞추어진 것이 아니라 땅을 거룩하게 만드는 데 초점이 있다. 망가진 땅을 하나님이 보시기에 선한 상태로 복구해 내고 땅을 보존하는 데 이스라엘의 사명이 있었다고 하겠다. 이러한 희망의 신학은 땅 분배와 땅 소유라는 토지 정의에만 관심을 기울이지 않고 창조의 사역을 계속하시는 과정 속에 있는 하나님을 증언한다. 이것은 일종의 종말론적 창조 과정을 의미한다.

하나님이 일하시는 사역에 동참하여 하나님과 함께 일하는 교회의 선교 신학은 하나님의 나라가 가까이 왔다는 예수의 복음을 땅끝까지 전하는 사명의 신학이다. 한글 성경은 땅을 의미하는 히브리어 에레츠를 자주 '세상'이라고도 번역한다. 성경은 온 세상이 온통 죄악과 피 흘림과 우상숭배로 더러워져 있음을 지적한다. 우선 사람이 성결함을 입어 창조의 원형인 '하나님의 형상'을 회복하고, 이어서 땅을 선하고 아름다운 모습으로 회복하여야 한다. 하나님께서는 사람의 거듭되는 실패를 보시고 마침내 외아들 예수 그리스도를 이 세상에 보내 주셨다. 예수께서는 "내가 세상을 이겼노라"라고 선언하심으로써 예수 그리스도를 통해서 하나님의 창조 세계가 회복되었음을 선언하셨다(요 16:33). 마침내 마지막 날에 이르러 하나님께서는 하늘에서 새로운 도성을 손수 지으신다. 사람이 지은 죄악의 도성 예루살렘 대신에 하나님이 손수 지으신 새 예루살렘을 하늘에서 친히 내려 주신다(계 21:2).

Ⅶ. 나가는 말

2012년 총선과 대선이 임박하였다. 작년에는 서울시장을 뽑는 선거가 실시되었다. 시장 후보들은 저마다 서울시의 번영을 공약했다. 도시의 번영을 꾀하면 꾀할수록 폭력의 악순환에 빠진다는 성경의 진리는 번영의 염원 속에 묻혀 어디에서도 소리를 내지 못하였다. 성경의 소리를 아무도 귀담아듣지 않았다. 성경의 말씀을 전하지 않은 서울의 교회들은 결국 서울시민과 마찬가지로 멸망의 수렁에 빠지고 말 것이다. 다가올 총선에도 이러한 사정은 그대로 이어질 것이다. 어느 후보가 '생명 · 평화 · 정의'를 외칠 수 있겠는가? 어느 유권자가 이러한 공약을 애타게 기다리고 있는가? 교회는 어떤 소리를 낼 것인가?

교회는 도시민에게 회개할 것을 외쳐야 마땅한데 그러한 교회마저도 세속화되었다. 목회자들이 세속 도성의 사람들과 머리를 맞대고 도시의 번영을 함께 도모한다. 교회의 사회참여라는 명분으로 이러한 무지의 구수회의가 계속된다. 교회가 진보 진영에 참여하는 현장에서마저도 도성의 번영을 꾀하고 있다. 그렇게 하는 한 총체적인 심판을 면할 수 없다. 예루살렘의 대안으로 세상에 주어진 교회이건만, 옛 도성 예루살렘의 전철을 현대의 교회가 그대로 밟고 있다. 그러니 그 결말도 동일하게 될 것이기 뻔하다. 교회 속에 세상이 들어와 주인 노릇을 하고 있기 때문이다.

오늘의 생명 운동은 "성서로 돌아가자"라는 함성을 드높여야 한다. 오늘의 평화 운동은 도시 문명에 대한 성경의 경고에 응답하는 함성이 되어야 할 것이다. 오늘의 정의 운동은 성경이 가르치는 토라에 귀를 기울여서 하나님의 '의'를 세계에 펼쳐야 한다. 참된 '정의'가 무엇인지도 체득해야 할 것이다. 예수께서도 "내가 세상을 이겼다"라고 외쳤다(요 16:33, 에고 네니케카 톤 코스몬).

'세상'은 그리스어 '코스모스'를 번역한 말이다. 코스모스는 '폴리스'의 윤리를 가리키는 고대 그리스 철학의 용어이다. 예수께서 도성 문명의 폭력성을 이기셨다는 요한의 설교가 오늘에도 교회에서 울려 퍼져야 할 것이다. 도시는 오늘도 폭력의 '도가니'이다. 농촌은 도시의 시녀로 도시경제에 기생하도록 강요를 받는다. 국가가 그러한 정책을 오랫동안 시행해 오고 있다.

오늘날 도시 문명과 잘 어울리며 세속성을 품에 안고 사는 교회들이 많다. 이들의 생존과 성공 전략은 결국 하나님께 진멸 당하고 말 것이다. '생명 · 평화 · 정의'를 위해 일하는 하나님의 백성은 성경의 문명 비평에 귀를 기울이고 현대의 정황에서 말씀을 치열하게 공부하고 전파하여 필멸하고야 말 폭력의 국가를 이기고, 참 생명과 평화와 정의의 대안 사회, 곧 하나님 나라를 살며 기다리는 운동으로 나아가야 할 것이다. 가나안 복지는 하나님 나라의 운동을 통하여 비로소 '젖과 꿀이 흐르는 땅'으로 우리에게 다가올 것이다.

이것이 교회가 품어야 할 종말적인 꿈이다.

내가 땅의 일을 말하여도 너희가 믿지 아니하거든 하물며 하늘의 일을
말하면 어떻게 믿겠느냐(요 3:12).

예수께서 돌이키사 제자들을 보시며 베드로를 꾸짖어 이르시되 사탄아
내 뒤로 물러가라 네가 하나님의 일을 생각하지 아니하고 도리어 사람의
일을 생각하는도다 하시고(막 8:33).

2부

구약성경과 농(農)신학

농사 용어 속에 나타난 성서신학 (1)

I. 시작하는 말

성경에 농사에 관련된 용어가 어떤 것들이 나타나며 어떤 신앙 사상을 보여 주는지가 궁금하다. 지금부터 성경에 사용된 농사 용어들을 일일이 찾아보고 거기에 무슨 신앙적인 의미가 깃들어 있는지 찾아보기로 하자.

우선 대충 훑어보니 다음과 같은 용어들이 눈에 띈다. '흙을 갈다'란 동사 '아바드', '밭 갈다'란 동사로 '하라쉬', '흙을 부수다'란 동사 '펠락흐', '씨뿌리다, 파종하다'란 동사 '자라', '밭을 사다'(렘 32:25), '땅을 갈다'란 동사 '니르'(잠 13:23; 렘 4:3), 그 외에도 '농부, 쟁기, 보습, 농민, 소출, 수확, 추수, 품꾼, 일꾼, 품삯, 곡물, 곡식, 기경, 밭 따위의 명사도 눈에 많이 띈다. 이것들은 아마도 농경에 관계된 용어들일 것이고, 이외에도 유목이나 목축에 관한 용어들도 많이 보인다. 예컨대 '양 떼를 치다'란 동사 '라아' 같은 것을 들 수 있다. 이들 용어를 하나씩 찾아서 음미해 보는 일은 현대에 농촌 목회자들에게 의미 있는 일일 것이다.

현대의 산업 중에 농업이 가장 천대받고 있다. 직접 돈으로 바꿀 수 있는 가치로써 먹을거리를 생산하지만, 농부들은 온 지구적으로 그 수효가 급감하고 있어 가장 인기 없는 산업임이 드러난다. 지구적으로 농민들이 농토를 떠나서 도시로 이농하는 현상이 아시아, 아프리카 지역에서 급물살을 타고 있다. 농산물을 화폐로 바꾸는 과정에서 농민이 착취를 당하는 구조를 모든 국가가 갖추고 제도적으로 착취하고 있다. 선진국의 '일 가구, 일 농법'은 사실상 농업의 주체가 농민이 아니라 국가가 농업의 주체로 둔갑해 있는 괴상한 농업으로 탈바꿈한 지 오래다. 이러한 상황에서 생명을 사랑하는 선각자들은 이구동성으로 인류가 해야 할 당면 과제는 흙을 살리는 일이라고 입을 모으고 있다.

농촌 목회를 위하여 애쓰는 목회자들은 이러한 농업의 현실과 과제를 성서를 통하여 신학적으로 이해하고 극복하며 비전을 제시해야 할 필요가 있다. 농촌 교회에서 교우들과 함께 하나님의 나라를 이루어가야 하는 과업이 주어져 있는데 농촌의 현실은 날이 갈수록 더욱 비인간화되어 가고 어려워지고 있다. 차제에 성경이 이처럼 고난당하는 농촌의 현실을 어떻게 예언하고 있는지 그리고 성서의 독자들이 어떻게 이해해야 하는지 그 실마리를 찾아보려고 한다. 이러한 동기로 성경에 나타난 농사 용어들을 일일이 찾아서 꼼꼼히 묵상해 보면서 농촌 목회자의 영성을 더욱 깊이 있게 가다듬는 데 도움이 될 것이다.

성경의 농사 용어들을 한 지면에 다 담기는 불가능하므로 앞으로 창세기 1장부터 차례로 하나하나씩 요한계시록까지 검토하고 일일이 공부하면서 연재하는 방식을 취할 것이다.

1. 사람은 농부로 창조되었다(창 2:5, 15)

창세기 2장 5절에 농사 용어가 처음으로 나온다. 하나님께서 천지를 창조하셨는데 '땅을 갈' 사람이 아직 없었다고 한다. 땅을 갈 사람이란 농부를 가리킨다. 농부가 없으니 들에는 초목이 잘 자라지 못하였다. 그래서 하나님은 땅을 갈 사람, 곧 농부를 창조하기로 작정하셨다. 애초에 인간은 땅을 갈 사명을 띤 농부로 창조되었다. 농부가 없어서 들에 초목이 다 나지 못했다고 하는 것은 이해가 되지 않는다. 초목은 농부가 없어도 저절로 자라는 자연의 일부가 아닌가? 이 말씀을 이해하려면 우리의 경험과 기성 관념을 내려놓아야 한다. 우리가 보아온 농부는 모두 자연에서 이탈한 문명의 농부이기 때문이다. 하나님이 창조하신 자연을 망가뜨리고 파괴하는 농부만 우리는 보아 왔기 때문에 이 말씀을 이해할 수 없다. 그러나 본디 농부란 자연인으로서 자연의 초목을 잘 가꾸는 존재였다는 것이 창세기 2장 5절의 말씀이다. 이 구절을 번역한 것을 서로 비교해 보면 아래와 같다.

> [한글개역] 경작할 사람도 없었으므로
> [개역개정] 땅을 갈 사람도 없었으므로
> [표준새역] 땅을 갈 사람도 아직 없었으므로
> [공동번역] 땅을 갈 사람도 아직 없었던 것이다.
> [가톨릭역] 흙을 일굴 사람도 아직 없었기 때문이다.
> [NKJ] and there was no man to till the ground
> [NRS] and there was no one to till the ground

[VUL] et homo non erat qui operaretur terram

[BGT] καὶ ἄνθρωπος οὐκ ἦν ἐργάζεσθαι τὴν γῆν

[WTT] (워 아담 아인 라아보드 엘 하아다마)

히브리어 본문에는 동사 '아바드'가 쓰였고 그 목적어로 '하아다마'를 지니고 있다. 동사 '아바드'는 그리스어로 에르가제스타이, 라틴어로 '오페라레투르', 영어로 '틸'이라고 번역되었다. 우리말 개역개정과 새번역과 공동번역은 '갈다'라고 했고, 가톨릭역은 '일구다'라고 번역했다. '일구다'란 동사에 대한 사전의 정의는 '갈아엎어 논밭으로 만들다'이다. 목적어 '하아다마'는 개역개정과 새번역과 공동번역이 모두 '땅'이라고 번역했지만, 가톨릭역은 '흙'이라고 옮겼다. 한글개역은 동사와 목적어를 합하여 '경작하다'라고 옮겼다. 그리스어역은 '텐 겐', 라틴어역은 '테람', 영어는 '더 그라운드'라고 옮겼다. 히브리어로 '아바드+하아다마'란 숙어는 고대 이스라엘 사람들이 농사를 짓는 농업 행위를 가리켜서 사용한 관용어였다. 이 용어가 사용된 용례는 아래와 같다.

삼하 9:10 밭을 갈고

잠 12:11 자기의 토지를 경작하는 자

잠 28:19 자기의 토지를 경작하는 자

사 30:24 밭 가는 소와 어린 나귀도

겔 36:34 그 황무한 땅이 장차 기경이 될지라

겔 48:19 그 성읍에서 일하는 자는 그 땅을 경작할지니라

슥 13:5 나는 선지자가 아니요 나는 농부라

밭을 갈다, 토지를 경작하다, 기경하다 따위로 번역되었으며 스가랴 13장 5절에서는 '사람'을 가리키는 '이쉬'가 붙어 '농부'로 번역했다. 농사행위를 가리키는 전문용어를 채용하여서 창세기의 저자는 태초의 인간은 농부로 창조되었다는 사상을 창세기 1-2장에 걸쳐서 피력하고 있다. 창세기 1-2장의 문맥은 선악을 알게 하는 나무의 열매를 먹기 전의 상황이다.

사람이 선악과를 먹고 타락하기 전에 사람은 하나님의 대리자로서 하나님의 창조계를 잘 가꾸고 돌보며 모든 식물이 푸르고 푸르게 자라도록 육성하는 농부였다. 오경 저자는 이러한 사상을 '농사짓다'라는 관용어 '아바드 하아다마'를 채용하여 말놀이로 표현하고 있다.

'아바드'를 직역하면 '섬기다, 일하다, 봉사하다'란 뜻이 되고 '하아다마'는 '흙'이다. 흙은 땅을 이루는 질료다. 하나님이 하늘과 땅을 창조하셨는데 최초의 인간 농부는 땅의 흙이 살아나도록 흙을 가꾸고 돌보고 양성하는 존재였다. 이것을 직역하자면 '흙을 섬기다'가 될 것이다. 이것이 창세기 2장 5절이 의미하는 진의다. 농부는 본디 흙을 섬기며 살리는 존재였지, 흙을 착취하여 흙을 죽이는 존재가 아니었다는 말이다.

하나님은 농부 사람을 에덴동산에 데려가서 살게 하였다. 하나님은 에덴동산에 먹기 좋은 온갖 식물들을 미리 마련해 주셨다(창 2:9). 첫 사람 농부 아담은 자기의 먹을거리를 생산하려고 일할 필요가 없었다. 먹을거리는 하나님께서 미리 다 동산에 장만해 주셨다. 창세기 1장 29절에 의하면 하나님은 사람의 먹을거리로 채식을 지정해 주셨다. 곡물과 과일을 포함한 열매와 녹황색의 채소들이 사람의 먹을거리였다. 하나님은 사람을 위하여 이 먹을거리 중 최상급의 채식을 에덴동산에 풍족하게 마련해 주셨다.

농부 아담은 그저 동산에서 풍족하게 먹고 쉬면서 일할 때는 동산 바깥으로 나아갔다. 동산에서 물이 네 줄기로 갈라져서 강을 이루었으니 첫 사람 농부는 물길을 따라가면서 이제 막 피어나는 미완의 생명 운동을 북돋우고 일구어주는 작업을 하였다. 농부 사람이 가는 곳에 물을 먹고 생명이 번성하기 시작했던 것이다. 이러한 의미를 창세기 2장 15절은 '아바드'와 '샤마르'의 두 가지 동사로 전달하고 있다.

> [한글개역] 에덴동산에 두사 그것을 다스리며 지키게 하시고
> [개역개정] 에덴동산에 두어 그것을 경작하며 지키게 하시고
> [표준새역] 에덴동산에 두시고, 그 곳을 맡아서 돌보게 하셨다.
> [공동번역] 에덴에 있는 이 동산을 돌보게 하시며
> [NKJ] and put him in the garden of Eden to tend and keep it.
> [NRS] and put him in the garden of Eden to till it and keep it.
> [VUL] et posuit eum in paradiso voluptatis ut operaretur et custodiret illum
> [BGT] καὶ ἔθετο αὐτὸν ἐν τῷ παραδείσῳ ἐργάζεσθαι αὐτὸν καὶ φυλάσσειν
> [WTT] (와야닉헤후 버간-에덴 러아브다흐 울러샤므라흐)

여기에 히브리어 동사 '아바드'가 두 번째로 사용되었다. '러아브 타흐'는 전치사 '러'에 동사 '아바드'에 목적어 3인칭 여성 단수형 접미사 '흐'가 합성한 꼴이다. 영어로는 'to serve her'라고 직역할

수 있다. 여기서 여성 목적어 her는 창세기 2장 5절의 목적어 '하아다 마'를 가리킨다. 다시 말하자면 '흙을 섬기는' 일이 에덴의 농부가 할 주요한 임무였다.

두 번째 동사 '샤마르'는 '유지하다, 지키다, 보존하다'란 뜻이다. '러샤므라흐'는 전치사 '러'에 동사 '샤마르'에 목적어 3인칭 여성 단수형 접미사 '흐'가 합성한 꼴이다. 여기서도 여성 목적격은 '하아다마', 곧 '흙'을 가리킨다. 태초의 농부 사람은 에덴동산에 살면서 흙을 살리고 흙을 보존하는 역할을 맡았다. 이것이 창세기 2장 15절이 의미하는 진의다.

선악을 알게 하는 나무의 열매를 먹기 전에 사람은 자기 자신의 이익을 좇아 사는 방식에 대해서는 전혀 아는 바가 없었다. 생명의 창조주이신 야훼 하나님을 따라 사람은 창조계에서 온갖 생명이 흙에서 생육하고 번성하도록 돕고 일구는 홍익의 인간이었다. 그러므로 사람은 하나님의 형상을 따라 창조되었으며 하나님처럼 살도록 부름 받은 존재였다. 그에게 이기심과 자기중심성은 없었으며 그 존재 안에 모든 피조물의 존재가 녹아 들어가 모든 생명을 품고 기르는 존재자였던 것이다. 이것이 본디 농부가 지녔던 풍모였다.

이러한 사상은 창세기 1장의 창조론과 딱 맞아떨어진다. 창세기 1장 28절에 의하면 하나님의 형상대로 창조된 사람은 모든 생물을 다스리는 존재자였다. "모든 생물을 다스리라"는 동사는 '라다'인데 권력이나 폭력으로 통치한다는 개념은 전혀 없는 동사다. 먹이고 입히고 좋은 관계를 맺어 서로 협력함으로써 다스리는 개념을 동사 '라다'는 전달한다. 농부는 본디 만물을 먹이고 입히는 양육자였다.

다스리라는 동사 앞에 '정복하라'는 동사가 나온다. 이것은 폭력의 관념을 전달한다. 하지만 그 원어는 동사 '카바쉬'다. 발로 꾹 밟아 어떤 사물이 아래쪽에 위치하도록 만드는 동작을 가리킨다. 땅이 부패하면 하늘로 치솟는 경향성을 지니고 있다. 이 땅이 하늘로 치솟지 못하도록 사람은 땅을 꾹 밟고 살아야 한다. 땅이 부패하여 교만해지면 땅이 하늘로 솟아오르고 그렇게 되면 땅과 하늘 사이의 궁창이 파괴된다. 땅이 부패하여 생명을 낳지 못할 때 농부는 그 땅을 내리눌러 낮은 곳에 처하도록 이끌어 주는 역할을 맡았다.

가나안 땅은 지구상의 모든 땅과 마찬가지로 타락하여 부패하자 높은 성벽이 들어서고 하늘까지 닿는 탑을 건설하기 시작했다. 이 모양은 바벨탑 건설에서 여실히 드러났다(창 11:1-9). 본디 농부는 이처럼 땅을 높이려는 모든 시도를 밟아 눌러서 저지해야 하는 존재였다. 도시의 높은 성곽 문명은 농부의 발 아래 밟혀서 꾹 눌리어 억제되어야 한다. 농부는 도시를 통제할 수 있어야 한다. 이것이 "땅을 정복하라"는 말씀의 진의다.

지금까지 선악과를 먹기 전의 농사에 대해서 묵상해 보았다. 다음 호에는 선악과를 먹은 후의 농사에 대해서 살펴볼 것이다.

농사 용어 속에 나타난 성서신학 (2)

I. 들어가는 말

성경을 오랫동안 열심히 읽고 공부하다 보니 농부에 대한 관심이 부쩍 깊어졌다. 창조 후 첫 사람은 농부였고, 농부가 먼저 타락했다고 성경은 말씀한다. 농부의 타락으로 인하여 온 인류가 타락의 길로 접어들었다. 농부에 대한 성경의 메시지는 매우 뚜렷하다. 산업사회에서 농부는 피해를 많이 본다. 농민 운동의 경제 투쟁은 치열하다. 그러나 이렇게 된 것은 애초에 농부에게 그 원인이 있었다. 농부가 죄에 빠져 인류를 나락의 구렁텅이로 몰아넣은 것이다. 이것이 성경이 가르치는 핵심이다.

얼마 전에 나온 책 『채식의 배신』을 보면 흙을 죽이고 밥상에 올라온 채소나 곡물이 인체에 얼마나 해로운지를 각성하며 한탄하고 있다. 책의 저자는 흙을 살리면서 밥상에 올라온 채소에는 생명을 살리는 힘이 담겨 있다고 관찰한다. 인류가 흙을 살리는 일에 집중해야 희망이 있다고 그 책은 외치고 있다. 그러나 오늘날 문명적 농업에서 흙을 죽이지 않고 자라난 작물은 없다. 모든 농사는 도시를 위해 짓고 도시는 그것을 싼값에 산다. 이 과정에서 흙을 살리며 농사짓는 일은 불가능하게 되었다.

Ⅱ. 농사: 농부의 수행 생활 - 영생하는 존재

흙을 살리는 사명을 띠고 살아가는 첫 사람 아담은 진정한 농부였다. 진정한 농부는 위로는 하나님과 함께 숨을 쉬고, 아래로는 흙과 소통하며 천지에 가득한 물과 공기의 기운으로 함께 살아가는 존재다. 세계의 떨림 속에 더불어 살아가는 행복한 존재였다. 온 땅이 젖었으니(창 2:6) 하나님은 젖은 흙으로 사람을 지으셨다(창 2:7). 사람을 이루는 질료는 물과 흙이다. 물은 하나님의 영과 교호하는 물질로서 빛이 창조되기 이전부터 존재하였다(창 1:2). 사람의 몸통에 가득 들어 있는 물을 통해서 하나님의 기운(영)이 사람을 움직여 간다. 이 사람이 또한 흙으로 이루어졌으니 땅을 이루고 있는 흙의 사정을 잘 알고 흙과 소통하면서 살도록 지음을 받았다.

하나님은 사람을 자기의 형상을 따라 지었다(창 1:26). 사람이 하나님의 형상을 반영하고 있으니 농부는 이웃을 하나님 보듯 섬기며 살아간다. 물기를 머금은 흙으로 사람을 조형한 후에 그 코에 생기를 불어넣었다(창 2:7). '생기'는 원어로 '니쉬마특하임'인데 '생명의 숨'이란 뜻이다. 여기서 '숨'은 히브리어로 '너샤마'인데 하나님의 숨으로 사람이 숨을 쉰다는 뜻이다. 하나님과 함께 숨을 쉬어야 사람이 비로소 살아있는 생명이 된다. 하나님의 숨을 쉬지 못하는 사람은 더 이상 살아있는 생명체가 아니다. 하나님의 숨을 쉬고 있는 한 그는 계속 살아 있다. 이것이 바로 영생이다. 하나님의 숨을 쉬지 못하는 순간부터 그는 시체나 마찬가지다.

사람은 숨을 쉼으로써 하나님과 통하는 존재다. 그 존재는 곧 농부의 현존을 의미한다. 하늘과 통하며 천체의 운행에 따라 사는 사람, 태초에 빛이 생기기 이전부터 존재하던 물을 몸속에 담고 그 물을 우주의 떨림 속에 내맡기는 사람, 자신의 육체를 이루는 흙이란 질료를 통하여 땅을 구성하는 흙과 공명하며 살아가는 사람, 그가 곧 농부다. 이렇게 사는 사람에게 죽음은 물러가고 영원한 생명의 운동이 약동한다. 그러므로 농부는 영생하는 존재다.

이렇게 보면 농부의 수행 생활은 창조 때부터 정해진 이치임을 알 수 있다. 농부 아담은 복식호흡으로 숨을 고르게 쉬면서 날마다 하나님께 기도하며 살았다. 숨 쉬는 것 자체가 하나님과 소통하는 기도였다. 천지를 창조하실 때 '하나님의 영', 곧 '루악흐'가 운행하여 천지가 운행하였다(창 1:2). '루악흐'는 천지에 가득 차 있는 하나님의 기운이다. 하나님은 사람의 코에 '너샤마'를 불어넣었는데 이것이 하나님의 영(루악흐)과 예민하게 교통한다.

하나님의 숨을 쉬는 농부는 우주에 가득한 하나님의 기운(루악흐)을 먹고 산다. 다시 말하자면 하늘 뜻을 따라 천지의 운행 법칙에 순응하여 사는 존재, 그가 바로 첫 사람 농부, 곧 '농農'의 존재다. 한자어 農농은 별 辰진 위에 노래 曲곡 자가 올라가 있는 모습이다. 별들의 노래란 뜻이니 곧 천체의 운행을 가리킨다. 하나님의 창조 원리를 체득하고 하나님의 힘을 숨으로 깊이 쉬면서 살아가는 그 사람이 곧 농부다.

Ⅲ. 죄: 농부의 타락 ─ 죽음에 종살이함

첫 사람은 에덴동산에서 살았다. 에덴은 죽음이 없는 삶의 터전이다. 동산 중앙에 생명의 나무가 있어 농부는 영 죽지 않는다. 생명나무 곁에 선악을 알게 하는 나무가 서 있다. 이것을 먹고 선과 악을 판별할 줄 알게 된 존재는 반드시 죽게 된다(창 2:17). 선악을 알게 된 존재는 죽음의 종살이를 하게 된다. 그는 에덴동산에 더 이상 살 수 없게 된다. 에덴은 하나님의 생명으로 영생하는 터전이기 때문이다.

선과 악을 알게 되는 것이 죄다. 하나님은 세계를 창조하시되 선하게만 창조하셨다. 하나님이 보실 때 선하였다는 촌평이 창세기 1장에 일곱 차례나 나온다. 본디 세계는 선하게 창조되었으며, 그 속에 악이란 없었다는 의미다. 선과 악이란 그것을 판단하는 인간의 호불호에 달려 있다. 창조주 하나님의 보편성과 우수성을 상실하고 자기(ego)에 갇힌다. 세계는 하나님에게 유익하고 아름답게만 창조되었다. 선악과를 먹고 나면 세계 속에 인간에게 해로운 악한 것들이 보이기 시작한다.

첫 사람은 하나님과 동일한 관점으로 동일하게 느끼면서 동일한 창조의 사역을 함께하는 하나님의 동역자였다. 이 첫 사람이 농부이며 그는 하나님의 동역자였다. 하나님께서 먹지 말라고 금하신 '선과 악을 알게 하는 나무의 열매'를 먹고 나니 그 농부 속에 선과 악을 판단하는 또 다른 주체가 생겨나고 말았다. 농부는 선악과를 먹고 하나님과 다른 관점으로 판단하고 행동하는 엉뚱한 존재로 변하고 말았다. 하나님의 뜻은 아랑곳하지 않고 제멋대로 살며 하나님의 뜻을 묻지 않는 농부! 그는 자기 나름의 목적을 설정하여 자기 자신을 위하여 살아가는 이기적 괴물로 변하고 말았다.

죄는 하나님의 뜻에 어긋나게 생각하고 살아가는 것을 가리키는 용어다. 선악과를 먹으니 죄가 생겨났고, 죄가 생겨나니 하나님과 소통하는 기氣가 막혀버렸다. 하나님과 함께 쉬는 숨이 이기심의 탐욕에 거칠어지면서 첫 사람 농부는 영생에서 죽음의 나락으로 떨어져 버렸다. 살아있는 것 같으나 실제로는 죽어 있다. 선악과를 먹고 선과 악을 분별하는 존재는 더 이상 에덴동산에 합당하지 않다. 그래서 하나님은 그를 에덴 밖으로 내보내셨다. 창세기 3장 23절을 보자.

[한글개역] 여호와 하나님이 에덴동산에서 그 사람을 내어 보내어 그의
　　　　　근본된 토지를 갈게 하시니라
[개역개정] 여호와 하나님이 에덴동산에서 그를 내보내어 그의 근원이 된
　　　　　땅을 갈게 하시니라
[새번역] 그를 에덴동산에서 내쫓으시고, 그가 흙에서 나왔으므로 흙을 갈
　　　　게 하셨다.
[공동번역] 에덴동산에서 내쫓으시었다. 그리고 땅에서 나왔으므로 땅을
　　　　　갈아 농사를 짓게 하셨다.
[가톨릭역] 그래서 주 하느님께서는 그를 에덴동산에서 내치시어, 그가
　　　　　생겨 나온 흙을 일구게 하셨다.

위에 제시한 번역들은 모두가 조금씩 다르다. 그중에서 가톨릭성경이 원문에 가장 근접하게 번역하였다. 영역본들을 비교해 보자.

영역본들은 대개 일치되게 to till the ground from which he was taken이라는 관계절로 번역했다. 라틴어 역본과 그리스어 역본도 마찬가지다. 라틴어 역은 de qua~, 그리스어 역은 '엑스 헤스'라고 하여 둘 다 관계절로 '흙'을 수식하고 있다. 히브리어 원문을 제시하면 다음과 같다.

לַעֲבֹד אֶת הָאֲדָמָה אֲשֶׁר לֻקַּח מִשָּׁם
샴미 흐칼루 쉘아 마다아하-트에 드보아라

히브리어 원문의 음역을 오른쪽에서 왼쪽으로 읽도록 토를 달아 보았다. '아쉘~ 루칵흐 미샴'이 관계절 from which~에 해당한다. 사람이 흙으로 이루어진 물질적 존재라는 뜻이다. 이 규정은 창세기 2장 6-7절의 존재론에 어긋난다. 하나님은 사람을 물과 흙으로 자신의 형상대로 조형하였고 그 코에 하나님의 숨을 불어넣으셨다. 사람을 살리는 핵은 하나님의 숨이다.

사람은 흙으로만 이루어진 존재가 아니다. 물에 젖은 흙으로 하나님의 형상을 빚어 그 조형물의 코 속으로 하나님의 숨이 들어가서 비로소 생명이 된 존재가 사람이다. 그런데 창세기 3장 23절은 사람이 오로지 흙으로 이루어진 것처럼 말하고 있다. 게다가 숨이라든가 물이라든가 사람을 살리는 생명의 요소들은 언급하지 않고 생략하였다. 에덴동산 바깥에서 사람은 오로지 자신의 몸을 이루고 있는 흙을 위해서 살기 시작했다. 선악과를 먹고 이기적 욕망에 따라 살게 된 농부는 불행하게도 하나님의 숨을 잃어버리고 말았다. 이로써 에덴동산에서 타자를 살리는 행복한 노동으로부터 소외되고 말았다. 에덴에서 추방된 이후로는 사람이 자신의 육체를 이루고 있는 물질인 흙을 위해서 살게 되었다는 뜻이다.

'그가 생겨나온 흙'이란 표현을 한마디로 정리하면 에덴에서 추방된 존재는 '육肉'이 되었다는 말이다. 창세기 3장 23절은 네피림이 육이 되었다고 표현하는 창세기 6장 3절로 이어지고 있다. 에덴동산에 쫓겨난 이후로 사람은 영과 육의 조화를 상실하고 오로지 물질을 위해서 사는 육적인 존재로 전락하고 말았다. 이 표현은 창세기 3장 19절에 이미 암시되어 있다. 선악과를 먹고 자기중심주의로 살게 된 타락한 존재는 하나님으로부터 스스로 소외되고 말았다. 창세기 3장 19절을 살펴보자.

> 네가 흙으로 돌아갈 때까지 얼굴에 땀을 흘려야 먹을 것을 먹으리니 네가 그것에서 취함을 입었음이라 너는 흙이니 흙으로 돌아갈 것이니라 하시니라 (개역개정).

이 말씀은 하나님과 소통하는 영성의 차원을 잃어버린 존재의 비극성을 보여 준다. 하나님을 믿지 않는 농부는 자신의 육신을 구성하고 있는 흙을 살리기 위해서 노동한다. 물질의 취득과 소유를 위해서 흙을 갈고 힘겹게 땀을 흘리며 살게 되었다. 물질주의에 사로잡힌 농부에게 모든 노동은 고통이 된다. 그 고통스러운 노동의 결말은 마침내 죽어 흙으로 돌아가는 허무일 뿐이다. 그에게 하나님의 숨을 통한 성령과의 교통은 끊어지고 자신의 몸에 들어 있는 물의 생명력과 정화력도 그 능력을 상실해 버렸다. 선악과의 범죄로 인하여 이기심이 확대되고 창조의 보편성을 담지한 사랑의 능력은 소실되어 버렸기 때문이다.

Ⅳ. 에덴동산의 농사로 돌아가자

첫 사람 농부는 에덴동산에서 살았다. 하나님께서 미리 먹을 것은 풍부히 마련해 두셨다. 동산에는 보기 좋고 먹기에도 좋은 나무들이 있어 첫 사람은 먹고살 걱정 없이 살 수 있었다. 다만 에덴동산에 살면서 집중해야 할 일은 '흙을 살리고 보존하는' 과제였다. 창세기 2장 15절에 그 말씀이 나와 있다.

> 여호와 하나님이 그 사람을 이끌어 에덴동산에 두어 그것을 경작하며 지키
> 게 하시고(창 2:15).

개역성경이 '그것을'이라고 번역한 원문은 에덴동산이 아니라 '흙'을 가리킨다. 새번역과 공동번역은 '그 곳을'이라고 잘못 옮겼다. '경작하며'는 원어로 '아바드'인데 '섬기다'란 뜻이다. 먹을 것이 풍부한 에덴동산에 살면서 농부가 해야 하는 일은 에덴동산 주위의 창조계를 살리는 일이다. 흙이 살아 있도록 가꾸고 그 살아있는 흙을 보존하는 일! 그것이 에덴동산의 농부가 해야 하는 일이었다. 그러므로 누구든지 타자를 위해서 노동하는 그 사람이 참 농부이며 그에게 에덴동산은 회복되었다.

V. 맺음말: 농부의 종말론

성경은 인간 실존을 농부로 규정한다. 죄로 더럽혀진 인간 역사의 비극은 농부의 타락으로부터 비롯하였다. 인간이 자신의 본래성인 농부됨을 회복해야 비로소 역사가 바로서기 시작한다. 농부됨의 회복이 없이 어떠한 개혁도 혁명도 성공할 수가 없다. 농부가 일하는 현장이 에덴동산이 되고, 농부가 행하는 노동이 생명 살림의 일이 되어야 한다. 그래야 비로소 가슴 벅찬 희망의 미래가 열린다. 첫 사람의 아담의 농부됨을 회복하려면 우선 농부가 도시민을 위한 문명적 상업적 농업, 먹고 살려고 짓는 농사, 돈을 벌려고 짓는 작물 등의 타락상을 벗어던져야 한다. 이와 같이 성경은 농부의 종말론을 설파하고 있다.

농사 용어 속에 나타난 성서신학 (3)
: 첫 사람 농부의 타락

첫 사람 아담은 농부였다. 첫 사람 농부의 타락으로 인류에 죄가 들어왔다. 성서는 죄의 원조를 농부로 본다. 농부가 타락하자 온 인류가 타락했다. 그러니 인류가 죄에서 벗어나려면 먼저 농부가 회개하고 돌이켜야 한다. 그래야 에덴동산이 회복될 수 있다.

죄를 지은 아담은 에덴동산에서 쫓겨났다. 아담에게 두 아들이 있었다. 에덴동산 밖에 살면서 맏아들 가인이 동생 아벨을 죽였다. 이는 인류 최초의 살인 사건이었다. 히브리어 원문에 가인에 대한 깊은 명상 자료가 담겨 있다. 그것을 하나씩 캐내어 보면서 농사의 뜻과 긴밀하게 연관되어 있음을 살펴보자.

가인의 농사에 무슨 잘못이 있었나요?

'농사하다'의 원어는 아바드 하아다마이다. 이 어구는 창세기 2장 5, 15절, 3장 23절, 4장 2, 10절에 나오고 창세기 9장 20절의

'흙의 사람'과 연관된다. 창세기 4장 2절에는 아바드 동사의 분사형이 사용되고 정관사가 없어 오베드 아다마라고 표기되어 있다. 다른 구절들에서는 정관사가 붙어 하아다마라고 표기되어 있다. 이 반복구 중에 맨 처음 나오는 창세기 2장 5절의 아보드 에트-하아다마는 개정역에 '땅을 갈 사람'이라고 번역되었다. 창세기 2장 15절을 더 상론한다.

[개역개정] 여호와 하나님이 그 사람을 이끌어 에덴동산에 두어 그것을
        경작하며 지키게 하시고
[한글개역] 여호와 하나님이 그 사람을 이끌어 에덴동산에 두사 그것을
        다스리며 지키게 하시고
[새번역] 주 하나님이 사람을 데려다가 에덴동산에 두시고, 그곳을 맡아
        서 돌보게 하셨다.
[공동번역] 야훼 하느님께서 아담을 데려다가 에덴에 있는 이 동산을 돌보
        게 하시며
[가톨릭역] 주 하느님께서는 사람을 데려다 에덴동산에 두시어, 그곳을
        일구고 돌보게 하셨다.

한글역본들은 히브리어 동사 아바드를 '경작하다, 다스리다, 맡다, 돌보다, 일구다'라고 다양하게 옮겼다. 그러나 이 구절은 창세기 2장 5절의 번역어와 동일하게 일치시켜 주어야 그 연관된 의미를 전달할 수 있다. 개정역 창세기 2장 5절이 '갈다'라고 옮겼으면 여기서도 '그것을 갈다'라고 옮겨 주었으면 더 좋았을 것이다. 아무튼 이 두 구절을 비교해 볼 때 히브리어 아바드는 사람 아담과

흙 아다마의 관계를 규정하는 데 결정적인 역할을 하고 있음을 알 수 있다. 동사 아바드의 개념은 '자신의 존재를 투여하여 타자를 이롭게 하는 행위'라고 정의된다. 그러므로 주어가 아담이고 목적어가 아다마이기 때문에 창세기 2장 5, 15절의 의미는 사람이 일하여서 흙을 이롭게 하는 것이 농사라는 뜻이다. 정리하자면 사람의 존재 이유는 흙을 살리는 역할에 있다는 것이다. 사람은 하나님과 함께 일하는 동역자로 지음을 받았다는 의미일 것이다.

관용구 아바드 아다마의 의미는 선악과를 먹은 다음부터 확연히 달라진다. 창세기 3장 23절에 이 어구가 또다시 반복되는데 거기서는 완전히 다른 의미로 쓰인다. 창세기 3장 23절의 아바드 아다마에 대한 번역을 비교해 보면 아래와 같다.

[개역개정] 여호와 하나님이 에덴동산에서 그를 내보내어 그의 근원이 된 땅을 갈게 하시니라.

[한글개역] 여호와 하나님이 에덴동산에서 그 사람을 내어 보내어 그의 근본된 토지를 갈게 하시니라.

[새번역] 그래서 주 하나님은 그를 에덴동산에서 내쫓으시고, 그가 흙에서 나왔으므로 흙을 갈게 하셨다.

[공동번역] 에덴동산에서 내 쫓으시었다. 그리고 땅에서 나왔으므로 땅을 갈아 농사를 짓게 하셨다.

[가톨릭역] 그래서 주 하느님께서는 그를 에덴동산에서 내치시어 그가 생겨 나온 흙을 일구게 하셨다.

이 23절은 19절에서 바로 이어지는 의미 사슬을 지닌다. 창세기

3장 19절은 아담을 징벌하시는 야훼의 말씀이다. 거기에 사용된 관용구 아바드 아다마의 번역을 비교해 보자.

[개역개정] 네가 흙으로 돌아갈 때까지 얼굴에 땀을 흘려야 먹을 것을 먹으리니 네가 그것에서 취함을 입었음이라 너는 흙이니 흙으로 돌아갈 것이니라 하시니라.

[한글개역] 네가 얼굴에 땀이 흘러야 식물을 먹고 필경은 흙으로 돌아 가리니 그 속에서 네가 취함을 입었음이라 너는 흙이니 흙으로 돌아갈 것이니라 하시니라.

[새번역] 너는 흙에서 나왔으니 흙으로 돌아갈 것이다. 그 때까지, 너는 얼굴에 땀을 흘려야, 낟알을 먹을 수 있을 것이다. 너는 흙이니 흙으로 돌아갈 것이다.

[공동번역] 너는 흙에서 난 몸이니 흙으로 돌아가기까지 이마에 땀을 흘려야 낟알을 얻어 먹으리라. 너는 먼지이니 먼지로 돌아가리라.

[가톨릭역] 너는 흙에서 나왔으니 흙으로 돌아갈 때까지 얼굴에 땀을 흘려야 양식을 먹을 수 있으리라. 너는 먼지이니 먼지로 돌아가리라.

23절의 '그의 근원이 된 땅'이란 어구는 19절의 '네가 그것에서 취함을 입었음이라'란 어구와 동일하다. 다시 말하자면 선악과를 먹고 자기중심으로 선과 악을 판별하기 시작하기 시작했을 때부터 인간은 흙으로 이루어진 육적인 존재로 전락하고 말았다는 의미이다. 본디 사람은 하나님의 숨이 가득 차 있고, 하나님의 영과 교감하는 물과 거기에 흙이 가미된 영과 육이 잘 조화된 존재였었다. 그런데 19절에서 하나님은 인간을 흙으로 이루어진 존재라고 평가절하고 있다. 19절은 이러한 존재의 전환을 '죽음'이라고 정의하고 있다. 23절은 피조계의 근본을 이루는 흙을 살리는 생명의 농부가 타락하니 농부 자신만의 이득을 위해서 죽음의 농사를 짓는 농부로 전락했음을 뜻한다.

이러한 맥락에서 창세기 4장 2절은 가인의 농사를 죽음의 농사로 규정하고 있다. 창세기 4장 2절의 오베드 아다마에 대한 번역도 매우 다양하다.

[개역개정] 가인은 농사하는 자였더라.
[새번역] 가인은 밭을 가는 농부가 되었다.
[공동번역] 카인은 밭을 가는 농부가 되었다.
[가톨릭역] 카인은 땅을 부치는 농부가 되었다.

가인의 농사에 있어서 문제점은 가인이란 존재이다. 농부 가인은 아버지 아담의 죄를 계대繼代하여 자기에게 유리하도록 흙을 다루었다. 자신이 흙에 생명력을 불어넣어 흙을 살려야 하는 사명을 띤 농부의 존재임을 까마득하게 잊고 말았다. 가인이란 농부는 소출을 많이 내기 위하여 흙을 갈고 그 소출로 풍요의 삶을 구가하려고 흙에서 작업하였다. 흙으로 하여금 자기 자신에게 봉사하도록 흙을 억압하는 악한 농부가 바로 가인이었다. 여기에 문제가 있었다. 하나님은 사람을 지을 때 흙을 살리고 흙에 생명력을 북돋우어줌으로써 모든 피조물을 살리는 농부를 원했다. 그러나 선악과를 먹은 죄악의 후예 가인은 흙을 이용해서 자신이 이득을 누리는 데에만 몰두하였다. 소출에만 관심을 두는 죄인의 농부가 가인이었던 것이다. 그러나 본디 농부는 소출이 아니라 흙에 자신의 노동력을 투여함으로써 흙을 살리는 그 과정에 더욱 열심히 자신을 투여하는 존재였다.

자본주의 체제뿐만 아니라 고대 노예제사회에서도 이미 농사는 타락해 있었다. 모든 문명은 그 출발부터 농부의 타락에서 비롯된 것임을 성경은 지적한다. 마침내 현대의 농사도 모조리 상업주의의 농사로 변질되었다. 모든 농산물은 화폐로 교환되어야 의미가 있다. 농업은 현대의 문명을 주도하는 도시민들의 먹을거리를 제공하는 일차산업으로서 전락하였다. 그 산업에 종사하도록 강요당하는 자들이 현대의 농부이다.

성경은 자본주의 문명의 화폐가치로부터 농부들이 탈출하도록 인도한다. 자신의 몸과 마음을 빼돌려서 물질주의 우상숭배로부터 벗어나라고 성경은 추동한다. 하나님에게는 돈 벌려는 농부가 아니라 흙을 살리는 에덴의 농부가 절실히 필요하다. 그래야 죄 속에 빠져서 전^{全} 지구의 환경을 파괴하는 악한 자본주의의 농사를 중단할 수 있다. 특히 크리스천 농부들이 먼저 일어서야 한다. 농사 속에서 말씀의 수행으로 땅을 갈고 흙을 살려내야 한다. 생명의 농업으로 존재의 일대 전환을 꾀하여야 하겠다.

농사 용어 속에 나타난 성서신학 (4)
— 창세기 4:1-4

학자들은 문명의 발상은 농사가 잘되는 지역에서 이루어졌다고 본다. 소위 4대 문명 발상지 이론이 그것이다. 생산력이 증대하여 도시가 생겨났다는 것이다. 도시는 인류의 생활에 결정적인 기여를 하였다고 보는 사람들은 잉여 농산물 덕택에 부富가 축적되고, 부를 축적한 사람들이 도시에서 문명을 창달했다고 본다. 이렇게 주장하는 사람들은 문명의 발상을 인류의 역사에서 경이로운 진보로 해석하며 인류의 미래는 생산력의 증대에 달려 있다고 굳게 믿는다. 이들 중에는 마르크스주의 경제학자들도 다수 포함되어 있다. 생산력이 증대되면 세계를 고통스럽게 하는 모순과 대립이 해결된다는 꿈을 꾼다. 그러한 꿈 때문에 식량 증산과 과학영농이란 사회정책을 정치가들이 설정하고 흙을 쥐어짜는 방법을 과학자들에게 연구하도록 강요하고 있다. 그러나 성경은 생산력 증대라는 인문학의 꿈과 과학자의 성과에 대해서 무서운 경고장을 날리고 있다.

Ⅰ. 가인과 아벨

창세기 4장 1절에 소유의 관념이 또렷하게 드러난다. "아담이 그 아내 하와와 동침하매"(창 4:1). 히브리어 원문을 직역하면 "그 남자가 자기의 여자 하와를 알았다"가 된다. 선악을 알게 하는 나무를 먹었더니 그 남자가 자기 여자를 알게 되었다는 것이다. 성행위를 에둘러 표현한 완곡한 어법이지만 '알다'란 동사 '야다'를 사용한 데에는 부부관계에 대한 묘한 비평이 숨어 있다. 하나님과 소통이 끊어진 이기적인 사람에게 부부관계조차도 서로를 만족시켜야 하는 욕망과 충족의 끝없는 악순환으로 이루어진다는 것이다. 남자는 여자가 자기에게 유익할 때만 사랑한다. 여자도 남자가 자기에게 잘해 줄 때만 사랑한다. 이기적인 두 존재가 결합하여 잉태한 아기가 가인이다. 두 사람은 아기를 '소득' 또는 '내 것'이라고 불렀다는 말이다.

아담과 하와가 에덴에서 쫓겨난 후에 첫아들을 낳고 이름을 '가인'이라고 지었다. '가인'은 '획득, 소득'이란 뜻으로 첫 인류에게 소유의 관념이 생겨났음을 가리킨다. 소유의 관념은 선악을 알게 하는 나무를 먹음으로써 생겨났다. 선악을 알고 자기 자신을 위하여 이기적이고 자기중심적인 삶을 살다가 에덴동산에서 쫓겨나고 말았다. 하나님과 함께 온 천지를 두루 이롭게 하는 섬기는 뜻을 상실해 버린 것이다. 아담과 하와는 아기를 낳고 '내 것, 우리 것'이라고 선언하였다. 모든 생명은 하나님의 작품이며 하나님이 잠시 부모에게 맡긴 생명임을 망각하였다. 하나님의 것을 자기의 것이라고 우기게 된 것이다. 가인은 죄를 지은 인류가 불행을 향해 내디딘 소유 관념의 첫 생산물이었다.

아벨은 가인의 동생이다. '아벨'이란 이름은 '허무'란 뜻이다. 인생의 덧없음을 뼈저리게 인식하고 지은 이름이다. 하나님 없는 인생이 얼마나 허무한지 아담과 하와는 에덴동산 바깥에서 쓰라린 체험을 하고 깨달았다는 말이다. 아벨은 허무한 육의 욕심을 채우려는 목적으로 살지 않았다는 뜻이 이름에 암시되어 있다. 아벨은 하나님의 축복받은 원래의 모습을 회복하려고 애썼다. "모든 생물을 다스리라"는 하나님의 말씀을 기억하고 하나님을 기쁘시게 해 드리려고 살았다.

II. 농사하는 자와 양 치는 자

가인은 '농사하는 자'가 되었다. 히브리말로 오베드 아다마인데 직역하면 '흙을 섬기는 자'가 된다. 창세기 2장 5절부터 창세기 2장 15절을 거쳐 창세기 3장 23절에 나온 숙어를 여기서 가인에게 적용한 것이다. 에덴동산에서 '흙을 섬기던' 그 사람은 이제 없어졌다. 에덴에서 추방된 사람들이 자신의 필요를 채우려는 목적으로 흙에 노동력을 투여하게 되었다. 그 첫 농부가 곧 가인이었다. 가인은 자신의 육적인 욕망을 채우기 위해서 흙을 이용했다. 모든 생물을 두루 잘 다스려서 하나님을 기쁘시게 할 목적으로 흙에 자신의 존재를 투여하던 에덴의 농부는 지금 사라지고 없다. 한 줌도 안 되는 자신의 육신을 위해서 흙을 이용하고 착취하는 에덴 바깥의 농부가 생겨났다. 그가 가인이었다.

이와는 반대로 아벨은 '양 치는 자였다.' 히브리말을 직역하면 '양을 먹이는 자'(로에 하촌)가 된다. '아벨'이란 이름은 인생의 허무를 노래하는 말이다. 아벨은 허무한 인생에서 자신의 욕망을 상대화시키고 하나님의 명령을 준행하며 살려고 했다. 양 떼와 더불어 살면서 다른 생물을 먹이고 입히며 두루 이롭게 하는 삶을 살라는 것이 하나님의 축복이었다(창 1:28). 비록 아담의 범죄로 죽음의 저주 아래 놓여 있지만, 아벨은 하나님의 뜻대로 살아서 에덴동산의 삶을 회복하려고 몸부림을 치는 사람이었다. 그러므로 가인을 농경민의 대표자로, 아벨을 유목민의 대표자로 해석하는 것은 잘못이다. 앞뒤 문맥 관계 속에서 가인과 아벨이 종사한 직업을 신학적으로 이해해야 한다.

III. 농부와 하나님과의 관계

가인은 '땅의 소산으로' 제물을 바쳤다. 히브리말 미퍼리 하아다마을 직역하면 '그 흙의 열매 중에서' 제물(민하)을 가져왔다. 여기서도 '그 흙'(하아다마)이 문제가 된다. 자신의 욕망을 충족시키려고 지은 농산물을 가리킨다. 이기적인 목적으로 농사를 지었으니 하나님마저도 이기적인 욕망을 충족시키기 위한 수단에 불과하게 되었다. 흙이 이용 수단으로 전락된 것과 마찬가지로 하나님도 이용 가치로 전락한 것이다. 하나님은 자기를 기복종교의 대상으로 삼는 가인의 제물을 달가워하지 않았다.

아벨은 자기의 양 떼 중에서 맏배(첫 새끼, 버코르)와 그 기름을 제물로 바쳤다. 하나님은 짐승의 맏배를 제물로 받으시기 원하신다. "사람이나 짐승이나 무론하고 초태생은 다 거룩히 구별하여 내게 돌리라 이는 내 것이니라"(출 13:2). 아벨은 하나님의 기호에 맞추어서 제물을 골랐다. 하나님을 기쁘시게 해 드리는 데 아벨은 정성을 쏟았다. 하나님을 이용하여 자기 욕심을 채우려는 가인과는 달리 아벨은 자신을 바쳐서 하나님을 기쁘게 해 드리려고 했다. 하나님을 기쁘게 해 드리면 하나님은 창조주이시므로 만물이 다 기뻐하게 된다. 아벨은 모든 피조물을 두루 섬기는 존재였음이 그의 제물을 통하여 드러난 것이다.

IV. 나가는 말

창세기 4장 1-4절의 말씀 안에 참된 농사의 비법이 적혀 있다. 욕망과 충족의 악순환에서 타락한 농부들이 잉여 농산물을 통해 권력을 쟁취하고 도시를 창건하였다. 성공한 농부는 흙을 버리고 도시 안으로 이주하였다. 권력자 농부는 많은 다른 농부를 노예로 거느리는 데 성공한다. 이것이 도시 문명의 발상기에 나타난 인간 불평등의 기원이다. 농부가 타락하였으니 교회는 어린양 희생 제물로 드려진 예수 그리스도를 통하여 농부가 에덴으로 회복하였음을 선포해야 한다. 예수를 통하여 드리는 예배에서 농부의 타락은 극복되었음을 선포하는 목회자가 농촌 사회를 새롭고 아름다운 사회로 일구어 낼 수 있다. 말씀을 살아내는 그 사람이 바로 하나님의 농부인 것이다.

농사 용어 속에 나타난 성서신학 (5)
: 농부와 흙(창 4:12)

Ⅰ. 들어가는 말

흙을 갈 사람이 없어서 하나님은 사람을 창조하셨다(창 2:5). 사람은 하나님에게 필요한 존재였다. 하나님은 하늘과 땅을 창조하셨고, 땅을 더욱 아름답게 창조하려고 하셨다. 계속창조하는 사역에 함께할 동역자가 필요했기에 사람을 동역자로 창조하신 것이었다. 동역자가 되기 위한 조건은 사람이 하나님을 그대로 닮은 존재자이어야 했다(창 1:26; 2:7). 하나님은 창조주이시므로 그의 품 안에 모든 피조물이 안겨 있었고, 하나님의 동역자는 하나님처럼 모든 피조물을 품에 안을 수 있어야 했다. 땅의 계속창조에 동역할 수 있는 사람은 하나님처럼 행하여 모든 생물을 사랑하고 먹여 살릴 수 있는 일꾼이었다(창 1:28). 하나님처럼 만물을 살리는 생명의 일꾼이어야 했던 것이다. 첫 사람 아담은 흙을 살리는 농부였다. 첫 농부 아담은 하나님의 사랑으로 만물을 살리는 일꾼이었다(창 2:15).

Ⅱ. 저주받은 농부

첫 농부 아담이 선악과를 먹고 이기적인 존재로 타락하였다(창 3:6). 그는 더 이상 흙을 중심으로 일하지 않고 자신의 육을 위해서 일하는 존재로 전락하였다(창 3:19). 흙은 땅을 구성하는 물질로서 지구 전체를 대표하는 보편성을 띠고 있다. 그러나 인간을 구성하는 육(肉)은 지구의 흙에 비하면 한 줌밖에 안 되는 특수성을 띠고 있다. 타락한 농부는 지구 전체의 흙을 상대로 일하는 것이 아니라 자신의 육을 구성하는 한 줌의 특수한 흙을 위해서 살게 되었다(창 3:23). 자신의 육의 소욕을 만족시키려고 농부는 지구 전체의 흙을 이용하고 착취하는 존재로 타락한 것이다(창 4:2).

자신을 위해서 살아가는 농부가 자신의 존재감이 짓밟히고 인정받지 못하였을 때 화가 났다(창 4:5). 자기중심으로 살아가다 보니 모든 피조물을 자기에게 봉사하도록 만들려고 했고, 심지어는 하나님마저도 자신의 여망에 따라 행동하도록 강요하였다. 가인이 바친 제물은 하나님 중심으로 바친 제물이 아니었다. 하나님으로 하여금 자신의 존재를 위해 봉사하도록 강요하는 이기적인 목적의 제물이었다(창 4:3). 가인의 제물은 농부의 보편성을 상실한 존재의 표현이었다.

자신의 존재를 타인에게 강요하여 이득을 얻으려고 시도했으나 가인은 번번이 실패할 뿐이었다. 하나님께서 그의 농사와 그의 존재 자체를 기뻐하지 않으셨다. 애초에 동역자로 창조했건만 가인은 자신의 목적과 고집대로 농사를 지었기 때문이다. 하나님의 목적보다 자신의 목적을 더 앞세워 농사를 짓는 농부가 가인이었다.

가인은 자신의 농사를 위해서 하나님이 필요했고 자신의 농사에 봉사하도록 하나님에게 요구하였다.

이기적인 삶을 사는 농부에게 하나님뿐만 아니라 형제와 이웃과 자연은 모두 이용할 대상이 되고 만다. 심지어 자신의 존재를 부정하는 타자들은 물리쳐야 할 경쟁의 대상으로 부상하게 된다. 가인은 동생 아벨을 죽여서 경쟁자를 제거하고 만다(창 4:8). 타자를 부정하는 모든 경쟁 행위는 죄의 지배를 받아 저지르는 행위였다(창 4:7). 이기적인 농부는 타자를 먹여 살리고 생명을 주는 사랑의 행위를 저버렸다. 자신의 욕망을 위해서 타자를 부정하고 죽이는 폭행자로 돌변하고 말았다.

타락한 농부의 흘린 피가 땅에 떨어져 흙을 적셨다. 피로 물든 땅에서 일하는 농부는 저주를 받고 말았다. 하나님은 첫 사람 아담에게 생육하고 번성하는 복을 주셨다. 이와는 정반대로 타락한 농부 가인은 저주를 받았다(창 4:11). 저주받은 농부는 형통하지 못하고 하는 일마다 잘 풀리지 않고 어려움을 당할 뿐이었다. 사는 것이 고역이었다.

III. 농부에게 힘이 되지 않는 흙

타락한 농부의 폭력으로 피가 땅에 흘렀다. 사람의 피를 머금은 흙은 생명력을 상실하였다. 사람은 흙으로 지어졌다(창 2:7). 그 흙에 하나님의 숨이 들어가서 하늘과 소통하는 존재가 되었다. 하나님의 동역자로 일하기 위해서는 땅의 사정을 잘 알아야 했기에 하나님은 사람을 흙으로 창조하신 것이다. 폭력으로 사람의 관계가 파괴되자 그 사람의 피가 흘러 흙을 적셨다. 소통과 사랑의 관계가 파괴되자 흙도 사람과 소통하며 사람을 섬기고 사랑하는 애초의 고유한 능력을 상실하고 말았다.

> 네가 밭을 갈아도 땅이 다시는 그 효력을 네게 주지 아니할 것이요(창 4:12).

이 한 문장 속에 농사가 왜곡된 까닭이 들어있다. '밭을 갈아도'란 원어는 키 타아보드 엩-하아다마이다. 이것을 직역하면 '네가 흙을 섬겨도'라고 번역할 수 있다. 여기에 동사 아바드와 목적어 아다마가 연결되어 있는 숙어가 사용되었다. 이 숙어는 창세기 2장 5, 15절, 3장 23절, 4장 2절에 네 차례 반복되어 사용된 표현으로서 창세기 저자의 특별한 의도를 전달하는 숙어이다. '네가 농사를 지어도'라고 의역해도 무방할 것이다.

농부가 이기적인 존재로 타락하고 농부끼리 싸우고 경쟁하며 폭력을 행사하니 흙이 그 피를 먹고 오염되어서 흙의 생명력을 잃고 말았다. 이제는 아무리 열심히 농사를 지어보았자 농부는 힘을 얻지 못한다. 농부가 생산한 농산물이 농부에게 힘차게 살 수 있는 생명의 힘을 제공하지 못하게 되었다. 흙이 '땅심'을 잃어버린 것이다.

마음 붙일 땅이 없는 농부

너는 땅에서 피하며 유리하는 자가 되리라(창 4:12).

흙이 땅심을 잃으니 농사는 허탕을 친다. 농사로 먹고살기 힘들
게 되니 농부의 마음은 메마른 땅에서 멀어진다. 눈을 두리번거리며
더 좋은 땅이 없나 살피며 이곳저곳을 돌아다닌다. 히브리어 원문은
'나 와나드 티흐예 바아레츠'인데 직역하면 "너는 그 땅에서 이곳,
저곳에 있을 것이다"가 된다. 타락한 농부의 존재는 자기 땅에
정을 붙이지 못하고 이리저리 돌아다니게 된다는 말이다. 이 말씀은
자기 땅에서 소외된 농부의 슬픈 운명을 한탄한다. 흙에 마음을
붙이지 못하니 인생이 고달프다. "내 죄벌이 지기가 너무 무거우니이
다"라고 가인은 탄식하였다(창 4:13). 농사에 실패하고 차라리 자살을
결행한 농부들이 얼마나 많은가! 타락한 농부들이 땅을 떠나서
폭력으로 세상을 지으니 순진한 농부들은 그 땅에서 제대로 먹고살
수가 없게 되었다. 이것이 인류가 지어 온 문명의 악한 본질이다.
문명이 폭력의 죄성을 극복하지 못하는 한 정직하게 살려는 평화의
농부는 계속 고난을 당할 것이다.

IV. 나가는 말

문명의 세상에서 농부는 십자가를 지고 산다. 죄의 올무에 걸린
농부가 가인의 때부터 저주받은 오랜 존재의 불행을 뿌리치고 복되

게 사는 길은 세상 어디에도 없다. 오로지 외길이 있다면 그것은 모든 타자에게 생명을 주시려고 자신을 십자가 위에서 희생하신 사랑의 예수님을 구주로 믿고 고백하며 사는 길밖에 없다. 이것이 성경이 일관되게 제시하는 진리의 길, 생명의 길이다. 예수를 믿고 구원받은 농부는 가인의 저주에서 벗어난다. 구원받은 농부는 더 이상 상업주의 농업에 종사하지 않는다. 농촌에서 땅을 갈며 땅심을 기르며 모든 생명을 살리는 일에 종사한다. 생명의 일꾼이 된다.

농사 용어 속에 나타난 성서신학 (6)
: 축산업은 죄다

Ⅰ. 들어가는 말

축산업畜産業이란 무엇인가? 축산업은 "가축이나 가금家禽과 같은 농용 가축農用家畜을 사육하여 증식함으로써 거기서 사람에게 필요한 것을 생산하고 이용하는 산업을 가리킨다"라고 사전은 정의하고 있다(한국학중앙연구원, 『한국민족문화대백과』). 그러나 성서는 전혀 다르게 정의한다. 창세기 4장 20절은 축산업을 도시 문명의 기원과 관련하여 평가하고 있다.

> 아다(라멕의 아내)는 야발을 낳았으니 그는 장막에 거주하며 가축을 치는 자의 조상이 되었고(창 4:20).

인간이 가축을 기르기 시작한 목적에 대한 정설은 아직 밝혀진 바 없다. 야생동물을 가축으로 순치하는 과정이 먼저 진행되고, 이어 가축화된 동물들을 몰고 다니는 유목의 생활 방식이 생겨났으며, 마지막에 한 우리에 가두어 기르는 축산업이 대두하였다는 정도로만 알려져 있다(참조. 재레드 다이아몬드,『총 균 쇠』, 234 이하).

우리나라의 경우 조선 시대까지도 일반 서민은 일상생활에서 쇠고기를 먹지 못했던 것으로 보인다. 일반 농가는 사육할 능력이 없어서 관우官牛에 의존하였다. 상류계급이 아니면 경제성이 있는 가축을 소유하지 못했다. 귀족 축산貴族畜産의 형태를 띠고 있었다. 일반 서민이 소를 기르는 목적은 어디까지나 농경에 이용하기 위해서였다. 정부는 농사에 지장이 없게 하기 위하여 농우를 보호하는 정책을 폈다. 쇠고기를 먹기는 좋아했지만, 농우를 보호하려고 육용으로 도살하는 것은 금지하였다.

조선 시대까지도 우리나라의 축산업은 산업으로 발달하지 못하였다. 해방 후 제3공화국 때 비로소 축산 진흥 기본 목적과 '농업기본법'을 제정하여 축산업을 국가산업으로 육성하기 시작했다. 대통령 박정희는 1966년 축산기술자대회에서 "축산 없는 농업의 근대화는 기대할 수 없다. 축산업의 진흥은 농업의 소득을 높여 농촌경제를 윤택하게 하여 체력을 향상시키는 동시에 수출을 증대할 수 있다는 점에서 식량 증산과 더불어 전국적으로 장려되어야 한다"고 강조하였다. 그러나 말뿐이었고 농촌은 오히려 공동화空洞化되고, 1960년대부터 조성한 초지는 무용지물로 변했다. 국내 사료 자원 개발을 소홀히 하여 수입 사료에만 의존하는 축산이 되었다.

지금은 축산업을 포함한 농업 전체가 사양 산업화하고 말았다. 학교나 학과의 명칭에서도 농農자를 사용하는 것을 기피하게 되었다. 뜻 있는 인사들은 현재 축산 발전의 방향을 양적 증식과 분립화 그리고 비농민적 기업화, 전업화專業化의 방향을 지양하고 질적 개량과 복합화 그리고 농민적 축산이라는 방향으로 전환해야 한다고 부르짖고 있다. 하지만 성서는 축산업에 대하여 그 기원에서부터 문제를 제기하고 있다.

Ⅱ. 먹을거리의 왜곡: 농자(農者)의 타락 (1)

하나님은 천지를 창조하시고 사람이 채식을 하도록 지정해 주셨다. 창세기 1장 29절을 보면 이렇게 기록되어 있다.

하나님이 이르시되 내가 온 지면의 씨 맺는 모든 채소와 씨 가진 열매 맺는 모든 나무를 너희에게 주노니 너희의 먹을거리가 되리라(창 1:29).

사람을 에덴동산에 두실 때 하나님은 미리 먹을거리를 동산에 충분히 준비해 주셨다.

여호와 하나님이 그 땅에서 보기에 아름답고 먹기에 좋은 나무가 나게 하시니(창 2:9).

에덴동산에서 의식주 걱정 없이 살면서 이 땅을 아름답게 가꾸고 흙에 생명력을 북돋우는 일을 하는 것이 본디 사람이 사는 방식이었다.

여호와 하나님이 그 사람을 이끌어 에덴동산에 두어 그것을 경작하며 지키게 하시고(창 2:15).

에덴동산에 사는 사람은 흙을 가꾸어서 생명력이 충만하게 만들었다. 또 그 상태로 잘 유지하도록 보존하는 사명을 받고 이 땅에 태어났다. 그러나 사람이 선악과를 따 먹고 자기중심성과 이기주의에 빠져 타락하면서 이 숭고한 사명을 망각하고 말았다. 하나님과 소통이 끊어지고 자기의 이기성에 매몰된 사람은 에덴에서 살 자격을 상실하고 동산 밖으로 추방되고 말았다. 이때부터 타락한 아담에게서 죄가 증대하였고 그의 맏아들 가인은 급기야 동생을 죽이는 살인죄를 범하고 말았다.

첫 사람은 본디 농자農耆로 지음을 받았지만, 가인의 후예들에게서 타락한 농자들이 속출하였다. 이기주의의 삶을 살다가 제멋대로 육식을 시작한 것이다. 성서는 육식을 맨 처음 시작한 자가 라멕이었다고 증언한다. 가인이 지은 에녹성에서 살다가 가인의 4대손인 라멕이 아들 야발을 시켜서 축산업을 하게 하였다. 야발이 도성 바깥에 축사를 짓고 가축을 가두어 기르기 시작하였다. 야발은 도성 바깥으로 나가서 천막을 치고 거기에서 가축을 기르는 축산업자들의 조상이 되었다.

도성 바깥에서 축산업을 시작한 연유는 도성 안으로 고기를 공급하기 위해서였다. 도성민은 채식으로 만족할 수가 없었다. 여호와 앞을 떠나 도성을 건축하고 정착한 가인의 후예들은 살인을 거듭 자행하며 폭력배들로서 이웃을 괴롭히며 살았다. 상처로 인하여 사람을 겹으로 죽이는 살인자들이 도시 문명의 주역이었다.

나의 상처로 말미암아 내가 사람을 죽였고 나의 상함으로 말미암아 소년을 죽였도다 가인을 위하여는 벌이 칠 배일진대 라멕을 위하여는 벌이 칠십칠 배이리로다 하였더라(창 4:23-24).

가인이 처음 겪었던 도시의 불행한 삶보다도 4대가 지난 라멕의 대에 이르러서는 열한 배나 더 불행한 삶이 도시에서 벌어졌다. 도시는 사람에게 상처를 입히는 곳이었다. 심지어 상처 때문에 어린이까지 폭행하여 죽이는 일이 자행되었다.

도성민은 도시의 안팎에서 벌어지는 경쟁의 도가니에 빠져서 항상 불안에 떨었다. 강자만 살아남고, 약자는 도태되는 문명이 도시 문명이었다. 도시국가들 사이에는 전쟁이 빈번했다. 강한 도시국가는 살아남고, 약한 도시국가는 사라졌다. 패배한 성은 정복당하여 모든 성민이 포로로 끌려가 노예로 전락하였다. 전쟁에서 패배한 도시국가의 성민은 신의 저주를 받은 자로서 영혼이 없는 자라는 허위의식도 도성의 이데올로기로 자리를 잡았다. 아리스토텔레스도 노예는 영혼이 없기에 인권이 없는 가축에 불과하다고 간주하였다. 강한 도성의 지배자들은 노예는 가축이나 같은 존재라고 믿었다. 야훼 하나님은 이러한 노예들을 구원하시는 하나님이라고 성서가 가르치고 있으니 이 얼마나 반체제적이고 반국가적인 언설이었을지 짐작할 수 있다.

III. 도시의 기원: 농자(農者)의 타락 (2)

살인죄를 범한 가인은 복수가 두려웠다. 누군가 자기를 해칠 것을 두려워하던 나머지 첫아들 에녹을 낳았을 때 방어벽으로 자신의 거주처를 둘러싸기 시작했다. 이웃과의 사랑과 신뢰 관계는 깨어져 버렸고 불신과 경계의 마음이 가인을 압도하였다. 이웃 중에 어느 누구도 믿을 수가 없었다. 또한 자신의 능력으로 아들 에녹을 보호하고 키워야겠다는 절박감에 사로잡혔다. 타락한 가인은 아무도 믿지 못하고 사람과 사람 사이를 가로막는 성벽을 건축하였다. 그 성벽 안에서 안도감을 느끼며 살기 시작한 것이다. 이것이 인류의 역사에서 최초의 도시가 출현한 영적인 배경이다.

> 아내와 동침하매 그가 임신하여 에녹을 낳은지라 가인이 성을 쌓고 그의
> 아들의 이름으로 성을 이름하여 에녹이라 하니라(창 4:17).

이 본문에서 '성城'은 히브리어로 '이르'인데 영어로는 일제히 '씨티city'라고 번역한다. 성서는 문명의 발상이 도성에서 이루어졌으며 도성들이 도시국가로 발달한 과정을 보여 주고 있다. 가인이 쌓은 도성, 에녹성이 발달하여 폭력이 세상을 가득 뒤덮게 되었다(창 6:11). 하나님은 노아 시대에 대홍수로 도성의 폭력 문명을 다 쓸어버리고 다시 새 언약을 세워 노아의 가계를 통해서 새 역사를 지으려고 하셨다. 그러나 노아의 둘째 아들 함의 후예들이 도시국가들을 다시 세워서 하나님 없는 번영을 구가하다가 마침내 아시리아와 같은 국가를 건설하였다. 애굽, 아시리아, 바빌로니아와 같은 제국들을 함의 후예들이 건설하여 온 땅을 도시국가들이 뒤덮게 되었다. 이것은 창세기 11장의 바벨도성 이야기로 귀결된다. 농자가 타락하니까 이윽고 온 땅에 도시가 창궐하게 되었고 도시민들은 죄악의 폭력으로 역사를 지어가게 되었다. 이것이 창세기 1-11장의 원역사

가 보여 주는 내용이다.

IV. 축산업의 기원: 농자(農者)의 타락 (3)

한 도성이 강한 도성으로 번영하려면 도성민이 단백질을 많이 섭취하여야 했다. 키도 크고 힘도 세어서 네피림이나 니므롯과 같은 용사들이 되어야 했다. 육체의 능력을 한껏 배양해야 전쟁에서 패배하지 않는 승자가 될 수 있었다(창 6:3; 10:8-9). 도성민은 승리하는 용사들을 양성하기 위해서 하나님의 허락 없이 육식을 시작하였다. 도성의 강자들은 도성 인근의 영역을 영토로 삼고 거기 사는 농자들을 노예로 부렸다. 가나안에 도성들이 출현함으로 가나안 온 들판에서 일하는 모든 농자가 도성을 위해 봉사하는 노예 노동자로 전락하고 말았다(창 10:15-20).

도시가 출현하자 농사는 도시의 수요를 공급하는 산업으로 전락하였다. 하나님의 창조계에 생명을 넘치게 만드는 애초의 사명은 희미해져 갔다. 늘 먹을거리의 부족에 시달렸다. 일단 먹고사는 일이 시급하였다. 선악과를 먹고 에덴에서 추방당한 후로 인간은 먹고사는 일에 전전긍긍하게 된 것이다(창 3:18-19). 도시국가의 시민들은 농자를 착취하는 방식으로 힘겨운 생활에 대처하였다. 도시의 권력자들은 농촌을 지배하였고, 농자는 이들의 영향을 받다 함께 타락하고 말았다. 농촌도 도시와 함께 타락의 길을 걷고 말았다. 그 대표적인 사례가 축산업이다.

성서의 축산업 정의는 일반 사전의 정의와는 다르다. 성서는 축산업은 도시의 시민들이 강해지기 위해 요구하는 육식을 대량으로 공급하는 산업이라고 규정한다. 축산업은 도성 안에서는 불가능하였기에 도성 바깥에 축사를 지어 가축을 가두어 길렀다. 고대에 축산업은 도시의 권력자들을 위한 제사와 잔치에 들여갈 고기를 생산하였으며, 이와 더불어 도살업도 도시에서 성행하였다. 성서는 축산업을 창조 질서에 위배되는 산업으로 규정한다. 가인의 후예 라멕이 아들 야발을 시켜서 시작한 것이 축산업이다. 축산업은 살인자 가인과 그 후예들이 일으킨 죄악의 산업인 것이다.

'가축을 치는 자'란 히브리어로 '미크네'이다. 이것은 '획득하다'란 동사에서 파생한 명사로서 '가축'이나 '재산'을 가리키는 용어이다. 축산업을 하면서 소유 개념이 더 발달하였다. 가축을 길러 도시에 팔아서 남기는 이윤에 초미의 관심을 기울였다. 상업적 농업이 고대로부터 축산업에 가세하였다. 성서는 축산업은 농업을 부패시키는 원흉이라고 갈파하고 있다.

V. 나가는 말

라멕의 아들 야발이 일으킨 축산업은 아담의 둘째 아들 아벨이 행한 유목업과는 전혀 다른 성격의 것이다. 이 둘은 서로 다른 용어로 소개되어 있다. 아벨은 "양을 먹이는 일을 하였다"라고 직역할 수 있다.

아벨은 양 치는 자였고 가인은 농사하는 자였더라(창 4:2).

'양 치는 자'는 히브리어로 '르우 촌'인데 직역하자면 '양 떼를 먹이는 자'라고 옮길 수 있다. 이것은 창세기 1장 28절의 "모든 생물을 다스리라"는 말씀과 창세기 2장 5절의 '땅을 갈 사람'이란 말과 그 의미가 동일한 또 다른 표현이다. 아벨은 아버지의 죄악을 씻고 에덴으로 돌아가기 위하여 타자(他者)를 먹이는 일을 하였다. 가인은 자신의 육적인 소욕을 충족하기 위하여 살았다. 한글성경은 가인은 '농사하는 자'였다고 옮겼다. 이것은 가인의 농사가 타락하게 되었다는 의미로 이해해야 한다.

국가의 경제를 지탱하는 것은 도시의 상업과 공업이다. 농업은 국가 경제를 일으키는 데 누를 끼칠 뿐이다. '농'의 존재로 살아야 할 '농자'가 도시국가의 권력자에게 굴종하여 도시를 지지하는 죄의 종으로 타락하였다. 가인의 에녹성(창 4:17)과 니므롯의 국가(창 10:10)는 오늘날의 국가가 바로 타락한 죄의 결과물임을 일깨워 준다. 불행히도 오늘날 교회는 국가의 한계 안에서 종살이하는 형국을 보여 주고 있다. 콘스탄틴 기독교 이후 교회는 국가의 시녀 내지 조력자로 전락하였기 때문에 오늘의 교회는 국가의 산업에 대한 성서의 예언을 목청 높여 외치지 못하고 있다.

축산업을 없앤다면 국가는 혼란에 빠질 것이다. 목회자들이 국가 없이는 교회도 없다고 말하면서 스스로 애국자를 자처하고 있다. 이런 천박한 신학으로 목회하니 교회가 세속주의에 대하여 무기력해지고 말았다. 성서가 축산업을 죄의 산물이라고 비평하고 있으니 교회도 축산업에 종사하는 것을 금지해야 마땅하지 않겠는가? 집에서 닭이나 개 등을 조금 키우는 일은 축산업이 아니다. 그것은 가축화하여 식량을 얻으려는 농가의 오래된 문화이다.

축산업의 문제는 도시의 대도시화에서 발생한다. 농업의 타락이 모두 대도시의 대량 수요 때문에 촉진되고 있듯이 대도시의 고기(육류) 수요가 급증하여 대량의 공급을 채우기 위해서 축산업이 성업을 이룬다. 오늘날에는 자유무역협정(FTA)를 거쳐서 쇠고기가 국제무역으로 대량으로 거래되고 있으니 한국의 축산업자들의 입에서 한숨이 떠날 새가 없다. 국가로부터 외면당하면서도 아등바등 성서가 싫어하는 축산업에 굳이 매달리는 까닭을 모르겠다. 축산업은 분명 성서가 문젯거리로 삼는 무서운 죄악이라는 생각을 지울 수가 없다.

농사 용어 속에 나타난 성서신학 (7)
: 술 마시는 농부

I. 들어가는 말

옛적에는 농사를 짓는 사람 중에 날마다 술을 마셔야 일하는
사람들이 많았다. 나는 1980년대 초에 신학교를 졸업하고 농촌
교회에 부임하였다. 부임하기 전에 농민의 생활을 체험하기 위해서
어느 시골의 한 농가를 찾아가서 머슴살이를 한 적이 있다. 한
농부의 농사일을 거들면서 많은 것들을 배웠다. 그중에서 한 가지
생각이 나면 늘 마음이 아프다. 농사일을 하면서 늘 소주를 마셔댔던
그 농부의 모습이다. 소주를 됫병으로 사다 놓고 일하는 틈틈이
논두렁이나 밭두렁에 앉아서 사발로 소주를 마셨다. 안주로는 김치
한 조각이면 그만이었다. 주변의 농부들도 대부분 그분과 같아서
술을 마시면서 일하고 있었다. 농부들은 힘겨운 노동과 도시 문명으
로부터 밀려오는 압박감에 스스로를 더욱 외로운 처지로 몰아갔던
것 같다. 그렇게 술을 마시다가 농부들은 대부분 건강을 망친다.
자녀교육 때문에 소를 팔고 이윽고 논밭을 다 팔아먹고 마침내

서울로 이농을 한다. 낯선 도시의 생활을 견디지 못하고 술만 마시다가 병들어 죽는 농부들이 많았다.

II. '흙의 사람' 노아

노아는 젊었을 때 흠잡을 데 없이 의로운 사람이었다. "노아는 그 당대에 의롭고 흠이 없는 사람이었다. 노아는 하나님과 동행하는 사람이었다"(창 6:9). 노아 시대에 영웅들이 출몰하여 폭력을 휘두르며 도시 문명을 창달하였다. 그들의 폭력으로 피조계는 마구 훼손되었다. 하나님께서 대홍수를 일으켜서 망가진 땅을 싹 쓸어버리셨다. 지상의 모든 생명이 죽었고 노아의 방주에 탄 생명들만 살아남았다. 노아는 하나님과 동행하는 삶을 살았기에 노아와 그 가족 그리고 선택받은 동물들만이 방주에 타서 살아남았다. 노아 시대에 대홍수 심판으로 새로운 삶이 시작된 것이다.

노아가 늙었을 때 그 성성했던 영성이 약해지기 시작했다. 그는 '흙의 사람'으로 변하기 시작했다. 창세기 9장 20절이 만년의 늙은 노아를 묘사하고 있다.

[개역개정] 노아가 농사를 시작하여 포도나무를 심었더니
[새번역] 노아는 처음으로 밭을 가는 사람이 되어서, 포도나무를 심었다
[공동번역] 한편, 노아는 포도원을 가꾸는 첫 농군이 되었는데

개역성경의 '농사를 시작하여'란 번역은 히브리어 성경의 '와약

할 ~ 이쉬 하아다마'를 번역한 것이다. '와약할'의 동사 기본형은 할랄인데 그 뜻은 "세상의 일상생활로 돌아가다"란 뜻이다. 이 동사가 히필로 변용되면 '속되다'(profane) 또는 '시작하다'(begin)란 뜻이 된다. 노아는 늙어가면서 점점 거룩한 의인됨을 상실하고 조금씩 세속적인 사람으로 변하기 시작했다는 뜻이다. 라틴어 성경은 이 히브리어를 '시작하다'란 뜻의 동사 '코이피coepi'로 번역하였다. 그리스어 성경은 이것을 '에륵사토'라고 옮겼는데 '~이 되었다'란 뜻이며 존재의 변환을 의미한다. 노아가 의로운 존재였는데 점점 세속적인 존재로 변하기 시작했다는 뜻이다. 이것을 새번역은 '처음으로 ~ 되어서'라고 옮겼으며 공동번역은 '첫 ~이 되었는데'라고 옮겼고 개역은 '시작하여'라고 옮겼다. 영어성경의 번역을 두 가지만 비교해 보면 아래와 같다.

[NKJV] And Noah began *to be* a farmer, and he planted a vineyard.
[NRSV] Noah, a man of the soil, was the first to plant a vineyard.

NKJV는 'began to be'라고 옮겼고 NRSV는 'was the first'라고 옮겼다. NRSV는 노아에 대한 역사적 사실을 묘사하려고 했지만 NKJV는 존재의 전환을 나타내는 히브리어 원어를 그대로 직역해 주었다.

늙은 노아가 어떠한 존재로 변하였는가? 히브리어 본문에 '이쉬 하아다마'라고 되어 있다. '이쉬'는 '남자, 사람'이란 뜻이고 '아다마'는 '흙'이란 뜻의 명사로서 이 두 명사가 연계하여 '흙의 남자'란 뜻이 된다. 노아가 '흙의 사람'이 되기 시작했다는 것이다.

'흙의 사람'이란 무슨 뜻인가? 이것은 창세기 4장 2절과 연결된다.

[개정역] 가인은 농사하는 자였더라
[새번역] 가인은 밭을 가는 농부가 되었다.

이 구절에서 '농사하는 자' 내지는 '밭을 가는 농부'란 번역은 히브리어 원어 오베드 아다마를 옮긴 것이다. 이것은 동사 '아바드' 에 목적어 '아다마'가 이어져서 '흙을 섬기는 자'라고 직역할 수 있다.

아담과 하와가 선악과를 먹고 타락한 후 처음 출산한 맏아들 가인은 흙을 위해서 일하는 삶을 살았다. 부연하여 설명하자면 가인은 육의 소욕을 충족시키려는 목적으로 인생을 살았다는 뜻이다. 이때 '흙'은 '육체'를 가리킨다. 아벨이 부모의 죄를 속죄하기 위해서 타자를 대표하는 양 떼를 먹여 생명을 돌보면서 살았던 반면에, 가인은 부모의 죄를 계대하여 자신의 욕망을 충족시키기 위해서 살았다. 라틴어성경과 영어성경이 모두 가인을 '농부'라고 번역했지만 그리스어성경은 '땅을 일구다'(에르가조메노스 텐 젠)라고 옮겨서 히브리어성경에 가깝게 번역했다. 가인은 흙에 생명력을 불어넣는 일을 하지 않고 그 반대로 육체의 욕망을 만족시키기 위해서 흙을 착취하는 일을 하였다는 뜻이다.

창세기 9장 20절은 창세기 4장 2절과 연결해서 읽으면 뜻이 더욱 분명하게 드러난다. 당대에 의인이었던 노아가 늙어가더니 점점 가인의 삶처럼 자신의 욕망을 채우는 삶으로 변해갔다는 것이다. 그래서 나는 그대로 다음과 같이 직역하여 보았다.

노아는 흙의 사람이 되기 시작하더니 이윽고 포도원을 가꾸게 되었다 (창 9:20, 이영재 사역).

노아는 만년에 육신이 쇠약해지면서 동시에 하나님과 동행하는 삶의 영성도 약해지기 시작했다. 영성이 쇠락하면서 노아는 흙을 살리는 생명의 농부가 아니라 흙을 착취하여 자신의 욕망을 채우는 농부로 타락하고 말았다.

또 한 가지를 더 생각해 볼 수 있다. 노아의 영성이 퇴영을 거듭하게 된 까닭은 대홍수 심판 이후 방주에서 나왔을 때부터 육식을 즐겼기 때문이었을 것이다. 창세기 9장 3절에 보면, 하나님께서 홍수가 끝난 후부터 육식을 해도 좋다고 허락하셨다. 본디 사람은 채식을 하도록 창조되었다(창 1:29). 대홍수 이후에 온 땅의 식물이 다 죽어 있었기에 비상식량으로 방주에 넣었던 동물 중 일부를 잡아먹어도 된다고 허락하였던 것이다. 그 후 아마도 노아는 채식으로 복귀하지 않고 계속 육식을 하였을 것이다. 육식을 즐기다 보면 영성이 점점 퇴락해지기 마련이다. 더구나 육체가 쇠락해지는 노년에 육식의 식도락은 영성에 아무런 도움을 주지 못한다.

늙은 노아에게서 심판받은 가인의 식성이 되살아났다. 가인의 후예들이 축산업을 일으켜서 도성민에게 고기를 공급하였다. 가인의 도성 안에서 사는 도시민들은 육식을 장려하였다. 그들은 육체의 근육을 연마하여 폭력을 능숙하게 휘두르는 용사들이 되었다. 가인의 후예들을 닮아 늙은 노아는 육식에 탐닉하다가 '흙의 사람'으로 변해갔을 것이다.

타락한 농부가 된 늙은 노아! 그는 포도원을 만들어서 포도 농사를 시작하였다. 노년의 늙은 노아가 왜 하필이면 포도 농사를 시작하게 되었을까? 포도원에서 포도가 생산되었을 것이다. 포도는 포도주를 만드는 원료가 된다. 노아는 포도주를 만들기 위해서 포도원을 가꾸었던 것이다. 고기를 먹을 때 포도주를 곁들이면 더욱 맛이 난다. 노아는 식탁에 포도주를 곁들여 먹기도 했다. 노아는 술을 빚은 원조가 되었다.

III. 노아와 디오니소스, 술의 원조

헬레니즘의 문명권에서 술을 발명한 신은 디오니소스이다. 로마 신화에서는 바코스Bacchos라고 부른다. 그는 술과 황홀경의 신이었다. 디오니소스는 술에 취하여 악기를 연주하면서 노래를 불렀다. 디오니소스는 수액樹液이나 생즙, 곧 자연의 생명수를 상징하는 존재로 숭배되었으므로 그를 숭배하여서 흥청망청 잔치를 벌이는 의식이 성행했다. 디오니소스 축제에서 사람들은 회향나무 가지에 포도덩굴의 잎을 엮어 매고 끝에 담쟁이덩굴로 장식한 것을 흔들면서 피리와 팀파니의 반주에 맞추어 장작불 옆에서 춤을 추었다. 디오니소스 신의 영감을 받게 되면 신비한 힘이 생겨났다. 뱀과 동물에게 마법을 걸 수 있을 뿐만 아니라 산 제물을 갈기갈기 찢을 수 있는 초자연적인 힘을 발휘한다고 믿었다. 그들은 찢긴 제물의 고기를 날로 먹는 의식을 거행하였다.

디오니소스처럼 노아는 술을 발명한 원조가 되었다. 노아는 흙의 사람이 되어서 더 이상 하나님과 동행하여 살 수 없게 되었다.

그는 술을 발명하여 술을 마시기 시작했다. 노아는 왜 술을 마시기 시작했을까? 디오니소스 축제와는 사뭇 다른 까닭이 있었다. 대홍수 심판을 겪은 후에 노아에게 큰 변화가 일었을 것이다.

대홍수 심판으로 지상의 모든 사람이 죽었다. 노아의 이웃들도 다 죽었다. 어릴 적 함께 뛰어놀던 죽마고우들도 다 죽고 사람이란 아내와 자녀들밖에 남지 않았다. 심판 후에 세계는 너무나 황폐하였고 적막했을 것이다. 상상컨대 노아는 엄청난 고독감에 시달렸을 것이다. 고독한 노아에게 하나님과 동행하는 삶은 점점 쓸쓸해져 갔다. 하나님과 동행하면 기도하고 소통하는 가운데 지독한 고독을 이기는 힘이 나오는 법인데 노아의 고독은 한 늙은이를 삼켜버렸다. 노아는 술을 마시기 시작했고, 술의 힘에 의지하기 시작했다.

포도원을 가꾸었으니 포도를 수확한 양이 많았을 것이다. 그것으로 술을 담그면 커다란 항아리로 수십 항아리를 담을 수 있었을 것이다. 포도원을 가꾸었다는 것은 많은 양의 포도주를 담았다는 것이 예사롭지 않게 느껴진다. 노아는 술을 많이 빚어서 매일매일 마셨다. 노아가 그랬다는 것을 어떻게 알 수 있나? 노아가 취하여 벌거벗고 잤다는 대목에서 주사酒邪를 부리는 노아의 모습을 떠올릴 수 있다.

술에 취하여 주사를 부리게 된 노아의 늙은 모습을 통해서 성경은 술에 취한 농부의 자화상을 떠올리도록 독자들을 유도한다. 고독한 농부의 정신세계를 성경은 암묵적으로 다루고 있는 것이다. 문명으로부터 소외된 농부는 그 고독함과 소외감에서 하나님과 동행하는 삶에서 벗어나는 위험한 상황에 놓이게 된다. 소외감과 고독은 농부에게 분노를 안겨 준다. 화를 낸 최초의 사람은 살인자 가인이었다. 고독한 농부의 마음에 분노가 치밀어 올라서 농부의 삶은 더욱 힘겨워진다.

롯의 이농과 아브람의 귀농
— 창세기 13:14-15

롯이 아브람을 떠난 후에 여호와께서 아브람에게 이르시되 너는 눈을 들어 너 있는 곳에서 북쪽과 남쪽 그리고 동쪽과 서쪽을 바라보라 보이는 땅을 내가 너와 네 자손에게 주리니 영원히 이르리라(창 13:14-15).

Ⅰ. 들어가는 말

아브람의 소명은 귀농하라는 부르심이었다. 아버지 데라는 본디 수메르 남부 갈대아 지방의 대도시 우르에 살았다. 대도시 우르를 떠나서 북방의 중소도시인 하란으로 이사하였다. 맏아들 아브람도 아버지를 따라갔고, 이때 조실부모ᵀ失父母한 조카 롯을 데리고 함께 이사하였다. 대도시에서 중소도시로 이주한 것이다. 아브람이 아버지를 모시고 하란이란 도성에서 정주하려고 했을 때, 하나님께서 아브람을 부르셨다.

너는 너의 고향과 친척과 아버지의 집을 떠나 내가 네게 보여줄 땅으로
가라(창 12:1).

하나님은 하란이란 도시를 떠나 '땅'으로 가라고 부르셨다. 부르
심을 받은 아브람은 즉시 아버지 데라를 하란에 버려두고 도시를
떠났다. 어디로 가라는 지시도 없었으므로 무작정 '땅'을 향하여
떠났다. 아브람 일행은 레반트 지역의 통상로를 따라 서남쪽으로
가다가 마침내 가나안 땅으로 내려왔다(창 12:5). 도시의 삶을 버리고
들녘의 삶으로 귀농한 것이다. 롯도 삼촌 아브람을 따라 하나님께서
부르신 약속의 땅 가나안으로 귀농했다. 귀농한 이 두 사람에게
무슨 일이 벌어지는가? 창세기 12장은 귀농자의 이야기이다. 그리고
창세기 13장은 두 귀농자가 결국 어떻게 변해가는지를 보여 준다.
오늘은 창세기 13장 14절과 15절 두 구절을 앞뒤 문맥에 비추어
보고 또 본문 자체를 꼼꼼히 읽어보려고 한다. 물론 문맥 자체는
귀농과 이농이라는 동선을 깔고 있다.

II. 아브람과 롯의 처량한 귀농

두 사람의 귀농자는 가나안 땅에 당도하였으나 그곳은 이미
가는 곳마다 땅 주인이 있음을 발견하였다. "그 때에 가나안 사람이
그 땅에 거주하였더라"(창 12:6). 세겜 땅에 이르렀을 때 야훼께서
"내가 이 땅을 네 자손에게 주리라"(창 12:7)라고 약속해 주셨다.
그러나 지금 당장 땅이 필요할 때인데 지금 주시는 것이 아니라

장차 주시겠다고 약속만 하신다. 아브람은 그 약속을 받들고 세겜 땅 '엘론 모레'(모레 상수리나무)란 곳에서 제단을 쌓았다. 귀농은 하였으나 정주할 땅이 없다. 땅은 이미 '가나안 사람'이 다 선점하고 있었다.

'가나안 사람'은 누구였기에 땅을 다 차지하고 있었을까? 창세기 10장에 가나안 사람들이 소개되어 있다. "가나안은 장자 시돈과 헷을 낳고 또 여부스 족속과 아모리 족속과 기르가스 족속과 히위 족속과 알가 족속과 신 족속과 아르왓 족속과 스말 족속과 하맛 족속을 낳았더니 이후로 가나안 자손의 족속이 흩어져 나아갔더라. 가나안 경계는 시돈에서부터 그랄을 지나 가사까지와 소돔과 고모라와 아드마와 스보임을 지나 라사까지였더라. 이들은 함의 자손이라. 각기 족속과 언어와 지방과 나라(고임)대로였더라"(창 10:15-20). 새번역은 '고임'을 '부족'이라고 옮겼다. 함의 자손들은 애굽 땅과 아프리카 북부 지중해 연안 지역과 아시리아와 바빌로니아 지역 전체에 퍼져서 땅을 차지하고 도시들을 건설하고, 더 나아가 도시국가들의 연합체로서의 제국을 건설하였다(창 10:10, 국가=마믈레케트). 그들 중에서 열 부족은 요단강과 사해 주변에 정주하여 소돔과 고모라와 아드마와 스보임과 소알과 같은 도시국가들을 건설하였다. 후일 세겜이란 도시국가도 이들에 의해서 건설되었을 것이다. 이들은 높은 성벽을 쌓고 막강한 군사력을 구축하였으며 도성 주변의 토지들을 자신의 영토로 복속시켰다. 민수기에 의하면 그 땅은 영웅들이 세운 도성들로 인하여 온통 요새화되어 있었다. "그 땅에 살고 있는 백성은 강하고 성읍들은 견고한 요새처럼 되어 있고 매우 큽니다. 또한 거기에서 우리는 아낙자손도 보았습니다"(민

13:28, 새번역). 아말렉 족속(고임)은 네겝 지방에 살았고, 헷 족속과 여부스 족속과 아모리 족속은 산지에 살았고, 가나안 족속은 바닷가와 요단 강가에 살고 있었다(민 13:29). 도시가 하나 생기면 인근의 온 토지는 모조리 그 도시국가의 영토로 귀속되었고, 농부들은 그 도시국가의 농민으로 복속되었던 것이다.

아브람이 귀농하려고 내려갔으나 가나안 땅은 이미 도시국가의 주민들이 점령하고 있어 발 디딜 틈조차 없었다. 아브람과 롯은 세겜 도시국가의 영토를 떠나서 벧엘 도시국가의 영토로 나아갔다. 그러나 그나마 벧엘과 아이라는 도시들의 틈바구니에 잠시 천막을 치고 거기에서 야훼 하나님께 제단을 쌓을 수 있을 뿐이었다. 귀농에 성공하려면 그곳의 도시국가에 신고하고 한 국가의 농민이 되는 수밖에 없었다. 하지만 아브람은 농민이 되는 길을 택하지 않으니 결국 한 곳에 정주하지 못하고 자꾸만 남쪽으로 옮겨가야 했다. 남쪽에는 네겝 사막이 있었고 그곳에는 아말렉 족속이 선점하고 있었다. 게다가 설상가상으로 그 땅에 가뭄이 극심하여 아브람과 롯은 마침내 애굽 땅에 양식을 구하여 먹고살려고 내려가는 신세로 전락하고 말았다.

아브람과 롯은 이 세상에는 하나님의 백성이 귀농할 땅이 없다는 사실을 비로소 깨닫게 되었을 것이다. 아브람은 땅 한 뙈기도 소유할 수 없었다. 하나님께서는 귀농하라고 명령만 하시고는 아브람에게 땅도 주지 않으신다. 땅을 준다고 말씀은 하시나 지금이 아니라 나중에 주겠다고 약속만 하신다. 세겜을 주신다고 했으나 후일 여호수아 시대에 가서야 세겜을 주셨다(수 24장). 하지만 아브람은 오직 야훼 하나님께서 땅을 창조하셨고 땅의 주인이 되신다는 사실을 알고 굳게 믿고 있었다. 그는 가는 곳마다 창조주 하나님 야훼께 제사를 지냈다.

Ⅲ. 아브람과 롯의 절망적인 이농

아브람 일행이 정주하지 못하고 유랑하는 중 설상가상 가나안 땅에 큰 가뭄이 닥쳐 기근이 들었다. 먹을 것이 없었다. 남쪽 애굽에는 곡식 창고가 있어서 가뭄에도 양식이 있다는 소문이 들렸다. 아브람은 가족을 데리고 애굽으로 내려갔다. 귀농하였으나 토지도 가질 수 없었다. 농사도 없는 데다가 가뭄까지 들었으니 어쩔 수 없이 다시 도시로 들어가야 했다. 도시에는 양식을 구할 수 있었다. 자연재해에 대비하여 도시에는 기술 문명으로 재난에 대비할 줄 알았다. 농사 기술도 발달하여 식량을 증산하는 일에 열을 올리고 있었다(신 11:10).

'애굽'은 히브리어로는 '미츠라임'이라 표기한다. 미츠라임은 애굽의 도시국가를 가리키는 명칭이었다. 미츠라임에 들어가는 아브람은 몹시 불안했다. 왜냐하면 애굽의 도시인들은 폭력을 휘둘러서 나그네를 겁박하며 아름다운 여인을 보면 그 남편을 죽이고 여인을 탈취한다는 소문을 들었기 때문이었다. 사래는 아름다운 여인이었으므로 그 남편 아브람은 겁에 질려 있었다. 하란을 떠나 가나안에서 귀농하려 했으나 실패하고 이농하여 다시 미츠라임도성으로 들어가 살려고 했으나 도시민들은 모두가 폭력에 능란한 사람들이었다.

과연 파라오의 신하들이 사래의 아름다움을 보고 그녀를 궁으로 데려갔다. 아브람은 아내를 누이라고 속였고, 사래도 남편을 오빠라고 속일 수밖에 없었다. 파라오는 막대한 예물을 지불하고 아내 사래를 후궁으로 데려갔다. 혼인예물로서 금과 은과 노비와 가축을 잔뜩 얻어서 떠나려는 아브람이었지만 하나님께서 사래를 구출하셔서 아브람의 품으로 돌려보내 주었다. 이상이 창세기 12장의 이야기 내용이다.

Ⅳ. 아브람과 롯의 두 번째 귀농

도시의 폭력 문명 가운데서 적응하지 못하고 아브람 일행은 다시 귀농의 여정에 오르지 않을 수 없게 되었다. 하지만 야훼 하나님 덕분에 큰 재산을 얻어 부자가 되었다. 재산이 많으니 자연 가축도 많아졌다. 한정된 땅에 아브람의 가축 떼와 롯의 가축 떼가 풀을 뜯어 먹으니 초지가 부족하였다. 이에 양가의 목부들이 서로 싸우고 다투는 일이 잦았다. 농사일이 많아지면서 삼촌과 조카의 집안에 분란이 그치지 않았다. 이에 아브람은 롯과 헤어지기로 결심한다.

공동체를 이루고 살려면 사유재산이 늘어나지 않도록 주의했어야 했다. 사유재산을 확 줄여서 공동의 재산으로 관리하였더라면 다툼이나 분쟁은 일어나지 않았을 것이다. 더구나 삼촌과 조카라는 한 혈육이 아니었던가? 큰 가뭄을 겪고 도성으로 이농했다가 다시 귀농한 처지라 재산이 얼마나 소중하고 절실한 기반이었는지 뼈저리게 깨닫고 있었다. 그러기에 두 사람은 사유재산에 집착하지 않을 수 없었다. 아브람이 롯더러 떠나는 우선권을 주었고, 롯은 물질의 풍요를 찾아 소돔도성으로 들어가 살았다. 롯이 이동하여 도시로 이주하기 전에 야훼 하나님께서 찾아와 만류하였더라면 하는 아쉬움이 남는다. 나중에 소돔 도시는 유황불의 심판을 받아 멸망하기 때문이다. 두 사람이 헤어지기 전에 야훼께서 오셨더라면 롯은 망하는 도시와 함께 쓰러지지 않았을 터인데 말이다. 하지만 그것은 우리 사람의 생각이고, 하나님은 누가 어디로 가는지를 가만히 지켜보고 계시다가 땅을 딛고 들판에 남아 있는 아브람에게 다가오신다.

V. 롯의 이농과 아브람의 귀농

롯은 또다시 이동하였다. 롯이 떠나고 난 후에 아브람은 귀농한 그대로 들판에 남아 있었다. 땅을 지키고 있는 아브람에게 하나님께서 찾아오셨다. 롯을 보낸 아브람은 마음이 아팠을 것이다. 그는 아픈 가슴을 부여안고 가나안의 도성들 바깥 한적한 들녘에서 혼자서 쓸쓸하게 생활하게 되었다. 아브람에게 중요한 것은 도성의 물질문명을 누리는 것이 아니었다. 그는 오로지 하나님의 뜻을 따라 사는 데 온 마음과 정성을 기울이고 있었다. 삶의 의미와 목적을 더욱 분명히 깨우침으로써 올바르게 사는 길을 체득하는 것이 아브람에게 더욱 중요하였다. 이처럼 쓸쓸하게 광야에 서 있는 아브람에게 하나님께서 다가오셨다.

하나님께서 아브람에게 나타나셔서 말씀하신 것은 이번이 세 번째다. 처음에는 하란을 떠나라고 명하셨고(창 12:1), 두 번째는 세겜 땅 모레 상수리나무에 이르렀을 때였고(창 12:7), 세 번째로는 벧엘과 아이 사이, 곧 두 번째 말씀하신 직후에 제단을 쌓은 곳에서 말씀하셨다(창 13:3, 14). 하란을 떠나라는 것은 귀농하라는 명령이었다. 두 번째와 세 번째 이동에도 하나님의 뜻이 담겨 있다. 물질을 얻게 하는 농토에도 마음을 빼앗기지 말라는 뜻이다. 세상의 물질 중에 영원한 것은 없으니 어느 농토에도 마음을 빼앗겨서는 안 된다. 오직 한 분이신 야훼 하나님만을 섬기고 그분을 사랑하는 길이 농자農者의 길임을 아브람을 통해 보여 주고 있다.

하나님이 나타나신 현현의 장소들은 모두 가나안 땅 중북부에 위치해 있다. 그리고 네 번째로 말씀하시는 장소는 마므레의 상수리 수풀 근처인데(창 15:1; 14:13), 이곳은 헤브론 근처이므로 가나안 남부 지역이다(창 24:19). 이후로는 모두 남부 지방에 현현하셔서 말씀하는 사건이 일어난다. 헤브론 상수리나무 수풀에서 야훼께서 나타나셨는데 아브라함이 99세가 되던 해였고, 다섯 번째로 나타나서 말씀하신 것이다(창 17:1). 그 후 소돔 도시를 심판하러 가시는 야훼께서 동일한 장소에서 아브라함에게 나타나 말씀하셨는데 이것이 여섯 번째이다(창 18:13, 17 이하). 하갈과 이스마엘을 추방할 때 하나님(엘로힘)께서 아브라함에게 일곱 번째 말씀하셨다(창 21:12). 또 모리아 산상의 시험 이야기에서 야훼께서 말씀하셨으니(창 22:16) 모두 여덟 번째 말씀하셨는데 일곱 번째의 경우에는 신명이 '하나님'이라고 되어 있고, 나머지는 모두 '야훼'라고 되어 있다. 야훼께서 현현하셔서 말씀하시는 장면은 모두 일곱 차례 나온다고 볼 수 있다. 여기에 일정한 신학 사상을 더듬어 볼 수 있다. 참된 농부는 물질에 마음을 빼앗기지 말고 오로지 하나님과의 만남과 모든 생명을 품는 보편주의 영성으로 치닫는 일에 전념해야 한다는 것을 성경은 모든 농자에게 일깨워 주고 있다.

VI. 귀농에서 정주로

롯이 떠난 후에 야훼께서 아브람에게 말씀하셨다. 야훼께서 아브람에게 말씀하신 시점은 '롯이 떠난 후'이다. 롯은 자기 자신과 가족의 행복과 안녕을 위하여 삼촌 아브람을 버리고 떠났다. 그는 물질 번영을 꾀하여 세상의 도성 문명 속으로 떠나갔다. 이농해 버린 것이다. 그러나 아브람은 오로지 하나님의 뜻을 제일로 여겼다. 일찍이 갈대아 우르도성에서 이끌어 내시고 밧단아람의 하란도성에서 불러내신 야훼 하나님의 뜻을 따르고 귀농하여서도 야훼만을 예배하는 일을 무엇보다도 중요시하였다. 그는 하란도성을 떠나 가나안 땅에서 모레 상수리 수풀에서 처음으로 제단을 쌓았다. 벧엘과 아이 사이에서 야훼의 이름을 부르며 예배를 드렸고, 그 후로 늘 야훼 하나님을 중심으로 살려고 다짐해 왔다. 아브람은 하나님을 믿기 때문에 미래에 대한 두려움도 염려도 없었다. 하나님을 믿기에 세상의 물질을 취득하려는 탐심도 없었다. 조카 롯에게 물질 번영의 선택권을 양보하고 자신은 온전히 하나님만을 따라 살려고만 결심하고 있었다.

이농한 롯은 소돔 도시에 들어가 살다가 큰 전란에 휩싸인다. 창세기 14장에 보면 롯이 전쟁포로로 끌려간다. 그때 아브람은 그돌라오멜 연맹군을 맹추격하여 롯과 그 가족을 구출해 온다. 창세기 18장에는 소돔성을 멸망시키러 가는 천사를 만났을 때 아브람은 소돔성에 의인 열 명이 있으면 살려달라고 롯을 염두에 두고 중보기도를 올렸다. 소돔성이 멸망했을 때 아브람은 먼 곳에서 치솟는 연기를 바라보면서 안타까워서 눈물을 흘린다(창 19:28). 아브람은 조카 롯을 사랑하고 또 사랑하였다. 그러나 롯은 끝내 삼촌 아브람에게 돌아오지 않고 멸망으로 인도하는 세상 길로 가고 말았다. 도시 문명을 한 번 맛보면 롯처럼 중독되어서 그 도시가 멸망할 때까지도 정신을 차리지 못하게 된다. 롯이 아브람을 떠났다.

하나님은 아브람에게 말씀하셨다. "내가 너에게 모든 땅을 줄 것인데 자손 대대로 그 땅에 살 것이다." 땅을 주신다는 하나님의 뜻을 알기 위해서는 일단 주의 명령에 순종하여 주위의 땅을 눈여겨 보아야 한다. 믿는 마음으로 토지를 바라보아야 한다. 그러면 지금까지 익숙히 보아오던 그 땅이 새로운 의미로 다가올 것이다. 지금은 남의 땅이지만 결국 하나님의 약속대로 믿음의 자녀들에게 그 땅이 다 주어질 것이다. 믿음의 백성에게 하나님이 주신 땅이니 땅을 잘 가꾸고 아름답게 일구어야 하겠다는 사명감이 솟구쳐 오를 것이다(창 2:15). 참된 농부의 마음과 사명을 가진 사람에게 땅이 영영토록 주어질 것이다.

아브람이 생전에 가나안 땅을 차지한 적은 없었다. 단지 막벨라 동굴과 그 주변의 토지를 장지로 매입했을 뿐이었다. 그가 살게 된 브엘세바란 땅은 블레셋 왕 아비멜렉의 허락을 받아 정주지로 사용했을 뿐이다. 하나님께서 아브람에게 주신 땅 약속은 아브람 당대에는 이루어지지 않았고 그의 후손인 여호수아 시대와 다윗왕국의 시대에 성취되었다. 따라서 "너의 자손에게"란 어구는 중요한 역할을 한다. 그러나 좀 더 깊이 묵상해 보면 땅 약속이 사유지로 만드는 데 있는 것이 아니라 땅을 하나님의 창조하신 원래의 상태로 회복하는 데 땅 약속의 진의가 있는 것임을 알 수 있다. 땅은 본디 생명이 넘치는 상태에 있었음을 창세기 1-2장은 보여 주고 있다. 땅의 회복! 이것이 땅 약속의 참된 의미이다.

VII. 나가는 말

귀농과 이농이 엎치락뒤치락하는 가운데 아브람의 이야기가 시작된다. 귀농하여 마침내 정주하기까지 많은 우여곡절을 겪었다. 그러나 귀농하여 땅을 물질 소유로 보지 않고 하나님의 뜻을 실천하는 장(場)으로 보게 되었을 때 아브람에게 땅의 영유권이 주어진다. 물질문명을 찾아서 도시로 이농하여 들어간 롯의 운명은 도시 문명이 멸망할 때 덩달아 망하는 비운으로 치달았다. 그러나 하나님의 창조 사역에 동참하여 땅에 남아서 땅을 가꾸며 땅에 생명을 부여하는 사명을 부여안고 씨름하는 아브람에게는 모든 땅의 영유권이 주어졌다. 오늘날 모든 땅의 참주인은 누구인가? 상업주의 농사에 물들지 않고 생명 살림이로서 땅심을 일구는 참 농사꾼에게 온 땅의 운영권이 주어졌음을 성경을 선포하고 있다.

이삭의 농사에 담긴 뜻

— 창세기 26:12

이삭이 그 땅에서 농사하여 그 해에 백 배나 얻었고 여호와께서 복을
주시므로(창 26:12).

이삭이 농사를 지었다. 그랄이란 도시에 살려고 들어갔다가
추방당하는 장면이 창세기 26장에 나온다. 도시에서 적응하지 못하
고 강제로 귀농 당한 셈이다. 이삭은 도시에 살기에 적합한 인물이
못 되었던 것이다. 그랄 도시의 블레셋 왕 아비멜렉이 이삭을 도시에
서 추방한 것은 다 하나님께서 섭리하신 일이었다. 이삭은 도시에
살고 싶었으나 하나님께서 허락하지 않았던 것이다. 하나님은 왜
그러셨을까?

창세기 26장 1절에 보면 그랄 땅에 가뭄이 들었다고 보도한다.
이삭이 그랄도성에 들어간 까닭은 흉년을 피하기 위해서였다. 농촌
에서는 먹고살 수가 없었던 것이다. 가뭄으로 가나안의 경제 상황이
최악에 달한 상태에서 이삭은 이농하여 성안으로 들어가서 살기로
작심하였다. 도시 안에는 흉년이 들어도 곡식을 비축하고 있었다.

하나님 없이도 살 수 있는 수단을 도시의 문명인들은 강구하고 있었던 것이다. 이삭은 본디 더 큰 대도시인 애굽도성으로 들어가려고 하였더니 여호와 하나님께서 애굽도성으로는 가지 말라고 만류하셨다. 그 대신에 이삭은 중소도시에 해당하는 그랄도성으로 들어가서 살길을 도모했던 것이다. 그런데 이삭은 도시에서 왕따를 당하여 성 밖으로 추방되었다. 이때 그는 다시 귀농하여 들판에 나아가서 씨를 뿌렸더니 대풍이 들었다. 이삭이 성 밖으로 추방되어 농사를 짓게 된 지금의 상황에도 그 가뭄과 기근이 계속되고 있었을 것이다. 하지만 이삭이 토지에 씨를 뿌렸더니 수확을 백배나 거두었다고 한다. 자신의 소유한 논밭에 씨를 뿌린 것이 아니었다. 아무데나 씨를 뿌렸다. 놀라운 일이었다. 이삭이 추방된 그해에는 가뭄이 그치고 깜짝 풍년이 들었던 것이다. 귀농하는 이삭에게 하나님께서 큰 복을 내려 주신 것이었다.

성경 본문에는 이삭이 그랄도성에서 추방당했다는 언급은 특별히 없다. 애굽의 파라오는 아브라함을 추방하였다(창 12:20, "보내었다"). 그러나 블레셋인 왕 아비멜렉은 아브라함을 추방하지 않고 자기의 영토 안에서 살도록 거주를 허용한다(창 20:15, "네가 보기 좋은 대로 거주하라"). 그렇다면 아비멜렉은 이삭도 추방하지는 않고 그랄 왕국의 영토 안에 거주하도록 허용하였다고 간주할 수 있다. 이삭이 씨를 뿌렸다는 보도로 미루어 볼 때 그는 그랄도성 주변의 영토에 살면서 농사를 지으려고 했던 것 같다.

지금까지는 가뭄이 닥쳐서 농작물이 거의 자라지 않고 있었다. 그러나 이삭이 씨를 뿌리자 그해에 백배나 수확을 거둔 것이다. 이삭에게만 대풍이 난 것이 아니라 주변의 모든 농부가 덩달아 대풍작의 혜택을 누렸을 것이다. 이리하여 이삭은 아버지 아브라함을 이어서 만민에게 복을 끼치는 복덩이가 되었다. 야훼께서 복을 주셨기 때문이다. 그러나 블레셋인들은 이삭이 잘 되는 것을 시기하였다. 그가 파는 우물마다 족족 메워버리는 폭력을 행사하였다. 이삭으로 인하여 가뭄이 물러가고 대풍을 얻은 은혜를 블레셋의 세상은 망각해 버리고 배은망덕하게도 시기하여 폭행을 휘둘렀다.

이 구절에서 주목할 표현은 '농사를 짓다', '백배의 수확', '복을 주셨다'의 세 가지다. 우선 '농사를 짓다'란 표현부터 공부해 보자. 동사 '자라'는 씨를 뿌리는 동작을 가리키는데 명사 '제라'는 자식이나 후손을 가리킨다. "이삭이 그 땅에 씨를 뿌렸다"가 직역이다. "농사를 지었다"라고 번역하면 가인이 행한 일(창 4:2)이나 노아가 행한 일(창 9:20)이 이삭에게까지 연장되어서 이삭도 가인이나 노아처럼 농사를 지은 것처럼 들린다. 하지만 창세기 4장 2절, 9장 20절, 26장 12절의 세 가지 구절에서 번역은 같으나 히브리어 원문은 아주 다르다. 서로 다른 원문을 동일하게 번역하니 원문이 같은 줄로 오해하기 쉽다.

창세기 4장 2절에서 "가인은 농사하는 자였더라"란 번역의 동사는 아바드를 사용했다. 이것을 직역하면 가인이 "흙을 섬겼다"(오베드아다마)가 된다. 창세기 9장 20절에서 "노아가 농사를 시작하였다"란 번역은 노아가 흙의 사람(이쉬 하아다마)이 되고 있었다는 것이다. 창세기 26장 12절에는 "이삭이 농사하였다"라고 번역했지만, 원문은 "씨를 뿌렸다"란 뜻의 동사 자라를 사용하였다. 이 세 본문에서 '농사'란 번역의 원문은 서로 다르다.

한글 성경에서 '농사'란 번역어는 출애굽기 1장 14절에도 나오는

데 히브리인 노예들이 종사한 노동을 가리킨다. 이때 원어는 동사 '아바드'이다. '아보다 바사데'란 히브리어 표현이 거기에 나오는데 직역하면 '밭에서 하는 일' 또는 '들일, 밭일'이 된다. 농업노동자로 강제노동을 당했다는 뜻이다. 이것을 '농사'라고 번역하면 창세기 4장 2절, 9장 20절, 26장 12절, 출애굽기 1장 14절이 모두 원문에서 서로 연관성을 갖춘 것처럼 오해할 수 있다. 오경에서 '농사農事'란 번역어는 단 네 차례 위의 구절들에만 나오는데, 사실 원문의 표현은 제각기 다르다. 문맥상 그 의미도 전혀 다르다. 이것을 모두 '농사'라고 동일하게 번역하면 곤란하다. 창세기 26장 12절을 번역한 한글 역본들도 아래와 같이 다양하다.

> [개역] 이삭이 그 땅에서 농사하여 그 해에 백 배나 얻었고
> [새번역] 이삭이 그 땅에서 농사를 지어서 그 해에 백 배의 수확을 거두어
> 들였다.
> [공동번역] 이사악은 그 땅에 씨를 뿌려 그 해에 수확을 백 배나 올렸다.
> [가톨릭역] 이사악은 그 땅에 씨를 뿌려 그 해에 수확을 백 배나 올렸다.

이삭이 씨를 뿌렸더니 그해에 백배로 수확하였다는 표현에는 가뭄을 일으키시는 분도 야훼 하나님이시며 택한 백성에게 풍년을 주실 수 있는 분도 야훼 하나님이시라는 신앙의 고백이 들어 있다. 야훼 하나님은 창조주이시니 모든 것이 주의 뜻하신 대로 다 이루어 진다는 사실을 믿으라는 신앙의 초대다.

창세기에서 '흉년, 가뭄'이라는 용어가 창세기 12장 10절, 26장 1절에 이어 요셉의 이야기인 창세기 41-47장에도 나온다. 출애굽기

와 민수기에는 가뭄이나 흉년의 장면은 나오지 않는다.

기후의 변화로 흉년이나 풍년을 일으키시는 분은 창조주 야훼 하나님이시다. 성경의 역사서에도 야훼께서 기후 변화의 주인이시라고 고백한다.

사울이 흘린 피 때문에 야훼께서 삼 년 기근이 나게 하셨는데 다윗이 그 피 흘린 대가를 치르자 기근이 그쳤다(삼하 21:1, 14). 엘리야가 소명을 받던 해에 가뭄이 심해졌다. 그 가뭄을 일으킨 분은 야훼 하나님이었으며 비를 주시는 분도 하나님이시다(왕상 17:1; 18:2, 45). 엘리사의 시대에 든 흉년도 야훼께서 일으킨 것이다(왕하 4:38; 8:1). 시드기야 왕 말년에 예루살렘이 포위된 넷째 달 구 일에 성 중에 기근이 심하여 그 땅 백성의 양식이 떨어졌는데 이 일도 야훼께서 하신 일이다(왕하 25:3). 포로 이후기에 느헤미야 시대에도 흉년이 들었는데 백성의 고난을 본 느헤미야는 빈부격차를 해소하는 일대 개혁을 단행했다(느 5:3). 이 또한 야훼 하나님이 일으키신 일이었다. 아모스는 기근이 야훼께서 보내시는 것인데 그중 가장 심한 것은 "말씀을 듣지 못한 기갈"이라고 예언했다(암 8:11). 사사 시대에 든 흉년은 룻을 보아스에게로 인도하기 위한 야훼의 섭리였다(룻 1:1).

가뭄 내지 흉년은 야훼께서 일으키는 특별한 사건이다. 큰 가뭄이 들었기에 이삭은 그랄로 이주하여 거기에서 오래 거주하였다. 가뭄 중에서도 이삭이 씨를 뿌려 백배나 거둔 것은 야훼께서 복을 주신 기적이다. 수확을 백배 거두었다는 말은 과장법으로 보아야 하겠지만 야훼 하나님께서 경제의 주권을 지닌 창조주이심을 성경은 가르쳐 준다. 부하거나 가난하거나, 번영하거나 망하거나 모든 것이 야훼 하나님의 뜻에 따른 것이다.

참된 농자農者는 이러한 신앙을 품고 사는 하늘의 씨알이다.

좋은 땅이란?

　농민이라면 농사를 지어서 돈을 많이 벌고 싶은 염원은 누구나 품고 있을 것이다. 농사로는 못 먹고 사니까 많은 농민이 도시로 이농하였다. 지금 농민은 전 인구의 5%밖에 안 된다. 영국은 1%로 줄었다고 한다. 농민이 잘살 수 있었던 시대는 역사에서 드물었다. 상업이나 공업에 종사해야 부자가 될 수 있다. 간혹 땅을 많이 가진 지주地主로서 부농이 있지만 기실 그는 농작물 유통 구조를 바탕으로 돈을 버는 상인이었다. 이삭이 부농이 되었지만, 그는 이내 그랄 지역에서 추방되고 말았다.

　가뭄이 들고 기근이 닥치자 이삭은 농사짓는 일을 그만두고 그랄도성 안으로 이주하였다. 도성 안에는 먹을 양식을 팔고 있었던 것이다. 도성 안에서 오래 살던 중 이삭은 그랄 왕 아비멜렉의 눈에 띄어 성 밖으로 추방당하였다. 이삭이 아내 리브가를 누이라고 속인 것이 탄로 났던 것이다. 성 밖으로 쫓겨난 이삭이 농사를 짓자 수확이 백배나 나서 큰 부자가 되었다. 이삭의 농법에 무슨 비결이 있었던 것일까? 같은 땅에서 농사를 짓는데 왜 블레셋 농부들에 비해 엄청난 수확을 거두었던 것일까? '크다'란 히브리어 단어

'가달'이 세 차례나 반복되면서 이삭이 얼마나 부자가 되었는지를 서술하고 있다. 개역성경에는 '창대', '왕성', '거부'라는 우리말로 각기 다르게 번역하고 있다(창 26:13). 부자가 되었더니 결국은 세상의 경제인들과 경쟁 관계에 돌입하게 되고 마침내 이삭은 삶의 평화를 상실하고 말았다.

Ⅰ. 젖과 꿀이 흐르는 땅

신명기 11장 8-17절을 보면 하나님의 복을 받아 얻을 가나안 땅은 '젖과 꿀이 흐르는 땅'이라고 규정한다. 그것은 하나님이 주시겠다고 약속하신 땅이다.

> 그러니 너희는, 오늘 내가 너희에게 내리는 모든 명령을 지켜라. 그러면 너희는 힘을 얻고, 너희가 건너가 차지하려는 땅에 들어가서, 그 땅을 실제로 차지할 것이다. 또한 주께서, 너희 조상과 그 자손에게 주시기로 약속하신 땅, 곧 젖과 꿀이 흐르는 땅에서 오래 살 것이다(신 11:8-9).

잘살 수 있는 땅은 하나님의 명령을 잘 지킬 때 주어진다. 하나님의 명령을 잘 지키면서 사는 땅이 곧 젖과 꿀이 흐르는 땅이다. 신명기 11장은 잘사는 길과 망하는 길을 보여 준다. 배불리 먹고 살 수 있는 땅은 주께서 이루어 주신다.

> 주 너희의 하나님이 몸소 돌보시는 땅이고, 주 너희 하나님의 눈길이

해마다 정초부터 섣달 그믐날까지 늘 보살펴 주시는 땅이다. 너희가, 오늘 내가 너희에게 명하는 그의 명령들을 착실히 듣고, 주 너희의 하나님을 사랑하며, 온 마음과 정성을 다하여 주를 섬기면, 주께서 너희 땅에 가을비와 봄비(이른 비와 늦은 비)를 철 따라 내려 주셔서, 너희가 곡식과 포도주와 기름을 거두게 하실 것이며, 들에는 너희의 가축이 먹을 풀을 자라게 하여 주실 것이며, 그리하여 너희는 배불리 먹고 살 것이다(신 11:12-15).

주의 명령은 단순하다. 하나님을 사랑하고 섬기면 된다. 하나님을 사랑한다는 것이 무슨 말인지를 깨우쳐야 비로소 사랑할 수가 있다.

그러므로 농부가 주의 말씀을 깨우치기 위해서 혼신의 노력을 기울이고 깨우친 만큼 살아야 비로소 농사의 전망이 밝게 열리는 법이다. 하나님은 창조주이시므로 또한 보편주이시기도 하다. 만물을 창조하셨으니 자신의 작품을 그지없이 사랑하시는 분이시다. 하나님을 사랑하려면 그의 창조하신 모든 생명을 사랑하는 마음이 충일하여야 한다. 그러나 이기심과 욕망의 유혹에 빠져 버리면 자신을 위해 타자를 이용하고 희생시키게 되고 그렇게 되면 하나님을 사랑할 수 없게 된다. 이러한 상태를 성경은 우상숭배라고 부른다. 신명기 11장은 우상숭배의 결과는 멸망이라고 알려 준다.

너희는, 유혹을 받고 마음이 변하여, 다른 신들을 섬기거나, 그 신들 앞에 엎드려서 절을 하는 일이 없도록 주의하여라. 너희가 다른 신들을 섬기면, 주께서는 너희에게 진노하셔서, 하늘을 닫고 비를 내리지 않으실 것이며, 너희는 밭에서 아무것도 거두지 못할 것이다. 그렇게 되면 너희는, 주께서 주신 기름진 땅에서도 순식간에 망할 것이다(신 11:16-17).

신명기 11장 10절은 문명의 발달로 기술 농법을 개발한 애굽 땅에 대해서 부정적으로 평가한다. 과학기술을 개발하여 식량을 증산하는 일을 성경은 달갑게 보지 않는다는 말이다.

너희가 들어가 차지할 땅은, 너희가 나온 이집트 땅과는 다르다. 이집트에서는 채소밭에 물을 줄 때처럼, 씨를 뿌린 뒤에 발로 물을 댔지만(신 11:10).

애굽에서는 농부들이 물차를 이용하여 나일강에서 물을 퍼 올렸다. 농토에 물을 대는 관개수로를 잘 만들어 가뭄이 들어도 농사에는 큰 지장이 없었다. 애굽의 문명인들은 강물이 흐르고 관개수로가 잘 발달한 땅을 젖과 꿀이 흐르는 좋은 땅이라고 평가하였다. 그러나 신명기 저자는 그러한 땅은 좋은 땅이 못 된다고 혹평한다.

신명기 저자는 문명의 기술 농법이 없이 농사를 지을 수 있는 땅을 좋은 땅이라고 평가한다. "너희가 건너가서 차지할 땅에는 산과 골짜기가 많아서, 하늘에서 내린 빗물로 밭에 물을 댄다"(신 11:10).

하나님의 명령을 잘 수행하는 농부들이 농사짓는 땅이 가장 좋은 땅이다. 그것이 바로 젖과 꿀이 흐르는 땅이다.

Ⅱ. 좋은 땅 만들기

신명기 8장은 좋은 땅에 대해서 서술하고 있다.

너희는 주 너희 하나님의 명령을 잘 지키고 그의 길을 따라가며 그를
경외하여라. 주 너희의 하나님이 너희를 데리고 가시는 땅은 좋은 땅이
다. 골짜기와 산에서는 지하수가 흐르고, 샘물이 나고, 시냇물이 흐르는
땅이며, 밀과 보리가 자라고, 포도와 무화과와 석류가 나는 땅이며, 올리
브 기름과 꿀이 생산되는 땅이며, 먹을 것이 모자라지 않고, 아무것도
부족함이 없는 땅이며, 돌에서는 쇠를 얻고 산에서는 구리를 캐낼 수
있는 땅이다. 주 너희의 하나님이 너희에게 주신 좋은 땅에서 너희는
배불리 먹고 주를 찬양할 것이다(신 8:6-10).

성경을 앞뒤 문맥으로 꼼꼼히 읽고 묵상해 보면 하나님께서
말씀하시는 좋은 땅은 좋은 관계를 이루고 사는 땅임을 알 수 있다.
사람이 창조주를 사랑하여 모든 생명을 잘 돌보고 다스리면서 또한
사람들 사이에도 사랑이 넘치는 사랑의 관계를 이룩할 때 그는
좋은 땅을 일구고 살게 된다. 하나님을 사랑하지 않고 자기 자신의
이기심을 충족시키려고 살며 자연을 마구 훼손하고 이웃 간에 경쟁
과 쟁투로 엮어지는 관계를 짓는다면 그곳이 비록 소출을 많이
얻더라도 좋은 땅은 못 된다. 이것이 신명기가 가르치는 땅의
개념이다.

III. 좋은 땅에서 오래 잘 살기

좋은 땅을 만들고 거기서 오래오래 잘 살려면 어떻게 살아야 하나? 신명기 8장 12-17절에 그 비결이 나온다. 이스라엘이 가나안 땅에 들어가서 자연을 마구 훼손하며 이웃과 전쟁을 일삼고 사는 문명인들을 다 몰아내야 한다. 첫째로 해야 할 과업은 농민들 가운데 욕심으로 농사짓는 자들을 몰아내야 한다. 이 말은 자신의 심성에부터 욕심을 버리라는 말이며 욕심을 버린 자들이 공동체를 이루어서 살아야 한다는 말이다.

가나안 땅에 들어가서 잘살게 되면 첫째, 배부르게 먹지 않도록 주의해야 한다. 둘째, 귀족들이 누리는 큰 집을 짓고 살지 않도록 주의해야 한다. 셋째, 가축을 너무 많이 기르지 않도록 삼가 조심해야 하며, 넷째, 은과 금과 같은 재물을 많이 축적하지 않도록 경계해야 한다. 다섯째, 부자가 되어서 스스로 잘난 척 교만해지지 않도록 극히 조심해야 한다. 그래야 젖과 꿀이 흐르는 좋은 땅이 유지되고 행복한 삶을 오래 누릴 수가 있다. 이러한 원리는 신명기 8장 12-14절에 명백하게 가르치는 은밀한 진리이다.

이 진리를 깨우치는 농부가 많이 생겨나기를 바란다. 농부들이 가난하다고 섣불리 이농하지 말고 지역의 교회 공동체를 중심으로 말씀을 잘 실천하며 살아서 자신의 지역을 좋은 땅으로 만들고 오래오래 젖과 꿀이 흐르는 땅에서 행복하게 살았으면 좋겠다.

농(農)의 눈으로 읽는 구약성경 (1)

I. 들어가는 말

오늘날 농촌 목회자들에게는 농업이 하나님께서 장려하시는 귀중한 산업이라는 생각을 뒷받침할 만한 성경적 근거를 찾아보고 싶은 마음이 있을 것이다. 이런 마음에서 성경을 읽어 보았을 때 성경에는 농업을 예찬하거나 장려하는 사상이 전혀 나타나지 않는다는 결론에 무척 당황하고 놀라게 된다. 지금부터 그러한 이상한 현상의 연유를 농의 눈으로 구약성경을 읽는 가운데 찾아보려고 한다.

농의 시각으로 구약성경을 읽어 보려면, 먼저 용어의 개념부터 선명하게 정리하고 시작해야 한다. '농'은 한자로 農이라고 쓴다. 별 辰진 위에 노래 曲곡이 얹혀 있는 모양이다. 하나님께서 창조하신 우주 만물의 율동을 가리킨다. 사전의 정의를 보면 '농'은 '논밭을 갈아 농작물을 심고 가꾸는 일'이라고 되어 있다. 사전의 정의는 '농'을 1차 산업의 경제활동에 한정하는 좁은 의미로 파악한다. 글자 자체의 넓은 의미로 보면 '농'은 하나님의 창조 사역의 원리를 가리키는 매우 신학적인 전문용어로 사용할 수 있다. 이에 어울리게도 '농자천하지대본農者天下之大本'이란 표어가 있다.

밭을 가는 농경을 가리켜서 구약성경은 히브리어 '하라쉬'란 단어를 사용한다. 이 동사는 어떤 날카로운 도구로 어떤 사물의 표면을 할퀴는 동작을 지칭한다. 엘리사는 열두 겨리 소로 밭을 갈고 있었는데 이 동사를 사용했다(왕상 19:19; 신 22:10). '땅을 갈다' 내지 '경작하다'란 동작을 나타내는 동사로서 '하라쉬'가 적합하다. 그러나 정작 '농'이란 개념은 이 동사로 표현하지 않는다. 창세기는 '농'의 사상을 창조 신학의 일환으로서 '아바드 아다마'란 관용어로 표현한다.

신약성경에서 '농부'는 대체로 매우 부정적인 어조로 인용된다. 예수께서는 포도원 농부들(γεωργοῖς)의 비유를 들면서 주인의 아들을 죽이는 악한 농부들이 이스라엘이라고 질타하신다(마 21:33-40; 막 12:1-8; 눅 20:9-15). 폭력을 휘두르는 악한 농부를 진멸한 후에 주인은 열매를 바치는 다른 농부들에게 포도원을 새로 준다(마 21:41; 막 12:9; 눅 20:16). 예수는 창세기에 나타난 농의 신학을 정확하게 하나님의 창조 원리에 연결하셨다. "나는 참포도나무요 내 아버지는 농부라"(요 15:1, γεωργός). 하나님이 농부라는 선언은 정확하게 창세기 1-2장의 창조 신앙을 꼬집어 요약하여 정리한 것이라 할 수 있다.

II. '농'의 창조 신학

'농'의 사상은 창세기의 1-4장의 창조 이야기 속에서 '아바드 아다마'란 관용어로 나타난다. 이 어구는 창세기 2장 5, 15절, 3장 23절, 4장 2, 12절에 다섯 차례나 반복되는 핵심어이다. 이것을 직역하면 "흙을 섬기다"가 된다. '흙'(아다마)은 모든 피조물을 구성하고 있는 물질이며, '섬기다'(아바드)는 어떤 타자에게 자신의 에너지를 투여하여 그 타자를 이롭게 하는 행위를 의미한다. 창세기에 이 어구는 창세기 2장 5절의 인간 창조 문맥 속에서 처음 나타나며 에덴동산에 사는 인간의 활동을 묘사하여 창세기 2장 15절에 두 번째로 등장한다. 창세기 2장 5, 15절은 창세기 1장의 인간 창조에 대한 미드라쉬로서 창세기 1장 26-28절에 대한 해설이다. 하나님의 창조 원리에서 인간은 처음부터 '농자農者'로 창조되었으며, 모든 타자를 섬기는 활동으로써 모든 타자에게 생명을 북돋우어 주는 존재로 창조되었다는 것이다. 이것이 하나님의 창조 원리(로고스, principio)이며 그 원리를 우리말로 '농'이라고 규정할 수 있을 것이다.

하나님의 섬기는 창조 원리를 어긴 것이 선악과를 따 먹은 행위이며 그 행위로 인하여 등장한 인간이 자기중심적, 이기주의적 인간이다. 성경은 이러한 존재의 성향을 가리켜 죄라고 부른다. 하나님의 창조 원리대로 살지 않는 것이 '죄'이며, 하나님의 창조 원리에 따라 하나님과 호흡을 맞추어 타자를 살리는 생명 사역에 동참하는 것을 '토라'라고 부른다.

'토라'란 명사는 동사 '야라'에서 파생한 명사이다. 이것은 '~을 던지다, 화살을 쏘다'란 뜻인데 이것이 히필의 꼴을 취하면 '가르치다, 가리키다'란 뜻이 된다. 과녁을 맞히려고 화살을 쏘는 행위가 동사 '야라'이며, 과녁을 적중시키도록 가르치다는 의미로 확장되었다. 하나님께서는 창조하신 피조물이 하나님의 뜻대로 잘 살고 복되게 생명을 누릴 때 기뻐하고 즐거워하신다. 이러한 하나님의 창조 의도가 적중하는 상태를 가리켜서 '토라'라고 부른다. 토라는 창조주 하나님이 기뻐하시는 삶을 사는 지침이다.

토라의 반대말은 '죄罪'이다. 죄는 히브리어로 '하타트'인데 동사 '하타'에서 파생한 명사이다. 화살을 쏘았는데 과녁을 빗나간 경우를 가리킬 때 '하타'를 쓴다. 과녁을 명중시키는 것을 '야라'라고 한다면 과녁을 빗나간 것이 '하타'이다. 동사 '야라'에서 명사 '토라'가 파생했고, 동사 '하타'에서 명사 '하타트'가 파생했다. '토라'를 준행하려고 애쓰는 삶을 '의義'라고 부른다. 노아는 당대의 의인으로 평가되었으며(창 6:9), 아브라함도 믿음으로써 의롭다고 인정을 받았다(창 15:6).

에덴에서 추방된 인간에게 '농'의 사명은 왜곡되고 축소된다. 하나님과 관계없는 '농'이 사람에게서 '죄'의 열매로 나타난다. 사람의 '농'은 생명을 살리는 보편성을 상실하고 자신의 육체를 만족시키고 이기심을 충족하는 욕망과 충족의 변증법 속에 갇혀 버리게 되었다. 이것이 창세기 3장 19절에 영성을 잃은 죽음으로 표현되고, 죽음의 삶은 창세기 3장 23절에서 '농업'으로 귀결된다. "그의 근원이 된 땅을 갈게 하시니라"라는 표현은 사람이 영성을 상실하고 물질적 목적으로만 살게 되었다는 뜻이다.

Ⅲ. 참된 농자와 타락한 농자, 의인과 죄인

에덴동산에서 추방되자 '농'은 인간 자신의 이득을 위한 이기적 '농사'로 좁게 한정되고 모든 피조물의 생명을 살리는 하나님의 일과는 거리가 멀어지게 되었다. 에덴동산에서 쫓겨난 아담과 하와의 육적인 농사는 그 아들 가인과 아벨에게서 계대된다. 창세기 4장 2절에 묘사된 가인의 활동은 타락한 농자를 지칭한다. "아벨은 양을 치는 목자가 되고, 가인은 밭을 가는 농부가 되었다." 가인의 경제활동을 '아바드 아다마'란 관용어로 묘사했는데 이것은 에덴동산으로부터 추방되는 문맥에 있는 창세기 3장 23절의 '아바드 아다마'와 연결된다. 가인이 섬기는 '흙'(아다마)은 선악과를 먹고 이기적 존재로 타락한 인간의 '육肉'을 가리킨다. 이것은 히브리어로 '바사르'라고 하는데 창세기 6장 3절에서 네피림을 가리켜 사용된다. 그리스어로는 '사륵스σαρξ'이다. 타락한 인간의 경제활동은 자신의 육적인 필요를 채우는 자기중심적, 이기적 삶의 방식임을 가인의 삶은 대표한다.

이와는 반대로 아벨은 '양을 먹이는 자'였다. 이 표현은 아벨이 양으로 대표되는 타자의 생명을 살리기 위해서 먹을 것을 줌으로써 '농' 지향적인 경제 행위를 하였음을 의미한다. 아벨은 부모가 타락하여 동산에서 추방된 것을 한탄하였다. 그는 하나님의 생명 살림의 원리에 순종하여 살면서 에덴동산으로 복귀하려고 몸부림쳤던 최초의 '의인'이었다. 아벨이 살해를 당하였지만, 하나님께서는 아벨 대신에 셋을 태어나게 하셔서 살해당한 의인의 뜻을 잇게 하셨다(창 4:25).

이와 같이 참된 '농자'는 폭력을 당하여 희생되는 존재이지만, 하나님의 농의 원리는 참된 '농자'를 부단히 다시 일으키신다는 신학적 고백이 아벨과 셋의 이야기에 담겨 있다. 가인과 그의 후예 라멕은 타락한 '농자'를 대표하고 아벨과 그의 후예 셋은 참된 '농자'를 대표한다. 두 가지 부류의 인간이 출현하여 역사를 형성하고 있다.

IV. 문명의 출현: 농의 왜곡

타자의 생명을 살리는 일이 주님의 창조 원리에 부합하는 진정한 농업이건만, 선과 악을 알게 하는 지식의 나무를 먹고 인간은 타락하였다. 타락한 인간은 선과 악의 판단 기준을 하나님의 뜻에 두지 않고, 자신의 호불호好不好와 자신의 이해利害에 선악 판단의 기준을 두게 되었다. 이로써 악이란 현상이 등장했으며, 악은 자신을 부정하는 모든 타자를 부정하기 위해 휘두르는 폭력으로 표현되었다. 이 폭력의 결과물이 '에녹성'이라 불리는 '도시'였다(창 4:17).

'도시'는 히브리어로 '이르'인데 그리스어로 '폴리스'이며, 라틴어로는 civis이다. 여기에서 city라는 영어가 나왔다. 우리가 '문명'이라고 부르는 용어에 해당하는 영어는 civilization인데 이 용어는 직역하면 '도시화'이다. 문명, 곧 civilization은 하나님의 생명 살림의 창조 원리에서 어긋난 인간 중심의 폭력을 살기 위한 삶의 양식이라고 성경은 규정하고 있는 것이다. 구약성경에 의하면 도시에 사는 인간의 문명은 하나님의 창조 원리를 거역하고 인간 중심주의로 살아가는 타락한 농자가 살아가는 잘못된 삶의 방식이다.

최근에 발굴한 괴베클리 테페[1]는 농업의 출현과 도시의 출현 사이의 관계를 조명하는 단서를 제공하고 있다. 괴베클리 테페에서 유추할 수 있는 신전과 농업 혁명의 관계는 타락한 폭력적 농자들이 토지를 개간하여 사유화하고 농산물을 독점하며 타인들을 노예 노동력으로 강제하며 마침내 신전이 있는 도시를 건설하는 과정을 짐작할 수 있게 한다. 농업 혁명은 가히 가인의 농사에 비견할 수 있는 타락한 인간의 삶이었던 것이다.

V. 축산업과 사유재산

가인의 후예는 도시에 살았고 라멕의 대에 이르러 도시인들은 축산업을 시작하였다. 라멕은 조상 가인이 지은 에녹성에 살면서 맏아들 야발을 시켜서 성 안으로 육류를 공급하게 하였다. 야발은 축산업에 종사한 원조가 되었다. 태초에 사람과 동물은 모두 채식을 하도록 창조되었다(창 1:29-30). 창조 원리를 무시한 가인의 후예들은 폭력을 위한 육체의 능력을 극대화하기 위하여 육식을 감행하였다. 야발은 도성 바깥에 축사를 짓고 가축을 길러서 도시에 고기를 공급하였다(창 4:20). 이로써 야발은 '사유재산 소유자'(미크네)의 조상이 되었다. 창세기 4장 20절의 용어 '미크네'는 '가축을 치는

---

1 BC 9,000~10,000만 년에 만들어진 것으로 추정된다. 터키어로 '배 모양의 언덕'을 뜻하는 괴베클리 테페는 시리아와의 경계 근처에 있는데, T자 모양의 석회암 거석들이 원형을 이루고 있다. 그 거석 중 일부는 높이가 5m가 넘고 무게가 50t 이상 나간다(편집자 주).

자'라고 개역에 번역되었는데 이 번역은 자칫 창세기 4장 2절의 아벨과 연결될 수 있어서 오해하기 쉽다.

'미크네'는 '얻다, 획득하다, 사유하다'란 동사 '카나'에서 파생한 명사로 '사유재산'을 가리킨다. 동사 '카나'에서 '카인'이란 이름도 나왔다. 창세기 4장 20절의 '미크네'는 창세기 4장 2절의 카인이란 이름과 연계되는 표현이다. 동물을 사유화하는 축산업의 본질을 나타낸다. 구약성경은 타락한 농자는 모든 피조계의 공공성(catholicity)을 부정하는 사사화私事化(privatization)의 과정을 보여 준다고 역설하고 있다.

타락한 농업의 분화는 2차 산업과 3차 산업으로 전개된다. 유발은 도성에서 밤에 베푸는 심포지움의 여흥을 돋우기 위해서 악기와 음악을 개발하였다. 도시 문명에는 밤 문화가 뒤따라 개발되었음을 의미한다. 두발가인은 광산업을 시작하여 공업혁명을 일으켰다. 그는 도성이 필연적으로 겪어야 하는 전쟁을 위한 무기들을 생산하였다. 도시는 그 시초부터 무기 산업을 동반하였고, 무기 생산을 위한 광산노동과 성벽 건축을 위시한 토건 노동에 노예들이 투입되었음을 암시한다. 타락한 농자들이 도시 문명의 산업을 일으켰다.

VI. 포도 농사

대홍수의 심판을 겪은 후에 늙은 노아는 포도 농사를 시작하였다. 포도를 재배하여 포도로 술을 빚었는데 노아가 술을 발명한 원조가 되었다(창 9:20). 포도주는 늙은 노아의 고독을 달래는 데 이용되었다.

본디 인간의 고독은 보편자이신 하나님과의 소통 안에서 비로소 극복될 수 있는 숙명과 같은 고통이건만, 늙은 노아는 육체가 쇠약해 짐에 따라 그 정신도 혼미해져서 자신에게 주어진 노년의 고독이라 는 혹독한 고난을 견뎌내지 못하였다. 그는 포도주를 발명하여 매일 포도주로 연명하였다.

포도주를 매일 마시다 보니 알코올 중독 증세가 나타나 술에 취하면 으레 옷을 벗어 던지고 나체가 되는 주사酒邪를 부리게 되었다. 늙은 노아가 나체가 되고자 하는 무의식적 행위는 죄 많은 육체를 가리는 것을 벗어버리고 옷을 입지 않고 살았던 에덴동산의 시절로 돌아가고자 하는 무의식적인 열망이 에덴 콤플렉스로 표출된 것이 었다. 이렇게 볼 때 포도 농사를 비롯한 모든 양조 산업은 하나님으로 부터 자신을 소외시키는 인간의 슬픈 역사를 보여 준다. 포도 재배는 타락한 농자의 비틀린 삶의 방식이라고 구약성경은 은근히 지적하 고 있다.

노아는 자신이 술에 취하여 주사를 부리는 것을 비난한 아들 함을 저주하였다. 그 저주의 결과는 참담하였다. 둘째 아들 함은 세상을 온통 폭력의 도가니로 빠뜨리는 도시 문명의 건설자가 되었 다. 마침내 도시들의 연합체로서의 국가가 등장하는데 온 세계는 도시들의 체제로 뒤덮이게 된다(창 10:10, 마믈레케트=kingdom=왕국, 국가). 창세기 10장은 이집트 문명(미츠라임)과 수메르 문명과 헬라 문명이 낳은 지중해 문명권에 대한 구약성경의 평가서로서 고대 문명의 도시들은 마침내 바벨 도성이라는 괴물의 출현으로 귀결되 었다(창 11:1-9).

Ⅶ. 도시 문명 체제하에서 고난을 당하는 농자(農者)들

아브라함과 롯은 하란이라는 도시를 버리고 떠났다. 아브라함의
가족은 수메르 문명권을 지배한 대도시 우르를 떠나 중소도시 하란
으로 이주하였는데 아브라함 자신은 그 하란 도시마저 포기하고
떠나라는 하나님의 소명을 따라야 했다. 도시의 편리한 문명적인
삶을 버리고 도시 바깥을 전전하면서 창조주 야훼의 숨결을 따라
살았던 삶이 아브라함의 삶이었다. 아브라함은 타락한 가인의 후예
들이 세운 국가체제의 사슬 안에서 그 체제의 한계를 뚫고 벗어나고
자 몸부림치는 삶을 살도록 하나님의 부르심을 받은 참된 농자였다.

그는 경제 불황을 당하여 애굽도성으로 들어갔다가 아내가 성폭
행당하는 폭력의 고난을 겪었다. 경제가 나아져 재산이 불어나자
조카 롯은 소돔 지역의 도시들로 이주하였다. 소돔도성에 정주하여
도시민이 된 롯은 소돔이 전란을 당할 때 포로로 끌려갔으며, 도시가
멸망을 당할 때 덩달아 아내를 잃고 망하는 비운을 겪는다. 롯의
멸망 이후에 아브라함은 다시 그랄도성으로 들어갔다가 또다시
아내가 폭행당할 뻔한 위기를 겪는다. 이와 같이 도시라는 폭력
체제는 하나님의 창조 원리에 따라 살아가려는 참된 농자들에게
참으로 무서운 유혹으로 다가왔으며 그들에게 고통을 안겨 주는
악의 실체였다고 족장기는 담담히 서술하고 있다.

이삭도 기근이 왔을 때 그랄도성에 들어갔다가 추방되는 봉변을
당한다. 그가 도성 바깥 들판에서 씨를 뿌렸더니 백배의 수확을
올려서 거부가 되었다(창 26:12). 그러나 참된 농자가 천신만고 끝에
쌓아 올린 사유재산은 그 농자에게 세상의 질투와 경쟁체제의 고통

을 안겨 준다. 사사화의 결과는 투쟁을 낳을 뿐이었다. 우물을 상실하고 점점 밀려난 이삭은 마침내 아버지 아브라함이 정주하던 브엘세바라는 주변부로 밀려나고 말았다. 참된 농자는 문명의 중심부에 설 수가 없음을 이삭 이야기는 강조한다.

야곱 이야기도 이러한 농자의 사상을 보여 준다. 야곱이 가축을 쳐서 천신만고 끝에 모은 재산은 에서의 위협 앞에서 거의 다 빼앗긴다. 낙심한 야곱은 하나님을 원망하면서 세겜도성 외곽에 살면서 축산업을 시작하였다. 토지를 백 크시타[2]의 가격으로 매입하였다(창 33:19). 그는 벧엘로 돌아가기를 거부하고 세겜도성의 체제하에 살면서 도시의 푸줏간에 고기를 공급하는 일을 시작한 것이다. 야곱의 딸 디나가 세겜도성에서 강간을 당하는 사건이 발생함으로써 야곱은 그 축산업을 중단하여야 했다.

요셉은 애굽으로 팔려가 노예살이를 하다가 감옥에 갇히는 죄수 신세로 전락했다가 마침내 일약 애굽왕국의 총리대신이 된다. 이 감동적인 이야기 속에 농의 신학이 저변에 흐르고 있다. 야곱의 아들들은 형제 살해의 충동을 느낀다. 아버지의 편애로 인하여 요셉을 미워하게 된 형들은 꿈 이야기를 하면서 형들을 놀린 요셉을 죽여 버리려고 시도한다. 이 대목에서 참된 농자로 폭력의 세상을 이기며 살아내야 할 거룩한 조상의 집안이 온통 폭력으로 오염되었다는 메시지가 마치 조종처럼 울려 나온다. 참된 농자 히브리인의 타락은 마침내 왕국이라는 폭력 체제를 위해 종사하며 연명하는

---

2 고대의 중량 또는 화폐 단위인데, 그 무게나 가치가 어느 정도인지에 대해서는 정확하게 알려지지 않았다(편집자 주).

노예로 전락하고 만다.

요셉은 애굽으로 팔려갔지만, 보디발의 집에서나 그의 감옥에서
나 언제나 하나님의 은혜로 형통한 삶을 살지만, 정작 애굽의 총리대
신이 된 후에는 그의 가정에 행복은 사라지고 만다. 애굽의 파라오가
애굽 제사장의 딸 아스낫과 강제로 혼인시켰고, 이름도 사브낫네아
로 개명하여 버렸다. 야곱이 이스라엘로 개명되었다면, 요셉은 사브
낫네아로 개명되었다. 그의 두 아들 므낫세와 에브라임은 애굽의
우상을 섬기는 애굽 어머니 밑에서 교육을 받아야 했다. 이 때문에
야곱은 이 두 손자를 고센 땅으로 데리고 가서 자신의 양자로 삼는다.
참된 농자의 정체성이 상실되면서 에브라임이 주도하던 이스라엘
북 왕국의 멸망은 이미 예정된 미래였던 것이다.

요셉은 총리대신의 권력을 이용하여 경제 불황 중에 소농들의
토지를 전매하여 황제의 소유로 국유화하는 충성심을 발휘한다.
여기에 애굽제국의 토지제도에 대한 기묘한 성찰이 들어 있다.
토지를 사사로이 소유한 농민들은 토지를 팔아 연명하며 온 국토는
황제의 사유지로 전락해 버린다. 토지는 모두 내 것이라는 창조주
하나님의 선언이 시내산에서 이스라엘에게 반드시 선포되어야 할
필연성이 생겨난 것이다(출 19:5, 키리콜-하아레츠).

성경은 토지 공개념을 매우 분명하게 가르치고 있다. 조상에게
유업으로 받은 토지는 매매할 수 없다는 전통을 매우 중요하게
제시한다. 나봇의 포도원 이야기는 토지 공개념을 지지한다. 모든
토지는 다 하나님의 소유이라는 선언은 모든 사람이 필요할 때마다
언제나 토지를 사용할 수 있어야 한다는 뜻이다. 이 사상 앞에서
현대의 국경선이나 국민의 토지사유권은 심각한 도전을 받는다.

북한 인민민주주의 공화국은 건국하면서 토지의 사유제를 부정하고 모든 토지를 국유화하였다. 이에 일제 시대에 근면하고 성실하고 정직하게 일해서 일제가 허용하는 근대 사유재산제도에 따라 토지 부동산과 재산을 많이 보유한 북한의 부유한 기독교인들은 큰 재앙을 당하였다. 이들은 토지를 빼앗기고 남한으로 내려왔다. 성경을 따르는 기독인들이라면 현실의 사유재산제도에 의문을 던질 수밖에 없다. 성경의 안식년과 희년 사상이 토지 공개념을 선포하고 있기 때문이다.

Ⅷ. 노예 노동에 종사하는 제국의 농부들

아브라함과 이삭과 야곱의 가족은 히브리인이었다(창 14:13; 39:14, 17; 40:15; 41:12; 43:32). 히브리인이란 어떤 종족의 명칭이 아니라 양식을 찾아 떠돌아다니는 외국인들을 가리키는 명칭이다. 히브리인들이 이집트제국에는 많이 살고 있었다. 히브리인 아기들을 죽이라는 명령을 받은 여인들도 히브리인이었다(창 1:15, 16, 19). 애굽으로 내려갔던 이스라엘의 자손들도 애굽에서 노예 신분으로 전락하였다(출 2:6, 7, 11, 13).

야훼께서는 자신을 모세에게 계시해 주셨는데 자신을 히브리인의 하나님이라고 하셨다(출 3:18). 모세는 파라오를 만나서 야훼께서 히브리인의 하나님이라는 사실을 선포하였다(출 5:3). 고대 제국들은 신전 중심의 정치체제를 구축하고 있었고, 신들은 오로지 도시의 지배자들의 신이며 노예들에게 신은 없다고 믿었다. 이러한 이데올로기는 고대의 모든 도시국가와 제국에서 동일하게 신봉되는 종교적 신앙의 내용이기도 했다. 성경은 이러한 종교적 신조를 우상숭배라고 규정한다. 그러나 모세는 야훼가 히브리인의 신이라는 진실을 도시국가들의 연합체인 제국의 최고 지배자 파라오에게 선언하였다(출 7:16).

히브리인의 하나님 야훼는 제국의 황제 파라오에게 노예 노동에 종사하는 히브리인들을 해방시킬 것을 명령하셨다(출 9:1, 13; 10:3). 노예 노동 위에 세워진 국가에서 노예들을 빼내어 가버리면 그 국가는 폭삭 망할 것이 뻔하였으니 노예 해방은 죽기보다 듣기 싫은 요구였다. 열 가지 재앙을 당하고도 노예들만은 해방시켜 줄 수가 없는 파라오였으니 히브리인들이 탈출한 후에도 군대를 이끌고 노예들을 도로 잡아들이기 위해 출병하였다(출 14:1).

히브리인들이 노예로서 들판에서 농사를 짓는 일에 투여되었다는 출애굽기 1장의 진술은 고대 노예제 체제하에서 농부들이 처한 사회적 지위를 보여 준다(출 1:14). 농부들은 노예였다. 히브리어 '아보다 바사데'란 어구를 직역하면 '밭에서 하는 일'이란 뜻이다. 고대 노예제사회에서 노예로 일하던 농민들은 중세 시대에 이르러 겨우 농노의 신분으로 승격된다.

농업 혁명이 일어나 농산물의 생산이 급증하기 시작하던 BC 10세기부터 노예 노동에 종사했던 사람들은 줄곧 노예 노동의 현장에 투여되었다. 이러한 농부의 사회적 지위는 도시국가가 생기고 도시국가들의 연합체인 제국이 형성되던 고대에 이르러 국가의 농업생산물을 담당하는 노예의 신분으로 굳어졌다. 그러니 처음부터 자유로운 농민이란 존재하지 않았으며 근대에 이르도록 농민은 도시국가를 지탱하는 노예 노동력이었다. 근대에 이르러서는 도시가 요구하는 농산물을 제공하는 노동자로 생존해 왔다고 할 수 있다. 이 점은 현대에도 마찬가지로 근본에서 변한 것은 없다. 이러한 연유로 구약성경에는 국가의 산업으로서의 농업을 예찬하거나 장려하는 구절은 한 구절도 나타나지 않는다.

IX. 광야에서 겪는 농(農)의 생활

애굽제국의 지배 체제는 노예제사회였다. 애굽에서 노예살이를 하던 히브리인들을 하나님께서 탈출시키셨다. 히브리인들은 홍해를 건너서 광야로 나아갔다. 하나님께서 히브리인들로 하여금 농민봉기를 일으켜서 애굽제국의 권력을 찬탈하도록 지도하지 않으셨다. 야훼 하나님은 애굽제국의 권력자들을 징치(懲治)하시고, 히브리인들로 하여금 애굽제국을 버리고 탈출하도록 지도하셨다. 광야로 나아가서 전혀 다른 체제의 삶을 살도록 인도하셨다.

광야에는 비옥한 토지가 없었다. 건조하고 전갈이 우글거리는 땅이 광야이다(신 8:15). 이 광야에서 물과 빵이 부족한 상황을 견디도록 이스라엘은 훈련을 받아야 했다(출 15:22-17:7). 왕이나 지배하는 귀족이 없이 모두가 평등하게 공동체의 삶을 영위하면서 물질의 부족함을 서로에 대한 사랑의 관계로 극복해 나가는 능력을 길러야 했다(출 18:12-27). 공동체를 파괴하는 어떠한 폭력도 하나님을 믿고 의지하며 서로를 굳게 신뢰하는 신앙 속에서 극복할 수 있어야 했다(출 17:8-16). 이것이 하나님께서 히브리인들을 광야로 이끌어

내신 목적이다. 야훼는 위대한 교육자로서 이스라엘을 훈련하신다.

구약성경은 역사를 살아가는 농자農者는 반드시 폭력과 투쟁하는 삶으로 농의 공동체를 지켜내야 했다. 모든 억압과 착취와 폭력에 맞서서 강제노동을 추방하고, 빈곤을 견디어 내며, 평화를 지켜내야 하는 과제는 야훼 하나님의 말씀을 준행하는 공동체의 삶을 통해서만 가능하다는 진실을 구약성경은 계약 공동체라는 신학적 언어로 설명하고 있다. 그러므로 계약 공동체는 국가라는 사회적 계약의 공동체와는 근본에서부터 다른 성격을 지닌 것으로 전자는 후자의 대안으로 성경이 제시하는 하나님의 나라이다.

농(農)의 눈으로 읽는 구약성경 (2)

Ⅰ. 기존 체제에서 벗어나는 농자(農者)들: 출애굽기의 농(農)

애굽제국은 고대 노예제 체제 사회였다. 노예제 체제하에서 강제노동에 시달리던 히브리인 노예들 가운데 이스라엘이 있었다. 주께서는 이들을 해방시키기 위해서 모세를 부르셨다. 히브리 노예들은 각종 생산 현장에 투여되어 고된 노동에 시달리고 있었다. 이 가운데 들판의 농토에서 식량 생산에 종사하는 노예들도 있었다. 출애굽기 1장 14절은 이들이 '농사'에 종사하고 있었다고 보도하는데 히브리어로 '아보다 바사데'이다. 이것을 직역하면 '농토에서 하는 일'이다. 농민은 모두 노예들이었음을 잘 보여 주는 대목이다.

이스라엘 자손은 농민이 아니었다. 그들은 비돔성과 라암셋성을 건설하기 위한 건설노동자로 투여되었다. 공사 감독관들은 그들을 혹독하게 부렸다(출 1:11). 박해가 심한 상황에서 하나님은 모세를 불러 노예들을 해방시키려 하셨다. 하나님은 이들을 '나의 맏아들'이라고 부르셨다(출 4:22). 제국의 지배자들은 폭력으로 하나님의 맏아들을 죽이고 억압하고 착취하였다. 그 때문에 권력자들의 맏아들이 죽임을 당하게 될 것이라고 말씀하셨다. 이것이 유월절 사건이다.

유월절 사건은 히브리인들이 노예 체제를 탈출하여 광야로 나아가 하나님께서 창조하신 뜻대로 평화롭게 살아가도록 부름 받은 해방의 사건이었다. 홍해를 건너 광야로 나아가 시내산에 이르렀을 때 주께서 그들을 해방시킨 까닭을 알려 주셨다. 맨 먼저 선포하신 것이 토지 문제의 극복이었다. 하나님이 창조하신 땅이 폭력배들에 의해서 사유화되어 있는 현실이 문제였다. 주께서는 "모든 토지는 다 내 것이다"라고 선언하셨다(출 19:5). 온 땅은 모든 생명이 함께 사용해야 하며 권력자가 사유해서는 안 된다는 토지의 공공성을 선포하셨다.

주께서는 시내산에서 이스라엘을 하나님 나라의 백성으로 삼으신다. 열 마디 말씀으로 하나님 나라의 대강령을 선포하신 데 이어서 모세를 세워 그 말씀을 백성에게 가르치는 교사로 삼으셨다. 이어서 계약법을 알려 주신 후에 백성과 계약을 체결하셨다(출 24:1-11). 이로써 이 땅에 참된 농자農者의 삶을 살겠다고 결심하는 공동체가 생겨났는데, 이것이 하나님께서 다스리시는 '제사장들의 나라'라고 표현된 하나님의 나라이다(출 19:6).

죄인들이 도시들을 건설하고 그 연합체로서 국가를 건설하여 세상을 온통 노예제 체제라는 폭력의 도가니로 만들어 버렸지만, 이처럼 망가진 세계를 주께서 다시 회복시키려는 대장정이 시작된 것이다. 이 땅에 하나님의 나라가 건설되었고, 주께서 선택하고 가르치고 인도하는 농자들이 그 나라의 백성이 되었다. 하나님의 나라는 완전히 새로운 체제였다. 오로지 창조주 하나님의 뜻에 따라 운영되고 생육하고 번성하라는 복된 말씀으로 살아가는 생명의 체제였다. 하나님께서 다스리시는 상태, 또는 관계망이 하나님의 나라인 것이다.

II. 하나님이 다스리시는 농(農)의 나라: 레위기의 농(農)

모세는 하나님의 명령을 받들어 '성막'을 지었다. '회막'이라고도 불렀다. 주께서 이스라엘의 공동체 안에 들어와 함께 생활하시려고 작정하셨기 때문이었다. 시내산에서 평지로 내려오신 야훼 하나님! 그분이 이 땅에 내려오셔서 친히 회막에서 말씀을 하신다. 이와 같이 육화되신 말씀이 레위기이다.

하나님 나라의 백성이 된 농자는 가장 먼저 창조주가 누구인지를 알고 그분과의 관계를 회복해야 한다. 그 관계는 제사를 통해서 회복된다. 레위기 1-10장은 '제사법'이라고 부르는데 여기에 그 뜻이 계시되어 있다. 농자는 번제를 드림으로써 일상에서 항상 마음을 주께로 향하고 있어야 한다. 농자라면 보편주되시는 하나님의 공공성에 늘 자신을 잇대어 살아야 한다.

번제燔祭(올로트)는 희생 제물을 태워서 그 향기(연기)를 올려드리는 제사이다. 번제는 히브리어로 '올로트'라고 하며 '올리다'는 뜻의 동사 '알라'에서 파생된 명사이다. 소제素祭(민하)는 곡식을 제물로 바치는데 농자는 농작물이 주님이 주신 것이며 만민이 골고루 나누어 먹어야 한다는 주의 뜻을 소제를 드릴 때마다 깊이 명심해야 한다. 속죄제를 드림으로써 농자는 늘 사사화私事化와 소유욕으로 인하여 죄에 물들어 타락하기 쉬운 악에서 벗어나려고 노력해야 한다. 화목제를 드림으로써 농자는 창조주 하나님과 함께 평화를 누리며 온 세계의 모든 뒤틀린 관계를 평화롭게 회복하기 위해 용서와 화해의 삶을 살아야 한다. 속건제를 드림으로써 농자는 이웃을 괴롭히고 착취한 폭력의 근성을 버리고 서로 사랑하는 공동체의 관계로 나아가야 한다. 이 다섯 가지 제사는 농자가 평화의 일꾼으로 살아가는 길을 제시해 준다. 창조주 하나님이 창조하신 원래의 모습으로 회복되어 살아야 하겠다는 농자의 결단이 이 다섯 가지 제사법에 또렷이 드러나 있다.

레위기 11-16장은 농자들이 살아가야 할 생활의 준칙을 제시한다. 식의주 생활에서 주님의 뜻에 맞추어 살아야 한다. 먼저 음식 규정이다. 창세기 1장 19절에서 채식을 하라고 명하셨지만, 타락한 인간은 이 말씀을 준행할 수 없게 되었다. 레위기 11장은 육식을 할 때 금해야 할 동물과 먹어도 되는 동물을 구별하고 있다. 먹어도 되는 동물은 소와 양과 염소 정도로 지극히 제한되어 있다. 이 규정에 식물은 빠져 있다. 피를 품고 있는 생명체인 동물이 문제가 된다. 생명 사랑의 마음을 품고 육식을 하라는 뜻이 배어 있다.

두 번째는 피부병에 걸리지 않도록 의복이나 침구류를 깨끗하게 관리해야 한다. 세 번째는 집 안에 곰팡이가 피지 않는지 세심하게 살펴야 한다. 음식물과 의복과 주거환경의 관리는 농자가 자신을 정결하게 유지하는 데 목적이 있다. 나아가 외부적인 환경을 깨끗하게 관리하면서 내면의 마음도 정결하고 소박하고 겸손하게 가꾸어야 할 것이다. 레위기 16장은 온 백성이 죄를 속죄하는 대속죄일에 관한 규정이다. 모든 농자는 더러움을 벗고 깨끗함을 받아야 한다는 창조주 하나님의 뜻을 정기적으로 되새겨야 한다.

레위기 17-27장은 농자가 거룩하게 살아야 한다는 성결법이다. 거룩, '카도쉬'는 멀리 떨어져 있다는 거리 개념을 기본으로 한다. 세속적인 죄악과 악행에서부터 멀리 떨어져 하나님 쪽으로 가까이 나아가는 것이 '거룩'이다. 주는 '거룩, 거룩, 거룩'하신 분이다(사 6:3). 먼저 농자는 오로지 보편주이시며 사랑이신 야훼 하나님에게만 제사를 드려야 하지, 자신의 출세와 영욕을 위해 봉사하는 우상에게 제사를 드려서는 안 된다. 이것은 농자의 영성이 속된 죄인의 영성과는 완전히 달라야 함을 의미한다.

또 피를 흘려서는 안 된다. 농자가 폭력을 휘두르면 안 된다는 교훈이다. 성생활에서도 육욕을 충족하려는 죄인과는 달리 참으로 다른 생명을 사랑하여 자기를 내어 주는 사랑의 성생활을 영위해야 한다(레 18-20장). 하나님의 나라는 '제사장들의 나라'이고 그 백성은 제사장들이기 때문에 농자는 모류지기 혼인하는 일에 유념하고 스스로 흠이 없도록 항상 조신한 생활을 영위해야 한다. 죄인들을 위해 중보하고 그들을 구원의 길로 이끌어야 하는 농자이기에 스스로 온전하고 흠 없는 존재가 되려고 노력해야 한다.

레위기 21장의 제사장 규정은 장애우들을 차별하라는 율법이 결코 아니다. 농자의 온전성, 곧 히브리어로 '탐밈'한 영성을 가꾸라는 뜻이다. 예수께서 "그러므로 너희의 하늘 아버지께서 완전하신 것과 같이, 너희도 완전하여라"(마 5:48)고 가르치신 것은 바로 이런 취지에서였다. 레위기의 거룩법은 놀랍게도 안식일, 안식년, 희년을 강조하면서 마무리된다. 여기에는 노동하는 자들에게 휴식을 보장하는 큰 뜻이 있다. 토지의 쟁점은 희년에 담겨 있다. 토지의 공공성을 회복하고 유지하는 것이 희년의 본뜻이며, 모든 경제적 불평을 극복하고 온 인류가 화합과 상생의 길로 나아가는 지름길이다. 이 속에 전쟁을 부정하는 평화 사상도 깔려 있다. 농자는 반드시 이 정신을 새기면서 이 어두운 폭력의 역사를 살아내어 승리해야 한다.

III. 농자(農者)의 시련과 고난 — 민수기의 농(農)

가나안 땅은 흔히 '복지'라고 부른다. 그러나 민수기에 나타난 가나안 땅은 우리가 생각하는 낙원이 아니다. 주께서 약속하신 '가나안 복지'는 이미 세상의 권력자들이 점령하여 높은 성벽을 쌓고 노예제 체제를 강고히 구축한, 폭력의 피를 흘리는 땅이었다. 모세가 파견한 정탐꾼들은 너무나 강력해 보이는 가나안의 왕국 체제를 목격하고 겁을 먹고 떨었다. 농업경영은 포도 한 송이를 장정 두 사람이 메고 옮겨야 할 정도로 생산성이 높았다. 탄탄한 농업 생산성 위에 번영을 구가하고 있는 도성민은 체구도 장대하여 감히 대들 엄두가 나지 않을 정도였다. 이러한 가나안 복지 체제는 이스라엘 농자들이 무너뜨려야 할 대상이었다(민 13-14장).

광야 생활 40년을 거쳐서 가나안 땅에 이르렀을 때 농자들은 세속적 가나안 체제를 대신할 수 있는 새로운 존재로 거듭나야 했다. 새롭게 되어야 새로운 평화의 체제를 구가할 수 있기 때문이다. 애굽에서 배운 구습을 다 버려야 한다. 탐욕을 다스리는 일이 급선무였다. 기브롯핫다아와에서 고기를 먹고 싶은 탐욕에 빠져 메추라기를 사재기하여 허겁지겁 먹다가 배탈이 나서 많이 죽었다(민 11장). 불평하고 원망하는 일들이 빈번하게 발생하였다. 대표적인 농자 모세의 가족 내에서도 분란이 일어났다(민 12장). 마침내 광야의 생활을 견디지 못하여 백성의 지도자들이 반란을 일으켜서 애굽의 노예 체제로 돌아가려고 하였다(민 16장).

이스라엘의 광야 유랑기는 광야 같은 역사 속에서 농자가 어떠한 고난을 당하며 얼마나 힘겨운 고생을 겪을 것인지 보여 주는 교훈이다. 이스라엘 열두 지파와 같이 생명의 삶을 감당하기 원하는 농자라면 누구나 개별자로 살아서는 안 된다. 모여서 농자의 공동체를 이루어야 어두운 폭력의 역사를 이겨낼 수가 있다.

농자의 공동체 안에서는 반드시 창조주 하나님의 뜻을 새기고 가르치는 지도자가 있어야 한다. 레위인들은 말씀을 늘 공부하고 익혀서 다른 농자들을 가르쳐야 한다. 이스라엘 60만 중 레위 지파는 2만 명가량이었으니, 30명당 1명의 비율로 배정되었다(민 1-3장). 험한 역사를 살아가는 농자들은 레위 지파처럼 말씀 교사를 세워서 공동체를 구성하면 좋을 것이다(민 8장). 말씀을 따라 살려고 애쓰는 농자들의 말씀 공동체에는 주님의 가호하심이 광야의 구름처럼 떠올라 모든 어려움과 고초를 능히 이기도록 도와주신다(민 8-9장).

죄를 이기려는 농자의 역사적 행진은 반드시 세상의 폭력 체제에 의해서 공격을 받게 되어 있다. 주께서 그때마다 그 폭력자들을 물리쳐 주시며 농자들의 공동체에 승리를 안겨 주신다(민 21-24장). 문제는 언제나 공동체 내부에서 생긴다. 가장 큰 유혹은 풍요로운 세상의 능률과 번영을 숭상하는 우상숭배의 유혹이다(민 25장). 농자의 공동체는 창조주의 천지 운행 원리를 체득하여 그 원리대로 조화로운 삶을 사는 데 집중해야 한다(창 1:28). 구체제(앙시앙 레짐)에 속했던 가치관을 모두 떨쳐 버리고 하나님의 말씀으로 완전히 새롭게 거듭난 공동체라야 가나안의 폭력 체제를 물리칠 수가 있다.

IV. 농자(農者)의 희망, 젖과 꿀이 흐르는 땅
─ 신명기의 농(農)

신명기는 오경을 마감하는 마지막 책으로 모세의 회고록이다. 모세는 지난 40년을 회고하면서 출애굽의 사건에서부터 광야 유랑의 세월을 사건 별로 반성한다. 신명기 마지막 장에서 모세는 약속의 땅 가나안을 바라보면서 비스가 산정山頂에서 지상의 생을 마감한다(신 34장). 신명기는 십계명과 계약법을 다시 되짚어 보면서 새로운 미래의 전망을 제시한다. 신명기법과 모압 계약은 신명기가 제시하는 희망 사항을 수록하고 있다. 다시 말하자면 역사를 내다보는 농자의 혜안이 담긴 책이 신명기이다.

신명기는 제국의 농법을 거부한다. 애굽제국은 노예 노동력을 동원하여 나일강 강둑에 설치한 물차를 돌려서 관개수로로 농토에 물을 공급한다. 하늘에서 비가 오지 않아도 강물을 끌어올려 농사를 짓는 관개농업을 애굽제국은 개발하였다. 비와 기후의 주인은 창조주 하나님이며, 비는 창조주 하나님의 뜻을 드러내는 현상이기도 하였다. 비가 오지 않으면 창조주 하나님의 뜻이 어디에 있는지 물어야 하며, 가뭄이 닥치면 농자들은 자신의 삶에 무슨 잘못이 있었는지를 치열하게 반성하는 계기를 맞는다. 땅에 피를 흘리지는 않았는지, 폭력을 휘둘러 이웃을 해치지 않았는지, 생물들이 못 살도록 환경을 파괴하지 않았는지, 되묻고 성찰하는 기간이 가뭄의 기간이다. 그래서 신명기는 아래와 같이 매우 놀라운 말씀을 베풀고 있다.

그러니 너희는 오늘 내가 너희에게 내리는 모든 명령을 지켜라. 그러면 너희는 힘을 얻고, 너희가 건너가 차지하려는 땅에 들어가서 그 땅을 실제로 차지할 것이다. 또한 주께서 너희 조상과 그 자손에게 주시기로 약속하신 땅, 곧 젖과 꿀이 흐르는 땅에서 오래 살 것이다. 너희가 들어가 차지할 땅은 너희가 나온 이집트 땅과는 다르다. 이집트에서는 채소밭에 물을 줄 때처럼 씨를 뿌린 발로 물을 댔지만 너희가 건너가서 차지할 땅에는 산과 골짜기가 많아서 하늘에서 내린 빗물로 밭에 물을 댄다. 주 너희의 하나님이 몸소 돌보시는 땅이고, 주 너희 하나님의 눈길이 해마다 정초부터 섣달 그믐날까지 늘 보살펴 주시는 땅이다. 너희가 오늘 내가 너희에게 명하는 그의 명령들을 착실히 듣고, 주 너희의 하나님을 사랑하며, 온 마음과 정성을 다하여 주를 섬기면, 주께서 너희 땅에 가을비와 봄비를 철 따라 내려 주셔서, 너희가 곡식과 포도주와 기름을 거두게 하실 것이며, 들에는 너희의 가축이 먹을 풀을 자라게 하여 주실 것이며, 그리하여 너희는 배불리 먹고 살 것이다(신 11:8-15, 새번역).

창조주 하나님의 뜻대로 살려고 애쓰는 농자農者에게 삶의 참된 풍요와 번영이 보장되어 있다. 신명기는 그 비결을 알려 준다. '젖과 꿀이 흐르는 땅'은 생산량이 많은 땅이 아니라 창조주의 뜻에 따라 모든 생명과 어우러져 조화롭게 살아가기를 간절히 소망하는 농자의 땅이다.

농(農)의 눈으로 읽는 구약성경 (3)

이전 글까지 오경에 나타난 농農의 사상을 정리해 보았다. 이제부터는 신명기 사가의 역사서에 나타난 농農의 신학을 찾아보려고 한다. 먼저 여호수아서와 사사기의 사회체제를 어떻게 이해해야 할지가 쟁점으로 떠오른다. 신명기 사가는 순환적인 사관에 따라 역사를 서술한다. 하나님의 복을 받아 잘 살다가도 백성은 우상을 섬기게 된다. 백성이 죄에 빠지게 되자 하나님의 노여움을 사서 외적의 침입을 받게 된다. 외적에게 억압과 착취를 당하여 백성은 고생살이를 한다. 이스라엘은 압제당하는 고역 중에서 주께 부르짖으면서 회개한다. 그러자 주께서 불쌍히 여기셔서 노여움을 거두시고 다시 백성에게 복을 주신다. 억압을 물리치고 자유를 되찾자 백성은 마침내 행복한 삶을 누리게 된다. '축복-교만-배신-징벌-고생-회개-용서-회복-축복'이라는 순환을 되풀이하는 것이 이스라엘의 역사이다. 신명기 사가는 이러한 순환적인 사관으로 역사를 서술했다.

하지만 이러한 성경 읽기는 매우 피상적이다. 우리는 이 순환의 운동 배후에 깔려 있는 농의 사상을 읽어내기 위해서 더 깊은 성경 읽기를 시도해 보아야 한다. 그것은 여호수아서와 사사기를 비롯한 신명기 사가의 문학 전체에 나타난 왕국의 이야기와 하나님 나라의 백성 이야기를 곰곰이 되짚어 보는 일이다.

I. 농자(農者)들의 공동체 체제
: 여호수아서와 사사기에 나타난 하나님의 나라

여호수아서는 가나안 땅의 점령 과정을 보여 주고, 사사기는 가나안 땅을 점령한 후에 이스라엘 백성이 어떻게 살아가는지를 보여 준다. 이 두 책에서 논하는 이스라엘의 정체성은 사뭇 유동적이다. 이스라엘은 첫 사람 아담이 잃어버린 농자의 정체성을 회복해야 하는 교육적 과정에 놓여 있는 역사적 존재이다. 다시 말하자면 하나님의 재창조 과정 속에서 타락했던 농자가 비로소 참된 농자로 성장해 가는 하나님의 교육과정을 밟고 있는 존재가 이스라엘이다. 신명기 사가의 순환적 사관은 이러한 하나님의 교육과정에서 나타나는 역사적 현상일 뿐이다.

여기서 잠시 '농자農者'의 개념을 분명하게 정리해 보자. 농자는 선악과를 먹고 타락하기 이전의 원형인 인간이다. 농자는 역사적 도전과 시련 속에서 죄의 현실을 딛고 참된 하나님의 현실로 나아가며 그 과정에서 하나님의 형상에 합당하게 형성되어 간다. 그것은 하나님의 재창조하시는 은총 안에서 이루어지는 과정이다. 이스라엘은 이 과정 속에서 부단히 실패와 시도를 되풀이한다. 하나님의 말씀을 실천하려는 의지와 말씀을 온전히 실천하지 못하는 실패의 연속선상에서 역사는 조금씩 전진한다. 신명기 사가는 이러한 역사

의 과정 자체를 하나님 나라의 현실태로서 제시하고 있다. 여호수아
서와 사사기는 하나님께서 역사 속에서 통치하시는 방식을 보여
준다. 그는 죄 속에 갇혀 불완전한 현실 속에서 이루어가는 하나님의
나라를 표본으로 연출하고 있다.

Ⅱ. 여호수아서에 나타난 농자

이스라엘은 이집트제국을 탈출하여 광야 생활 40년 동안 연단을
받았다. 제1세대 이스라엘을 이끌었던 모세를 계승하여 여호수아는
출애굽 제2세대의 이스라엘을 이끌고 가나안 땅을 점령한다. 여호수
아서 12장을 보면 가나안 땅에서 번영을 구가하던 도시국가들의
왕들이 무려 31명이나 처형당하였다고 한다(수 15:24). 이와 같은
도시국가들에 대한 점령과 파괴는 가나안을 지배하던 왕정 체제가
무너졌음을 의미한다.

하나님의 백성으로 부름 받은 농자들은 세상을 지배하는 폭력적
권력을 무너뜨리는 사명을 받은 자들이다. 여호수아서를 자칫 잘못
읽으면 폭력 체제를 폭력으로 무너뜨리는 듯한 인상을 받게 된다.
여리고도성과 벧엘도성 등 31개의 도시국가를 멸망시키고 그 왕들
을 처단하였다는 기사가 이어지기 때문이다. 그러나 성경의 본문
자체를 자세히 들여다보면 그 모든 싸움과 전쟁들이 말씀으로 이루
어지는 전쟁이라는 야훼의 거룩한 전쟁의 신학을 신명기 사가가
최종 본문의 표면에 덧칠해 두었음을 발견하게 된다. 여호수아서의
전쟁들은 말씀의 전쟁이다.

Ⅲ. 여리고도성과 창녀 라합(수 2-6장)

여호수아는 가나안 땅을 차지하기 위해서 먼저 정탐꾼들을 파견한다. 민수기 13장에 의하면 여호수아와 갈렙 등 열두 명의 지파 대표가 가나안 땅을 정탐한 이력이 있었다. 여호수아서 2장의 정탐기는 여리고도성에 집중된다. 여호수아는 정탐꾼 두 사람을 파견하면서 "가서 몰래 그 땅을 정탐하여라. 특히 여리고성을 잘 살펴라"라고 여리고를 특정하여 명령하였다(수 2:1).

여리고도성을 정탐하던 중 두 정탐꾼은 기생 라합의 집에 머물다가 발각되어 체포될 위기에 처한다. 정탐꾼이 왔다는 보고가 여리고 왕에게 들어간 것이다. 왕이 라합에 "너에게 온 사람들 곧 네 집에 온 사람들을 데려오너라. 그들은 이 온 땅을 정탐하려고 왔다"라는 전갈을 보내자, 라합은 이를 극구 부인하며 정탐꾼들을 숨기고 보호해 주었다(수 2:2-3). 왕이 보고를 받았다는 것은 홍해를 건너 애굽을 탈출한 이스라엘에 대한 소문이 파다하여 여리고도성이 이들을 예의 주시하고 있었음을 의미한다(수 2:9). 정탐꾼의 존재를 인지한 여리고 왕이 라합에게 정탐꾼을 데리고 오라고 명한 것은 어딘가 어색하게 들린다. 왕은 군대를 풀어서 라합의 집을 급습하여 정탐꾼들을 체포하는 방식이 아니라 라합에게 부탁하는 전갈을 보냈다는 것이 이치에 맞지 않게 들린다. 하지만 라합의 사회적 위치가 비록 기생이긴 하지만 왕과 직접 소통하는 친밀한 신분이었으며, 라합이 운용할 수 있는 군대가 있었다고 간주하면 풀리는 대목이다.·

라합은 여리고도성의 창녀로서 왕의 신망을 얻고 있었다. 그녀의 집은 성벽 위에 있었다(수 2:15). 집이 성벽 위에 있었다는 것은 무슨 말일까? '버키르'란 전치사구는 '성벽 위에'라고 읽지 말고 '성벽 속에'라고 읽어야 맞다. 도시의 방어벽 상단부에 군사들이 머물고 쉴 수 있는 방들이 여럿 있었다. 라합은 이 시설물 중에 아마도 군사들에게 위락을 제공하는 시설을 운영하고 있었던 것으로 추정해 볼 수 있다. 2장 15절 후반절을 보면 "그녀는 성벽 속에 거주하고 있었다"라는 표현이 나온다. 라합은 이 성벽 집에서 밧줄을 드리워 정탐꾼들의 탈출을 도왔다.

라합은 창녀였지만 왕과 가까운, 군사를 움직일 수 있는 신분의 여성이었고, 군사들이 수직을 서는 성벽의 위안소 시설을 운영하고 있었던 것 같다. 여리고도성의 군사 문화에서 라합은 수많은 폭력 사건을 접하며 살았을 것이다. 특히 군인들이 연약한 여성들에게 자행하는 성적인 폭행은 라합에게 거의 일상사였을 것이다. 라합 자신도 그러한 폭행을 수차례 당했을 것으로 추정할 수 있다. 라합은 아마도 이러한 폭력 문명에 대해서 마음속 깊이 환멸하고 벗어나기를 바랐을 것이다. 이제 이스라엘이 다가온다는 소식과 그들을 인도하고 보호하는 노예 해방의 야훼 하나님에 대한 소문을 듣고 라합은 폭력 문명의 극복에 대한 실마리를 거머쥐게 되었을 것이다. 모든 노예의 해방과 모든 억압당하는 여성의 해방을 목격할 수 있는 날이 가까이 왔음을 창녀 라합은 직감하고 있었다. 히브리 노예들을 해방하신 야훼 하나님에 대한 소식은 모든 피억압자에게는 큰 기쁨의 소식으로 전파되었다.

여리고도성 함락기의 초두初頭를 장식하고 있는 인물인 창녀 라합은 신명기 사가의 눈에 참된 농자로 보였다. 비록 라합의 신분이 사회적 경멸의 대상이었던 창녀였다 할지라도 성경은 우리의 인습적, 사회적 통념을 넘어서 기생 라합이 참된 인간, 곧 농자임을 증언하고 있는 것이다. 모든 폭력 체제에서 착취당하면서 그 폭력을 부정하고 사랑을 향해 해방되기를 갈망하는 사람들은 누구나 농자로서 야훼 하나님께서 오신다는 소식을 간절히 기다린다. 농자는 하나님을 기다리는 사람이다.

Ⅳ. 언약궤를 앞세운 전쟁 : 야훼의 거룩한 전쟁

여리고도성 함락기의 핵심은 언약궤에 있다. "온 땅의 주권자이신 주의 언약궤가 너희 앞에서 요단강을 건널 것이다"(수 3:11, 새번역). '야훼의 언약궤'가 요단강을 건널 때 강물이 갈라져 사르단까지 물이 쌓여 벽을 이루었다. 애굽을 탈출할 때 홍해가 갈라진 사건이 요단강에서 다시 발생한 것이다. 레위인들이 언약궤를 메고 건넜다. 요단강을 건넌 이스라엘은 다시 할례를 받아야 했다. "너는 돌칼을 만들어 이스라엘 자손에게 다시 할례를 베풀어라"(수 5:2). 그리고 여호수아도 가나안 점령이라는 큰 대업에 앞서 발에서 신을 벗고 주께 경배하는 예식을 행했다. 모세가 들었던 것과 동일한 명령이 여호수아에게도 내렸다. "네가 서 있는 곳은 거룩한 곳이니 너의 발에서 신을 벗어라"(수 5:15). 백성이 재할례와 여호수아의 경배에 이어 비로소 여리고도성에 대한 공격이 시작된다. 이 전쟁은 세상이 벌이는 전쟁과는 본질적으로 다른 전쟁임을 강조하고 있는데 곧 야훼의 거룩한 전쟁이 펼쳐진다는 뜻이다.

여리고도성을 함락하기 위해서 이스라엘은 언약궤를 메고 도성을 빙빙 돌기만 하였을 뿐이다. 매일 한 바퀴씩 돌고 일곱째 날에는 일곱 바퀴를 돌았다. 언약궤를 멘 제사장들이 나팔을 부는 가운데 무장한 군대가 이스라엘을 이끌고 여리고도성을 돌았다. 나팔 소리는 야훼의 날 사상을 표현하며 야훼의 현현을 알리는 희년의 소식이었다. 일곱째 날에는 여호수아의 지시대로 일제히 함성을 내지르자 난공불락이었던 여리고도성이 무너져 내렸다(수 6:20).

야훼의 거룩한 전쟁은 농민을 억압하고 착취하는 세상의 질서를 부정하고 새로운 사회와 참된 삶을 추구하는 농자의 행진이다. 그 많은 도성 중에 하필이면 주께서 여리고를 가장 먼저 함락시켰을까? 여리고는 가나안 문명을 대표하는 도시국가였기 때문이다. 가나안 지역의 농업 혁명은 여리고에서 시작되었다. BC 7,000년경 여리고에서 최초로 보리와 밀이 재배되었고, 농업 혁명으로 인한 토지와 농업 생산물이 확보되면서 도시 문명이 발생하였다. 여리고를 함락시켰다는 것은 농업 혁명으로 인해 전개된 모든 삶의 형태를 부정하는 행위였다. 농업 혁명을 통해 농사가 시작되면서 생산물을 독점하는 자들의 폭력이 출현했고, 강자의 폭력에 희생된 노예들이 생겨났다. 폭력적 지배와 억압은 고대 노예제사회를 배태하였으며, 이 사회의 권력자들은 도시국가들을 건설하고 계급사회를 구성했다. 하나의 도시에 한 왕이 지배하였으며, 그 영토 속에 농업 노동자들이 일하는 토지가 복속되었다. 여리고는 이러한 가나안의 불평등 체제를 대표하는 도시국가였다. 야훼의 거룩한 전쟁이 노리는 일차적인 목표는 세상의 폭력적 관계를 지탱하는 문명사회를 파멸하는 데 있었다. 모든 폭력의 문명은 야훼의 언약궤 앞에서 무너진다는 것을 거룩한 전쟁은 선포한다. 언약궤 안에는 십계명과 계약법을 새긴 두 돌판이 들어 있다. 언약궤를 앞세운 전쟁은 곧 말씀으로 수행하는 전쟁을 의미한다.

V. 농자들이 수행하는 거룩한 전쟁

야훼의 거룩한 전쟁을 규정하는 원리 중 가장 핵심적인 것은 '헤렘'이다. 이것은 여호수아서 2장 17절과 6장 17절 이하에 잘 나타나 있다. 6장 18절에 대한 역본들을 서로 비교해 보자.

[개역] 너희는 온전히 바치고 그 바친 것 중에서 어떤 것이든지 취하여
　　　너희가 이스라엘 진영으로 바치는 것이 되게 하여 고통을 당하게
　　　되지 아니하도록 오직 너희는 그 바친 물건에 손대지 말라.
[새역] 너희는 전멸시켜서 바치는 희생 제물에 손을 댔다가 스스로 파멸
　　　당하는 일이 없도록 주의하여라. 너희가 전멸시켜서 바치는 그 제
　　　물을 가지면, 이스라엘 진은 너희 때문에 전멸할 것이다.
[공역] 너희는 깊이 명심하여라. 없애 버리게 되어 있는 것은 무엇이든지
　　　탐내지 말라. 없애 버리게 되어 있는 것을 가지지 말라. 그랬다가
　　　는 전멸당하는 운명을 이스라엘 진영에 스스로 불러 들이게 된다.
[가톨릭역] 너희는 완전 봉헌물에 손을 대지 않도록 단단히 조심하여라.
　　　탐을 내어 완전 봉헌물을 차지해서 이스라엘 진영까지 완전 봉헌
　　　물로 만들어 불행에 빠뜨리는 일이 없게 하여라.

'온전히 바친 것'(개역), '전멸시켜서 바치는 희생 제물'(새역), '없애 버리게 되어 있는 것'(공역), '완전 봉헌물'(카역)이라는 서로 다른 표현은 히브리어 '헤렘'을 번역한 것들이다. '헤렘'은 일반적인 전쟁이 노리는 전리품의 사적 취득을 완전 금지하고 원천 봉쇄하는 규정이다. 거룩한 전쟁에서 취득한 '헤렘'은 하나님의 것으로 공공의 목적에 귀속되어야 하며, 사적 욕구를 채우는 수단이 되어서는 안 된다. 이것은 야훼의 거룩한 전쟁이 세속적인 전쟁과는 철저히 구별되어야 함을 잘 보여 준다.

세속의 군왕들이 벌이는 전쟁에는 목적이 뚜렷하다. 영토의 확장과 그로 인한 생산물 취득의 증대, 점령한 영토에 사는 사람들을 노예로 만들어 노동력을 충원하는 일 그리고 침략한 결과로 획득하는 금과 은 따위의 재화, 이 세 가지 목적을 달성하여 번영을 구가하기 위하여 세속의 군왕들은 전쟁을 끊임없이 일으켰다. 그러나 하나님의 나라를 다스리시는 야훼께서는 이 세 가지 목적의 전쟁을 철저히 부정하신다. 모든 전리품은 하나님께 바쳐야 하는 '헤렘'으로서 전쟁을 수행한 군사 중 개인이 사취하게 되면 큰 재앙을 당하게 된다. 하나님은 창조주이시므로 모든 생명을 살리는 사역에 집중하신다. 이 사역은 곧 공공성이라는 용어로 표현할 수 있다.

야훼의 거룩한 전쟁은 모든 생명을 살리는 공공의 사역을 가리킨다. 하나님의 창조 동역자로 공공의 사역에 복무하는 모든 농자農者가 사사로운 이익을 추구하며 살아가는 타락한 문명을 향해서 지어가야 하는 행진이 야훼의 거룩한 전쟁이다.

창세기 1장 26-31절을 통해서
보는 농(農)의 신학

창세기 1장에서 11장은 하나의 통일성을 갖춘 단일한 문단으로서 토라 전체를 겨냥한 서문으로 작성되었다. 이 문단에 나타난 중심 사상은 참된 인간과 바른 사회를 추구하는 열정으로 개진되어 있다. 이것을 나는 '농農'이라는 한마디로 뭉뚱그려서 요약한다.

'농農'은 한자어인데 별 '진辰' 자 위에 노래 '곡曲' 자가 올라가 있다. '진'이란 글자는 우주, 곧 '창조 세계'를 가리키며 그 위에 '곡'이란 글자가 올라가 있는 모양새는 창조 세계의 운동을 나타낸다. '농자農者'는 천지 만물의 운행 원리에 따라 살아가려는 사람을 가리킨다. 농의 신학은 농자를 양육하고 연결시키는 사상적 작업이다.

농의 신학을 펼치기 위하여 그 본문의 근거를 성경에서 찾아내려고 한다면, 그 전제가 잘못되었음을 느끼게 된다. '농'의 사상은 성경을 읽는 독서 과정에서 자연스럽게 우러나와 형성된 것이다. 농의 신학을 위한 주석 작업은 성서 읽기의 연장이며 성서해석학을 통하여 현대의 사상계에 성경의 참 사상을 전달하고 성경의 뜻을 실천하는 노력의 일단일 뿐이다. 이러한 작업과 잘 연결되는 책으로 단행본 『성서·문화·농업』(엘렌 데이비스/정희영 역, 2009)을 들 수 있는데 이 책이 제시한 농본주의와의 대화는 농의 신학을 더 튼튼한 성서적 기반 위에 세울 것이다. 나는 우선 농의 신학을 펼치기 위하여 창세기 1장 26-31절을 함께 읽어 보려고 한다.

Ⅰ. 창세기 1장 26절

1. '우리의 형상을 따라'(버찰메누)

먼저 '우리의 형상을 따라'란 어구는 히브리어로 '버찰메누'이다. 이 어구는 세 가지 요소가 합성된 것이다. '버'는 '~안에, ~함께, ~따라'라는 전치사이고, '첼렘'은 '형상'이란 명사이고, '누'는 '우리의'라는 인칭대명사 속격이다. 하나님을 '우리'라고 표현한 것은 하나님에 대한 원어가 복수형 '엘로힘'이기 때문이다. 그러면 '형상'이라고 번역한 히브리어 명사 '첼렘'은 무슨 뜻인가?

'첼렘'은 성경에 총 17회 언급된다. 오경(토라)에 6회, 예언서(너비임)에 8회, 성문서(커투빔)에 3회 언급된다. '첼렘'은 그리 자주 사용된 단어가 아니다. 하나님께서 자기의 '형상'을 닮은 사람을 지으신 것처럼(창 1:26, 27; 9:6), 아담도 자기의 '형상'(첼렘)을 닮은 아들 셋을 낳았다(창 5:3). 그런데 '우상'을 가리켜서도 '첼렘'이란 용어를 사용한다(민 33:52; 왕하 11:18; 대하 23:17; 겔 7:20; 16:17; 23:14; 암 5:26). 사무엘서 6장의 언약궤 기사에서는 독종, 종기의 '형상'이란 표현이 나오는데 이것도 우상이다(삼상 6:5, 11). 그러므로 '첼렘'이란 용어 자체에 무슨 거룩한 뜻이 들어 있는 것이 아니고 매우 중립적인 의미로 단순하게 어떤 형상을 가리킨다. 이와 같이 시편 39편 6절(히7)은 '첼렘'을 '그림자'라고 번역했고, 시편 73편 20절은 사람의 인생을 가리켜서 '첼렘'이라고 표현했다(형상).

하나님께서 자신의 형상을 따라 사람을 지으셨다는데 여기에 무슨 특별한 의미가 있는가? '자신의 형상을 따라'란 표현을 우리말로 쉽게 옮기자면 '우리처럼, 우리같이'란 표현이 될 것이다. 사람은 본디 하나님과 같은 존재였다는 뜻이다. 이것은 신인식론이다. 하나님을 인식하려면 사람을 보면 된다는 뜻이다. 하나님은 창조주이시므로 어떠한 자연을 통해서도 하나님을 알 수는 없다. 하나님께서 자신을 알려 주실 때에만 인식할 수 있는 존재이시다. 성경은 하나님을 알려 주는 계시의 책이며 하나님의 말씀이다. 만약 하나님의 계시하신 말씀이 없다면 우리가 하나님을 알 수 있는 방법이 없다.

그런데 하나님은 본디 자신의 형상을 여섯째 날 창조된 첫 인류를 통하여 계시하셨다. 지금의 사람은 선악과를 먹은 죄로 인하여 본래의 형상을 상실하였다. 죄짓기 이전의 첫 인류(하아담)는 하나님처럼 생긴 존재였다. 하나님을 나타내는 존재가 사람이었다. 그러나 죄로 인하여 사람을 보아도 하나님을 알 수 없게 되어 버렸다. 그러나 예수 그리스도를 믿는 믿음을 통해서 하나님을 아는 길이 다시 열렸다. 죄로 일그러진 사람의 형상은 그리스도를 통하여 하나님을 닮은 그 모습 그대로 회복되었으니 그리스도는 하나님의 형상이기 때문이다(고후 4:4, 에이콘 테우). 주님의 보혈 공로로 구원받은 성도는 누구나 하나님과 같은 사람들이다.

성도들은 형제자매의 얼굴을 바라볼 때마다 하나님과 같은 형상을 보게 된다. 형제자매를 존경하며 사랑하게 된다. 성도는 하나님과 같은 존재이기 때문이다. 성도의 형상을 보면서 하나님을 인식하게 된다. 성도가 소복이 모여 있는 곳이 교회이니 성도는 누구나 교회의 회중 가운데 참여하기를 세상의 그 무엇보다도 더 즐거워한다.

2. '우리의 모양'(더무트)

그런데 1장 26절을 보면 '우리의 형상을 따라'라는 말 다음에 이어서 '우리의 모양대로'란 표현이 나온다. 여기서 '모양'이라 번역한 원어는 '더무트'이다. 이 단어는 창세기 5장 1절 '하나님의 모양대로'라는 표현에도 다시 나오는데 '첼렘'이란 단어는 빠지고 '더무트'란 단어만 나오며 '모양'이라고 번역하였다. 그런데 창세기 5장 3절에는 '더무트'와 '첼렘'이 병기되어 나오는데 '첼렘'은 '형상', '더무트'는 '모양'이라고 창세기 1장 26절과 통일되게 번역하였다. 개역성경 창세기 1-5장에서 '첼렘'은 '형상', '더무트'는 '모양'이라고 번역어가 통일되어 있다. 새번역과 공동번역은 '첼렘'을 '모습'이라고 옮겼다. 가톨릭역은 '더무트'를 '자기와 비슷하게'라고 풀어서 번역했다. 그러나 '더무트'는 비슷하다는 뜻은 아니다.

'더무트'는 어떤 사물을 그대로 본떠서 그린 그림을 가리킨다(왕상 16:10). 또한 '첼렘'과 마찬가지로 우상을 가리키기도 한다(대하 4:3). 이사야는 어떠한 피조물로도 하나님의 형상을 표현할 수 없기에 우상숭배는 불가하다고 가르친다(사 40:8). 이 단어는 에스겔서에 가장 많이 나오는데 1장에서만 열 번 나오고 에스겔서 전체에 걸쳐 16회 나온다. 다니엘서에는 '사람의 아들들의 형상'이란 표현도 나온다(단 10:16).

사람이 하나님의 '더무트'와 같다는 말은 무슨 뜻일까? 사람은 하나님을 그린 초상화라는 뜻이다. 하나님을 보려면 사람을 보면 된다는 것이다. 이것이 창세기의 사람 창조의 신학이다. 사람 이외의 어떠한 피조물로도 하나님을 비견할 수 없다. 오로지 사람만이 하나님을 알려 줄 뿐이다. 사람에 대한 이러한 창조 신학은 사람을 하나님과 동등하게 높이려는 교만한 생각은 아니다. 뱀이 여자를 유혹할 때 선악과를 따 먹으면 '하나님처럼'(켈로힘) 된다고 속삭였다 (창 3:5). 뱀은 여자가 하나님만큼 높아지려는 교만한 속마음이 있음을 눈치채고 그것을 십분 이용한 것이다.

아무튼 사람이 하나님의 모양대로 지음을 받았다는 선언은 하나님처럼 높다는 뜻이 아니라 하나님을 인식할 수 있는 유일한 통로가 사람이라는 인식론이다. 이 인식론을 정의하여 신학에서는 '하나님의 형상'(IMAGO DEI)이라고 부른다. 그렇다고 무슨 복잡한 인식론의 철학을 논하려는 것이 아니라 사람은 하나님과 같은 존재이니 그의 인권을 존중해야 하며, 사람에게 폭행을 행사해서는 안 된다는 경종이다. 누구나 자기의 이웃을 볼 때마다 마음에서 우러나와 하나님을 대하듯 깍듯이 해야 한다는 윤리의 원리이다. 이 원리를 가르치려는 것이 하나님의 형상론이다. 그러므로 '하나님의 형상'(IMAGO DEI)의 신학은 하나님 사랑과 이웃사랑이 별개의 것이 아니라 하나이며, 이웃을 사랑함으로써 비로소 하나님을 사랑할 수 있고 또 하나님을 사랑하는 것은 곧 이웃을 사랑하는 것임을 선언하는 신비로운 사랑법이다. 사람을 사랑함이 없이 하나님을 사랑할 수 없고, 하나님을 사랑하지 않는데 사람을 사랑할 길은 없다. 이것이 하나님의 '더무트'가 보여 주는 사랑법이다. 이 하나님의 형상을 온전히 회복하신 분이 곧 예수 그리스도이시다(고후 4:4, Χριστος ἐστιν εἰκὼν τοῦ θεοῦ).

3. '다스리다'(라다)

창세기 1장 26절은 '워이르두'라는 미완료 동사로 끝난다. 그 기본형은 '다스리다'란 뜻의 '라다'이다. '워이르두'는 삼인칭 복수 미완료이기 때문에 "그들이 다스릴 것이다"라고 옮겨야 한다. 그러나 이것이 문맥상 사역의 어조를 띠기 때문에 개역은 "그들로 하여금 다스리게 하자"라고 옮겼다. 동사 '라다'는 그 아래 28절에 한 번 더 나온다. 하나님께서 사람에게 복을 주시면서 명하시기를 "모든 생물을 다스리라"고 하셨다. 그러므로 동사 '라다'는 사람의 존재 이유를 규명하는 것으로 보인다. 사람은 물짐승과 날짐승과 길짐승 등 모든 생물을 다스리도록 창조된 존재이다.

동사 '라다'는 후대 셈어에 나오며 우가릿어에는 보이지 않는다. 아카드어 '라다'와 동종어인데 히브리어에서는 두 가지 의미로 발전하였다. 첫째, '발로 밟다'란 뜻으로는 요엘 3장 13절에 단 한 차례 사용되었다. 둘째, '통치하다'란 뜻으로는 22차례 나오며, 창세기 1장 26절에 처음으로 언급되고, 이어서 28절에 두 번째 나온다. 이 단어는 거역하는 자들을 발로 밟아 누르는 동작을 지시하는데 이사야 41장 2절에 그 의미가 잘 드러나 있다. "그가 왕들을 다스리게 하되"(사 41:2, 개정역). 시편 8편 7절에 "만물을 그 발아래 두셨다"는 표현이 나오는데 전반 절의 동사 '마샬'과 평행을 이루며 그 의미를 잘 전달하고 있다.

창세기 1-3장의 창조 기사에서 동사 '라다'는 '마샬'과 아주 다른 의미로 사용된다. '마샬'은 강제성을 띤 지배와 통제의 행위를 가리키지만(창 1:18; 3:16; 4:7), '라다'는 상호소통하며 상생하는 자율적인 생명 활동을 가리킨다(창 1:26, 28). 사람의 존재 이유는 모든 생물이 저마다 복되게 살 수 있도록 환경을 조성해 주고 먹임으로써 땅 위의 모든 생명이 번성할 수 있도록 도와주는 데 있다. 사람은 모든 생물을 먹이는 선한 목자로 지음 받은 존재이다. 이것이 사람이 사는 참된 이유이다.

문명의 시대에 들어서 사람들은 많은 생물을 멸종시키고 있다. 이러한 실태는 현대인들이 창조주 하나님을 거역하고 있다는 증거이다. 우리 죄인이 자신의 존재 이유를 망각하였으니 모든 생물을 마구 잡아먹는다. 이에 지구상에는 생물들의 부르짖는 아우성이 하늘에 사무치고 있다. 회개해야 할 일이다.

II. 창세기 1장 27절

인생론은 창세기 1장의 으뜸가는 쟁점이다. 사람의 창조 기사는 창세기 1장 26절에서부터 31절까지 길게 나온다. 그만큼 깊은 신학이 담겨 있다. "사람은 누구인가?" 이 보편적인 질문 속에 "나는 누구인가?"라는 질문이 담겨 있다. "인생에 목적이 있는가?" 이것은 모든 시대마다 누구나 한 번쯤 던져보는 질문일 것이다.

헬라 문명도 로마 문명도 이집트 문명이나 메소포타미아 문명과 마찬가지로 "인간은 누구이며 인생은 무엇인가?"라는 질문을 끈질 기게 던져 왔다. 이들은 이구동성으로 사람은 행복하기 위해서 산다고 입을 모아 왔다. 현대에서도 인생의 행복론은 철학의 공리가 되어 있다. 헬레니즘 문명권에서는 이것을 '유다이모니아'라고 불렀다.

헤브라이즘의 본체인 성경은 이러한 인생론에 대하여 일침을 가한다. 창세기 1-2장은 사람의 사는 목적은 하나님을 기쁘시게 하고 그분께 영광을 돌리는 데 있다고 분명하게 천명하고 있다. 성경은 세속주의적 행복론을 버릴 것을 요구한다. 성경의 인생론은 창세기 1장 26-31절, 2장 5-17절에 간결하지만 깊이 있게 논구되고 있다. 따라서 기독교인의 인생론은 이 부분을 깊이 읽고 묵상하면서 정립되어야 마땅하다.

1. '창조하다'(바라)

창세기 1장 27절의 특징은 '창조하다'란 동사 '바라'가 세 차례나 연거푸 되풀이 사용된 점이다. 동사 '바라'는 창세기 1장에서 사용된 특별한 단어이다. 빛과 궁창과 우주의 천체는 하나님께서 말씀하시면 성령께서 움직여서 만들어졌다. 그러한 경우에는 '말하다'란 동사 '아마르'가 사용되었다. 그러나 이 지구의 물짐승과 날짐승을 창조하심을 보도하는 창세기 1장 21절에서는 동사 '바라'를 사용했다. 사람의 창조를 보도하는 창세기 1장 27절에는 하나님의 직접 창조를 강조하는 듯 동사 '바라'를 세 차례나 반복한다. 사람은 특별히 하나님과 친밀한 존재이며 직접 소통하는 동역자임을 강조하는 표현 기법이다.

하나님은 함께 일할 동역자가 필요해서 사람을 창조하셨다. 하나님의 계속창조 사역에서 인간에게 모든 생물을 다스리게 하는 역할을 부여할 참이었다. 이러한 하나님의 목적은 창세기 2장 5절에도 다시 표명되고 있다. '흙을 갈 사람'(아바드 아다마)이 필요해서 사람을 창조하셨다고 해설을 덧붙이고 있다. 여기에서 사람의 사는 목적은 매우 분명해진다. 사람은 자신의 행복을 추구하고 누리기 위해서 사는 것이 아니다. 이러한 사고는 물질주의 우상숭배 사상의 요체를 이룬다. 사람의 사는 목적은 하나님의 동역자로 살기 위해서이다.

Ⅲ. 창세기 1장 28절

사람은 생육하고 번성하도록 창조되었다. 본디 사람은 하나님을 닮은 존재로 생겨났으며, 하나님처럼 생각하며 하나님과 함께 일하는 계속창조의 동역자로 살았다. 하나님께서는 온 땅에 생명이 꽃피고 모든 생명이 저마다 아름답게 살아가도록 창조하셨다. 하나님의 창조 목적은 생명이 행복하게 살아가는 것을 보는 데 있다. 모든 생물이 저마다 행복하게 사는 것을 보실 때 창조주 하나님은 보람을 느끼시며 한없이 기뻐하신다. 자식이 행복해하는 것을 보면 저절로 기뻐지는 부모의 마음과 같다.

1. '복을 주시다'(바라크)

하나님은 사람을 지으시고 복을 주셨다. 히브리어 '바라크'는 창세기 1장 22절에 처음 나오는데 다섯째 날에 물짐승과 날짐승을 창조하시고 복을 주셨다. 여섯째 날에는 길짐승을 창조하시고 복을 주셨다는 말은 없다. 동사 '바라크'는 사람을 창조한 연후에 비로소 28절에 나온다. 이 동사의 목적어가 '오탐'인데 삼인칭 복수대명사이다. "그들에게 복을 주셨다"란 뜻인데 이 목적어에 사람을 비롯한 모든 길짐승이 포함된다. 24-25절에는 길짐승을 가리켜 '버헤마'란 단어와 '하야트'란 단어와 '레메쉬'란 단어들이 동원되었다. 마지막으로 사람이 창조되었는데 '아담'이란 명사로 표시하였다. 이 모든 길짐승이 하나님의 복을 받았다. 그래서 28절은 '복을 주다, 축복하다'란 동사 '바라크'로 시작된다.

2. '생육과 번성'(퍼루 우러부)

모든 생물은 사람과 마찬가지로 '생육'하고 '번성'하도록 창조되었다. 히브리어로 '퍼루 우러부'인데 동사 '파라'와 '라바'가 사용되었다. 동사 '파라'는 히브리어성경에 29회 나오는데, 이 중 15회가 창세기에 나온다. 이 동사가 나오면 으레 동사 '라바'가 함께 언급된다. 우리말 성경에는 "생육하고 번성하라"라고 번역하였다. 야곱이 벧엘에서 '생육 번성'의 복을 받았다(창 28:3; 48:4). 동사 '파라'에서 에브라임 지파의 명칭이 나왔다(창 41:52). 아브라함이 '생육'(파라)의 복을 받았고 이스마엘도 '생육 번성'의 복을 받았다(창 17:20).

하나님의 뜻대로 사는 사람이 많아져야 이 땅에 하나님의 나라가 건설될 것이다. 하나님의 마음을 알고 하나님의 의도하시는 대로 일을 하는 창조의 동역자가 많아져야 하나님의 다스림이 통하는 사회가 될 것이었다. 이렇게 창조의 본모습을 회복하려고 부단히 애쓰며 하나님의 일을 하려고 나서는 자를 가리켜 성경은 '의인'(차디크)이라고 부른다. 하나님과 관계없이 자기 욕심대로 살아가는 자들을 가리켜 '악인'이라고 부르는데 사람이 선악을 알게 하는 나무의 열매를 먹고 에덴동산에서 추방된 이래 역사는 악인들이 지어가는 세상이 되고 말았다. 의인이 생육하고 번성하여야 하나님의 나라가 회복될 것이다. 교회는 구원받고 변화 받은 의인들의 회중이다. 교회가 번성하여야 모든 생명이 꽃을 피우며 행복하게 살 수 있는 것이다.

3. '충만하다'(말레)

하나님이 창조한 사람은 하나님의 형상대로 지어져 하나님을 닮은 존재이다. 본디 사람은 하나님의 형상대로 지음을 받았으니 하나님과 같은 존재였다. 모든 생물이 잘 살도록 보살피시는 하나님의 사역을 따라 사람도 모든 생물이 잘 살도록 돕고 보살피는 일을 하였다. 이러한 사람이 생육하고 번성하도록 하나님은 복을 주셨다. 하나님의 일을 하는 동역자들은 생육하고 번성하여 마침내 온 땅을 가득 채우게 될 것이다. 하나님이 복을 주셨으니 그대로 이루어질 것이다.

가득 채워지는 상황을 묘사하는 히브리어 동사는 '말레'이다.

개역성경은 '땅에 충만하라'라고 번역했고, 새번역은 '땅에 충만하여라', 공동번역은 '온 땅에 퍼져서', 가톨릭역은 '땅을 가득 채우고'라고 표현했다. 동사 '말레'는 창세기 1장 22절에 맨 처음 나온 동사인데, 다섯째 날에 물짐승을 창조하시고 온 바다를 가득 채우라고 복을 주셨다. 여섯째 날에는 길짐승을 창조하시고 그중에서도 사람에게 특별한 복을 주셔서 온 땅에 충만하도록 복을 주셨다.

창세기 1장은 사람이 아직 타락하지 않은 상황이다. 선악과를 먹고 하나님을 거역하는 인간이 땅에 충만할 것이 아니라 하나님의 형상을 닮아 하나님께 순종하며 하나님의 일을 하는 사람이 땅에 충만하라는 것이다.

동사 '말레'는 창세기 6장 11절에 세 번째로 언급된다. 노아의 시대 온 땅에 악인들이 번성하게 되자(창 6:5, 라바 라아트), 온 땅에 폭력이 가득하게 되었다. 선악을 알게 하는 나무의 열매를 먹고 에덴동산에서 쫓겨난 사람이 폭력을 사용하기 시작했다. 가인의 후예들이 번성하자 온 땅에 폭력이 가득하게 되었다(창 6:11, 와티말레 하아레츠 하마스, "강포가 땅에 충만한지라"). 하나님은 홍수로 악인을 다 쓸어버리시고 노아와 그 가족만을 구원하셨다. 노아의 가정을 통하여 새 창조의 역사를 이어가실 때 하나님께서 무지개 언약을 베푸시고 다시 창조의 사역을 이어가신다.

하나님의 일을 하는 동역자들이 온 땅에 가득하여 충만하여야 온 세계가 하나님의 뜻대로 이루어져 갈 것이다. 따라서 창세기 1장 28절의 '충만하라'는 복은 하나님의 백성 곧 교회의 성장과 부흥을 뜻하는 말씀이다. 전쟁과 폭력이 충만한 세상을 예수 그리스도의 말씀으로 변화시켜서 평화와 사랑이 충만한 세계를 이룩해야 한다. 먼저 교회에 평화와 사랑을 일구는 일꾼들이 충만하여야 하겠고, 교회의 기도와 섬김으로 이 어두운 세상이 변화를 받고 구원을 받아야 할 것이다.

4. '정복하다'(카바쉬)

하나님의 형상을 닮은 창조의 동역자들이 온 땅에 충만하게 되면 반드시 수행해야 할 사명이 있다. 그것을 히브리어 본문에는 '워킵슈하'라는 하나의 동사구로 표현하고 있다. 이것은 접속사 '와우'에 동사 '카바쉬'의 명령법에 여성 단수 접미사 '하'가 목적어로 붙은 형태이다. 여기서 여성 단수 '하'는 '땅'을 가리킨다. 땅을 '카바쉬'하라는 말이다. 동사 '카바쉬'를 우리말 성경은 '정복하다'라고 번역했다. 근년에 번역한 천주교성경은 '지배하다'라고 옮겼다. 정복이나 지배나 동일한 개념의 범주에 속한다.

1960년대에 세계교회협의회(WCC)는 서구 제국이 아시아·아프리카 대륙에서 식민지를 건설했던 것을 참회하였다. 식민지 침략을 서구 교회가 막지 못했던 과오는 동사 '카바쉬'를 잘못 해석했던 탓에도 원인이 있다고 보았다. 이 동사의 번역을 새롭게 할 것을 제안하였다. 창세기 1장 28절의 "땅을 정복하라"는 말씀 때문에 서양 교회는 식민지화를 정당한 것으로 보았다는 자성이었다. WCC는 "땅을 섬기라"라고 번역하자는 제안을 하였다. 그러나 학계에서는 동사 '카바쉬'에 '섬기다'란 의미가 없음을 지적하였다. '섬기다'를 의미하는 동사는 '아바드'가 따로 있다. '카바쉬'를 '정복하다'(conquer)라고 옮기는 것은 너무 지나친 번역이라는 지적도 있었다

(TWOT).

성경의 용례를 다 따져 보면 '카바쉬'는 사람이 어떤 사물을 발로 꾹 밟아 누르는 동작을 가리킨다. 농부들이 포도원에서 수확한 포도를 확에 부어 넣고 발로 짓밟아 즙을 짜는 행위를 가리켜서 '카바쉬'라는 동사를 사용하였다. '카바쉬'는 발로 밟는 동작을 표현하여 영어로 subdue로 옮기자는 제안도 나왔다. 영한사전에 subdue는 '복속하다'라고 정의되어 있다. 정복이나 복속이나 별반 차이가 없는 폭력행위이므로 이 제안도 썩 좋지는 않다.

'카바쉬'는 "발로 꾹 밟아 누르다"라고 정의할 수 있다. 하나님의 형상을 닮은 창조의 동역자들은 땅에 충만하여서 땅을 꾹 밟고 눌러야 한다. 땅에 교만한 자들이 많아지면 땅이 높이 솟아오르게 된다. 바벨성을 쌓는 자들이 망대(믹돌)를 하늘 꼭대기까지 닿도록 쌓아 올렸다(창 11:4). 모세가 파견한 정탐꾼들은 가나안에서 '매우 크고 견고한' 성곽을 보았다. 이스라엘이 가나안 땅에 들어가면 그들은 '좋은 집'을 짓지 말라고 모세는 당부하였다(신 8:12). 교만해지지 않도록 조심하라는 취지였다. 교만은 히브리어 '롬'인데 본디 '높다'라는 뜻이다. 땅이 높아지지 않도록 눌러야 한다. 땅이 높아지면 하늘과 땅 사이의 공간이 좁아져서 창조계가 파괴된다. 사람은 번성하여 땅을 가득 채우고 땅을 꾹 눌러서 낮은 곳에 처하도록 사역하여야 한다. 히브리어로 '낮다'는 단어는 '아나브'인데 '겸손하다'란 뜻도 된다. 땅은 낮은 곳에서 모름지기 겸손해야 한다. 사람은 땅을 꾹 밟아 눌러야 한다. 이것이 동사 '카바쉬'가 말씀하는 참뜻이다.

5. 사람의 존재 이유

　사람이 생육하고 번성하여 땅을 가득 채워야 하는 까닭은 땅으로 하여금 낮아지도록 꾹 밟아 누르기 위해서이다. 땅은 낮은 데 있어야 높은 하늘과의 사이에 광활한 창공을 확보할 수 있다. 땅이 낮아져야 한다는 것은 인간이 모름지기 자기를 낮추고 겸허해야 한다는 의미도 내포하고 있다. 하나님의 뜻을 알고 순종하는 사람은 땅에 발을 붙이고 살면서 스스로 낮추고 겸손하게 살게 된다. 하나님의 뜻을 모르고 불순종하는 사람은 자기를 높이다가 교만해져서 마침내 바벨탑과 같은 거대한 도성이나 바벨도성의 거대한 지구라트^{ziggurat}와 같은 구조물을 쌓아 올리게 된다.

　자기를 낮추고 겸허하게 사는 사람은 주께서 창조하신 땅의 모든 생물을 잘 살도록 도와주는 역할을 맡는다. 하나님께서 복을 주시되 사람은 물짐승과 날짐승과 길짐승이 모두 잘 살 수 있도록 다스리라고 하셨다. 창세기 1장 28절의 동사 '다스리다'는 히브리어로 '라다'인데, 이 동사는 바로 앞의 26절에 언급된 바 있다. 26절은 사람을 창조하신 목적을 진술하는데 그 취지가 28절에서 다시 반복되고 있다. 사람이 창조된 존재 이유(raison d'être)는 모든 생물이 생육하고 번성할 수 있도록 환경을 조성해 주는 데 있다. 창세기 1장 28절에 선포된 이 '다스리는 사람'은 창세기 2장 5절의 '땅을 갈 사람'과 동일한 사상을 전달하고 있다.

　오늘날 인간 중심주의의 문명으로 인하여 지상의 많은 생물이 멸종하거나 개체수가 급격히 감소하고 있다. 사람이 지나치게 천연자원을 마구 개발하여 남용하고 에너지를 과용하고 있기 때문이다.

교회는 이러한 현대 문명에 대항하여 성경의 말씀을 듣고 회개할 것을 선포해야 한다. 사람의 존재 이유는 모든 생물이 저마다 번성할 수 있는 지구의 환경을 조성하는 일임을 말씀 선포자인 목회자들이 사회를 향하여 외쳐야 할 것이다.

IV. 창세기 1장 29절

하나님은 사람을 창조하시고 먹을거리를 정해 주셨다. 채식을 하라는 것이다. 사람은 동물을 땅에서 생육하고 번성하도록 도와주는 책임을 지고 있다. 동물도 생육하고 번성하는 복을 받았기 때문이다(창 1:22). 그 복을 끼치는 책임이 사람에게 있다. 동물들이 생육하고 번성하도록 다스리려면 사람은 동물을 잡아먹어서는 안 된다. 하나님은 동물을 다스릴 책임을 지우시고, 이어서 사람은 채식을 해야 한다고 명하셨다. 하나님의 말씀을 준행하여 생명 살림의 일꾼으로 일하려면 고기를 먹지 말아야 한다.

채식하는 사람은 모든 채소와 모든 나무를 먹는다. 히브리어로 '씨 맺는 채소'는 '에셉 조레아 제라'이고 '씨 가진 나무의 열매'는 '페리 에츠 조레아 제라'이다. 이 표현은 셋째 날 창조 기사에 나온다. 식물은 셋째 날 창조되었다. 그리고 태양계를 품은 은하계는 넷째 날 창조되었다. 이 지구에 동물은 다섯째 날과 여섯째 날 창조되었다. 사람이 먹을 채소는 지구가 생기기 이전에 창조되었음을 알 수 있다. 사람은 이처럼 오래된 생명을 지녀온 씨을 먹고 사는 존재이다.

씨 맺는 채소(에셉)는 보리, 벼, 귀리, 수수 등 곡물이나 상추, 배추, 고추 등의 근채류이고, 씨 맺는 나무의 열매는 사과, 배, 자두, 호두 등의 과일류이다.

채식을 할 경우에는 먹어도 되는 식물과 먹어서는 안 되는 식물에 관한 규정이 없다. 모든 식물은 먹어도 된다. 독초도 약이 되기에 먹으면 안 된다고 금지한 식물은 없다. 사람이 육식을 시작한 것은 동산의 선악과를 따 먹고 범죄하여 타락한 이후부터이다. 성도는 예수님을 믿고 하나님의 형상을 회복하였으니 모름지기 육식을 멀리고 채식으로 식단을 꾸려야 할 것이다.

1. 육식의 기원

하나님은 사람을 창조하시고 채식을 하라고 지정해 주셨다. 모든 동물을 살리고 육성하는 것이 사람의 사명이었기에 동물을 잡아먹는 일은 그 사명에 위배되는 일이다. 사람의 음식이 성경에서 쟁점이 되는 까닭은 육식 남용으로 동물의 수효가 줄어드는 상황이 있었기 때문이다. 문명을 주도하는 도시 시민들이 주변 자연의 동물들을 너무나 많이 잡아먹어서 생육하고 번성하여야 할 동물들이 자꾸만 줄어들고 있었던 것이다. 이러한 자연 질서 파괴의 현상을 성경 저자는 심각한 위기의 현상으로 인식하였다. 육식을 주식으로 하는 도시의 시민들에게 성경 저자는 태초부터 사람은 채식을 하도록 창조되었음을 상기시켜 줌으로써 동물을 보호하자고 제안하고 있는 것이다.

육식을 최초로 시작한 사람은 가인의 후예인 라멕이었다. 가인의

5대손인 라멕은 자신의 맏아들을 도시 바깥으로 내보내어서 우릿간을 짓고 가축을 기르게 하였다(창 4:20). 이것이 축산업의 원조이다. 라멕이 축산업을 시작한 까닭은 도시 안에 육류를 공급하는 체제를 갖추기 위해서였다. 가인은 동생 아벨을 죽이고 그 후 아들의 이름을 따서 에녹성을 건축하였다. 가인은 최초의 도성을 쌓고 최초로 문명을 일으킨 원조이다. 도시 문명의 출발은 폭력에서 시작되었으며, 육식을 시작하게 된 동기는 육체의 폭력을 증대하기 위해서였다. 가인이 여호와 앞을 떠나서 에녹성을 쌓고 자기 육체의 능력으로 삶을 도모하기 시작하면서 그 후예들이 도성 안에서 육식을 즐기게 되었다. 이것이 육식의 기원에 대한 성경의 해명이다. 육식은 죄인이 시작한 잘못된 음식인 것이다.

사람이 죄의 사함을 받고 하나님의 형상을 회복하면 에덴동산으로 돌아가야 한다. 에덴동산은 채식하는 곳이다. 하나님께서 에덴동산에 보기에 아름답고 먹기에 좋은 나무들을 심으시고 사람들의 주식으로 삼게 하셨다.

오늘날 교회가 이 음식 문제를 너무 가볍게 여기고 복음의 시대에는 아무것이나 다 먹어도 된다는 교설을 신봉하고 있는 것 같다. 복음의 자유와 먹을거리의 관계는 더 깊이 연구해야 할 과제이다. 율법과 복음의 관계에서 음식물 규정의 문제를 더 철저히 해명할 필요가 있다. 어떻든 사람은 애초에 채식하도록 창조된 것만은 분명하다.

2. 폭력의 촉발

가인은 살인을 저지르고 자기를 죽이려는 자들을 방어하려고 했다. 자신과 가족을 보호하려고 주거지에 높은 벽을 쌓아 둘렀다. 지금까지 보지 못하던 성벽이라는 기괴한 건축 양식이 출현하였다. 높은 성벽으로 둘러싼 영역은 도시가 되었다. 가인은 성을 짓고 아들의 이름을 따서 '에녹성'이라고 명명하였다(창 4:17). 성城은 히브리어로 '이르'인데 영역본들은 일제히 city라고 번역했다. 가인의 후예는 도시 문명의 창시자들이었다.

성벽 안에 사는 도시민들은 스스로 육체의 힘을 최대한 강하게 연마함으로써 적대자들을 제압해야 했다. 근육을 단단하게 하고 몸을 거대하게 키우기 위해서는 다른 동물을 잡아먹는 육식을 개발하였다. 육식은 하나님께서 허락하신 음식이 아니었지만(창 1:19), 도시민은 육체의 능력을 최대한 길렀다. 육체의 힘이 커지자 그들은 타인들을 제압하는 영웅들이 되었고, 도성을 다스리는 권력자들이 되었다. 길가메쉬나 엔키두 같은 영웅들이 출현하자 도시민들은 영웅들을 찬양하는 <길가메쉬 서사시> 같은 노래들을 지어 불렀다. 영웅 숭배는 도시의 이데올로기였다.

도시민들은 영웅을 '하나님의 아들들'(버네이 하엘로힘)이라고 불렀다(창 6:2). 이 호칭은 길가메쉬나 엔키두 같은 영웅을 지칭하였다. 그들이 마음대로 부리고 주무를 수 있었던 약자들을 성경은 '사람의 딸들'(버노트 하아담)이라고 표현하였다(창 6:2). 영웅들에게서 영웅들이 태어났는데, 이들이 '네필림'이었다. 히브리어 '네필림'은 그리스어로 '기겐테스'라고 번역하는데, 영어로는 '자이언트'(Giant)이다.

신적인 힘을 휘두르는 거인족들이 바로 이들이다. 영웅들의 폭력으로 문명사는 피로 물들었다. 폭력으로 노예제도가 성립하였으며 창조계도 덩달아 망가지고 말았다. 노아 홍수의 심판이 불가피해졌다.

'폭력'을 뜻하는 히브리어 '하마스'는 창세기 6장 11절에 처음으로 언급된다(포악). 아담이 지은 죄는 가인에게서 살인이라는 폭력으로 나타났고, 그 5대손 라멕 또한 살인을 저지른 폭행자가 되었다. 육식을 즐기는 영웅들이 등장하였고, 이들이 폭력을 휘둘러 인간관계와 자연이 파괴되었다. 육식은 폭력을 낳는 나쁜 음식이라고 성경은 경고하고 있는 것이다.

V. 창세기 1장 30절

모든 동물은 본디 초식동물로 창조되었다고 성경은 선언하고 있다. 사람과 마찬가지로 모든 동물도 초식을 하는 것이 원래의 모습이었다는 것이다. 원인류학에서도 사람은 본디 초식을 하였다는 것이 정설로 되어 있다. 사람이 후대에 이르러 육식을 시작함으로써 장腸이 짧아지고 뇌가 발달하였으며, 근육도 발달하였다.

본디 사람이 채식만 하였다는 연구의 성과는 있지만, 동물이 애초에 초식동물만 존재하였다는 학술 정보는 없다. 동물의 세계는 처음부터 서로를 잡아먹는 맹수들이 활동하고 있었다는 것이 통설이다. 이 통설은 창세기 1장 30절의 진술과 어긋난다. 하지만 히브리어 원문을 자세히 뜯어보면 본문 말씀의 의도가 조금 다르게 읽힌다.

"생명이 있어 땅에 기는 모든 것"이란 표현에 주목해야 한다. 이 어구에서 '생명'은 히브리어로 '네페쉬'인데 채식과 육식 사이의 경계에 이 단어가 항상 주목을 받고 있다. '네페쉬'란 단어는 바로 앞의 다섯째 날 창조 사역에 두 차례, 여섯째 날 창조 사역에 한 차례, 도합 세 차례나 연거푸 사용되었다(창 1:20, 21, 24). 다섯째 날에는 물짐승과 날짐승을 창조하셨고, 여섯째 날에는 길짐승을 창조하셨다. 이 모든 경우에 '생물'을 가리켜 히브리어로 '네페쉬 하야'란 표현을 사용했다. 창세기 1장 30절에도 '네페쉬 하야'란 용어를 사용하면서 모든 동물이 초식동물로 창조되었음을 표명하고 있다.

　　'네페쉬 하야'를 개역성경은 '생명'이라고 번역했다. 구약학자 폰라트(G. von Rad)는 창세기 1장에 의하면 '네페쉬'는 동물에게만 있고 식물에는 없다고 주석하였다. 창세기 9장 3절에는 하나님께서 사람에게 육식을 허용하면서 바로 다음 절에 피를 먹지 말라고 엄금하시는 대목이 나온다. 그 까닭은 피에 생명이 있기 때문이라고 설명한다(창 9:4). 레위기에도 이런 사상이 율법으로 나타난다. "육체의 생명(네페쉬)은 피에 있음이라"(레 17:11). "모든 생물은 그 피가 생명(네페쉬)과 일체라"(레 17:14). 창세기 1장 30절의 초식동물 선언은 하나님께서 태초에 생명을 살리는 창조 사역을 하셨다는 선언이다. 창세기 1장 30절은 희망을 담은 종말론적 진술이다. 이사야 11장 6-9절을 읽어 보자.

　　그 때에 이리가 어린 양과 함께 살며 표범이 어린 염소와 함께 누우며 송아지와 어린 사자와 살진 짐승이 함께 있어 어린 아기에게 끌리며 암소와 곰이 함께 먹으며 그것들의 새끼가 함께 엎드리며 사자가 소처럼 풀을 먹을 것이며 젖 먹는 아기가 독사의 구멍에서 장난하며 젖 뗀 어린아기가 독사의 굴에 손을 넣을 것이라 내 거룩한 산 모든 곳에서 해 됨도 없고 상함도 없을 것이니 이는 물이 바다를 덮음 같이 여호와를 아는 지식이 세상에 충만할 것임이니라.

이와 같이 태초에 선포한 생명 선언 안에는 종말에 이루실 하나님의 섭리가 예정되어 있다. 모든 창조 사역을 완성하시는 그날에 여호와 하나님께서는 사람을 비롯하여 모든 동물이 채식 생활로 돌아간다는 것을 이사야는 예언하고 있는 것이다.

VI. 창세기 1장 31절

하나님의 창조 사역은 엿새에 걸쳐서 이루어졌다. 첫날에 빛을, 둘째 날에 궁창을, 셋째 날에 하늘과 바다와 땅을 그리고 땅 위에 식물과 씨앗을, 넷째 날에 하늘의 일월성신을, 다섯째 날에 물짐승과 날짐승, 여섯째 날에 길짐승과 사람을 창조하셨다. 하나님은 자신이 창조하신 작품을 보시고 좋아하셨다.

"보시기에 좋았더라"란 평주評註는 매일 주어진 것이 아니다. 창세기 1장에서 '좋았다'는 평가는 첫날에 한 번, 셋째 날에 두 번, 넷째 날에 한 번, 다섯째 날에 한 번, 여섯째 날에 두 번, 도합 일곱 번 표명되고 있다. 둘째 날과 일곱째 날에는 좋았다는 평주가 생략되었다. 둘째 날에는 궁창을 창조하시니 허공에 아무것도 없었기 때문에 좋았다는 평가를 내릴 수가 없었다. 일곱째 날에는 아무것도 창조하지 않고 쉬셨기 때문에 좋았다는 평가를 붙일 수가 없었을 것이다.

'좋았다'는 히브리어로 '토브'이다. '토브'는 '좋다'라는 번역어 외에도 '아름답다', '선善하다', '유익하다' 등으로 번역할 수 있다. '토브'는 긍정적이고 밝은 측면을 묘사하므로 동양의 음양오행설에 나오는 '양陽'에 해당한다고 볼 수 있다. 그 반대말은 '라아'인데 '나쁘다', '추하다', '악惡하다', '해롭다' 등으로 번역할 수 있다. 이것은 음양설의 '음陰'에 해당한다. 성경에 의하면 태초에는 음양이 존재하지 않았고 오로지 양陽만이 존재했다고 본다. 하나님이 창조하신 세계에는 본디 부정적이고 추하고 더럽고 악한 것은 없었다는 말이다.

창조 여섯째 날에 '토브'란 단어가 두 차례 나오는데 길짐승을 창조하시고 '좋다'(토브)하셨고, 사람을 창조하시고 모든 창조를 총평하시면서 '지극히 좋다'(토브 머오드)라고 평하셨다. '토브 머오드'에서 '머오드'는 영어로 하면 exceedingly인데 지극히 좋은 것을 우리말로는 '지고선至高善'이라고 부른다. 하나님께서 창조하신 세계는 본디 악한 것이 조금도 없는 지고선의 상태에 있었다.

예수님을 구주로 믿고 모든 죄에서 놓임 받고 구원받은 사람이 성도이다. 성도는 하나님이 창조하신 세계에 좋은 것밖에 없다는 진리를 깨닫게 된다. 그것이 곧 에덴동산으로 표상된 하나님 나라의 진면목임을 인정하게 된다. 예수 그리스도는 하나님의 형상이시니 (고후4:4) 예수님을 믿는 성도도 곧 하나님의 형상을 회복한다. 하나님의 형상이 회복된 상태는 곧 창세기 1장의 원창조의 모습으로 회복된 것이다. 그래서 예수께서 "하나님의 나라가 가까웠다"고 외치신 것이다. 성도를 좌절시키는 악은 세계에 존재하지 않는다. 성도에게 세계는 지고선의 상태에 있다. 고난과 질병 속에서 있다 하더라도 성도에게는 사는 것이 너무나 행복하기만 하다.

하나님이 지으신 그 모든 것을 보시니 보시기에 심히 좋았더라(창 1:31).

창세기 2장 5-15절을 통해서 보는 농(農)의 신학

Ⅰ. 창세기 2장 5절

여호와 하나님이 땅에 비를 내리지 아니하셨고 땅을 갈 사람도 없었으므로 들에서 초목이 아직 없었고 밭에는 채소가 나지 아니하였으며

창세기 2장 5절 말씀에 '땅을 갈 사람이 없었으므로'란 구절이 문장 끝에 나온다. 이 말씀은 사람의 사는 의미와 목적을 밝혀준다. 사람의 존재 이유, 곧 인생론이 펼쳐진다. 사람은 땅을 가는 존재로 생겨났다는 뜻이다. 땅을 갈 사람이란 곧 농부를 가리키는 것으로 이해될 수 있다. 사람은 본디 농자農耔로 창조되었다는 뜻도 된다. 그런데 '땅을 갈 사람'이란 말씀이 어떠한 영적 의미를 전달하고 있는지 애매하니 우리는 이를 더 깊이 묵상해 보아야 한다.

하나님께서 천지창조를 완성하시고 일곱째 날에 쉬셨다(1:1-2:3). 하지만 들판이나 산야에는 아직 식물이 다 나지 않은 상태에 있었다. 이것은 하나님께서 창조를 완성하셨으나 계속창조의 작업은 여전

히 진행 중임을 의미한다. 문서가설로는 이 두 문장을 따로 떼어서 이해했지만, 토라(Torah)를 완결한 최종 본문으로 읽는 독자의 눈에는 1장의 창조 기사가 2장에서 다시금 술회되고 있으며, 2장이 1장을 더욱 상론하고 있다는 느낌을 받게 된다. 주께서 하시는 창조 사역은 지금까지도 계속 이루어지고 있다. 끝날까지 주의 창조는 이어질 것이라는 암시가 창세기 2장 4절의 '톨도트'란 단어를 통해 주어져 있다. '톨도트'는 처음과 끝을 전제한 단어로서 개역은 '내력'이라고 번역했다.

주께서 계속창조의 사역을 하기 위하여 '땅을 갈 사람'을 필요로 했다. '땅을 갈 사람'의 히브리어 원어는 '아담 라아보드-하아다마'이다. 동사 '아바드'는 '섬기다, 노동하다'란 뜻이고, 명사 '아다마'는 '흙'이란 뜻이다. 직역하자면 '흙을 섬기는 사람'이 된다. 모든 피조물은 흙으로 지어졌음을 전제한다면 이 말씀은 '모든 피조물을 섬기는 사람'이란 의미로 확대 해석할 수 있다. 사람의 몸도 흙이고, 모든 동물도 흙이며, 식물도 흙이다. 이렇게 볼 때 흙을 섬긴다는 말은 생명을 살린다는 뜻도 된다. 흙을 섬기는 사람, 곧 타자(他者)를 위해서 일하는 생명의 일꾼이 '땅을 갈 사람'이다. 이런 존재가 있어야 하나님의 창조 작업은 계속될 수 있다(창 1:28). 예수님께서 전적으로 타자를 위해 사심으로써 이와 같은 원인간의 삶을 살아내신 것이다. 본회퍼는 예수님을 '전적으로 타자를 위하여 사신 분'(Being for others)이라고 정의하였다.

창세기 1장은 '농(農)'의 개념을 정립하고, 2장은 '농자(農者)'가 누구인지를 정의하고 있다. 흙을 이용하고 착취하는 것이 농사가 아니다. 흙에 노동력을 투여하여 흙을 살리는 일이 농사이다. 흙의 생명을 증진하고 보존하는 사람이 농부이다. 타자를 위해 살아가는 사람, 그가 곧 '농자'인 것이다. 사람은 누구나 농자로 창조되었다. 농자는 하나님과 함께 일하는 동역자다. 사람은 본디 하나님을 믿고 생명을 살리는 믿음의 농부로 이 땅에 태어난 것이다.

현대의 산업사회에서 농사는 산업의 한 분야가 되었다. '공업'이나 '상업'과 마찬가지로 '농업'도 국가 경제를 위해서 중요한 산업이다. 자본주의 국가 안에서 살아가야 하는 농사꾼은 돈을 벌려고 농사를 짓는다. 돈이 안 되는 작물은 수확하지 않고 버린다. 그러나 하나님을 믿는 농부는 하나님을 위해서 일한다. 흙을 파고 밭을 고르면서 농사꾼은 하나님의 숨결에 흠뻑 젖는다. 인간은 본디 모든 타자를 살리는 일을 하는 창조의 동역자로 태어났다.

농부가 일을 해야 사람이 먹을 채소가 자란다. 농사꾼이 없는 채소는 존재하지 않는다. 채소는 사람의 식단에 오르는 재료가 된다. 창세기 1장 29절은 '씨 맺는 모든 채소와 씨 가진 열매 맺는 모든 나무'가 본디 사람의 먹을거리였다고 한다. 사람은 애초에 채식 동물로 지음 받았다는 선언이다. 채소가 나지 않으면 사람은 굶어 죽는다. 이 점은 모든 육식동물에게도 적용된다. 동물도 모두가 채식을 하도록 창조되었다. 채소를 재배하는 믿음의 농사꾼의 일이 있어야 지구상의 사람은 생존할 수 있고, 땅에서 채소가 자라야 동물들도 생존할 수 있다.

이러한 성경의 선언은 인류학적 지식에 비추어 볼 때 참이 아니다. 원인류학이나 지구학의 연구 결과로 미루어 볼 때, 본디 사람이나 동물이 채식만 하였다는 성경의 진술은 옳지 않다. 그러나 성서의 저자는 자기 시대의 사람들에게 채식의 원론을 제시함으로써 하나님의 뜻을 선포하는 데 총력을 기울인 영성가라는 사실은 불변의 참이다. 성서의 저자가 가르치는 것은 평화를 위하여 일하는 사람은 육식을 피하고 채식을 하라는 것이다. 여기에는 생명 존중의 사상이 담뿍 담겨 있는 것이다.

창세기 1장에 의하면 셋째 날에 식물이 창조되었다(창 1:11-12). 마른 땅이 드러나니 거기에 씨 맺는 식물이 났다. 식물의 씨울이 창조된 이후인 넷째 날에 하늘의 일월성신이 창조되었다. 지구와 태양계가 넷째 날에 이루어졌다면 식물과 씨울의 창조는 지구의 세계를 넘어 우주적 3차원의 공간에서 이루어졌다고 보아야 한다. 이것도 과학적으로는 지지를 받을 수 없는 언설이지만, 창세기 저자의 시대에 그가 선포하려는 진실은 오류라고 볼 수 없다. 그는 생명과 씨울의 중요성을 강조하고 있다. 지구상에서 동물은 창조의 다섯째 날에 생겨났다.

창세기 2장 5절에 의하면 지구에는 아직 식물이 다 나지 않았다고 한다. 히브리어 '테렘'을 부사로 보면 '아직 아니'란 뜻인데, 접속사가 되면 '~하기 전에'(before)가 된다. 게다가 '모든 것'(all, everything)이란 의미의 명사 '콜'과 부사 '테렘'을 연결하면 "채소가 아직 다 나지 않았다"라고 부분 부정으로 해석할 수 있다. 그러나 모든 역본은 그렇게 하지 않고 '테렘'을 접속사 '~하기 전에'(before)로 간주하여 채소나 초목이 아직 나지 않았다고 해석하였다.

식물이 계속 돋아나는 상황이 전제되어 있다. 여호와 하나님께서 지구상에 식물을 창조하셨는데 각종 식물이 계속 번성하여 나고 있는 중이었다. 식물이 번성하려면 물이 있어야 하고, 채소를 생산하려면 사람이 있어야 한다. 비가 오지 않았고, 흙을 가꿀 사람이 없었기에 아직 땅에는 식물이 잘 번성하지 못하고 있는 상황이었다.

종래의 성서학자들은 창세기 1장 1절에서 창세기 2장 4절과 창세기 2장 4절 이하의 본문을 서로 다른 문서 자료에서 온 것으로 간주했다. 그래서 이 두 문서 자료 사이의 상이점과 모순점이 성경으로서의 최종 본문에서 어떻게 통합적으로 이해되어야 하는지를 거의 논하지 않았다. 다행히도 2000년대에 들어오면서부터 성경을 온전한 하나의 본문으로 일관되게 이해하려는 노력이 이루어지고 있다. 식물 창조에 대한 창세기 1장 11-12절의 말씀과 창세기 2장 4절의 말씀 사이에 보이는 불연속성을 하나의 통일된 연속성으로 주석해 내는 일은 매우 중요하다.

지구상의 동물 창조는 창조 다섯째 날과 여섯째 날에 이루어졌고, 식물 창조는 최초의 안식일 이후에 이루어진다. 지구상의 식물 창조를 위해서는 물과 사람의 존재가 필요하였다. 이레째 안식하신 하나님께서는 이제 월요일부터 창조 사역을 계속하신다. 이제 식물의 창조에 초점이 쏠리면서 물과 사람의 존재가 부각되는 것이다. 사람의 창조는 앞의 창세기 1장 26-28절에 보도되었지만, 그것은 다시 창세기 2장 5-25절에서 재론되면서 해설이 곁들여 나온다. 2장은 1장에 대한 '미드라쉬Midrash'이다. 창세기 2장은 하나님의 계속 창조를 전제하고 있다. 토라의 최종 본문 차원에서 창세기 2장은 한번 창조된 피조물은 고정된 것이 아니라 계속해서 창조되어가는 과정 속에 있음을 보여 주고 있다. 성경의 계속창조론은 과학의 진화론에 대한 신학적 토론에도 새로운 지평을 열어 줄 수 있을 것이다.

Ⅱ. 창세기 2장 6절

개역성경은 창세기 2장 6절을 "안개만 땅에서 올라왔다"라고 번역했다. 히브리어 '에드'를 '안개'라고 번역한 것이다. 흠정역(KJV)이 mist라고 번역한 것과 일치한다. 이와는 달리 새번역과 공동역은 '에드'를 '물'이라고 번역했는데 개정역(RSV)의 stream과 일치한다. 최근에 번역한 가톨릭역은 이것을 '안개'라고 번역했다. 학계에서는 '에드'를 '안개'라고 보는 전통적인 학자들과 '샘물'이라고 보는 학자들로 갈라져 있다. 나는 '에드'가 아래 물에서 솟아나는 '샘'이라고 본다.

안개가 온 지표를 적셨다고 하니 좀 어색하다. 개역은 "온 지면을 적셨더라"라고 옮겼고, 새번역은 "온 땅을 적셨다"라고 옮겼다. 히브리어 '아다마'는 '흙'을 가리키는 명사로서 바로 앞 5절에 나온 바 있다. 사람은 '흙'(아다마)를 살리기 위해서 창조된 존재라는 인생론을 창세기 2장 5절은 펼쳤다. 하나님께서 흙을 살리기 위해서 우선 흙을 적시는 물을 솟아나게 하셨다. 물은 생명의 원천이므로 흙에 생명이 번성하도록 물을 공급하신 것이다. 창세기 1장 9절에 의하면 셋째 날에 창조된 '뭍, 마른 땅'은 물기 없이 바싹 마른 상태를 가리킨다. 물기 없이 마른 상태의 '뭍'(야바샤)에다가 이제 주께서 물을 공급하신 것이다. 이것이 창세기 2장 5절의 뜻이다. '에드'가 '안개'이건 '물'이건 간에 중요한 것은 마른 땅이 물에 젖었다는 뜻이다.

물이란 단어 '마임'은 창세기 1장 2절에 처음 언급되었다. 물은 빛보다 먼저 창조된 물질로서 3차원 세계의 피조물이 아니다. 3차원

이전의 상태에 물이 하나님의 영과 함께 기존하고 있었다. 궁창을 만드실 때 윗물과 아랫물로 나누셨는데 창세기 2장 5절은 이 아랫물이 지면으로 솟아올라서 온 흙을 적셨다고 보도한다. 주께서는 이처럼 흙을 적신 다음에 그 젖은 흙으로 사람을 지으셨다(2:7).

물에 젖은 흙으로 만들어진 사람의 몸은 수분이 70%가 넘는다. 세포의 원형질에는 물이 94%가 넘는다. 창세기 1장 2절에 의하면 물은 하나님의 영에 따라 움직이는 물질이다. 그러니 사람의 몸속에 있는 물을 움직이는 분은 성령이시다. 사람은 본디 성령의 감동에 따라 움직이도록 창조된 존재이다. 사람이 사는 거처가 에덴동산이었는데 이곳에서 물이 발원하여 사방으로 흘러나갔다(2:9-15). 물이 가는 곳마다 생명이 꽃을 피웠으니 에덴동산은 물 댄 동산이며, 모든 생명의 원천이다.

처음에는 아랫물에서 샘이 솟아올랐지만, 나중에 노아 홍수 때에는 윗물에서 비가 쏟아져 내려왔다. 하늘의 창문이 열렸다고 표현되어 있다(창 7:4, 11). 이와 같이 창세기에는 '물'의 중요성이 아주 강조되고 있다. 사람의 몸속의 물이 깨끗해야 병이 없다. 물이 풍부하고 깨끗해야 모든 생명이 번성하고 행복하게 살 수 있다. 죄가 많아지니 물 부족 현상이 심해지고, 지구상에 물이 없어 고통을 당하는 사람들이 수 억 명을 넘는다고 한다. 이 때문에 2017년 사순절에 세계교회협의회(WCC)는 지구의 물 문제를 두고 기도하자고 제안하였다.

일반 학문의 분과에 '수문학水文學'(hydrology)이란 분야가 있다. 물이 얼마나 중요한 물질인지 물의 동향에 대해서 특별히 연구하는 학문이다. 이러한 학문이 생기기 오래전에 벌써 성경은 물을 중요성을 역설해왔다. 우리가 깨닫지 못했을 뿐이다. 성경에는 물과 성령의 교호작용에 관한 이야기로 가득 차 있다. 이것을 나는 '물의 신학'이라고 부른다.

Ⅲ. 창세기 2장 7절

인간학은 영어로 '안트로폴로지anthropology'인데 '인류학', '인간학', '문화인류학'이라고 번역한다. 신학에서는 이 용어를 인간의 기원에 관한 탐구를 가리킨다. 이와 달리 인생론은 인생의 목적과 삶의 의미에 대하여 질문하고 답하는 논의이다. 창세기 1장 26-28절과 2장 5절은 인생론이지만 2장 7절은 인간을 구성하고 있는 요소를 논하고 있으니 인간학이다. 인문학은 영어로 '휴매니티즈humanities'인데 인간에 관련된 모든 사항을 연구하는 학문 분과이다. 인간은 무엇인가?

창세기 2장 7절에 의하면 인간은 세 가지 요소로 구성되어 있다. 첫째, 인간 속에는 하나님의 노동이 들어있다. '조형하다'란 동사 '야차르'는 인간 속에 하나님의 노동과 창조의 에너지가 들어 있음을 의미한다. 둘째, 인간을 이루는 물질은 '황토'이다. 히브리어로 '아파르 민 하아다마'라고 되어 있는데 이것은 입자가 가장 고운 흙을 가리킨다. 시편에는 '진토'라고도 번역했지만 가장 올바른 번역어는 '황토'이다. 황토가 흙 중에서는 가장 입자가 곱다. 개역은 '흙', 개정역 □ 새번역은 '땅의 흙', 공동번역은 '진흙', 가톨릭역은 '흙의 먼지'라고 옮겼다. 셋째, 인간 속에 생명의 숨(니쉬마특 하임)이 들어 있다. '너샤마'는 '숨'이고, '하임'은 '생명'이다. 이것을 개역, 개정역은 '생기', 새번역은 '생명의 기운', 공동역은 '입김, ~숨을 쉬었다', 가톨릭역은 '생명의 숨'이라고 옮겼다. 이것은 하나님께서 사람의 코에 불어넣어 주었기에 인간 속에는 하나님의 숨이 들어있다.

사람을 구성하는 물질은 흙(황토)과 물(2:5)이고, 사람을 결정적으로 살리는 요소는 하나님의 살리시는 숨이다. 흙은 땅과 소통하는 물질이고 물은 성령과 교통하는 물질이다. 창조 이전에 하나님의 영이 물 위에 감돌고 있었으니(1:2) 성령은 물을 움직인다. 성령은 체내의 물을 통하여 사람을 감동시킨다. 사람은 숨 쉬는 행위를 통하여 하나님과 교제한다. '하나님의 힘'과 '흙'과 '물'과 '숨', 네 가지 요소가 합하여 '생령' 곧 '사람'(아담)이 되었다. '생령'의 히브리어는 '네페쉬하야'인데 '네페쉬'는 '목숨, 생명'이란 뜻이고, '하야'는 '살아있는'이란 형용사이다. 직역하면 '살아있는 생명'이 된다. 개역, 개정역은 '생령', 새번역, 가톨릭역은 '생명체', 공동역은 애매하게도 '사람이 되어 숨을 쉬었다'라고 번역했다.

히브리어 '너샤마'는 무엇인가? '너샤마'는 하나님의 입에서 나온 것이다. 그 코에 '불어넣으시니'란 히브리어 동사는 '나팍흐'인데 바람을 불어넣는 동작을 가리킨다. 하나님께서 사람의 코 속으로 자신의 숨을 불어넣으셨다. 숨은 하나님과 소통하는 통로이다. 하나님의 뜻을 깨달아 하나님과 함께 숨을 쉬며 살아가는 존재자가 인간이다.

'너샤마'라는 단어는 오경에 딱 세 차례 언급된다(창 2:7; 7:22; 신 20:16). 노아 홍수기 가운데 '니쉬마트-루악흐 하임'이란 어구가 나온다(창 7:22). 개역은 '생물의 기식을 호흡하는 것', 개정역은 '생명의 기운의 숨', 새번역은 '숨을 쉬며 사는 것', 공동역은 '코로 숨쉬며 살던 것', 가톨릭역은 '생명의 숨이 붙어 있는 것'이라고 각기 다르게 번역하였다. 새흠정역(NKJV)는 '생명의 영의 숨'(the breath of the spirit of life), 새개정표준역(NRSV)은 '생명의 숨'(the breath of life)이라고 옮겼다. 그리스역(LXX)은 '프노엔 조에스πνοὴν ζωῆς'라고 옮겼고, 라틴어역(VUL)도 '스피라쿨룸 비태spiraculum vitae'라고 옮겨서 창세기 2장 7절과 동일하다. 하나님께서 '너샤마'를 거두어가면 사람은 죽는다. 신명기 20장 16절에도 심판받아 진멸되는 사람을 묘사하면서 '너샤먀'란 단어를 사용한다. 심판하실 때 범죄자에게서 '너샤마'를 거두어 가신다. '너샤마'는 사람이 살아 있게 만드는 결정적인 요소이다.

사람은 숨 쉼으로써 하나님과 함께 움직인다. 하나님과 동역하는 영성은 숨을 하나님처럼 쉬어야 한다. 하나님의 숨을 쉬는 자가 행복하다. 영성은 숨을 잘 쉬는 것을 의미한다. 하나님과 함께 일하려면 하나님의 숨을 쉬어야 하기 때문이다. 하나님을 부인하고 하나님의 뜻대로 살지 않는 사람은 이미 죽은 존재이다. 그래서 창세기 2장 17절의 말씀이 가슴을 울린다. "선악을 알게 하는 나무의 열매는 먹지 말라. 네가 먹는 날에는 반드시 죽으리라 하시니라."

정리해 보면 사람이란 존재는 하나님과 직통으로 교제하는 존재이다. 하나님의 성령에 따라 움직이면서 땅에 발을 붙이고 살아간다. 사람은 땅의 사정을 잘 알아 하나님께 중보하며 하나님의 뜻을 따라 창조 사역에 동역하는 존재이다. 인간은 하나님의 숨을 쉬는 생명체로서 땅의 사정을 잘 알아서 하나님께 알려 드리고(흙, 아파르 민 하아다마) 성령의 능력으로 살아가며(창2:5-6, 젖은 흙) 하나님의 운동과 하나가 되어서(숨, 너샤마) 창조 사역에 동역하는 존재이다(하나님의 노동, 야차르).

IV. 창세기 2장 8절

여호와 하나님이 동방의 에덴에 동산을 창설하시고 그 지으신 사람을
거기 두시니라.

V. 창세기 2장 9절

여호와 하나님이 그 땅에서 보기에 아름답고 먹기에 좋은 나무가 나게
하시니 동산 가운데에는 생명나무와 선악을 알게 하는 나무도 있더라.

VI. 창세기 2장 10-15절

에덴동산의 위치는 메소포타미아 문명이 발호한 지역에 속해
있다. 이 소문단에는 사람의 주거 문제가 주제로 등장한다. 본디
사람은 에덴에 살도록 지음 받은 존재였다. 하나님은 사람을 지으시
고 사람을 에덴에서 살도록 인도하셨다. 에덴의 사람은 메소포타미
아 지역으로 흘러가는 강물을 따라 나아가서 그 물길 따라 피어나는
생명들과 토지를 돌보는 일을 하는 창조주의 동역자였다. 온 땅의
생명체들이 저마다 생육하고 번성하도록 환경을 조성해 주는 일을

사람에게 맡긴 것이었다. 이처럼 생명 돌봄이란 사상을 펼치는 데 창세기 2장 10-15절 소문단의 취지가 있다.

15절의 '러' 부정법 어구 '러아브다흐'는 직역하면 '그녀를 섬기도록'이다. 삼인칭 단수 인칭대명사 '흐'(ㄱ)가 동사 뒤에 붙어 있다. 이것은 여성명사인 '아레츠'를 지시한다. 바로 앞에 '간-에덴'이란 어구가 나오기 때문에 이 여성대명사가 '에덴동산'를 지시할 수는 없다. '간'은 중성, 공성명사이기 때문이다. 에덴동산에서 편히 쉬며 안주하게 된 사람은 흙에 노동력을 투여하여 흙을 살리고 그 생명력을 보존해야 하는 사명을 받았다. 이것인 15절의 의미이다. 한글 역본들은 모두 사람이 에덴동산을 가꾸는 사명을 받은 것으로 해석하고 있다. 그러나 '러' 부정법을 좀 더 폭넓게 해석하면 지구상의 모든 생명을 살리는 일을 에덴의 사람이 해야 한다는 뜻으로 읽어내고, 녹색 생명 섬김이로서 사람의 위상을 이 본문을 통해 제시할 수 있게 된다. 아래의 창세기 2장 15절 한글 역본들을 비교해 보라.

[KRV] 여호와 하나님이 그 사람을 이끌어 에덴동산에 두사 그것을 다스리며 지키게 하시고

[NKR] 여호와 하나님이 그 사람을 이끌어 에덴동산에 두어 <u>그것을 경작하며</u> 지키게 하시고

[SNV] 주 하나님이 사람을 데려다가 에덴동산에 두시고, <u>그 곳을 맡아서</u> 돌보게 하셨다.

[KCB] 야훼 하느님께서 아담을 데려다가 에덴에 있는 이 동산을 <u>돌보게 하시며</u>

[KRB] 주 하느님께서는 사람을 데려다 에덴동산에 두시어, 그곳을 <u>일구</u>

<u>고 돌보게</u> 하셨다.

이상의 번역을 수정하여 번역하면 "주 하나님께서 사람을 데리고 에덴동산에 편히 살면서 흙을 살리며 흙을 보존하는 일을 시키셨다"가 된다. 이렇게 번역하면 모든 생명을 살리는 생명 살림의 사명을 사람들이 더욱 분명하게 깨우칠 수 있게 될 것이다.

에덴은 물이 솟아올라 사방으로 흘러나가 온 지면을 적시는 수원지이다. 물이 있어야 생명이 태어나고 번성할 수 있다. 에덴에서 흘러나가는 물은 온 세계로 뻗어나가서 생명체들을 탄생시킨다.

3부

엘리야, 엘리사와 농(農)신학

엘리야-엘리사 이야기 무리(群)에 나타난 농(農)의 신학 (1)

I. 들어가는 말

엘리야는 디셉 사람이었으니 그는 농촌을 배경으로 성장한 농부였음에 틀림없다. 엘리사도 열두 겨리 소로 밭을 갈다가 부름을 받았으니 그도 농사꾼이었다. 이 두 예언자를 둘러싼 이야기가 열왕기상 17장에서부터 열왕기하 13장에 이르기까지 길게 이어지고 있다. 이 속에는 많은 일화가 하나의 이야기 무리(群)를 구성하고 있다. 이 가운데 엘리야의 소명 기사는 매우 길고 특이한 모양새를 보이고 있다.

예언자들의 소명 기사는 성경에 여러 가지로 나타난다. 대표적인 것으로 이사야의 소명기, 예레미야의 소명기, 기드온의 소명기, 모세의 소명기로 압축해서 살펴볼 수 있다. 이들 소명기는 하나님의 부르심과 응답이라는 매우 명쾌한 구조로 짜여 있다. 이사야는 부르심에 즉각 자원하는 응답을 하였다(사 6장). 예레미야는 한 번 거절하였다가 마침내 수락한다(렘 1장). 기드온은 몇 차례의 기적을 증표로 요구한 후에 마침내 수락하였다(삿 6장). 모세는 무려 다섯 차례나 거절한 후에 마지못해서 애굽으로 내려갔다(출 3-6장). 예언자의 소명기에는 부르심과 응답이라는 일정한 양식을 보이고 있다.

하지만 엘리야의 소명기에는 부르심과 응답의 양식이 보이지 않는다. 야훼께서 부르시는 대목이 생략되어 없으며, 부르심에 적절히 응답하는 대목도 없다. 열왕기상 17장 1절에 의하면 엘리야가 느닷없이 아합에게 나아가 '비가 오지 않을 것'을 예언함으로 예언 활동을 시작한다. 야훼 하나님의 명령도 없었고, 야훼의 부르심도 생략되었다. 엘리사의 소명기도 마찬가지다. 하나님은 엘리야에게 명하시기를 엘리사에게 기름을 부어서 제자로 삼으라 하셨다. 그러나 엘리야는 기름을 붓는 대신 겉옷을 던져 제자로 삼는다. 엘리사의 소명기에도 하나님의 부르심을 받고 응답하는 양식이 보이지 않는다.

두 사람의 농부가 시대의 부조리 앞에서 분연히 떨치고 일어나서 예언자의 활동을 시작하는 모습에서 오늘을 사는 우리 농부들이 무엇을 배울 수 있을 것인가? 지금부터 몇 차례에 걸쳐서 농부 엘리야와 엘리사에 얽힌 이야기들을 자세히 읽어 보면서 그 속에 나타난 농의 신학을 감상해 보려고 한다.

II. 엘리야 이야기에 나타난 창조 신앙과 말씀 신학

엘리야 이야기는 열왕기상 17장 1절에서 시작하여 열왕기하 2장 12절까지 펼쳐진다. 엘리야 이야기의 라인을 짚어 보자면 열왕기상 17장 1절에서 열왕기상 18장 1절로 자연스레 넘어가며 마침내 열왕기상 18장 41절로 귀결된다. 비가 오지 않는다는 예언으로 시작하여 비가 이제 올 것이라는 예언을 선포하고, 드디어 비가 내리는 장면으로 이어지고 있다. 이야기의 주요 모티프는 하나님은 비를 내리시는 기후의 주인이라는 주제임을 알 수 있다.

비는 농사를 짓는 데 가장 중요한 요소이다. 곁에 나일강의 강물이 있어서 논이나 밭에 물을 댈 수 있는 이집트식 농사와는 달리, 가나안에는 와디wadi가 있어서 조금만 가물어도 강바닥이 훤히 드러나기 일쑤였다. 이집트에는 발로 물을 대는 관개수로가 발달하였지만, 가나안에는 천수답에 의존하여 농사를 지었다. 그래서 농사꾼들은 비의 신을 믿었고, 비와 바람을 관장하는 신은 바알이라고 생각하여 바알 숭배가 가나안에 만연하였다. 이런 사회문화적 상황에서 바알 숭배의 허구성을 폭로하고, 바람과 구름을 관장하는 분이 야훼 하나님이시며, 그분이 참된 창조주이심을 증언하는 사명을 띤 예언자가 엘리야였다. 엘리야의 예언은 비가 오지 않는다고 선포하였다가 다시 비가 온다고 선포할 때 그대로 이루어지는 것을 보여 주는 일이었다. 이 일은 아합왕에게 하나님의 말씀을 전하는 것으로 족하였다. 비를 관장하는 분이 야훼 하나님임을 입증하여 아합왕으로 하여금 바알 숭배의 망령에서 벗어나도록 촉구하는 말씀의 사역이 엘리야에게 주어진 역할이었다.

엘리야의 이야기 무리를 분석해 보자. 엘리야의 활동을 보도하는 부분은 열왕기상 17-19장에 나타나는데 이 문단을 구분하면 아래와 같다.

① 왕상17:1 엘리야가 장기간 비가 오지 않을 것을 아합왕에게 예언하다.

② 왕상17:2-7 그릿시내로 피신하자 까마귀가 음식을 가져옴. 물이 마르다.

③ 왕상17:8-16 시돈의 사르밧 성문에서 과부를 만나 물과 떡을 요구함. 밀가루와 기름이 떨어지지 않는 기적을 베풂.

④ 왕상17:17-24 사르밧 과부의 아들이 죽다. 엘리야가 아들을 살려내자 과부가 야훼를 믿게 됨.

⑤ 왕상18:1 야훼께서 이제 비가 올 것임을 아합에게 알리라고 명령함.

⑥ 왕상18:2-40 엘리야가 바알 숭배자들과 갈멜산에서 대결하여 승리를 거둠.

⑦ 왕상18:41-46 엘리야가 비가 온다고 선포하자 큰 비가 내림. 아합과 함께 비를 맞으며 달려감.

⑧ 왕상19:1-4. 이세벨의 군대를 피하여 엘리야가 도망을 쳐서 브엘세바 광야 길로 들어가 로뎀나무 아래에서 죽으려고 함.

⑨ 왕상19:5-12. 호렙산의 한 동굴에서 세미한 소리로 현현하신 야훼 하나님을 만남.

⑩ 왕상19:13-18. 야훼 하나님께서 세 가지 사항을 수행하라고 명령하심.

⑪ 왕상19:19-21. 엘리야가 엘리사에게 겉옷을 던져 부르자 엘리사가 따름.

비를 소재로 한 구절은 17장 1절, 18장 1절, 18장 41절로 이어짐을 알 수 있다. 비 소재는 창조 신앙을 의미한다. 창조 신앙의 주제가 흘러가는 사이사이에 몇 가지 에피소드가 끼어 있다. 까마귀가 떡과 고기를 날라 주는 이야기에는 창조주 하나님께서 동물들을 자유자재로 사용하시는 창조 신앙의 주제가 돋보인다. 사르밧 과부의 이야기에는 이방인 선교의 주제와 더불어 하나님이 생명의 주인이시라는 창조 신앙의 모티프가 바닥에 흐르고 있다. 그 과부가 매일 일용할 양식을 공급해 주는 기적만으로는 야훼 하나님을 인정하지 않지만, 죽은 아들의 생명을 살리는 기적을 보고 야훼의 말씀을 비로소 믿게 되었다. 과부는 "여호와의 말씀이 진실한 줄 아노라"라고 인정하게 된다. 그녀는 기적을 믿는다고 말하는 것이 아니라 "네 아들이 살아났다"는 엘리야의 입에 있는 '말씀'을 믿게 된 것이다 (우더바르-야훼 버피카 에메트). 여기에는 신명기 사가의 '말씀 신학'이 또렷하게 표명되어 있다. 창조 신앙은 창조주 야훼의 말씀 신학으로 발전하고 있다. 농부 엘리야는 시대의 고난 앞에서 말씀 선포자의 사명을 안고 예언자로 성장하고 있었다.

열왕기상 18장 1절에 의하면 하나님께서 드디어 비가 올 것이라고 말씀하신다. 비 소식을 아합왕에게 선포하라고 엘리야에게 명하셨다. 비가 오래 없어서 온 나라의 경제가 피폐하였다. 하지만 엘리야는 이 명령의 수행을 당장 이행하지 않는다. 갈멜산 대결 후에 뒤늦게 열왕기상 18장 41절에 가서야 아합에게 비가 온다고 선포한다. 1절은 41절로 자연스럽게 이어진다. 이 두 구절 사이에 2-40절이 끼어 있는데 이것은 그 유명한 갈멜산 대결 이야기이다. 갈멜산 대결의 이야기에서 새롭게 주목해야 할 점은 그 대결이 하나님의 명령으로 이루어진 대결이 아니라는 점이다. 야훼께서 엘리야에게 바알 예언자들과 대결하라고 지시한 적이 없다. 다만 비가 온다고 아합에게 알려 주라고 명령했을 뿐이었다.

Ⅲ. 엘리야 이야기에 나타난 역사신학

아합에게 이 소식을 전하러 가는 중에 엘리야는 야훼의 예언자들이 박해받는 현장을 목격하게 된다. 이세벨이 바알 숭배자들을 권장하고 야훼 예배자들은 학살하고 있었다. 아합을 길에서 우연히 만났으나 그는 자신의 축사에 있는 가축을 먹일 물을 찾는 데 혈안이되어 있었다. 왕으로서 백성과 농민에게 공급할 물을 찾는 어진 왕이 아니었다. 자신의 이해관계에 매몰되어 있는 왕이 아합이었고, 그것은 우상숭배의 결과였다. 엘리야는 이러한 잘못된 국가의 정책에 항거하기로 결심하였다.

엘리야는 이세벨과 아합의 야훼 종교 억압 정책에 격분하여 바알 숭배의 허구성을 증명하고 야훼 하나님의 진리성을 입증하려고 갈멜 산상의 대결을 제안한다. 갈멜산 대결의 성격은 역사 신앙을 표현한 것이라 할 수 있겠다. 야훼는 역사의 주인이시며 모든 피억압자를 해방하시는 하나님이시다. 이것은 구원 신앙이라고도 할 수 있겠다. 갈멜산 대결은 엘리야가 구상한 것이지 야훼 하나님께서 기획하신 것이 아니었다. 역사에서 억압당하는 피억압민의 구원을 갈멜산 대결의 승리를 통해서 쟁취할 수 있다고 엘리야는 믿었던 모양이다. 엘리야는 정치 투쟁에 나서기로 결심한 듯하다.

다신론에 의하면 신들의 대결과 투쟁은 다반사로 일어났다. 신화가 역사로 전환되었으며, 문화가 되고, 사상이 되고, 종교가 되었다. 신들의 투쟁은 현실 속에서 다반사로 일어났다. 신들의 전쟁은 인간들의 전쟁을 투영한 신화의 산물이다. 다신론에서는 대결하여 이긴 신이 만신전(pantheon)에서 상위를 점하고 최고신은 가장 강한 신으로 등극한다. 그러나 유일신 사상에서는 이러한 신들의 전쟁과 대결이 차지할 여지가 없다. 왜냐하면 만신전에 부속한 신들은 모두 허구이기 때문이다. 참된 하나님은 오직 한 분뿐이시며 그는 노예들을 해방시키시는 하나님이시기 때문이다. 그러므로 갈멜산에서 바알의 예언자들과 대결하는 것은 야훼의 유일신 신앙을 입증하는 방법이 될 수 없다. 야훼라는 신을 최고신으로 등극시키거나 아니면 적어도 바알보다 상위의 신임을 입증할 수는 있을 법했다. 엘리야의 개혁 프로그램은 야훼의 상위성 내지 우위성을 입증하려는 열성에서 나온 것이었다.

엘리야는 갈멜산의 대결을 승리로 이끌어서 아합왕의 마음을 얻으려고 하였다. 아합왕의 권력을 등에 업고 '위로부터의 개혁'을 시도한 것이다. 국가의 개혁에 관련된 일은 필연코 권력투쟁을 수반하지 않으면 안 된다. 바알 숭배자들로부터 왕의 권력을 떼놓음으로써 왕이 우상숭배를 버리고 야훼 숭배로 회심하기를 노렸다. 이로써 엘리야는 아합왕을 등에 업고 우상숭배를 척결하려고 시도한 것이다.

바알 숭배자들에게 승리를 거둔 후 엘리야는 그들을 기손 시내에서 학살하였다. 그 후에 엘리야는 아합왕과 하나가 되었다. 아합왕의 환심을 사는 데 성공한 것이다. 그제야 비로소 큰 비가 올 것임을 왕에게 고지한다. 과연 비가 억수로 쏟아졌다. 엘리야의 하나님 야훼께서 참 신임이 입증되었다. 이로써 아합과 엘리야는 이제 하나가 되어 일할 수 있게 되었다. 아합왕이 바알 숭배를 버리고 비로소 야훼 하나님을 믿게 된 것이었다. 엘리야는 아합의 왕권을 등에 업고 이제 이스라엘에서 바알 숭배의 폐단을 척결할 수 있게 된 것이었다. 하지만 아합왕은 야훼 하나님께서 창조주이시며 참되시고 유일한 하나님이라는 진리를 체득할 수는 없었다. 국가를 수호하는 만신전의 최고신으로 모실 만하다고만 생각하게 되었을 것이다. 이것이 갈멜산 대결이 애초부터 지닌 한계였다.

왕의 마음은 얻었다. 그러나 진정한 권력은 아합왕에게 없었다. 숨은 실력자는 왕후 이세벨이었다. 이세벨은 아합왕을 제압하고 군대를 파견하여 엘리야를 체포하여 죽이려 하였다. 엘리야는 도망칠 수밖에 없었다. 그것도 남 왕국을 관통하여 브엘세바까지 내려갔다가 네겝 사막을 지나 호렙산까지 내려가는 동선을 보인다. 그의 정치 개혁은 모두 수포로 돌아가고 말았다. 아합왕의 마음을 얻었으나 그를 지배하고 있는 것은 그의 아내 이세벨이었음을 간과했던 것이다. 역사에 대한 절망에 빠진 엘리야는 한 네겝 사막의 한 로뎀나무 밑에 누워서 죽기를 기다렸다. 목숨을 포기한 것이다.

애초에 비의 주인은 바알이 아니라 야훼이심을 입증하는 것으로 예언자의 사명은 충분하였다. 비가 온다고 했으니 비가 온다고 선포하였더라면 그만이었다. 엘리야는 이러한 말씀 선포만으로는 만족할 수 없었다. 말씀을 선포한다고 현실이 바뀔 리가 만무하였던 것이다. 구체적인 정치 개혁이 있어야 했고, 그러기 위해서 대적자들과의 투쟁은 불가피하였다. 피비린내 나는 살육은 개혁을 위해서는 감내해야 할 사항이었다. 개혁에는 '살인의 필연성'이 뒤따른 것이었다. 엘리야는 수백 명의 바알 숭배자들을 처단하였다. 그러나 위로부터의 개혁은 실패하였다. 사회의 상층이 속속들이 썩어 있었던 것이었다. 엘리야는 역사에서 더 이상 말씀의 신학에 대한 희망을 찾을 수 없었다. 그는 로뎀나무 밑에 몸을 누이고 죽기를 원했다. 자살하려고 한 것이다. 엘리야의 역사신학은 오류임이 드러났다.

IV. 엘리야의 소명기는 말씀의 신학이다

엘리야가 로뎀나무에서 죽으려고 시도했을 때 야훼께서 천사를 보내어 그를 안찰하여 살려내었다. 쓰러져 있는 그를 두 차례나 마사지하여 일으키신다. 먹을 것을 주시면서 사십일을 걸어서 호렙산으로 데려가신다. 그곳 한 동굴에서 엘리야는 역사의 부조리를 하나님에게 호소하며 항변한다.

그러나 하나님께서 엘리야에게 자신을 계시하여 주시되 세미한 소리로 알려 주신다. 크고 강한 폭풍에도 계시지 않았고, 지진 가운데에도 계시지 않았으며 또한 불 가운데에도 계시지 않았다(왕상 19:11-12). 야훼 하나님은 아주 세미한 소리 '콜' 가운데 계셨다. 사르밧 과부가 엘리야의 입에 있는 야훼 하나님의 소리를 듣고 믿은 것과 마찬가지로 이제야 엘리야는 하나님의 현존이 세미한 소리에 있음을 체험하게 된다. 하나님은 어떠한 강한 힘으로 나타나는 것이 아니라 육의 청각으로는 들릴 듯 말 듯한 세미한 소리로 나타나는 것임을 깨닫게 되었다.

역사를 구원하는 힘은 폭력을 통한 개혁에 있는 것이 아니라 영의 개발로 인하여 사람이 변화되어야 역사의 구원이 이루어진다.

창조주 하나님의 은밀한 소리를 들을 수 있을 때 비로소 구원이 다가온다. 구원은 세미한 말씀에서 나오는 것임을 엘리야는 뼈저리게 체험한 것이다. 이제야 비로소 엘리야는 하나님의 부르심을 제대로 깨닫고 부르심에 나설 수 있게 되었다. 그것은 심판 예언자로서의 소명이었다. 이 점을 인정한다면 엘리야의 소명기는 열왕기상 17장 1절에서부터 시작하여 열왕기상 19장 41절까지 장황하게 이어지는 말씀 선포자로서의 부르심과 응답의 과정이라 할 수 있다.

참된 소명의 체험을 경험한 지금부터 엘리야는 모든 폭력적 역사 개혁의 현장을 떠나게 된다. 그는 오로지 하나님의 말씀만을 선포하는 심판 예언자로 거듭나게 되었다. 그는 역사 현장에서 벌어지는 전쟁에는 개입하지 않았으며(왕상 20장), 나봇을 살해한 불의의 현장에 나타나서 아합왕의 권력이 멸망할 것이라는 심판을 예언하였다(21장). 아합의 아들이 병들어 바알세붑에게 물으러 갔을 때 엘리야는 우상을 숭배하는 왕의 죽음을 예언하였다(왕하 1장). 그는 말씀의 예언 운동을 펼쳐서 예언자 학교를 세우고 제자들을 양성하는 일에 전념하게 되었다(왕하 2:3).

엘리야-엘리사 이야기 무리(群)에 나타난 농(農)의 신학 (2)

Ⅰ. 바알이냐 여호와냐?

엘리야는 디셉 사람이었으니 농촌을 배경으로 성장한 농부였을 것이다. 그가 엘리사를 불렀을 때 엘리사도 농사일을 하고 있었다. 엘리사는 열두 겨리 소로 밭을 갈고 있었다. 이 두 농부가 예언자로 부름을 받아 시대의 문제를 안고 씨름하였다. 이 중에 바알 숭배자들과 대결을 벌인 분은 엘리야였다. 그는 바알이라는 우상을 섬기는 선지자들을 척결하고 아합왕을 계도하여 이스라엘에 여호와의 신앙을 회복하는 활동에 집중하였다. 이와 달리 엘리사의 활동은 주로 이스라엘왕국의 정권 내부를 정화하는 일과 이스라엘을 침략한 적국들을 물리치는 정치적 활동에 쏠려 있었다. 그는 국가의 정치와 관련된 예언 활동에 치중했다.

엘리야는 예언 활동 초기에 느닷없이 아합왕에게 나아가 '비가 오지 않을 것'이라고 예언하였다. 이렇게 엘리야의 예언 활동은 시작되었다. 야훼 하나님의 명령도 없었고 하나님께서 부르시는 소명기도 생략되었다. 엘리야 이야기의 흐름을 짚어 보자면 열왕기상 17장 1절에서 18장 1절로 자연스레 이어진다.

> 길르앗에 우거하는 자 중에 디셉 사람 엘리야가 아합에게 말하되 내가 섬기는 이스라엘의 하나님 여호와께서 살아 계심을 두고 맹세하노니 내 말이 없으면 수 년 동안 비도 이슬도 있지 아니하리라 하니라(왕상 17:1).

> 많은 날이 지나고 제 삼년에 여호와의 말씀이 엘리야에게 임하여 이르시되 너는 가서 아합에게 보이라 내가 비를 지면에 내리리라 엘리야가 아합에게 보이려고 가니 그 때에 사마리아에 기근이 심하였더라(왕상 18:1-2).

엘리야는 비가 오지 않을 것을 예언하였다가 아합의 박해를 피하여 그릿시내에 숨어 지내야 했다. 그릿시내의 물이 말라버리자 이윽고 외국으로 망명하였다. 시돈의 사르밧이라는 도시로 피하였다가 거기에서 한 가난한 과부를 만나 기적을 베푼다. 그사이 삼년이란 세월이 흘렀다. 이윽고 여호와께서 엘리야를 부르신다. 아합에게 가서 비가 온다고 말해 주라는 말씀이었다. 엘리야는 아합에게 나아가는 도중에 여호와의 예언자들이 박해를 당하는 상황을 목격하였다. 이에 엘리야는 격분하여 바알 제사장들과 한판 대결을 벌이기로 결심한다. 아합왕에게 여호와의 진면목을 보여줌으로써 아합으로 하여금 여호와를 예배하도록 설득하려는 생각이었다. 갈멜산 상에서 엘리야는 바알의 선지자들을 물리치고 승리를 거두었다. 승리를 거둔 후에 마침내 엘리야 이야기는 열왕기상 18장 41절로 귀결된다. 갈멜산 상의 승리는 비가 오는 것으로 마무리된다.

엘리야가 아합에게 이르되 올라가서 먹고 마시소서 큰 비 소리가 있나이 다 아합이 먹고 마시러 올라가니라 엘리야가 갈멜산 꼭대기로 올라가서 땅에 꿇어 엎드려 그의 얼굴을 무릎 사이에 넣고 그의 사환에게 이르되 올라가 바다 쪽을 바라보라 그가 올라가 바라보고 말하되 아무것도 없나 이다 이르되 일곱번까지 다시 가라 일곱 번째 이르러서는 그가 말하되 바다에서 사람의 손만 한 작은 구름이 일어나나이다 이르되 올라가 아합 에게 말하기를 비에 막히지 아니하도록 마차를 갖추고 내려가소서 하라 하니라 조금 후에 구름과 바람이 일어나서 하늘이 캄캄해지며 큰 비가 내리는지라 아합이 마차를 타고 이스르엘로 가니 여호와의 능력이 엘리 야에게 임하매 그가 허리를 동이고 이스르엘로 들어가는 곳까지 아합 앞에서 달려갔더라(왕상 18:41-46).

비가 오지 않는다는 예언으로 시작하였다가(왕상 17:1) 삼 년이 지나자 곧 비가 올 것이라고 예언한다(왕상 18:1). 그 예언에 따라 갈멜산의 대결 이후에 드디어 비가 쏟아진다(왕상 18:41).

엘리야 이야기의 흐름에서 가장 중요한 모티프는 '비'이다. 비를 관장하는 농경의 신이 누구냐 하는 쟁점이다. 비는 농경사회에서 경제의 성패를 좌우하는 결정적인 요소이다. 경제의 성패를 좌우하 는 신이 바알이냐 아니면 여호와냐 하는 쟁점이 주제로 부각되어 있다. 비를 내리시는 기후의 주인이 여호와이시며 따라서 경제의 성패는 여호와 신앙에 달려 있음을 엘리야는 입증해야 했다. 하지만 아합왕을 비롯한 이스라엘의 백성은 바알이 기후의 주인이며 경제의 성패는 바알에게 달려 있다고 믿고 있었다. 바알과 여호와 사이에 누가 참된 농사의 신인가?

II. 비는 회개를 촉구하는 도구

이스라엘의 농부들은 바알을 숭배하고 있었다. 바알은 풍요를 약속하는 신이었다. 이웃 나라 시돈에서 시집온 왕비 이세벨이 아합왕에게 바알 숭배를 하도록 유혹하였다. 그들은 농민에게 바알 숭배를 강요하였다. 풍요와 다산의 신 바알은 국가의 부강을 약속하는 신이었다. 지배자들은 바알 신을 농민에게 강요하였다. 바알은 비와 폭풍과 천둥과 번개의 신이라고 가르쳤다. 이윽고 바알 숭배가 이스라엘에 만연하였다. 우상숭배가 만연한 이스라엘의 상황에서 바알 숭배의 허구성을 폭로하는 일이 엘리야의 사명이었다. 바람과 구름을 관장하는 분이 여호와 하나님이심을 온 천하에 증언해야 했다. 여호와만이 참된 창조주이심을 증언하는 사명은 간단하였다. 비가 오지 않는다고 말했다가 비가 온다고 말하기만 하면 되었다. 엘리야의 사명은 비가 오지 않는다고 예언하였다가 비가 온다고 예언할 때 비가 오는 것을 보여 주기만 하면 되는 일이었다. 기후의 주인은 여호와이며 경제의 주인도 여호와이심을 알려 주라는 것이다. 이 진리를 증거하기 위해서 하나님께서 택한 방식은 간단하였다. 아합왕에게 비 소식을 전해 주기만 하면 되었다. 아합에게 말씀하시고 아합은 그 말씀을 듣는 것만으로도 충분하였다.

아합왕이 여호와 하나님의 말씀이 응하는 것을 보는 것만으로도 족하였다. 비를 관장하는 기후의 주인이 여호와임을 알고 난 후에 그것을 믿고 회개하는 일이 핵심이 된다. 회개하고 돌아서는 일은 전적으로 아합에게 달린 일이었다. 아합왕 자신과 이스라엘의 구원은 전적으로 말씀을 들은 자들의 응답 여부에 달려 있었다. 여호와를 믿는 무리가 이스라엘의 정권을 잡고 사회 개혁을 이룩하는 일은 애당초 여호와 하나님의 계획 속에 들어 있지 않았다. 하나님은 아합의 회개를 원했고, 이스라엘의 변화를 바라셨다. 어떠한 권력으로도 사람을 바꾸어놓을 수는 없음을 엘리야는 진작 깨달아야 했다.

III. 바알 숭배의 본질: 갈멜산 대결의 문제

풍요를 약속하는 바알은 국가의 번영과 개인의 부를 약속하였다. 물질주의가 그 본질이었다. 물질의 번영을 통하여 욕망을 채우고 잘살아 보자는 사람들의 여망이 바알이라는 우상을 만들어 냈다. 이와는 반대로 여호와께서는 백성들이 사랑의 말씀을 듣고 그것을 실천할 것을 요구하였다. 여호와는 창조주이시며 기후의 주인이시자 경제의 주권자이시지만, 그의 백성들에게 사랑의 실천을 요구하시는 분이었다. 사랑 없는 세상에 사랑의 공동체를 지어서 하나님의 나라를 이루시려는 분이 여호와였다. 이 두 가지 신앙은 서로 양립할 수 없는 것이다. 이스라엘은 바알 숭배에 빠져들어 갔다.

기근이 극심하여 이스라엘과 이웃 나라 시돈을 비롯한 가나안 전역이 황폐해졌다. 심한 기근이 삼 년 동안 지속되었다. 기근이 심한 중에 왕국과 국제 경제는 피폐할 대로 피폐해졌다. 농사는 거의 다 폐농의 위기에 빠져 있었다. 이스라엘은 비의 주인 바알에게 아무것도 기대할 수 없게 되었다. 여호와의 사자 엘리야가 말한 대로 비가 오지 않았기에 비는 오로지 여호와께 달려 있음을 온 백성이 깨닫게 될 참이었다. 마침내 비가 온다는 반가운 소식을 하나님께서 주신다. 야훼 하나님께서 엘리야를 아합에게 파견하신다. 비 소식이었다. 엘리야가 아합에게 가면 비를 내려 주겠다고 말씀하신다. 엘리야는 삼 년 전에 "내 말이 없으면 수년 동안 비도 이슬도 있지 아니하리라"(왕상 17:1)라고 아합왕에게 예언한 바 있다. 이 말이 응하는 때가 이르렀다. 아합왕의 박해를 피하여 그릿시내로 외국으로 피신하며 살았던 엘리야였다. 이제 삼 년 만에 하나님께서 다시 부르시는 엘리야는 당당히 아합왕에게 가서 "비가 온다"고 말할 참이었다. 엘리야의 예언자 사명은 이제 비가 온다고 선포하는 일이었다.

하지만 엘리야가 정작 아합왕을 만났을 때 비가 온다는 소식을 곧장 전하지 않는다. 갈멜산에서 바알 선지자들과 대결할 것을 제안한 것이다. 그는 대결에서 승리를 거두고 난 후에 비로소 비가 온다고 나중에 선포한다. "엘리야가 아합에게 이르되 올라가서 먹고 마시소서 큰 비 소리가 있나이다"(왕상 18:41). 하나님은 비 소식을 전하라고 했는데 엘리야는 갈멜산에서 대결을 벌였다. 갈멜산 대결은 하나님께서 명령하신 대결이 아니었다. 엘리야가 충정과 의분에서 나온 한 바탕 피비린내 나는 살육전이었다. 여호와께서 참된 하나님이며 모든 경제의 주인이심을 입증하는 일은 비가 온다는 예언의 성취 하나로도 충분하였다. 그러나 엘리야의 피어린 대결로 인하여 폭력이 거룩한 말씀의 사역에 끼어들어 오게 되었다. 바알 종교의 본질은 폭력에 있었는데 엘리야의 대항적인 폭력은 사족에 불과한 것임이 드러났다. 승리를 거두었으나 이내 이세벨의 폭력에 엘리야는 도망을 쳐야 했던 것이다.

IV. 바알 농법의 문제점

여호와는 풍요만을 약속하는 물질주의의 신이 아니었다. 여호와 는 언약의 하나님이시다. 언약의 백성이 말씀을 준행하면 풍요를 주신다. 농사짓는 농부의 관심이 풍요에 있는 것이 아니라 말씀의 준행에 맞출 것을 요구하신다. 말씀의 핵심은 사랑의 실천에 있다. 참 농부는 물질의 획득이 아니라 모든 관심이 사랑의 실천에 있다. 물질을 움직이는 근원이 말씀에 있음을 믿는다. 이것이 열왕기서를 기록한 역사가인 신명기 사가의 사상이다. 신명기 11장에 그 사상이 잘 나타나 있다.

또 여호와께서 너희의 조상들에게 맹세하여 그들과 그들의 후손에게 주리라고 하신 땅 곧 젖과 꿀이 흐르는 땅에서 너희의 날이 장구하리라 네가 들어가 차지하려 하는 땅은 네가 나온 애굽땅과 같지 아니하니 거기 에서는 너희가 파종한 후에 발로 물 대기를 채소밭에 댐과 같이 하였거니 와 너희가 건너가서 차지할 땅은 산과 골짜기가 있어서 하늘에서 내리는 비를 흡수하는 땅이요 네 하나님 여호와께서 돌보아 주시는 땅이라 연초 부터 연말까지 네 하나님 여호와의 눈이 항상 그 위에 있느니라 내가 오늘 너희에게 명하는 내 명령을 너희가 만일 청종하고 너희의 하나님 여호와를 사랑하여 마음을 다하고 뜻을 다하여 섬기면 여호와께서 너희의 땅에 이른 비, 늦은 비를 적당한 때에 내리시리니 너희가 곡식과 포도주와 기름을 얻을 것이요 또 가축을 위하여 들에 풀이 나게 하시리니 네가 먹고 배부를 것이라 너희는 스스로 삼가라 두렵건대 마음에 미혹하여 돌이켜 다른 신들을 섬기며 그것에게 절하므로 여호와께서 너희에게 진노하사 하늘을 닫아 비를 내리지 아니하여 땅이 소산을 내지 않게 하시므로 너희가 여호와께서 주신 아름다운 땅에서 속히 멸망할까 하노라 (신 11:9-17).

신명기 사가의 농사 사상은 애굽이나 가나안의 농사와는 뚜렷한 대조를 보인다. 이는 신명기 사가의 땅 개념에 잘 나타나 있다. '젖과 꿀이 흐르는 땅'은 천수답이다. 기술 농법을 개발하여 관개수로를 놓고 나일강에 물차를 설치하여 인공으로 물을 대 농사를 짓는 것은 애굽의 농사이다. 하나님이 주시는 비를 흡수하여 농사를 짓는 땅이 젖과 꿀이 흐르는 땅이다. 다시 말하자면 하나님께서 비를 주시지 않으시면 농사를 짓지 못하는 땅이 젖과 꿀이 흐르는 땅이라는 말이다. 이러한 개념 규정은 우리 세속적인 농군들의 생각과는 너무나 판이하게 다르다. 땅은 하나님의 뜻에 따라 움직여주어야 좋은 땅이 된다. 한마디로 요약하자면 참된 농사는 하나님께서 명령하신 사랑의 계명을 잘 지키느냐 못 지키느냐에 그 성패가 달려 있다는 것이다. 이것이 신명기의 가르침이다.

바알 농법의 문제점은 문명의 이기에 따라서 농사를 짓는다는데 있다. 도시의 수요를 충족시키기 위해서 정부가 주도하여 농사를 경영한다. 나일강 주변의 농사는 애굽의 국가 번영에 있어서 빼놓을 수 없는 요소이다. 사람의 문명이 지어낸 기술로 농사를 지으니 하나님이 비를 주관하든 않든 별로 중요한 사항이 못 된다. 애굽의 농법에서는 신의 문제가 아니라 기술의 문제가 더 관심을 끈다. 사랑의 문제가 아니라 소득의 많고 적음이 초미의 관심사가 되고 만다. 이것이 바알 농법의 문제점이다.

V. 회개의 방향성 문제

빈부의 격차가 심한 이스라엘왕국과 시돈왕국에는 비가 삼 년 동안 오지 않았다. 경제는 피폐하였다. 그 가뭄은 하나님께서 심판하신 경고였다. 가난한 과부들을 돌보지 않고 호의호식하며 부국강병책만 추구하던 아합왕과 시돈의 옹주 이세벨의 범죄로 인하여 땅에 퍼부어진 심판이었다. 타락한 권력자들은 진실을 말하는 예언자를 박해하였다. 언론 탄압을 자행하였다. 가뭄을 예언했다가 엘리야는 도망쳐야 했다. 삼 년 동안 엘리야도 혹독한 가뭄과 흉년에 시달렸다. 그릿시내에 숨어 지내며 물이 말라버릴 때까지 까마귀가 날라다 주는 음식을 먹고 연명하였다. 이 고난의 기간에 체득한 것은 생명의 주인은 창조주 여호와시며 모든 양식을 주시는 분도 여호와이시라는 진리였다. 인간의 생사화복은 다 창조주 여호와 하나님의 손에 달려 있음을 엘리야는 뼈저리게 체험했다.

말씀을 선포하는 여호와의 예언자들도 탄압을 받고 많이 죽었다 (왕상 17:13). 이스라엘에는 사랑이 없었고 사회정의가 짓밟혔다.

혹독한 기근으로 온 나라의 경제가 피폐하게 되었다. 바알이란 신이 풍요를 약속했지만, 야훼께서 비를 주지 않으시니 바알의 약속은 헛된 것임이 입증되었다. 왕국을 다스리는 권력자들이 기후의 주님이 곧 여호와 하나님이라는 진리를 이제 깨달아야 했다. 여호와는 물질 자체의 풍요를 약속하시는 하나님이 아니다. 물질 풍요 이전에 사람의 관계가 서로 사랑하고 돌보는 공동체의 삶으로 엮어지도록 가르치시는 하나님이시다. 경제 발전을 우선 내세우지 말고 사회 구성원들이 서로 사랑하고 보살피는 사회를 만드는 것이 급선무임을 권력자들은 깨달아야 했다. 그러나 권력자들은 아랑곳 하지 않고 진리를 선포하는 예언자들의 입을 막았다.

그릿시내의 물조차 말라버리자 하나님은 엘리야를 시돈의 사르밧으로 보내셨다. 엘리야는 시르밧에서 한 가난한 과부를 만난다. 사르밧의 과부를 통하여 우상을 숭배하는 시돈국의 빈곤상을 목격하였다. 이스라엘은 세상의 모든 이방 나라들과 달라야 했다. 모세가 광야에서 보여 준 하나님의 나라는 거룩한 제사장의 나라였다(출 19:5). 세상과는 완전히 달라야 거룩한 나라라고 할 수 있다. 세상의 모든 나라는 경제 발전과 부국강병책을 우선으로 추구하지만, 거룩한 나라는 사랑하는 하나님의 말씀을 최우선으로 실천하는 나라이다. 이스라엘은 시돈과는 다른 나라여야 했다. 그러나 사르밧 과부에게서 보았듯이 이세벨과 결혼한 아합왕은 시돈왕국을 그대로 본떠서 물질을 숭배하고 우상을 섬기며 가난한 백성을 외면하였다. 아합왕은 임금으로서 백성의 안위보다는 자신의 가축에게 먹일 물을 더 갈급히 찾고 있었다(왕상 18:5). 권력자의 타락으로 인해서 이스라엘의 농부들도 여느 이방 나라의 사람들과 똑같이 타락하고 말았다.

참 농부는 젖과 꿀이 흐르는 땅을 가는 사람이다. 우주를 창조하신 하나님의 숨결과 기운을 따라 일하는 분이 참 농부이다. 세상은 경제적 물질적 이익에 눈이 어두워서 사람을 사랑하는 법을 망각해 버렸다. 이런 사람은 가짜 농부이다. 타락한 농부는 물질의 이득을 섬기는 바알 숭배자들이다. 그러나 참 농부는 하나님의 말씀에 따른다. 하나님의 말씀은 사랑하라는 한마디로 다 요약된다. 예수님이 그렇게 가르쳐 주셨다. 참 농부는 물질의 풍요보다도 먼저 서로 사랑하며 살아가는 삶의 방식에 더 집중한다.

그래서 지역에서 농사를 짓는 참 농부들은 지역 공동체를 꿈꾸는 교회로 모여서 사랑의 공동체를 도모하여야 한다. 세상 국가는 아합왕과 이세벨이 장악하고 있어서 도무지 희망이 없다. 회개의 방향성은 교회의 공동체적 삶으로 정향되어야 한다. 대한민국의 농민들이 모두 지역의 교회로 몰려들어 사랑의 삶을 도모해야 한다.

타락한 도성을 구원하는 농부, 엘리사
— 열왕기하 2:19-22

그 성읍 사람들이 엘리사에게 말하였다. "보십시오, 선생님께서도 보시는 바와 같이 이 성읍이 차지하고 있는 자리는 좋지만 물이 좋지 않아서 이 땅에서는 사람들이 아이를 유산합니다." 그러자 그는 새 대접에 소금을 조금 담아 가지고 오라고 하였다. 그들이 그것을 가져 오니 엘리사는 물의 근원이 있는 곳으로 가서 소금을 그 곳에 뿌리며 말하였다. "주께서 이렇게 말씀하신다. 내가 이 물을 맑게 고쳐 놓았으니 다시는 이곳에서 사람들이 물 때문에 죽거나 유산하는 일이 없을 것이다." 그 곳의 물은 엘리사가 말한 대로 그 때부터 맑아져서 오늘에 이르렀다(왕하 2:19-22, 새번역).

그 성읍 사람들이 엘리사에게 말하되 우리 주인께서 보시는 바와 같이 이 성읍의 위치는 좋으나 물이 나쁘므로 토산이 익지 못하고 떨어지나이다 엘리사가 이르되 새 그릇에 소금을 담아 내게로 가져오라 하매 곧 가져온지라 엘리사가 물 근원으로 나아가서 소금을 그 가운데에 던지며 이르되 여호와의 말씀이 내가 이 물을 고쳤으니 이로부터 다시는 죽음이나 열매 맺지 못함이 없을지니라 하셨느니라 하니 그 물이 엘리사가 한 말과 같이 고쳐져서 오늘에 이르렀더라(왕하 2:19-22, 개역개정).

엘리사가 일으킨 첫 기적은 여리고도성의 못 쓸 물을 고친 사역이 었다. 개역성경은 물이 나빠서 "토산이 익지 못하고 떨어지나이다" 라고 번역했는데, 새번역성경은 "이 땅에서는 사람들이 아이를 유산합니다"라고 옮겼다. 히브리어 원문은 '워하아레츠 머샤칼레트' 라고 되어 있다. 여기에 사용된 동사 '샤칼'은 "자식이 없다"는 뜻이다. 피엘형으로 사용된 이 동사는 창세기 42장 36절에도 나온다. 거기서 는 야곱이 요셉을 잃은 것을 가리켜 "너희가 나에게 내 자식을 잃게 하도다"라고 탄식한다. 엘리사의 본문에서는 주어가 땅 '에레 츠'이므로 개역성경은 땅이 자식을 잃는다는 뜻으로 해석하여 "토산 이 익지 못하고 떨어지다"라고 옮겼다. 그러나 새번역성경은 그 땅의 사람들이 "아이를 유산하다"라고 해석하였다.

이 두 가지 다른 해석은 공동번역과 가톨릭역에서도 나타난다. 공동번역은 "물이 나빠서 이 고장에서는 자식을 낳을 수가 없습니 다"라고 했고, 가톨릭역은 "이 땅이 생산력을 잃어버렸습니다"라고 서로 다르게 옮겼다. 그러나 고대의 그리스어 역본인 LXX와 라틴어 역본인 VUL는 "땅이 황폐하여 결실하지 못한다"고 해석하였고, 영역본인 NKJV와 NRSV도 그렇게 번역하였다. 나도 개역개정역의 번역을 선호하지만, 그 속에는 새번역과 같이 사람의 출산도 포함되 어 있다고 해석한다. 히브리어를 직역하면 "땅이 자식을 낳지 못하였 다"가 되는데 이 표현에는 농작물뿐만 아니라 사람의 출산도 포함되 어 있다고 해석할 수 있다.

여리고도성이 지배하는 영토에는 물이 나빠서 농사를 지을 수가 없었고 또한 여인들이 유산하는 일이 잦았다. 곡식이 익고 과일이 영글어야 하는데, 물이 나빠서 결실하지 못하고 모조리 낙과落果해 버리는 것이었다. 또한 아기들을 많이 낳을 수 없으니 도시를 지탱할 인구가 줄어들고 있었다. 고대에 하나의 도성이 번성하려면 식량을 자급자족하고 또한 인구가 늘어야 했다. 그렇게 할 수 없으니 여리고는 재건되기는 하였으나 하나의 버젓한 도시로서의 제구실을 할 수가 없었다.

옛날 모세 시대에 이스라엘은 마라의 쓴물을 마실 수가 없었다. 모세가 토라를 상징하는 나뭇가지를 물에 던졌을 때 마라의 쓴물이 단물로 변하였다. 이것은 지금까지 쓴물과 같이 죄 속에 갇혀있던 이스라엘 백성을 이제 곧 시내산의 토라 계시를 통하여 단물로 바꾸시겠다는 여호와 하나님의 애틋한 의지를 표명한 것이다(출 15:22-27). 이스라엘은 말씀 공부를 통하여 단물로 변화를 받아야 했다.

여호수아 시절에 여리고는 완전히 파괴된 바 있다. 여리고성을 파괴한 후에 여호수아는 여리고도성을 보고 저주하였다. 여리고성을 다시 건축하는 자는 야훼 앞에서 저주를 받아 두 아들을 잃을 것이라고 예언하였다(수 6:26). 그러나 후대에 이스라엘은 여리고도성을 재건하였다. 우상 숭배자 아합왕 시대에 여리고는 재건축되었다. 벧엘 사람 히엘이 건축하던 중 그의 맏아들 아비람이 죽었고, 성문을 세울 때 막내아들 스굽이 죽었다(왕상 16:34). 여호수아의 예언이 이루어진 것이다. 북 왕국 이스라엘의 벧엘은 우상숭배의 온상이었고, 건축자 히엘은 이 벧엘 출신 사람이었다.

과거 여호수아가 이스라엘을 이끌고 요단강을 건너 가나안 땅으로 진입할 때 맨 먼저 마주친 도성이 여리고도성이었다. 이스라엘이 가나안 땅을 점령하는 과정에서 서른한 명의 성주를 처형한 까닭은 가나안 땅의 우상숭배 문명을 척결하기 위한 조치였다. 여리고는 우상숭배의 척결을 위한 최초의 본보기로서 가장 먼저 파괴되었다. 여리고도성이 파괴됨으로써 가나안 땅에 폭력의 왕이 없는 하나님의 나라가 건설되기 시작했다. 여리고도성을 재건하는 일은 가나안 땅에 다시 우상숭배의 도시 문명이 복귀함을 의미하였다. 히엘이 아합의 명을 받들어 여리고도성을 재건한 사건은 아합의 우상숭배 치적을 대표하는 상징물로 여리고도성을 재건축하였음을 의미하며, 이것은 하나님의 역사를 거슬리는 죄악의 행보였다.

재건된 여리고도성은 예언자들에게 그 시대의 문제를 통째로 안고 있는 도성으로 극복의 대상이었다. 재건된 도성에 이주해 들어온 사람들은 신도시를 개척한다는 부푼 꿈을 안고 우상숭배에 열을 올리고 있었다. 아합왕은 여리고 폐허에 신도시 건설 정책을 실행함으로써 왕년에 여호수아가 추진했던 하나님의 나라 정책을 완전히 부정하였다. 하나님께서 다스리시는 사랑과 평등의 체제 대신에 국가의 번영과 강병의 정책을 추진하는 인간의 정책을 만방에 표방하였다. 그러므로 신도시 여리고도성의 주민들은 우상숭배의 타락한 사상으로 무장된 사람들이었다.

엘리야는 승천하기 이전에 여리고를 지나갔다. 여리고에 예언자 학교를 세웠다. 엘리야의 제자들이 여리고에 모여서 스승 엘리야의 승천을 예감하였고, 승천한 엘리야의 시신을 찾으러 사방을 수색하고 다녔다(왕하 2:16-18). 엘리야가 신도시 여리고에 예언자 학교를 세운 까닭은 여리고도성의 주민들을 계도하고 전도하여 우상숭배를 버리고 여호와 하나님께로 돌아오게 하려는 선교적 노력의 일환이었다. 우상숭배로 타락한 도성을 회개시키는 일은 엘리야의 숙원이었다. 모세가 마라의 쓴물에 토라의 나뭇가지를 던진 것처럼, 엘리야는 여리고도성의 쓴물과 같은 성민들 가운데 예언자 학교를 개설한 것이었다.

재건된 여리고 신도시의 또 다른 문제점은 농사를 지을 수 없었다는 점이었다. 물이 나빠서 열매가 영글지 못하고 다 떨어져 버리는 것이었다. 농사를 짓지 못한다면 도시국가는 식량을 자급자족할 수 없다. 식량을 무역에 의존하려면 여리고도성은 특별한 산업을 개발하여야 했다. 이 도성을 우상숭배의 상징물로 재건한 아합왕은 이 도성의 번영을 위하여 국가 재정으로 막강하게 후원하였을 것이다. 여리고도성의 실패는 곧 이스라엘 북 왕국이 추진하는 우상숭배 정책의 실패를 의미하는 것이었기에 아합왕은 신도시 여리고도성의 운영에 심혈을 기울였을 것으로 짐작할 수 있다. 그러나 아무리 심혈을 기울여도 그 도성의 물을 고칠 수는 없었다.

물은 하나님의 창조물이며 삼차원의 이 세계가 창조되기 이전부터 존재하던 물질이다. 빛이 창조되기 이전에 하나님의 영이 물 위에 운행하고 있었다(창 1:2). 워낙에 나쁜 수질을 인간이 개선하려고 아무리 노력해 보았자 무위로 돌아간다. 물을 고칠 수 있는 분은 하나님뿐이었다. 오염된 물을 개선하려면 인간의 생활 방식을 개선해야 하며 인간의 개조는 오로지 하나님께로 돌아오는 회개로써만 이루어지는 일이었다. 도시 문명은 인간의 회개 없이 수질을 개선하는 과학적인 방법을 개발하려고 끊임없이 시도한다. 부분적으로 성공을 거둘 수 있을지 모르나 물을 오염시키는 생활이 계속되는 한 물의 오염을 더욱 가속화할 뿐이다. 여리고도성의 물을 개선하려면 여리고도성의 성민들이 우상숭배를 버리고 회개하고 한 분 하나님께로 귀의하는 방법뿐이었다.

그러나 엘리사는 성령의 권능을 발휘하여 여리고도성의 물을 고쳐주었다. 엘리사는 엘리야의 제자였다. 엘리사는 스승이 승천할 때 성령의 능력을 갑절로 구하여 스승의 겉옷을 받았다. 엘리사가 맨 먼저 행한 사역이 여호수아의 저주를 받은 여리고도성의 나쁜 물을 고쳐주는 사역을 행했다. 도시인의 생활을 바꾸지 않은 상태에서 도시의 몹쓸 물을 좋은 물로 고쳐주었다는 것은 무엇을 의미하는가?

여리고도성의 사역에 이어서 벧엘로 올라갔을 때 엘리사는 자기를 대머리라고 놀리는 도시의 아이들을 저주하여 마흔두 명이나 죽였다. 숲에서 갑자기 곰 두 마리가 나와서 아이들을 찢어 죽인 것이다(왕하 2:23-25). 이 두 가지 사건은 예언자 엘리사의 활동을 개시하는 초두의 사건으로서 엘리사의 행적이 지닌 특징을 보여준다. 엘리사는 이스라엘을 개혁하려고 발 벗고 나섰다. 국가를 개혁하려면 정치 개혁으로 치닫는다. 이러한 엘리사의 행보는 스승 엘리야의 행적과는 매우 다른 것이다.

엘리야는 갈멜산 대결에서 승리하였지만 졸지에 도망자 신세가 되었다. 국가의 개혁에 실패한 그는 남국을 관통하여 네겝 사막으로까지 도망을 쳐야 했다. 거기서 로뎀나무 아래에서 자살을 시도했다(왕상 19:4). 그러나 야훼께서 엘리야를 살리시고 호렙산에서 그를 다시 일으켜 세우셨고 엘리야는 새롭게 태어났다. 권력의 장악을 통한 정치의 개혁은 실패했고 권력으로써 이스라엘은 개혁되지 않는다는 사실을 엘리야는 절실히 깨달았다.

하나님이 누구인지를 백성 각자가 깨닫고 하나님을 올바로 섬길 때 비로소 참된 사회변혁이 이루어진다는 것을 엘리야는 확신하게 되었다. 호렙산 동굴에서 세미한 소리를 들은 엘리야는 모든 예언 활동을 말씀 증거의 활동에 집중하게 되었다. 엘리야는 모든 폭력의 수단을 버렸다. 예언자들을 키우는 일을 우선으로 하여 그 학교를 여리고에 설립하였다. 백성을 말씀으로 교육하는 동시에 기존 권력자의 죄상을 신랄하게 고발하는 심판 예언을 퍼부어댔다(왕상 21:19; 왕하 1:16).

승천하기 직전에 엘리야는 여리고로 갔다. 엘리야는 제자 엘리사가 여리고로 따라오지 말라고 거절하였다. 스승은 제자 엘리사를 여리고로 데리고 가고 싶지 않다는 뜻을 표명하고 있다(왕하 2:4). 여리고가 어떤 곳이었길래 부담이 되었을까? 하나님께서는 엘리야를 하늘로 데리고 가시기 위해서 반드시 이스라엘이 가나안에 들어왔던 진입로를 거슬러 원위치로 돌아가기를 원하셨다. 여호수아가 요단강을 건너서 여리고성을 무너뜨리고 가나안 땅을 차지했다면 이제 엘리야는 여리고성을 거쳐서 요단강을 건너서 가나안 땅을 벗어나야 했다. 여호수아의 점령을 통해 가나안에 하나님의 나라를 세우려던 모든 계획이 이제 수포로 돌아간 상황이었다. 이러한 절망적인 상황에서 엘리야는 수제자 엘리사를 여리고로 데리고 가지 않으려고 한다.

그러나 제자 엘리사의 개혁 의지는 완강하였다. 엘리사는 여리고 도성으로 가서 그곳을 개혁하기를 원했다. 엘리사는 스승 엘리야가 행했던 개혁 프로그램을 계승하여 타락한 도성을 새롭게 고치려고 스승의 만류에도 불구하고 그를 끝까지 따라간다. 마침내 스승의 외투를 받아든 엘리사에게 예언자의 영이 갑절로 임하였다. 이제부터 이스라엘을 개혁하는 사명은 엘리사에게 주어진다. 엘리사는 여리고로 돌아와서 첫 기적을 베푼다. 여리고도성의 나쁜 물을 고친 기적이었다. 여리고를 이스라엘 북 왕국의 모든 도시를 대표하여 우상숭배의 악한 행위로부터 돌이키게 하는 일이 시작된다. 엘리사의 사회 개혁의 신호탄이 올랐다.

엘리사는 그 도성의 물 근원으로 올라가서 그곳에 소금을 한 줌 뿌린다. 소금은 여호와 하나님이 백성과 맺은 소금 언약을 상징한다(레 2:13). 그러자 도성에 공급하는 생활용수와 도성 주변의 농토에 공급하는 물이 다 좋은 물로 고쳐졌다. 물의 근원이 고쳐진 것이다. 그러자 다시는 여리고에 작물이 낙과하는 일이 없고 여인이 유산하는 일이 없어졌다. 엘리사의 여리고 물 사역은 앞으로 이스라엘의 모든 도성에서 자행되는 악행을 고치고야 말겠다는 예언자의 결연한 의지를 보여 주고 있다. 이제 정치 개혁의 신호탄이 올랐다.

엘리사는 본디 농사짓던 시골의 농부였다. 성령을 받은 엘리사는 달라졌다. 타락한 도시로 들어가서 그 도시를 바르게 만들고 우상숭배로 비뚤어진 국가를 개혁하는 농부로 성장한 것이다. 저주받은 여리고도성의 땅은 선한 농부 엘리사에 의하여 좋은 땅으로 개조되었다. 여리고에 물이 고쳐지자 농작물이 다시 생산되기 시작했으며, 그 물과 작물을 먹는 도시의 사람들도 치료되기 시작했다. 여리고는 하나님의 은혜를 알고 감사하며 살 수 있는 새로운 땅으로 구원받을 수 있게 되었다.

오늘날 도시가 농업을 지배하고 있다. 농부들은 온통 도시의 상업주의에 고통당하고 있다. 오늘의 농촌은 마치 여리고도성처럼 흉한 우상숭배의 올무에 걸려 있다. 성경 말씀은 농부들이 일어나서 엘리사와 마찬가지로 도시들을 개혁하는 일에 나서도록 종용하고 있다. 농부들이 예언자로 부름 받을 것을 성경은 재촉한다. 농부들은 모두 도시의 농업 지배에 항거하여 일어서야 한다. 창조주 하나님과 맺은 소금 언약을 도시가 오염시킨 물 근원에 뿌려야 한다. 도시를 선한 땅으로 만들어야 농촌이 비로소 참된 농업의 현장으로 탈바꿈할 수 있다.

농부 엘리사의 사회 개혁 방법론
― 열왕기하 3:1-27

스승 엘리야와 마찬가지로 제자 엘리사도 본디 농부였다가 나중에 예언자로 부름 받았다. 그들은 농사를 짓다가 시대의 문명이 악하게 전개되는 것을 보고 사회를 개혁하려고 분연히 떨치고 일어난 개혁가들이었다. 예언자 운동은 본질적으로 새로운 사회를 향한 진보의 발걸음이다. 그들이 제시한 새로운 사회란 언제나 하나님 나라의 법이 통하는 사회였다.

이 두 사람이 하나님의 부름을 받고 나섰으나 우상숭배, 물질주의의 국가를 개혁하는 것은 쉽지 않은 일이었다. 스승 엘리야는 도시 문명을 주도하는 국가의 권력자들을 계몽적인 방법을 포기하고 그들에게 죄에 대한 형벌로 멸망의 심판을 선포하는 예언 운동으로 돌아섰다. 지방에 칩거하면서 도성 곳곳에 말씀을 공부하는 예언자 학교를 세우고 제자 양성에 주력하였던 스승이었다. 엘리야는 오로지 말씀으로 사회를 개혁하고 악한 권력자를 심판하는 방법으로 새 사회의 꿈을 전개하였다.

이러한 스승과는 달리 제자 엘리사는 도시와 국가의 개혁을 위로부터 개혁해야 한다는 생각을 버리지 않았다. 그는 권력자들과 소통하면서 적절하게 국가 권력을 이용하는 방법을 사용하였다. 엘리사는 바알 숭배와 물질문명을 선도하는 도성 여리고와 벧엘을 개혁하였다. 재건된 여리고도성에서 농업용수로 쓸 수 없는 물을 고쳐서 식수나 농업용수로 사용할 수 있게 해 주었다. 이어서 벧엘로 간 엘리사는 늘상 나그네들을 괴롭히고 폭행하던 폭력배들을 제거하였다. 폭력을 휘두르는 일에 익숙하던 젊은 깡패들은 곰 두 마리에게 물리고 찢겨 죽었다. 이로써 폭력의 벧엘 성민들은 큰 경고를 받았을 것이다. 그 후 엘리사는 북 왕국 수도 사마리아로 향하였다. 여리고를 개조하고 벧엘을 개혁한 엘리사의 명성은 이제 사마리아와 온 이스라엘에 파다하게 퍼졌다.

엘리야가 사마리아에 올라왔을 때 이스라엘 북 왕국은 전쟁을 일으키려 하고 있었다. 이스라엘 왕 여호람이 남 왕국 유다 왕 여호사밧을 동원하여 전쟁을 부추기고 있었다. 여호사밧은 북 왕국 아합왕과 동맹을 맺었던 친근한 사이였다. 아합은 여호람의 아버지였고, 여호사밧의 아내는 아합의 딸이었다. 그러니 여호사밧은 여호람과 처남 매부 사이였던 것이다. 스승 엘리야는 아합왕뿐만 아니라 아합과 동맹한 모든 자에 대해서 줄곧 비타협적인 심판 예언을 퍼부어댔다. 엘리야의 예언대로 아합왕은 시리아와 벌인 전투에서 전사하고 말았다. 이처럼 엘리야는 권력자에 대해 타협하지 않고 오로지 말씀으로만 사회의 개혁을 시도하였다.

그러나 엘리사는 스승과 달리 권력에 적극 참여하는 방식으로 도시와 국가를 개혁하려 하였다. 개혁을 위해서는 왕들의 협조가 필요하다고 보았다. 우상숭배의 국가를 개조하려면 권력자들을 회개시켜서 야훼 하나님 신앙으로 돌아서게 하면 될 것이었다. 마침 왕들이 전쟁의 징조를 알려고 엘리사에게 예언을 구하러 왔다. 아합이 전사하자 모압 왕 메사가 종주국에 대한 의무를 거부하고 저항하기 시작했다(왕하 1:1). 북 왕국에 여호람이 등극했을 때 메사는 조공을 바치기를 거부하였다.

아합 시대부터 모압 왕 메사는 양가죽을 벗겨서 이십만 장이나 조공으로 바쳐왔다. 하나님의 나라를 이루어야 할 이스라엘왕국은 지금 세상의 여느 왕국들과 마찬가지로 부국강병 정책을 추진하면서 이웃 나라를 착취하는 악한 권력체로 타락해 있었다. 무력으로 이웃 나라들을 복속시키고 강제로 조공을 거두어들이는 폭력의 나라로 둔갑해 있었다.

애초에 하나님께서 모세를 통해 히브리 노예를 해방시키시고 여호수아의 영도 하에 이스라엘 자손을 가나안 땅에 이끌어 들였을 때 그런 폭력의 나라가 되라고 가나안 땅을 주신 것이 아니었다. 가나안에 정의와 사랑을 실천하는 하나님의 나라를 세우려고 하셨던 것이다. 그러나 불행히도 지금 하나님의 백성이라고 자랑하는 이스라엘은 이웃 나라를 착취하고 있었다. 양가죽 이십만 장을 조공으로 받는다는 일은 얼마나 끔찍한 일이며 무법의 착취인가! 이러한 이웃 관계는 창조주 하나님의 말씀과 너무나 동떨어진 죄의 문명인 것이다.

모압 왕 메사는 본디 '양치기'였다. '양치기'는 히브리어로 '노케르'이다(왕하 3:4). '노케르'를 개역성경은 '양을 치는 자'라고 번역했다(새번역, '양을 치는 사람'; 공동역, '목축을 하는 사람'). 양을 치는 자로서 양가죽을 조공으로 바치기 위해서 이십만 마리의 양을 도축해야 한다고 상상해 보라. 얼마나 끔찍한 일이었겠는가! 이스라엘은 이웃 나라에게 권력으로 만행을 강요하고 있었던 것이다. 이러한 국가를 어찌 하나님의 나라라고 평가할 수 있겠는가?

이스라엘 왕 아합이 전사한 틈을 타서 모압 왕 메사가 조공을 거부하고 나서자 반역의 메사를 징벌하려고 여호람은 군사를 일으켰다. 남 왕국 왕 여호사밧도 이 정벌에 가세하였다. 또한 남 왕국에 복속되어 있던 에돔 왕도 참전하였다(왕상 22:47). 이 세 왕이 힘을 합하여 모압을 징벌하는 연합군을 결성한 것이다.

연합군이 출정한 지 칠 일이 지났을 때였다. 연합군의 진영에서 가축에게 먹일 물이 떨어졌다. 이 사건은 불길한 징조로 여겨졌다. 북 왕국 여호람은 이 사건이 패전을 예시하는 불길한 징조라고 보고 매우 당황하였다. 하지만 남 왕국 여호사밧은 침착하게 야훼 하나님의 뜻을 물어보자고 제안하였다. 이에 세 동맹국 왕이 엘리사를 찾아온 것이다. 엘리사는 이 전쟁에 대해서 어떠한 입장을 밝힐 것인가?

스승 엘리야는 전쟁에 협조하지 않았다. 아람 왕 벤하닷이 이스라엘을 침공했을 때 어떤 예언자가 나타나 스스로 자원하여 아합왕을 도왔다(왕상 20:13). 아합왕은 그 선지자의 말을 듣지 않고 제멋대로 행하였다. 패전하여 도망치는 벤하닷을 아합은 하나님의 뜻을 묻지도 않고 화친하여 돌려보냈다. 후일 엘리사 시대에 벤하닷은 다시 군대를 일으켜서 이스라엘을 침공하였는데 그 화근은 아합이 남긴 것이다(왕하 6:24). 이처럼 오만한 짓을 저지른 아합에 대해서 그 예언자는 벤하닷이 재침공할 것이라고 예언을 퍼부었다. 이 전쟁에 엘리야가 관여하지 않고 이름 없는 무명의 예언자가 전쟁에 참여한 것이 이채롭다.

갈멜산 대결에서 승리하고도 도망자 신세가 되었던 엘리야는 위로부터의 개혁이 아니라 인간의 권력과 그를 지지하는 모든 사회 체제를 부정하고 하나님을 섬기는 새로운 사회를 꿈꾸었다. 엘리야는 오로지 말씀으로 개혁하며 하나님의 능력에만 의존하는 운동으로 사회 참여의 방법을 바꾼 것이다. 독재자 아합이 농부 나봇을 죽이고 포도원을 강탈했을 때 엘리야는 홀연히 나타나서 왕에게 조만간 죽을 것이라고 심판을 예언하고 표표히 사라졌다. 이 심판 예언이 엘리야의 활동 방식이었다.

엘리사도 처음에는 스승 엘리야를 따랐을 것이다. 이스라엘 왕을 위해서는 봉사하지 않을 참이었다. 여리고도성의 물을 개선하는 작업에도, 벧엘의 깡패를 제거할 때도 왕의 권력을 요청하지 않았다. 오로지 하나님의 능력에 의지하였던 것이다. 하지만 남 왕국 여호사밧이 그에게 간곡히 간청하자 그 부탁을 마지못해 수락한다. 엘리사가 거문고를 타니 '여호와의 손'이 엘리사 위에 내렸다(새번역, '주의 권능'). 이를 계기로 엘리사는 스승의 노선을 떠나서 국가의 권력자들을 동원하여 사회를 개혁하는 활동을 펼치게 되었다.

엘리사는 적국이었던 아람왕국의 다메섹으로 가서 하사엘을 선동하여 벤하닷 왕을 죽이고 쿠데타를 일으키게 하였다(왕하 8:13). 또한 엘리사는 이스라엘 장군 예후에게 기름을 부어서 쿠데타를 일으켜 아합왕조를 진멸하고 이스라엘의 국가 권력을 장악하도록 하였다(왕하 9:6). 이처럼 엘리사는 국가 권력에 지대한 영향을 끼쳤다. 이 두 가지 사역은 본디 엘리야에게 부과된 사명이었다. 야훼께서 엘리야에게 명하시기를 세 사람에게 기름을 부으라고 하셨다(왕상

19:15-16). 엘리야는 이 세 가지 분부를 모두 이행하지 않았다. 엘리사에게도 기름을 붓지 않았고, 하사엘이나 예후에게도 기름을 붓지 않았다. 하사엘과 예후를 동원하여 쿠데타를 일으킨 사람은 정작 엘리사였다. 엘리사는 국가의 권력을 개조하는 일에 적극 가담하였다. 이것은 스승 엘리야의 노선을 저버린 행보였다. 엘리사가 죽을 때에는 이스라엘 왕 여호아하스가 그의 죽음을 애도하여 크게 슬퍼하여 탄식했다. "나의 아버지, 나의 아버지, 이스라엘의 병거와 마병이시여!"(왕하 13:14)라고 탄식할 정도로 그는 왕에게 중요한 사람이었다. 국가의 책사로 대우를 받고 있었던 것이다(왕하 13:14). 스승 엘리야가 승천한 것에 비하면 너무나 대조되는 엘리사의 병사였다.

여호람과 여호사밧과 에돔 왕의 연합군은 엘리사가 예언한 대로 큰 승리를 거두었다. 엘리사의 예언은 창조주 하나님을 증언하는 것이었다. 야훼 하나님께서는 물을 자유자재로 운행하시는 분이시다. 진영에 물이 떨어져서 근심하는 세 왕에게 전쟁에서 하나님의 말씀에 순종하는 물의 기적을 보여 준 것이다. 비바람이 불지 않았어도 물이 에돔 계곡을 가득 채울 것이라고 예언하자 그대로 되었다. 하나님께서 창조주이심을 세 왕 앞에서 유감없이 증명해 보였다.

모압 왕 메사의 군대는 들판에 가득한 물을 보고 크게 당황하였다. 아침 햇살이 들판의 물 위에 붉게 물들자 그것을 이스라엘 군이 흘린 피라고 오해하고 무모하게 공격해 왔다. 모압 군대는 재물을 노략하려고 전쟁을 일으켰다는 점에서 이스라엘 연합군과 마찬가지로 거룩한 전쟁의 명분을 지닐 수 없었다. 열왕기하 3장 23절에 "노략하러 가자"는 말에 히브리어 '샬랄'이 쓰였는데 이는 세상의 국가들이 전리품을 획득하려고 전쟁을 한다는 점을 부각하는 단어이다. 창세기 14장에서도 아브람의 시대에 그돌라오멜 연맹군이 소돔과 고모라 연맹군을 정벌하러 내려온 사건을 보도하면서 세상 왕국들의 악한 사정을 고발하고 있다. 군왕들의 전쟁은 폭력 행사라는 것 외에는 아무런 명분도 없는 범죄행위인 것이다. 엘리사의 활동은 악한 도시 문명과 국가를 통치하는 악한 왕들의 전쟁범죄를 어떻게 극복하느냐 하는 과제를 안고 시작되었다.

전쟁을 하면 모든 도시가 파괴되고 성민이 학살될 것이었다. 좋은 나무들을 베어낼 것이며, 물샘들을 막아버릴 것이다. 애써 가꾸어놓은 기름진 밭이 돌짝 밭으로 망가질 것이다. 전쟁은 모든 도시를 폐허로 만들며 모든 삶의 터전을 망가뜨린다. 왕들은 늘 전쟁을 일으켜서 자기의 욕심을 채우는 반면에 하나님의 창조계를 파괴하는 일에 능숙하였다. 이러한 사정은 이스라엘 왕도 유다 왕도 예외가 아니었다. 이들은 이미 하나님의 백성이라고 말할 수도 없이 타락한 지경에 빠져 있었다. 이러한 모습을 엘리사는 목격하고 있었다. 패전한 모압 왕이 살길을 도모하여 맏아들을 제물로 바쳤더니 온 이스라엘이 겁에 질려서 도망하였다는 기사는 이러한 군왕들의 전쟁에 명분이 없음을 보여 주는 대목이다(왕하 3:27). 이러한 어처구니없는 인신 제사 행위로 모압 전쟁기는 마감한다.

엘리사의 전쟁 참여기는 무엇을 말해 주는가? 이 전쟁 기사는 야훼 하나님께서 무조건 이스라엘을 편드는 하나님이시라는 이데올로기를 무너뜨리고 있다. 전쟁은 죄인들이 벌이는 범죄행위임이 명백하다. 이 전쟁에 야훼를 끌어들이는 전범자들은 야훼의 이름을 망령되이 일컫는 죄인들이다. 이 죄인들은 전쟁을 일으키고 주도하는 권력자들이다. 엘리사가 이 권력자들에게 야훼 하나님의 창조주 되심을 아무리 증언해 보았자 저들은 변화되지 않았다. 야훼 하나님의 물 기적을 보고도 연합군은 메사의 인신 제사를 보고 겁을 먹고 달아나 버리지 않는가!

또한 전쟁은 죄인의 뜻대로 되는 것이 아님을 이 기사는 보여준다. 야훼께서는 모든 죽어가는 자들을 살리시는 구원의 하나님이시다. 고고학자들이 발굴한 '메사의 비문'에는 모압의 군대가 이스라엘 군대를 물리치고 승전하였다고 기록되어 있다. 이 역사 기록은 열왕기하 3장 27절의 보도와 일치한다. 만군의 하나님 야훼께서는 이스라엘의 하나님만이 아니시다. 우상숭배로 타락한 이스라엘은 더 이상 하나님의 백성이 아니기 때문이다. 이제 야훼께서는 만민 가운데 모든 억눌린 자를 구원하시는 보편적인(catholic) 구원의 활동에 나서신다. 엘리사는 이러한 변화에 대해서 어떻게 반응하는가? 신명기 사가의 역사관이 엘리사의 활동 기사에서 어떻게 적용되는지 계속 관찰하는 것은 분명 우리의 신앙 실천에 지대한 영향을 끼치는 흥미로운 공부이다.

농부 개혁자 엘리사의 권력과 청빈

— 열왕기하 4:1-44

    열왕기하 4장은 네 개의 문단으로 이루어져 있다. 그 넷은 1-7절, 8-37절, 38-41절, 42-44절로 제시할 수 있다. 첫째 문단 1-7절은 예언자 학교를 운영하며 가르치는 엘리사의 모습을 보여 준다. 둘째 문단 8-37절은 매우 장황한데, 수넴 여자에게 아기를 낳게 하고 또 죽은 아이를 살리는 엘리사의 능력에 관한 이야기이다. 셋째 문단은 예언자 학교의 기숙사에서 끓인 국에 독이 들어서 먹지 못하게 되었을 때 엘리사가 가루 한 웅큼을 넣자 독이 제거되었다는 기적 이야기이다. 넷째 문단은 예수님의 오병이어 기적처럼 적은 음식으로 백 명의 무리를 먹인 급식사화이다.

    성서에서 예언자 엘리사에 관한 개인적인 정보는 그의 스승 엘리야에 관한 개인 정보와 마찬가지로 거의 얻을 수 없지만, 유독 열왕기하 4장에서는 엘리사의 사생활에 대한 몇 가지 정보를 얻을 수 있다. 우리는 이 네 기적 이야기에서 개혁자로서의 엘리사가 어떻게 그 시대를 안고 생활했는지를 알아볼 수 있을 것이다.

    첫 문단(1-7절)을 읽으면서 우리는 엘리사와 그의 제자들이 무척 가난하게 살았음을 알 수 있다. 엘리사의 제자들 중 한 제자가 죽었다. 과부가 된 그의 아내가 스승에게 호소하는 말의 내용이 기가 막힌다. 빚을 많이 졌기에 채권자가 과부의 두 아들을 데리고 가서 채무 노예로 삼으려 한다는 것이다. 남편이 아픈 동안 많은 빚을 진 듯하다. 하나님의 언약법에 따르면 히브리 노예는 칠 년 만에 해방시켜 주어야 하며, 노예를 자기 집안의 식구로 여기고 사랑해 주어야 한다(출 21:1-7). 그러나 말씀을 준행하며 거룩하게 살아야 할 이스라엘 백성이 세상의 여느 다른 세속 백성들과 마찬가지로 가난한 이웃의 자녀를 채무 노예로 삼는 일이 비일비재하게 자행되고 있었다. 이 문단은 엘리사 시대의 북 왕국이 우상숭배, 물질 제일주의로 얼마나 타락했는지 잘 보여 준다. 이 과부는 자기 아들들을 구해달라고 엘리사에게 간청하고 있다.

엘리사는 이웃에 가서 그릇들을 있는 대로 다 빌려오라고 명한다. 그릇들을 있는 대로 다 빌려왔을 때 엘리사는 그 모든 그릇에 기름이 가득 차게 하는 기적을 행하였다. 과부는 그 기름을 팔아서 빚도 가리고 두 아들도 건지고, 먹고 살 수 있게 되었다. 만일 엘리사가 부자였더라면 스승으로서 채무를 갚아 줄 수도 있었을 것이었다. 엘리사가 스승 엘리야에게 처음 부름을 받았을 때 그는 분명 부자였다. 엘리사가 열두 겨리 소로 밭을 갈고 있었다는데 이것은 그의 집이 부농이었음을 의미한다. 또 그가 소를 잡아서 동네에 잔치를 베풀고 스승 엘리야를 따를 만큼 경제적 여유가 있었다. 그러나 엘리야의 부름을 받고 예언자가 되어 활동하고 있는 지금에 이르러 엘리사는 가난해졌다. 자신도 가난해졌을 뿐 아니라 그가 경영하는 예언자 학교도 어려운 재정 형편에 놓여 있었음을 본문은 보여 준다. 이처럼 어려운 상황에서 절실하게 요구되는 것은 하나님의 구원하시는 능력이다. 엘리사에게 구원의 능력이 나타났다.

두 번째 문단은 8-37절에 걸쳐 매우 장황하게 이야기를 이어간다. 수넴이란 도성에 한 귀한 여인이 살고 있었다. 8절의 히브리어 '잇샤 거돌라'를 개역은 '귀한 여인', 새번역은 '부유한 여인'이라고 옮겼다. 직역하자면 '큰 여자'란 뜻이 된다. 사회적으로 높은 신분에 있거나 부유한 남편의 아내였을 것이다. 이 귀부인이 엘리사의 '거룩함'을 알아보고 그가 지나갈 때마다 강권하여 모셔다가 식사를 대접하곤 하였다. 그녀는 남편을 졸라서 엘리사가 쉴 수 있도록 '다락방'을 하나 지어 달라고 하였다. 거기에 엘리사가 오가며 머물 수 있도록 공간을 마련하였다. '다락방'은 히브리어로 '키르'인데 오늘의 본문은 히브리어로 '알리야트-키르 커타나'라고 되어 있다. '키르'란 용어는 여호수아서에 나온다. 여호수아가 정탐꾼을 파견했을 때 여리고성의 기생 라합이 살고 있는 집을 '키르'라고 묘사하였다 (수 2:15). 기생 라합이 사는 방이 '키르'였다. '키르'는 여리고 '성벽 위에' 있었다고 보도되어 있는데 이 본문에서도 마찬가지로 되어 있다.

성벽 위에 무슨 방이 있었을까 싶지만, 고대 성벽의 유적지에 가보면 성벽에 방을 넣어서 군사들의 휴게실로 사용한 방들을 발견할 수 있다. 이것을 새번역은 '다락방'이라고 옮겼지만, 오늘날과 같은 의미의 다락방은 아니다. 이 여자는 귀부인이었던 만큼 부유한 가문에 성벽처럼 높은 담을 둘러친 큰 집에 살고 있었던 것 같다. 게다가 18절을 보면 그의 남편은 추수하러 나간 들판에서 많은 일꾼을 대동하고 있었다고 하니 그 인근 지역을 호령하는 대농이었음을 알 수 있다. 그는 넓은 토지의 소유주로서 인근 지역을 다스리는 지주였을 수도 있다. 그의 부인은 엘리사의 거룩한 행보를 짐작하고 그를 위하여 자기 집에다가 쉼터를 마련하였다. 자기 집 높은 담 위에 방을 한 칸 넣어서 엘리사를 극진히 대접하였던 것 같다.

예언자는 말씀의 사역을 하는 종이다. 하나님의 말씀을 맡아 선포하는 사명을 지닌 종은 엘리사처럼 대접을 받게 되어 있다. 예언자가 말씀 사역에 집중하다 보면 자연히 그 사역자는 가난해지 게 마련이다. 말씀을 전하는 종에게 재물을 쌓아둘 영적인 여유가 없는 법이다. 엘리사도 부유한 농가의 자제였지만 그가 하나님의 말씀을 전하는 예언자가 된 이래 가난해졌다. 이는 사재를 다 털어서 주님의 일에 사용했음을 암시한다. 그러나 물질의 주인은 하나님이 시니 사역자를 굶기는 일은 없다. 기적으로 사역자를 먹이신다. 창조주 하나님께서 온 땅의 주인이시며 모든 경제의 주권을 행사하 시기 때문에 하나님은 자기의 종들을 굶기거나 가난에 시달리도록 버려두지 않는 것은 당연한 이치이다. 일하는 소의 입에 망을 씌우지 말라고 말씀하신 데에는 이러한 까닭이 있는 것이다.

엘리사는 말씀 사역을 도와주는 귀부인이 고마워서 보답을 하려 고 한다. 이때 엘리사가 건네는 말이 요상하다. 왕이나 사령관들에게 특별히 청탁하여 줄 터이니 무엇이든 요구하라는 것이다. 엘리사를 후원하는 궁중의 지원 세력이 막강하였음을 암시하는 대목이다. 엘리사는 길갈에서 예언자 학교를 운영하면서 평소에는 갈멜산에 거주하고 있었다. 여기에 언급된 '갈멜'은 엘리야가 바알 제사장들을 물리친 갈멜산과는 다른 가나안 중부 평원에 위치한 다른 갈멜일 수도 있다. 하지만 문맥상 이 갈멜은 엘리야의 기적과 연관된 지중해 연안의 갈멜산을 가리키는 것으로 보아야 전체 문맥의 흐름이 부드럽다.

요단강가의 길갈과 지중해 연안의 갈멜산 사이에는 북 왕국의 왕도 사마리아도성과 우상숭배의 도성 벧엘이 위치하고 있었다. 엘리사는 도성 바깥에 거주하고 있었다. 도성 밖에 살면서 엘리사는 하나님의 말씀을 전하기 위하여 도성 안으로 들어가서 당시의 권력자들과 수시로 소통하였다. 엘리사는 북 왕국을 개혁하기 위하여 상층의 권력의 개혁을 꾀하였고, 그들의 권력을 십분 활용하려고 하였다.

수넴 여인은 부유한 여인이었지만 그녀에게는 늙도록 자식이 없었다. 자식 없는 여자는 가부장제 사회에서 천대를 받기 십상이었다. 그녀가 남편에게 어떤 처우를 받았는지 짐작할 수 있는 대목이다. 엘리사는 그녀의 마음을 미리 알고 그녀를 축복하니 비록 매우 늙은 나이임에도 불구하고 그 귀부인에게 아기가 생겼다. 엘리사를 통해서 하나님께서 생명의 주인이 되심이 여실히 드러난 사건이었다. 아기를 낳으리라고 축복하니 그 귀부인은 믿지 않았다. 심지어 그녀는 "속이지 마소서"라고 응대하였다. 믿지 않았음에도 불구하고 늙은 그녀에게 구원의 은혜가 임하였다. 그 늙은 여자는 아기를 잉태하였다. 이처럼 하나님의 사역에는 인간의 공로가 없다. 이삭이 날 때 아브라함도 믿지 않았고, 그의 부인 사라도 믿지 않아 웃었다(창 17:17; 18:12). 하나님의 구원 역사에 사람의 공로는 없다. 사람은 언제나 믿지 않고 시험에 빠져 헤매었을 뿐이다. 여기에 구약성경의 의인론이 바탕에 흐르고 있다. 의롭다 인정하시는 이는 하나님이시다.

어느 날 귀하게 잘 자라고 있던 늦둥이 외아들이 갑자기 죽어버린 사건이 일어났다. 그 귀부인은 황급히 엘리사를 찾아가서 하소연한다. 하나님께서는 그 여인이 찾아오게 된 연유를 엘리사에게 알려 주지 않으신다. 수넴 여자는 예언자의 발을 끌어안고 하소연한다. 수제자 게하시가 황망히 그녀를 스승으로부터 떼어놓는다. 그 귀부인은 하소연한다. 아기를 사양했는데 기어코 아기를 주시더니 주던 때는 언제고 지금은 아기를 도로 빼앗아 가는 까닭은 무엇이냐고 하소연한다. 이에 엘리사는 자신의 지팡이를 가지고 가서 아이의 몸 위에 놓으면 살 것이라고 알려 준다. 하지만 수제자 게하시가 달려가서 지팡이를 놓았는데도 아이는 살아나지 않았다. 그 귀부인은 게하시를 따라가지 않고 한사코 엘리사의 동행을 요구했다. 마지못해 엘리사는 그 여인을 따라나선다. 게하시의 지팡이가 실패했다는 보고를 듣고 엘리사는 하나님의 침묵과 지팡이의 무능함에 당황하였다. 다급해진 엘리사는 자신의 방에 뉘어있는 아기의 시체 위에 자신의 몸을 친히 포개어 그 아기를 살려낸다. 죽었던 아기가 이윽고 소생하였다.

이상하게도 이 이야기에는 아기의 아버지가 아무런 역할도 하지 않는다. 아기의 아버지는 마치 남의 아기를 대하듯 퉁명스럽다. 종들에게 아픈 아기를 그 어머니에게 데려다주라고 명할 뿐 정작 자신은 등을 돌리고 다시 추수하는 일에 몰두한다. 성경이 이런 대목을 통해서 독자들에게 무슨 메시지를 던지고 있는가? 한참동안 묵상할 것을 요구한다. 경제활동에 전념하여 아기에게 별 관심이 없는 남편이었다. 그처럼 물질밖에 모르는 남편을 모시고 사는 한 여인의 애절한 모습이 독자의 눈에 아프도록 시리다. 이 여인과 엘리사 사이에 어떠한 영적인 교감이 오갔는지도 우리는 상상할 수가 있다.

세 번째 문단(38-41절)은 예언자의 생도들이 얼마나 초근목피로 연명했는지를 잘 보여 준다. 엘리사가 국을 끓이라고 명령하자 학생들은 나물을 캐러 들판으로 나간다. 가뭄이 극심하여 학교 기숙사에는 먹을 것이 없었다는 말이다. 학생들은 들판에서 들포도덩굴의 열매를 따서 국을 끓였다. 그러나 그 국이 너무나 쓰고 독성이 강해서 먹을 수가 없었다. 엘리사가 밀가루 한 움큼을 국에 넣자 독성이 사라지고 먹을 수 있게 되었다. 이 사건은 출애굽 사건 때 마라의 쓴 물을 달게 만든 기적을 생각나게 한다. 또 엘리사의 선교 초기에 재건된 여리고도성의 쓴 물을 달게 만든 기적도 생각나게 한다. 가난하고 힘겨울 때 하나님의 구원하시는 손길이 공동체에게 임하는 것이다.

네 번째 문단(42-44절)은 엘리사가 일으킨 음식의 기적이다. 바알살리사에서 어떤 사람이 햇보리로 찐 보리빵 스무 개와 햇곡식 한 자루를 엘리사에게 바쳤다. 이에 엘리사는 말씀을 들으러 모인 백 명의 무리에게 먹였더니 먹고도 남았다. 백 명이나 강의를 들으러 모였는데 그 사람들은 강의료를 낼 수 없는 가난한 사람들이었다는 것이다. 게다가 그들은 밥값도 지참하지 않고 있었다는 뜻이다. 예수님의 오병이어 기적이 연상되는 대목이다. 예수님을 따르는 무리들도 오천 명이나 몰려왔지만 모두가 가난하여 밥값도 지니고 있지 않았다. 겨우 떡 다섯 덩이와 생선 요리 두 마리밖에 없었다.

지금까지 열왕기하 4장에 나오는 네 가지 이야기를 경제의 관점에서 살펴보았다. 이상의 네 가지 기적 이야기에서 우리는 엘리사가 말씀의 예언자로서 활약하면서 어떠한 생활을 하였는지 짐작해 볼 수 있다. 스승 엘리야가 일으킨 기적들과 중첩되는 듯한 이야기들이 병행되고 있다. 그러나 엘리야와 엘리사가 일으킨 비슷한 이야기들은 서로 대조법의 관계에 놓여 있는 듯하다. 엘리야가 일으킨 사르밧 과부의 기름병 기적 이야기가 엘리사가 일으킨 제자의 과부 기름 그릇 기적 이야기가 평행된다. 사르밧 과부의 아들이 죽었다가 살아난 이야기가 수넴 귀부인의 아들이 죽었다가 살아난 이야기와 평행된다. 엘리사의 이야기는 엘리야의 이야기와 나란히 보도되고 있다. 두 사람의 농부 예언자들은 예언자로서 부름을 받았다는 점에서 평행되고, 자기 시대를 개혁하는 사명을 띠고 출사표를 던졌다는 점에서 평행된다. 스승과 제자의 행보가 비슷하지만 두 분이 행한 개혁의 방법은 판이하게 다르다. 평행되는 엘리사의 기적 이야기와 엘리야의 기적 이야기는 서로 날카로운 대조를 이루는 문맥 속에 던져 매우 다른 메시지를 던지고 있다.

스승 엘리야는 국가의 권력자들과 대결하고 권력자들을 멀리하였다. 권력자들을 심판하는 예언을 날카롭게 퍼부어댔다. 그러나 제자 엘리사는 국가의 권력자들과 가까이 지내며 그들을 변화시키려고 노력했다. 엘리사는 권력자들에게 존경을 받아 마침내 왕을 보필하는 국사의 대우를 받았다. 이 점이 스승 엘리야와는 판이하게 다른 점이다. 그러나 엘리사가 권력자들처럼 부유한 생활을 영위하지는 않았다. 엘리사는 민중 가운데 처하며 함께 가난하게 살아가는 삶을 영위하였다. 기근이 겹치고 우상숭배의 사회 구조에 불평등이 고착화되어서 당대의 민중은 초근목피로 연명하고 있었다. 엘리사도 이들 민중 속에서 살면서 함께 고난을 당하였다. 그는 스승 엘리야가 세운 예언자 학교를 운영하며 스승에 이어 교육에 열을 올렸지만 학교의 학생들도 가난하기는 다 마찬가지였다. 스승이나 제자들이 다 함께 시대의 질병을 앓으면서 고난의 길을 걸어갔음을 알 수 있다. 이 점에서 엘리사의 생활은 스승 엘리야의 생활을 그대로 빼닮았다.

엘리야와 엘리사가 시대를 개혁하는 개혁 방법에서는 현저한 차이를 보여 주지만, 일상생활에서는 두 분 다 참으로 청빈한 삶을 살았음을 알 수 있다. 이러한 청빈의 모습은 우리 한국 교회사의 전통에서 많은 목회자에게서 볼 수 있다. 성 프란시스처럼 청빈을 실천하면서 교회를 섬긴 선배 목사님들이 한국 교회사에는 즐비하다. 이들은 청빈을 '성빈聖貧'이라고 불렀다. 선배들의 성빈 생활은 오늘 한국교회에서는 농촌 교회의 목회자들의 삶 속에서 이어지고 있다. 물론 도시의 작은 교회를 섬기는 목회자들도 성빈의 삶을 이어가지만 특별히 열악한 농촌 교회를 부여잡고 헌신하는 농촌 목회자들에게서 성빈의 모습은 참으로 아름다운 영적 전승으로 이어지고 있다. 이것은 이 타락한 물질 만능 우상숭배의 시대에 성령께서 일으키시는 사역 중 하나임에 틀림없다.

성빈의 삶을 살아가는 농촌 목회자들은 농촌에만 갇혀 있어서는 안 된다. 하나님의 말씀 수련에 집중하고 용맹정진하여 성령을 충만히 받아야 할 것이다. 그래서 사마리아와 갈멜을 오가면서 말씀을 전해야 한다. 도시에서 대형 교회를 짓고 도시의 권력자들과 짝하여서 말씀을 삶으로 살지 못하는 목회자들이 한국교회를 오염시키고 있다. 한국교회 안에 권력을 부리는 종교 귀족 집단이 생겨나고 있다. 이런 시대의 상황을 극복하기 위해서 하나님은 농촌 목회자들을 부르신다. 성령의 능력에 충만하여 기적을 행하는 목회자들이 많이 나타나야 할 것이다. 도시에서 죽어가는 생명을 살리고 세상에서 고통당하는 뭇 생명에게 소망을 불어넣어 주어야 할 것이다.

열왕기하 4장이 보여 주는 엘리사의 생활 모습은 오늘 한국교회와 사회의 개혁을 위하여 가난한 농촌 교회를 부여잡고 불철주야로 기도하며 부르짖는 농민 목회자들에게 참된 영신 수련의 길을 재촉한다. 또한 우리에게 진정한 목회의 방향을 제시해 준다. 이 시대에 고난을 겪는 많은 생명이 농촌 목회자들을 통하여 선포되는 말씀을 통하여 되살아나는 기적을 바라본다.

국경을 초월한 농자(農者) 엘리사의 활동
― 열왕기하 5:1-19

농부였던 엘리사는 사회를 개혁하는 예언자로 활동을 시작하였다. 이스라엘 사회의 개혁자로서 엘리사는 하나님의 말씀을 대언하였다. 엘리사는 이스라엘이라는 한 나라에 국한하여 말씀을 전하고 있었는데 급기야 국제적 분쟁에도 개입하게 된다. 그는 국제관계를 개혁하는 예언자로 활동의 무대를 넓혀 나갔다. 이는 스승 엘리야의 활동과는 매우 다른 차원으로 나아간 것이었다.

엘리야의 시대에 아람왕국과 이스라엘왕국 사이에 전쟁이 있었고, 이 전쟁에서 이스라엘 왕 아합이 전사하였다. 그러나 스승 엘리야는 이 전쟁에 개입하지 않았다. 엘리야는 이 전쟁을 보고 냉담했다. 이스라엘 왕 아합은 벌을 받아 전사할 것이라고 예언하였을 뿐이다. 엘리야는 국제 분쟁에 대해서 매우 냉담하게 대처하였다. 우상 숭배자들끼리 싸우는 전쟁을 비웃으며 예언자 엘리야는 일체 관여하지 않았던 것이다.

엘리야는 본디 농부였다. 그는 하나님의 창조계를 잘 관리하는 농부였다. 농사를 짓다가 보니 우상숭배 물질주의에 물든 사회의 부조리와 죄악상을 차마 견딜 수 없어서 사회 개혁자로서 나서게 되었다. 사람 농사를 짓는 농부가 엘리야였다. 그는 평범한 농부가 건강한 농사를 지으며 흙에서 살 수 없는 시대적 상황을 예의 직시하였던 것이다. 엘리야는 국가의 개혁에 나섰다가 그 한계를 절감하고 예언자 학교를 세워서 제자들을 말씀으로 키우며 말씀 공부에 전념하는 예언자로 전환하였다.

그러나 스승의 부름을 받은 엘리사는 스승과는 다른 방향으로 나아갔다. 스승님이 승천하자마자 엘리사는 곧바로 사회 개혁을 위해서 분연히 떨치고 일어났다. 엘리사는 이스라엘 국내의 개혁을 위해 활동하는 동시에 국제 분쟁에도 적극 개입하였다. 한 국가는 필연코 국제관계의 역학 속에서 생존할 수밖에 없다는 현실의 필연성에 절감하고, 그 국제관계에 대해서도 하나님의 말씀을 선포해야 할 사명을 직감한 것이다.

엘리사 시대에 아합왕의 아들 여호람이 유다왕국의 여호사밧과 연합하여 모압왕국을 침공하였다. 이 전쟁을 위하여 여호람왕과 여호사밧왕이 예언자 엘리사에게 전운에 대해서 물어왔다. 이때 엘리사는 이 국제적 분쟁에 적극 개입하여 이스라엘 왕의 승리를 도왔다(왕하 3:14-19). 이로써 엘리사는 국내의 개혁을 넘어서 국제관계의 분쟁에 개입하지 않을 수 없게 된 것이다. 이처럼 전쟁이 진행되는 시국에서 엘리사는 바야흐로 아람왕국의 침공을 예감하고 있었다.

이스라엘의 북동부 지방에 아람왕국이 있었다. 새번역성경은 '시리아'라고 옮기고 있다. 아람국은 아브라함의 선조가 살던 하란도성이 위치했던 밧단아람 지역에서 흥기한 왕국이었다. 야곱의 외삼촌 라반이 나홀성에서 살았는데 그 후예들이 강성한 왕국으로 성장하여 아람왕국이 되었다. 이스라엘의 조상 야곱은 아람의 조상 라반과 영구히 화친하자는 불가침 협정을 맺은 바 있었다. 야곱이 야반도주를 하였을 때 라반은 야곱을 사흘 동안 추격하여 따라잡았다. 이때 라반과 야곱은 후손 대대로 서로 전쟁하지 말자고 굳게 다짐하여 평화의 언약을 체결하고 그곳의 이름을 '여갈사하두다'라고 불렀다(창 31:47). 조상들이 맺은 평화 조약을 후손들이 무시하고 아람과 이스라엘 양국 사이에 전쟁이 벌어지고 있었다. 하나님의 언약은 영원한 것이지만, 인간의 언약은 덧없는 것임을 성경은 지적하고 있다. 이스라엘의 여호람 왕은 아람 왕의 침략에 대해 심한 두려움을 느끼고 있었다.

전운이 감도는 상황에서 아람왕국의 군사령관 나아만이 이스라엘왕국을 찾아왔다. 나아만 장군의 방문 사건은 이스라엘 왕에게 큰 충격이었다. 적장 나아만은 아람 왕의 편지를 들고 왔다. 아람왕의 편지는 나아만 장군의 나병을 치료해 달라는 내용이었다. 고대에 나병은 불치의 병으로 일반에 알려져 있었다. 이 편지를 읽은 이스라엘 왕은 아람 왕이 침략의 빌미를 잡으려는 줄 오해하고 당황하였다. 이상하게도 이 이야기에서 성경 저자는 양국의 왕이 누구인지 이름은 밝히지 않고 익명으로 이야기를 진행한다. 이야기의 초점은 나아만이란 장군 개인에게 쏠리고 있다.

예언자 엘리사는 아람왕국의 군사령관 나아만의 문둥병을 고쳐준다. 나아만 장군의 치병기는 열왕기하 5장 전체에 걸쳐 보도되고 있다. 이 이야기는 열왕기하 4장의 기적 이야기에 이어지는 부분이다. 그런데 나아만 장군의 치병기는 열왕기하 6장에서 아람왕국과의 전쟁기로 이어진다. 양국이 치열하게 대결하는 전쟁의 상황에서 엘리사가 적장의 문둥병을 고쳐준다는 것은 어쩌면 이적 행위를 한 것이나 다름없는 짓이었을 것이다. 모든 백성의 비난을 받을 수도 있었을 것이다. 그런데 놀라운 것은 적장 나아만은 나병을 고치고 귀국한 이후에 다시는 이야기에 등장하지 않는다는 점이다. 양국 간에 전쟁이 벌어졌을 때에도 나아만은 등장하지 않는다. 열왕기하 6장의 전쟁기에도 나오지 않는다.

더욱 놀라운 것은 열왕기하 5장 1절에서 성경 저자는 야훼 하나님께서 아람왕국을 구원하여 준 적이 있었다고 말하면서 과거의 역사적 사실을 인용하고 있다는 점이다. "이는 여호와께서 전에 나아만에게 아람을 구원하게 하셨음이라"는 진술로 나아만의 치병기는 시작된다. '구원'이란 히브리어 명사 '터슈아'가 본문에 또렷이 명기되어 있다. 적장 나아만과 아람왕국의 왕은 야훼 하나님께 구원을 받은 경험이 있다는 말이다. 야훼 하나님께서 아람 왕을 구원해 준 적이 있었다니! 하나님은 이스라엘만 구원하시는 분이 아니라 생명을 지닌 자라면 누구나 다 구원하시는 하나님이시라는 만인 구원의 사상을 본문은 가르치고 있다.

오늘의 상황에 이 말씀을 적용하면 어떻게 될까? 구원은 오직 예수에게만 있기 때문에 교회만이 구원을 베풀 수 있다는 교회주의자의 논리가 판을 치고 있지 않은가? 구원은 오로지 교회 안에만 있다고 주장하는 논리는 이 말씀 앞에서 무너진다. 하나님은 교회만 구원하는 것이 아니라 교회 바깥의 세상도 구원하시는 분이시다. 교회 안에만 구원이 한정되어 있는 것이 아니다. 교회가 구원의 전권을 쥔 독점체가 아니다. 교회 바깥에도 구원이 있다. 열왕기하

5장 1절의 본문은 구원을 교회의 전유물로 삼는 교회주의자들에게 보내는 경고문이다. 교회 안에만 구원이 있다고 강변하면서 타 종교와 일반 세속 사회에는 구원이 없다고 대화를 닫아버리는 자들을 경계해야 한다. 그들은 하나님의 자유로운 구원의 능력을 교권주의자들의 손아귀 안으로 가두어 두려고 한다. 하나님의 구원을 인간이 독점하는 교회주의자들은 이 본문 말씀에서 크게 당황할 것이다.

이제 곧 전쟁이 발발할 일촉즉발 위기의 순간이 왔다. 이러한 문맥에서 신명기 역사가는 여호와께서 아람왕국을 구원하여 주었다는 과거의 사실을 인용한 까닭이 무엇일까? 하나님께서 적장 나아만의 문둥병을 고쳐주신다는 역사적 사실을 이스라엘에게 말하려고 한 것이다. 이 역사가의 의도는 무엇인가?

예언자 엘리사는 시대의 기운을 읽으며 죽어가는 사람들을 살려내는 일을 한다. 말씀의 종 예언자는 자신이 속한 한 국가에 갇히거나 얽매이지 않고 세계의 모든 사람을 살려내는 구원의 사명을 받았다. 악인들이 권력을 휘두르는 죄 많은 세계사 속에서 하나님의 구속사를 이루어야 한다. 세상 속에서 하나님의 뜻을 선포해야 하는 것이 예언자의 사명이었다. 참된 농부는 이러한 예언자의 사명을 받은 사람이다. 일본인도 중국인도 북한 동족도 구원해야 한다. 엘리사는 우주 만물의 돌아가는 이치를 통달하고 진리를 향하여 부단히 공부하는 예언자였다. 자기 한 몸 잘 먹고 잘살려고 자연을 이용하는 자기중심의 좁은 사람이 아니었다. 이런 점에서 엘리사는 하나님의 생명 살림의 창조 사역을 위해 일하는 진짜 농부였던 것이다.

'농'은 한자로 農이라고 쓰는데, 이는 별 진辰자 위에 노래 곡曲

가 올라가 있으니 '별들의 노래'란 뜻이다. 농農은 우주 만물의 운행하는 리듬을 체득하여 하늘의 법에 따라 사는 것을 말한다. 농부는 바로 천지 만물을 창조하신 하나님의 법도를 깨우쳐 그 법도에 따라 자유자재하며 살아가는 사람이다. 한 국가의 경영만이 아니라 모든 국가가 상호작용하는 역리도 관찰하며 사람이 사는 곳이면 그곳이 어디든 가야 한다. 인간이 사는 국가나 사회와 문명만이 아니라 모든 생물이 살아가는 공생관계를 이끌어가는 사람이 참된 농자農者이다. 그래서 고래로 농자천하지대본農者天下之大本이라고 노래하는 것이 아닐까 싶다. 이러한 관점에서 나아만 장군의 치병기를 깊이 묵상해야 할 것이다.

아람왕국의 적장 나아만이 엘리사를 찾아서 이스라엘로 왔다. 나아만 이야기를 올바로 이해하기 위하여 아람왕국에 대한 개론적 지식이 필요하다. 성경이 언급하는 아람왕국의 시조와 기원에 대하여 논해 보자. 신명기에 따르면 이스라엘 족속은 본디 아람 족속이었다고 한다. 신명기 26장 5절을 보면 이스라엘의 조상은 '방랑하는 아람 사람'이었다고 한다. 방랑하였다는 것은 도성민으로 정착한 정주민이 아니었다는 뜻이다. 아브라함과 이삭과 야곱은 도성 안에 정주하지 않았다. 도성 바깥에서 도성들 사이를 떠돌면서 들판에서 살았다. 이스라엘의 조상은 아람인이었다. 아람은 셈의 다섯째 아들이었고 아브라함의 조상이었다(창 10:22).

성경에 의하면 도시민과의 대립되는 개념은 농경민이나 유목민이 아니다. 도시민의 대립 개념은 '농農의 사람', 곧 '농부'이다. 농부는 사람의 뜻대로 사는 자들이 아니라 천지를 창조하신 하늘 아버지의 뜻을 따라 사는 사람이다. 농부는 자본주의 문명에 지배를 받는 도시인이나 국가주의자가 아니다. 참 농부는 창조주 하나님의 뜻을 따라 사는 하늘 사람이며 국가와 도시를 아름답게 개혁해 나가는 애국자인 것이다. 이스라엘의 정체성은 본디 '농자農者'였다.

아람의 농자들이 도시 문명의 영향을 받아서 서서히 타락하는 과정을 창세기의 족장기는 보여 주고 있다. 아브라함은 며느리를 아람인 사이에서 얻으려고 하였고, 이삭의 아내 리브가를 아람에서 데려왔다. 그녀는 아람 족속 중 브두엘의 딸인 동시에 라반의 누이였다(창 25:20; 28:5). 나중에 야곱이 밧단아람에 갔을 때 외삼촌 라반은 하란이라는 도시의 물질문명에 물들어서 돈밖에 모르는 인간으로 변해 있음을 보게 되었다. 라반은 도시 문명이 내뿜는 폭력에 익숙한 삶으로 변질되어 있었다.

라반은 물질 숭배에 빠져서 조카 야곱의 품삯을 주지 않고 속이고 물질 번영의 우상숭배에 빠져 있었다. 밧단아람에 정착해 살던 라반은 우상을 섬기고 있었고, 그 영향을 받은 야곱도 우상들을 섬기게 되었다(창 31:19; 35:2). 야곱은 거취를 속이고 라반을 피하여 야반도주해야 했다(창 31:20). 밧단아람의 라반은 야반도주한 야곱을 추격하여 불가침 계약(버리트)을 체결하였을 때(창 31:52), 그 전날 밤에 하나님이 아람 사람 라반에게 현몽하여 야곱과 시비를 따지지 말라고 겁을 주셨다(창 31:24). 야곱의 시대 이후로 이스라엘의 조상 아람 족속들은 변질되었다. 수메르 문명권에 편입되어 나홀성에서 우상 숭배를 일삼았다. 마침내 라반과 야곱 사이에 맺은 불가침 협정은 깨어지고 두 왕국 사이에 전쟁이 벌어지게 되었다.

사사 시대에 옷니엘은 아람(메소포타미아) 왕 구산리사다임을 물리쳤다(삿 3:10). 사사 입다의 시절에 이스라엘은 우상을 섬겼는데 그중에 아람의 우상도 포함되어 있다(삿 10:6). 다윗의 시대에 아람은 이스라엘의 속국이 되어 조공을 바치게 되었다(삼하 8:6). 다윗이 정복한 나라들은 아람과 모압과 암몬(하닷에셀)과 블레셋과 아말렉이다(삼하 8:12; 10:18). 분열 왕국 시대에 아람 왕은 북 왕국을 침략하여 길르앗라못을 차지하였다(왕상 22:3). 이에 아합왕은 남 왕국 여호사밧과 동맹하여 길르앗라못을 되찾으려고 아람국을 원정하였다. 이 전투에서 아합왕은 요나단과 함께 전사하였다. 그 시대는 엘리야가 활동하던 시기였다(왕상 21:31). 아합왕이 죽은 후에 스승 엘리야는 승천하였다. 아합의 아들 아하시야가 왕위를 계승하자 모압 왕 메사가 반역하였다(왕하 1:1). 아하시야가 다쳐서 죽자 그의 동생 요담이 왕위를 계승하였는데 이때 엘리야가 승천하였다. 엘리야가 승천하기 직전에 이스라엘을 다스리던 임금은 요담이었다. 스승 엘리야는 이러한 전쟁 통에 일체 관여하지 않았다.

그러나 제자 엘리사는 스승과는 달리 전쟁에 적극 관여하였다. 그가 예언직을 계승했을 때 전쟁이 발발했다. 엘리사의 예언 활동은 전쟁과 더불어 시작되었다(왕하 3장). 이스라엘을 배반한 모압왕 메사를 징벌하러 북 왕국 왕 요담은 남 왕국 여호사밧 왕과 동맹군을 결성하여 모압왕국을 침공하였다. 엘리사의 개입으로 이스라엘군이 승리를 거두게 되었다. 그러나 승전보를 울리기 직전에 모압 왕 메사가 아들을 희생 제물로 바치자 이스라엘-유다 동맹군은 겁에 질려서 황급히 퇴각하고 말았다. 이리하여 이스라엘은 모압 정복에 성공하지 못하였다.

이러한 전쟁의 역사가 열왕기하 5장 2절에 전제되어 있다. "전에 아람 사람이 떼를 지어 나가서 이스라엘 땅에서 어린 소녀 하나를 사로잡으매 그가 나아만의 아내에게 수종 들더니…." 아람인들이 이스라엘인들의 부락을 침공하여 마을 주민들을 노예로 잡아 왔는데, 그중에 한 소녀가 나아만의 집에 하녀로 끌려온 것이다. 고대 근동의 사회 경제 체제는 노예제사회였다. 아람왕국은 이스라엘과 마찬가지로 서로의 백성을 납치해서 노예로 삼고 있었다.

이스라엘의 한 소녀가 끌려가서 나아만 장군의 집에 하녀로 일하고 있었다고 이야기는 시작한다. 이 하녀가 이스라엘왕국에는 하나님의 사람 엘리사가 살고 있다는 정보를 나아만 장군에게 알려 주었다. 이 신명기 사가의 보도에서 이 소녀의 존재는 이스라엘인에게는 까마득히 잊힌 존재였음을 주지하고 있다. 양국 사이에서 어떠한 외교적 쟁점으로도 거론되지 않았다는 것이다. 이스라엘 왕은 납치되어 노예가 된 자기의 백성 소녀에 대하여 아무런 정보도 갖지 못한 채 노예가 된 그 소녀를 구출하려는 어떠한 노력도 기울이지 않는다. 우리나라 정부가 국민들이 위안부 문제를 제기하여도 일본에 문제를 강하게 제기하지 못하는 까닭과 유사하다. 국제관계에서 갈등이 생기는 문제를 자꾸만 묻어버리려는 현금의 작태와 그대로 닮았다. 이 세상은 온통 불의로 넘치고 있었고, 세상의 왕들은 우상숭배를 통하여 경제 번영과 왕권의 신장에만 몰두하고 있었다. 이러한 상황에서 아람의 나아만 장군이 병을 고치려고 이스라엘왕국으로 찾아온 것이다.

나아만 장군이 아람 왕 벤하닷에게 편지를 한 통 써 달라고 부탁하여 이스라엘 왕 요담에게 전달하였다. 요담 왕은 이 편지가 트집을 잡으려는 벤하닷의 흉계인 줄로 지레짐작하여 크게 당황하였다. 이러한 상황에서 엘리사가 자원하여 등장한다. 왕의 부탁으로 엘리사가 참여한 것이 아니었다. 양국이 대립하는 국가의 위기 상황에 엘리사가 스스로 적극 개입한 것이다. 독자들은 스토리가 으레 엘리사의 혁혁한 무공으로 이어질 것이라 기대할 수 있다. 당연히 엘리사가 이스라엘 편에 서서 아람왕국을 쳐부수는 장면이 나올 것이라고 예상할 것이다. 그러나 엘리사의 활동은 이스라엘 편에도 아람 편에도 서지 않는다. 이스라엘도 아람과 마찬가지로 우상숭배에 열을 올리고 있었기에 둘 다 하나님의 심판의 대상이었다. 오늘날 목사가 독도 문제나 위안부 문제나 군비경쟁의 문제를 놓고 일본 편도, 한국 편도 들지 않는다면 어떤 일이 벌어질까? 이것을 남한이나 북한의 대립 관계에 적용하면 어떻게 될까? 생각만 해도 끔찍하다.

나아만은 나병이 나았다. 그는 치료자 야훼 하나님을 믿고 개종하였다. 그가 아람국으로 귀국한 후에 아람과 이스라엘 사이에 평화가 성립되는 것이 자연스런 이야기일 것이다. 그러나 평화가 아니라 오히려 전쟁이 발발하였다. 이것은 참으로 이해하기 어렵다(왕하 6장). 엘리사는 야훼 하나님의 계시를 받아 아람 군대의 동태를 파악하여서 그 정보를 이스라엘 군대에게 알려 주고 있다는 소문이 돌았다(왕하 6:12). 아람 왕은 그 사실을 알고 엘리사를 잡으려고 도단을 포위하였다. 이에 엘리사는 적군의 눈을 다 멀게 만들었다가 다시 고쳐주었다. 이스라엘 왕의 반대를 뿌리치고 엘리사는 오히려 큰 잔치를 베풀어 적군을 잘 먹이고 환대한 후에 자기 나라로 돌려보냈다(왕하 6:23). 포로를 놓아준 것이었다.

그 후 아람 왕 벤하닷이 다시 침공하여 사마리아를 포위하였을 때 이스라엘 왕은 엘리사를 원망하면서 처형하려고 했다. 그러자 엘리사는 주께 기도함으로써 적군을 물리치는 기적을 일으킨다(왕하 6:24-7:20). 엘리사는 이스라엘 왕 요담의 편도 아니고 아람 왕 벤하닷의 편도 아니었음을 신명기 사가는 성서의 독자들에게 보여 주고 있다. 두 왕 모두 우상 숭배자들이었기 때문에 둘 다 심판의 대상이었다. 엘리사가 국제 분쟁에 참여한 것은 왕들에게 봉사하려는 것이 아니었다. 그는 예언자로서 하나님의 뜻을 선포하려는 목적으로 개입한 것이다.

후일 엘리사는 아람왕국의 내정에도 관여하였다. 하사엘 장군에게 기름을 부어서 병들고 늙은 왕 벤하닷을 죽이고 왕위를 찬탈하게 종용하였다(왕하 8:7). 또한 북 왕국 이스라엘의 내정에도 관여한다. 아람과의 전쟁 중 길르앗라못에서 군사 작전 회의를 주도하던 장군 예후에게 기름을 붓는다(왕하 9:6). 왕위를 찬탈하면서 예후는 아합왕의 아내 이세벨과 그 아들들과 친족을 모조리 죽인다(왕하 9-10장). 그때 아람 왕 하사엘은 위세를 떨치며 가드를 점령하고 이스라엘뿐만 아니라 남 왕국 유다까지 위협하고 있었다(왕하 12장). 엘리사가 기름 부은 하사엘이 이스라엘에게 큰 위협이 된 것이다. 이러한 상황에서 엘리사는 죽을병이 들어 죽게 된다(왕하 13:14).

엘리사가 나아만 장군의 나병을 고쳐준 이야기는 이처럼 커다란 문맥 속에서 살펴보아야 비로소 이해가 된다. 이제부터 열왕기하 6장의 나아만 장군 치병기를 읽으면서 본문 자체를 자세히 정독하여야 할 차례가 왔다. 이 이야기에서 우리는 야훼 하나님을 믿는 신앙의 본질을 체득할 수 있을 것이다.

나아만의 치유 기사에 담긴 유일신 신앙
─ 열왕기하 5:1-19

I. 들어가는 말

나아만은 아람왕국의 군사령관이었다. 이 인물은 오직 열왕기하 5장에만 등장한다. 열왕기하 5장은 문둥병자 나아만 장군의 치병기이다. 이 치병기에 이어서 열왕기하 6장에는 이스라엘과 아람 사이의 전쟁 기사가 이어지는데(왕하 6:8 이하), 이 전쟁기에 군사령관임에도 불구하고 나아만이란 이름은 거명되지 않는다. 나아만 장군은 적국인 이스라엘에 건너와서 엘리사에게 나병을 고침을 받고 귀국한다. 귀국 후 나아만은 역사의 전면에서 완전히 사라지고 만다. 엘리사와의 만남에서 무슨 일이 있었던 것일까?

그뿐만 아니라 이 기사에는 엘리사의 예언자 직분이 독특하게 묘사된다. 나아만의 나병을 고치는 엘리사의 활동에는 하나님의 말씀을 전언하는 예언의 모티프가 없다. 예언자는 모름지기 권력자인 왕이 범죄했을 때 그의 잘못을 꾸짖고 회개를 촉구해야 하는 사람이다. 그러나 엘리사는 그러한 심판 예언자의 역할을 하지 않는다. 오히려 왕이 당한 어려움을 해결해 주는 해결사의 역할을 맡고 있다. 또한 이상한 것은 이 치병 이야기에서 아람 왕이나 이스라엘 왕의 이름이 모두 익명으로 처리되어 있어 그들이 누구인지 알 수가 없다는 점이다.

II. 예언자 엘리사의 개혁

아람은 이스라엘과 전쟁을 하는 적국이었다. 아합왕은 아람왕국과 전쟁하다가 전사하였다. 아합왕이 죽고 난 후에 모압 왕 메사가 반역하였기에 그를 정벌하여야 했다. 이 전쟁에 엘리사는 적극 가담하여 이스라엘의 승리를 이끌어 냈으나 모압 왕 메사가 자신의 아들을 제물로 바치자 이에 놀란 이스라엘 군사는 뿔뿔이 흩어지고 말았다(왕하 3:26). 이처럼 어려운 상황에서 왕년에 전쟁을 벌였고 지금도 대결하고 있는 아람국의 왕이 사신을 보내온 것이다. 아람 왕의 편지는 자신의 군사령관 나아만의 나병을 치료해달라는 요구를 담고 있었다. 이스라엘 왕은 이 편지를 읽고 매우 당황하였다. 아람 왕이 이스라엘을 침략하려는 빌미로 삼으려고 불치의 나병을 고쳐내라고 수작을 부리는 줄로 판단한 것이다. 이스라엘 왕은 여호와 하나님을 믿지 않았기에 나병의 치유는 불가능하다고 생각했다. 왕이 편지를 읽고 황당하여 옷을 찢었다는 소식을 들은 엘리사는 스스로 자원하여 왕의 문제를 해결해 주겠다고 나선다(왕하 5:8).

왕이 도와달라고 요청하지 않았음에도 불구하고 엘리사는 해결사를 자처하고 나선 것이다. 이러한 모습은 전례 없는 매우 독특한 모습이다. 이전에 아합왕의 아들 요람이 모압 왕 메사와 전쟁을 벌였을 때 그는 엘리사를 찾아와서 도움을 청하였다(왕하 3:13). 그때 엘리사는 이스라엘을 편들어 예언을 하였다(왕하 3:16). 왕이 예언자에게 부탁한 것이다. 그러나 지금 나아만 장군의 이야기에는 이스라엘 왕의 부탁은 없다. 물론 그에 따른 엘리사의 예언 행동도 없다. 스승 엘리야는 아합왕을 도와 '위로부터의 개혁'을 시도하다가 낙심하여 왕과 대결하는 심판 예언자로 전환하였다. 엘리야는 아합의 아들 아하시야가 병들었을 때에도 그가 죽을 것이라고 심판을 예언하였다. 그러나 제자 엘리사는 스승과는 달리 왕의 조력자를 적극 자처한 것이다. 제자 엘리사는 아합의 아들 요람 왕이 요청하자 그를 도와 모압 왕 메사를 치는 전쟁에 참여하였다. 이번에는 왕의 요청이 없었음에도 불구하고 스스로 자원하여 왕을 도우러 나서고 있다. 제자 엘리사는 스승 엘리야와는 현저히 다른 행보를 보이고 있다.

북 왕국 이스라엘 아합왕조의 왕들은 불의하였다. 자기 백성이 포로로 끌려가 있어도 구출할 방도를 강구하지 않았다. 이스라엘의 어린 소녀가 아람국으로 납치되어 종살이를 하고 있었다. 이스라엘에서 잡혀온 어린 소녀는 나아만 장군의 집에서 노예로 일하고 있었다. 이 소녀가 나병을 고칠 수 있는 정보를 나아만의 아내에게 제공하였다. 이스라엘의 예언자 엘리사가 나병을 고칠 수 있다는 정보였다(왕하 5:3). 소녀는 하나님의 사람이 모든 병을 고칠 수 있음을 확실히 믿고 있었다. 왕은 여호와 하나님을 믿지 않았지만 버림받은 소녀는 여호와 하나님을 믿고 있었다. 소녀는 자기를 잡아와서 노예로 부리고 있는 원수 나아만을 살리기 위해서 소중한 정보를 제공한 것이다. 그러나 이스라엘 왕은 자기 국민이 적국의 노예로 억류되어 있어도 그녀를 구출하려는 아무런 조치도 취하지 않았다. 그뿐만 아니라 왕임에도 창조주 하나님 야훼께서 모든 질병을 고칠 수 있다는 진리도 믿지 않았다. 믿음이 없었으니 하나님의 사람 엘리사에게 치유의 은사가 있다는 사실도 전혀 모르고 있었다. 어린 소녀 노예와 임금 사이의 날카로운 대조법이 배경으로 깔려 있는 정황에서 예언자 엘리사는 불신자 임금의 고민을 해결해 주는 역할을 자처하고 나선 것이다.

그러나 이스라엘 왕은 도움을 받았음에도 불구하고 나중에 또 다른 어려움을 당했을 때 하나님의 사람 엘리사를 죽이려고 하였다 (왕하 6:31). 이에 엘리사는 예후 장군에게 기름을 부어 쿠데타를 일으켜 아합왕조를 멸망시킨다. 자신이 일으킨 예후 왕조에서 엘리사는 국정 운영에 중요한 역할을 맡는다. 아마도 왕의 국사로 책봉된 듯하다. 엘리사가 죽을병에 걸려 임종을 앞두고 있을 때 이스라엘 왕 요아스(여호아스)는 엘리사의 임종을 지키며 "내 아버지여, 내 아버지여, 이스라엘의 병거와 마병이여!"라고 부르짖는다(왕하 13:14). 이 호칭은 엘리사가 스승 엘리야의 승천하는 장면을 목격하면서 외쳤던 부르짖음과 같다(왕하 2:12). 예후 왕조의 요아스 왕은 엘리사를 자신의 스승으로 모시고 있었던 것이다. 국가의 최고 권력자인 왕에 대한 예언자의 관계가 이처럼 우호적이었다는 점에서 엘리사의 역할은 스승 엘리야를 위시한 다른 예언자들과도 큰 차이를 보여 주고 있다.

엘리야는 아합왕조에 대해서 투쟁하였으나 엘리사는 예후 왕조의 왕들과 매우 친근한 우호적 관계를 유지하였다. 그래서인지

두 예언자의 최후도 매우 대조된다. 스승 엘리야는 회오리바람을 타고 승천하였지만, 제자 엘리사는 죽을병이 들어 사망하였다(왕하 13:14). 이 날카로운 대조법이 무엇을 의미하는지 깊이 묵상하지 않을 수 없다.

III. 나아만의 치유에 담긴 신학 사상

엘리사는 왕에게 나아만 장군을 자신에게 보내라고 전언한다. 그에게 이스라엘에 참 예언자가 있다는 사실을 보여 주겠다는 당찬 포부를 밝힌다. 자기를 찾아온 나아만에게 엘리사는 너무나 쉬운 처방전을 낸다. 요단강에 몸을 일곱 번 씻으라는 처방이었다. 이 처방을 받은 나아만은 화를 벌컥 내고 물러갔다. 이 장면에서 이상한 점은 나아만 장군이 말들과 병거들을 거느리고 엘리사의 집문 앞에 왔다는 진술이다. 이스라엘 왕은 아람왕국의 세력에 짓눌려서 적국의 사령관이 군대를 이끌고 국내를 마구 돌아다니도록 방치하였다. 그만큼 국력이 약해져 있었던 것이다. 이러한 상황에서 엘리사의 역할은 무엇인가?

적국의 사령관이 군대를 이끌고 집 앞에 당도하였다. 그럼에도 엘리사는 친히 문밖으로 나가서 손님을 영접하지 않는다. 엘리사는 적국의 사령관이 위세당당하게 군대를 이끌고 문 앞에 도열하고 있는 상황에도 조금도 위축되지 않는다. 하나님을 믿는 신앙으로 무장했기에 예언자 엘리사는 어느 누구도 두려워하지 않았다. 엘리사는 문밖으로 나와 보지도 않는다. 대신에 자신의 제자를 내보내어 처방전을 전달한다. 요단강에 몸을 일곱 번 씻으라는 간단한 처방전을 나아만 장군에게 전달했을 뿐이다.

나아만 장군은 이 간단한 처방전을 받아들고 벌컥 화를 낸다. 비록 막강한 군대를 이끌고 왔지만 엘리사에게는 아무 소용이 없었다. 나아만은 그냥 군대를 철수시켜 자신의 고국으로 되돌아가려고 한다. 요단강에 몸을 씻으면 회복된다는 터무니없이 간단한 처방전에서 모욕감을 느낀 것이었다. 안수를 받거나 안찰을 받으려니 기대했던 것이다. 강물이라면 아람왕국에도 다메섹강과 아마나강과 바르발강이 있었다(왕하 5:12). 강물에 씻어서 나을 병이라면 굳이 요단강에 씻어야 하는 법이 어디 있으랴 싶었다. 나아만 장군은 화가 났어도 군대를 풀어 엘리사의 집을 파괴하거나 엘리사를 체포하는 일은 하지 못한다. 하나님의 성령이 엘리사를 지키고 있기 때문이었다.

그때 신하들이 나아만에게 고언을 한다. 병을 고치기 위해 어떠한 어려운 조건도 실행했을 터인데 지금 몸을 씻으라는 매우 간단한 처방을 받았으니 밑져야 본전이라는 심경으로 요단강 강물에 한번 씻어나 보자는 고언이었다. 이에 나아만이 요단강에 몸을 일곱 번 담그니 놀랍게도 나병이 떠나고 피부가 거짓말처럼 깨끗하게 회복되었다. 나아만의 믿음으로 병이 나은 것이 아니었다. 나아만에게는 믿음이 조금도 없었다. 나아만의 불치병이 고침을 받은 것은 하나님의 전적인 은혜였다. 안수나 안찰 같은 어떠한 인간의 행위도 없었다. 나아만의 치병 사건에서 모든 생명의 주인은 이스라엘 하나님 여호와라는 진리가 드러났다. 하나님은 사람의 공로에 따라 대응하시는 분이 아니었다. 그분은 오직 은혜를 베푸시는 분이시다.

이 대목에서 세상의 어느 신들과도 다른 여호와 하나님의 유일성이
입증되었다.

이제 나아만은 나병이 나았다. 그는 다시 군대를 거느리고 엘리
사에게 돌아와서 여호와 하나님의 유일성을 고백한다. "이제야
나는 온 세계에서 이스라엘 밖에는 하나님이 계시지 않다는 것을
알게 되었습니다"(왕하 5:15). 이 장면에서 굳이 '모든 군대'를 이끌고
왔다는 표현이 이채롭다. 온 군대가 변화를 받았다. 군대와 같은
세상의 막강한 권력도 하나님 앞에서 그 힘을 발휘하지 못할 뿐
아니라 오히려 하나님의 현존을 목도하고 그 능력 앞에서 변화를
받는다는 메시지가 선포되고 있다. 여기에 여호와의 거룩한 전쟁
사상이 듬뿍 담겨 있다.

Ⅳ. 나아만이 깨달은 유일신 신앙

여호와 하나님에 대한 나아만의 인식이 급격히 바뀌었다. 그는
"이스라엘 외에는 온 천하에 하나님이 없다"는 진실을 깨닫게 되었
다. 나병이 치유되자 그의 내면에서 비로소 믿음의 싹이 움을 틔우고
있었다. 여호와 하나님은 오직 한 분뿐이라는 유일신 신앙에 대한
깨달음과 감격이 나아만의 내면에서 용솟음치고 있었다. 하지만
아직은 여호와 하나님에 대한 지식이 체득되지는 않았을 것이다.

세속적 관례에 따라서 나아만은 의당 물질로 사례를 하려고
하였다. 그는 아람에서 가지고 온 값진 예물을 엘리사에게 바쳤다.
그 예물은 '은 열 달란트와 금 육천 개와 옷 열 벌'에 해당하는

거금이었다(5절). 그러나 엘리사는 거액의 사례를 단연코 거절하였다. 여호와께 맹세까지 하면서 거금을 물리치는 모습을 보고 나아만은 더욱 감동을 받았다. 여호와 하나님을 믿는 사람은 세상의 여느 사람들과 다르다고 느꼈다. 엘리사의 거룩한 청빈함이 나아만 장군의 세속적 관념을 송두리째 뒤흔들어 놓았던 것이다. 이에 나아만은 여호와 하나님을 믿는 엘리사의 신앙에 완전히 매료되고 있었다.

V. 여호와 하나님의 유일성 증언

나아만 장군은 이스라엘의 흙을 노새 두 바리에 싣고 가겠다고 요청한다. 나아만은 자신을 가리켜 '당신의 종'이라고 칭한다. 여호와의 신앙을 품으니 교만하던 장군이 참으로 겸손해졌다. 더 나아가 그는 다른 신들에게 희생 제사를 드리지 않겠다고 선언한다. 여호와 밖에는 하나님이 없다는 진리를 드디어 깨우친 것이다. 이스라엘의 흙을 싣고 가서 여호와 하나님에게만 '번제'(올라)와 '제사'(제박흐)를 드리겠다고 결심한 것이다(왕하 5:17). 그런데 왜 하필 이스라엘의 흙을 싣고 귀국하려는가?

여호와 하나님은 흙으로 쌓은 제단을 좋아하신다. 하나님의 시내산 계약법에 이렇게 기록되어 있다. "나에게 제물을 바치려거든 너희는 흙으로 제단을 쌓고 그 위에다 번제물(올라)과 화목 제물(제박흐 쉘라밈)로 너희의 양과 소를 바쳐라"(출 20:24). 열왕기하 5장 17절은 출애굽기 20장 24절에 근거한 본문이다. 나아만은 지구라트 같은 석재로 쌓은 웅장한 신전에서 제사를 드리는 일에 익숙한 장군이었다. 여호와 하나님을 영접한 그는 모든 세상의 지배자들이 내세우는 우상숭배 종교들을 모조리 부정하게 되었다. 초라하게 보이는 흙 제단에서 예배하는 것을 여호와 하나님은 좋아하시니 앞으로 그렇게 여호와를 예배하겠다고 결심한 것이다. 여기에 신앙 사상과 행위의 대혁명이 일어났다. 오직 여호와만 섬기겠다는 유일신 신앙의 본질과 의미를 깨달은 나아만 장군은 회심하여 모든 세속주의와 결별하였다. 그의 나병 치유를 계기로 그의 영혼과 마음도 온통 변화를 받게 되었다.

VI. 나가는 말

이 치병 사건 이후 나아만이란 이름은 더 이상 등장하지 않는다. 이후에도 아람왕국과 이스라엘왕국 사이에 전쟁이 계속되었건만 나아만 장군의 이름은 그 어디에도 보이지 않는다. 아마도 그는 여호와 유일신 신앙으로 회심한 이후 완전히 다른 삶을 살아간 것으로 생각된다. 그는 아람왕의 시중을 들어야 했고 국가의 웅대한 신전인 림몬 신전에서 늙은 왕을 부축하여야 했다. 왕이 몸을 숙이면 부축한 그도 함께 몸을 숙여야 했다(왕하 5:18). 그러나 이제 그는 완전히 다른 사람으로 변해 있었다. 그의 예배는 가정 뒤뜰에서 이루어졌다. 여호와 하나님의 백성이 살도록 지정된 땅의 흙을 싣고 귀국하여 뒤뜰에 흙 제단을 쌓고 여호와 하나님을 예배하였다. 용맹한 전쟁 용사였던 그는 점차 평화와 생명의 일꾼으로 변해가고 있었던 것이다.

치병과 회심! 여기에는 여호와 하나님의 섭리가 있었다. 나아만을 변화시키려는 하나님의 뜻이 이루어졌다. 농부 예언자 엘리사를 통하여 세상이 개혁되고 있었다. 폭력 문명의 주도자 나아만이 우선 변화를 받았다. 폭력의 용사가 평화의 일꾼으로 변한 것이다. 이러한 존재의 변화가 오늘날에도 계속 이어지고 있다. 이 시대를 사는 농부 예언자들은 누구인가? 농부 예언자의 활동을 통해서 이 땅의 정치인들이 변화를 받고 있는가? 폭력을 사용하는 권력자들이 평화와 생명의 일꾼으로 치유되고 있는가? 권력자들이 회심하여 겸허한 종으로 변화를 받고 있는가? 국가 권력의 상층에서도 개혁의 행렬을 이어가시는 성령님의 역사를 오늘의 본문은 증언하고 있다.

농부 엘리사의 평화 일구기
─ 열왕기하 6-7장

Ⅰ. 들어가는 말

하나님의 뜻을 잘 표현하는 한자가 '농農'이란 글자이다. 별 '진辰' 자 위에 노래 '곡曲' 자가 올라가 있으니 '별들의 노래'란 뜻이 '농農'이다. 하나님께서 창조계를 운행하신다는 진리를 잘 표현한 글자이다. 이런 의미에서 하나님의 뜻을 전하는 예언자들은 모두가 '농자農者'라고 할 수 있다. '예언자'란 용어를 한자로 쓰면 預言者가 된다. 이때 사용한 글자 '예預'는 미리 준비한다(豫備한다)는 뜻의 '예豫' 자가 아니라 '맡긴다, 예금預金한다'는 뜻이다. '예언자'는 히브리어로 '나비'인데 하나님으로부터 말씀을 받아서 맡아 간직하여 선포하는 예언자이다. 백성에게 말씀을 선포하는 사람이 예언자인 것이다. 예언자는 '농자'이다.

개역성경이 히브리어 '나비'를 '예언자'라고 옮기지 않고 '선지자'라고 옮겼다. 영어로는 prophet인데 그리스어 성경은 προφήτης, 라틴어 성경은 propheta라고 옮긴다(신 34:10). '선지자'를 한자로는

先知者라고 쓴다. 미래에 일어날 일을 미리 알고서 예고해 주는 사람이라는 뜻이다. '선지자'는 히브리어 '로에'에 해당하는데 사무엘하서 15장 27절에 나오는 단어이다. 개역과 새번역은 이 단어를 '선견자先見者'라고 옮겼다. 영역본은 이것을 seer이라고 옮겼다. 히브리어 '로에'는 '보다'란 동사 '라아'에서 파생한 명사이기에 '선견자'라고 옮긴 것이다. 예언자는 선견자와는 다르다. 미래를 미리 알아맞히는 능력이 아니라 하나님의 말씀을 전하는 직능이 예언자인 것이다. 이런 의미에서 엘리야와 엘리사는 선지자나 선견자가 아니라 예언자라고 불러야 마땅하다. 새번역과 공동번역과 가톨릭번역은 모두 히브리어 '나비'를 '예언자'라고 올바르게 옮겼다.

II. 예언자 엘리사는 참된 농자(農者)였다

하나님의 창조계를 파괴하고 어지럽히는 도시와 국가의 문명체제에 대해서 회개를 외쳐대는 농자가 예언자이다. 첫 예언자는 아브라함이었다(창 20:7). 모세는 전대미문前代未聞의 가장 위대한 예언자였다(신 34:10). 에덴동산에서 추방된 인간은 죄의 역사를 지어가고 있었기에 예언자들은 언제나 죄인에게 회개하고 돌이킬 것을 외쳐야 했다. 이처럼 하나님의 창조계를 바로 잡으려고 하나님의 뜻을 외치며 일하는 자들이 예언자라면 그는 곧 '농자農者'이다. 엘리사의 모든 사역은 어두운 역사 시대에 농자로서 바르게 살자고 외치는 몸부림이었다. 그는 하나님의 뜻을 따라 국가와 사회를 개혁하기 위해 말씀을 선포하고 온 몸으로 실천하였던 참된 농부였다.

참된 농자의 길을 걸어가려는 엘리사에게 이스라엘과 주변국의 국가 문명이 장애물로 크게 가로놓여 있었다. 이스라엘은 평화의 길을 저버리고 분쟁과 전쟁 속에 휩싸여 있었다. 평화를 뜻하는 '샬롬'이란 말은 하나님의 창조계에 온전함을 회복하는 과정을 가리킨다. 엘리사가 걷는 평화의 길은 험난하기만 하였다. 열왕기하 6장 이하에서는 이처럼 험난한 평화의 길을 펼쳐 보여 주고 있다.

엘리사 이야기는 전쟁 이야기로 가득 차 있다. 북 왕국 이스라엘과 남 왕국 유다는 아람왕국의 침략에 시달리고 있었다. 야훼 하나님께서 매번 전쟁을 이스라엘의 승리로 이끌어 주신다. 이것을 야훼 하나님의 거룩한 전쟁이라고 부른다. 그러나 하나님의 도우심에도 불구하고 왕과 귀족들은 야훼 하나님을 불신하고 예언의 말씀을 받아들이지 않았다. 그러므로 엘리사의 이야기를 이끌고 있는 중심 주제는 '야훼의 거룩한 전쟁'이며 하나님의 은총을 배반하는 이스라엘의 배역을 강조하고 있다. 이러한 개론적 지식을 가지고 지금부터 엘리사 이야기를 더 꼼꼼하게 깊이 읽어 내도록 해보자. 먼저 문맥을 짚어 보기로 한다.

III. 문맥으로 읽는 엘리사 이야기

먼저 열왕기하 7장을 보자. 이 문단이 처한 전체의 문맥을 살펴보면, 엘리사의 예언 활동은 열왕기하 2장부터 시작하여 13장에서 그 막을 내린다. 13장에 의하면 엘리사는 죽을병이 들어 사망한다(왕하 13:14). 2-4장에는 엘리사가 행한 각종 기적 사건들이 펼쳐진다. 이 시대의 배경은 아람국(시리아)과 전쟁을 벌이는 상황이다. 이 전쟁기의 주제는 '야훼의 거룩한 전쟁'이다. 5장에는 나아만의 문둥병을 고쳐주는 이야기가 나오는데 나아만은 적군의 사령관이었다.

적장 나아만을 고쳐주었어도 국제관계에 평화가 이루어지지는 않았다. 평화는커녕 오히려 아람 왕 벤하닷이 이스라엘을 침략해 온다. 이 전쟁에서 야훼 하나님의 도우심이 눈부시게 부각된다. 이스라엘은 대승을 거둔 이야기에서 야훼의 거룩한 전쟁 사상이 문학의 주제로 등장한다. 엘리사는 전쟁에 적극 개입하여 이스라엘 왕국을 옹위하였다(왕하 6:12). 하지만 아람 왕 벤하닷은 다시 이스라엘을 침공하여 사마리아를 포위하였다(왕하 6:24). 오랜 농성으로 성안에 양식이 떨어져 다 굶어 죽을 지경에 이른다.

7장에서는 엘리사가 곤경에 처하는 장면으로 시작된다. 왕이 고통의 책임을 엘리사에게 물으려 한다. 엘리사는 적국의 왕 벤하닷에게 철천지원수가 되었을 뿐만 아니라, 설상가상 이스라엘 자국의 왕에게도 역적으로 몰린다. 이스라엘 왕은 군대를 이끌고 엘리사를 죽이러 온다. 이처럼 절체절명의 위기에 하나님의 말씀이 엘리사에게 임한다(왕하 7:1).

8장은 엘리사의 다른 행보를 보여 준다. 엘리사는 아람국 하사엘에게 기름을 부어서 쿠데타를 일으킨다. 하사엘은 병든 왕 벤하닷을 죽이고 권력을 찬탈한다. 엘리사는 이처럼 아람왕국의 정치에 적극 개입한다(왕하 8:7). 한편 이스라엘의 정치에도 엘리사는 적극 개입한다. 이스라엘 왕 요담은 유다 왕 여호람과 동맹국을 결성하여 에돔으로 원정 갔다가 실패한다(왕하 8:16 이하). 이 전쟁에서 요담 왕은 부상을 당한다(왕하 8:28). 엘리사는 전쟁 중 길르앗라못에서 군사 작전회의를 주도하던 장군 예후에게 기름을 부어서 쿠데타를 일으킨다(왕하 9:6). 왕위를 찬탈한 예후는 아합왕의 아내 이세벨과 그 아들들과 친족을 모조리 죽여 버린다(왕하 9-10장). 새 왕조를 일으킨 예후는 사마리아에서 28년을 통치하였다. 예후는 아람 왕 하사엘과 벌인 전투에서 전사한다(왕하 10:36).

예후가 북 왕국을 통치하는 동안 남 왕국에서도 정변이 일어난다. 유다 왕 아하시야가 죽자 그 어머니 아달랴가 왕위를 찬탈한 것이다. 아달랴는 아합의 딸이었다. 북 왕국에서 시집와서 마침내 여왕이 된 아달랴는 왕족을 다 죽여 버린다. 그러나 제사장 여호야다가 반정을 일으켜 아합의 딸 아달랴 여왕을 죽이고 요아스를 등극시킨다. 이로써 예후 통치 제7년에 아합의 후손들은 모조리 죽임을 당하여 멸문지화를 당한다(왕하 11장). 북 왕국의 정치는 예언자 엘리사에 의해 적폐를 청산하지만, 남 왕국의 정치는 제사장 여호야다를 통해 적폐가 청산된다. 이 당시 아람 왕 하사엘이 위세를 떨치며 남 왕국까지 위협하고 있었는데(왕하 12장), 이 엄중한 시국에 애석하게도 엘리사는 죽을병에 걸려 사망한다(왕하 13장).

이상으로 엘리사의 일대기를 요약해 보았다. 열왕기하 2-13장에 걸친 커다란 문맥의 주제는 무엇일까? 역사는 권선징악, 신상필벌信賞必罰의 원리로 흘러간다는 역사관이 피력된다. 야훼 하나님의 말씀을 거역하고 세상의 권력자들과 짝하여 우상을 숭배하던 자들은 모조리 멸망한다. 이야기의 중심에 말씀의 신학이 놓여 있고 말씀의 신학은 야훼의 거룩한 전쟁과 기적 이야기의 핵심으로 펼쳐지고 있다. 예언자 엘리사는 말씀을 선포하고 실천함으로써 폭력의 도가니에 빠져 있는 국가를 개혁하고 구원해 보려고 몸부림을 쳤다. 이런 맥락 속에서 열왕기하 7장의 문단은 야훼의 거룩한 전쟁기를 통하여 평화에 이르는 험난한 과정을 보여 준다. 이 과정에는 창조주이시며 구원주이신 하나님을 믿는 믿음이 결정적으로 중요하다. 이러한 역사적 진리를 신명기 사가는 쟁점으로 다루고 있다.

IV. 열왕기하 7장의 짜임새로 본 말씀의 신학

열왕기하 7장의 위치와 짜임새를 잠시 살펴보자. 7장은 6장에 바로 이어 전쟁의 후반부를 다루고 있다. 6장과 7장의 관계를 살펴보면 아래와 같다.

① 왕하 6:1-7(도끼를 연못에서 건진 기적)
② 왕하 6:8-23(전쟁기1, 아람 군대를 기도로써 물리치다)
③ 왕하 6:24-33(전쟁기2, 아람군이 사마리아를 포위하여 큰 고통을 당한다)
④ 왕하 7:1-20(전쟁기3, 야훼 하나님의 개입으로 아람군을 크게 물리치다)

위의 항목들 중 ③과 ④는 하나로 이어진 단일한 문단이다. ③문단은 전쟁으로 발생한 곤궁을 묘사한다. ④문단은 그 곤궁의 원인을 엘리사의 탓으로 전가하는 권력자의 불신앙을 문제로 제기한다. 배은망덕한 이스라엘 왕의 처사로 인하여 엘리사는 아합왕조를 회개시켜 구원하려는 개혁 프로그램을 포기하고 만다. 엘리사는 예후에게 기름을 부어 왕조를 무너뜨리기로 작심하고 제자를 보내어 쿠데타를 일으킨다(왕하 8장).

왕하 7장은 앞과 뒤에 믿음 없는 왕과 그 신하의 모습을 부각하고 있다. 즉, 불신앙의 권력자들 이야기로 시작하여(왕하 7:1-2) 야훼의 도움으로 이스라엘이 거룩한 전쟁에서 승리를 거두는 장면이 펼쳐지다가(왕하 7:3-10) 마지막으로 믿음이 없는 권력자들의 이야기로 마감한다(왕하 7:1-20). 이스라엘 왕은 엘리사를 죽이러 왔다가 뜻밖에도 전쟁에서 승리할 것이라는 예언의 말씀을 듣게 된다.

왕을 섬기는 중신은 이 예언의 말씀을 믿지 않고 비웃는다. 그러나 야훼 하나님의 승리하신 현실을 목격한 자들은 세상에서 가장 천대받던 나병 환자 네 사람이었다. 이들이 전쟁터에서 아람 군대가 퇴각한 장면을 목격하고 보고한 것이다. 이 사실을 왕은 믿지 않고 의심하였다. 하지만 이스라엘 군대는 아람군을 완전히 격퇴하고 개가를 올린다. 왕의 신복은 믿지 않다가 백성에게 몰매를 맞아 죽는다. 그리고 사마리아에는 경제가 회복되어 다시 평화가 찾아온다. 그러나 이스라엘 왕은 아합왕조의 적폐를 청산하지 않고 오히려 우상 숭배자 이세벨의 불신앙을 그대로 계승하고 있었다.

말씀을 거역하고 야훼 하나님을 저버린 우상숭배의 권력자들은 몰락하여 처참한 최후를 맞이하게 된다. 이것이 역사의 이치이다. 이러한 이치는 이스라엘과 유다뿐만 아니라 모든 이방 국가에게도 그대로 통용된다.

V. 권력자와 민중의 대조법

열왕기하 7장 1절에 예언자의 상투어인 "야훼께서 이같이 말씀하신다"(코 아마르 아도나이)란 어구가 나온다. 이어 "야훼의 말씀을 들으라"(쉬무 데바르 아도나이)란 어구가 뒤따라 나와 강조 어법을 이룬다. 하나님께서는 이제 전쟁은 물러가고 경제가 회복될 것을 알려 주셨다. "사마리아 성문에서 고운 밀가루 한 스아를 한 세겔로 매매하고 보리 두 스아를 한 세겔로 매매하리라." 엘리사는 이제 고통과 전쟁은 물러가고 평화가 올 것이라고 예언한다. 오랜 농성으로 굶주림에 시달리던 백성에게 민생이 회복되고 평화가 올 참이다.

그러나 이스라엘 왕은 모든 고통의 책임을 엘리사에게 돌리고 그를 죽이려고 한다(왕하 6:31). 그는 평화를 선포하는 엘리사의 예언을 듣고도 아랑곳하지 않는다. 악한 임금은 그 곁에 불신앙의 우상숭배자를 책사로 거느리고 있다. 그 책사는 '왕이 그의 손에 의지하는 자 곧 한 장관'이었다(새번역, '왕을 부축하고 있던 시종무관'). 열왕기하 7장 2절의 문장에 사용된 '의지하다' 또는 '부축하다'라고 번역한 동사 '샤안'(שׁען)은 열왕기하 5장에도 나온 바 있다. 이 동사는 아람의 늙은 왕을 신전에서 부축해야 하는 나아만의 동작을 가리켜서 사용되었다(왕하 5:18). 이스라엘이 경멸하던 이방인 아람왕국에는 나아만 같은 유능한 장군이 있었지만, 그러나 정작 하나님의 백성으로 존경을 받아야 마땅한 이스라엘왕국 안에는 나아만 같은 충신이 없었다. 우상을 섬기는 악한 이스라엘 왕의 곁에는 하나님을 거역하는 악한 신하가 있을 따름이었다. 악한 권력자들에게는 하나님이 친히 싸우시고 승리를 거두신 소식이 알려지지 않는다. 그들은 하나님의 권능을 믿지 않기 때문이다.

하나님께서 승리하신 장면은 나병 환자 네 사람이 맨 먼저 목격하였다. 이들은 아람국의 패배를 이스라엘 왕에게 보고하였다. 보고를 받고도 왕은 믿지 않는다. 믿지 않는 권력자들에게 하나님의 말씀이 이루어진 사실을 엘리사는 증명해 보인다. 그러나 권력자들은 회개하지 않는다. 이로써 엘리사는 이스라엘의 아합왕조로부터 완전히 등을 돌리게 되었고 하나님의 심판이 아합왕조에게 무섭게 내리기 시작하였다. 믿음이 없이는 하나님을 알 수 없고, 하나님을 인정하지 않고는 평화를 이루어가는 역사의 험난한 과정에서 승리를 거둘 수 없다. 믿음이 있어야 평화를 일구어낼 수가 있는 것이다.

VI. 나가는 말: 평화에 이르는 험난한 길

성경 말씀은 평화로 이르는 길이 험난하다는 진실을 보여 준다. 엘리야의 대를 이어서 엘리사가 평화를 이루려고 노력하였다. 그토록 열망했던 평화는 국정을 농단하는 세력에 의해서 번번이 좌절되었다. 하나님은 이스라엘에게 마지막 기회를 주신다. 야훼 하나님을 믿고 그분만을 의지하라는 예언의 말씀을 엘리사는 목청껏 선포하였다. 아무리 주변국의 무력이 강하다 하여도 야훼 하나님께서 자기 백성을 보호해 주시면 두려울 것이 없다. 이스라엘은 염려하지 말고 평화의 길을 뚜벅뚜벅 걸어가라는 메시지가 선포되었다. 전쟁은 야훼께 달려 있으니 무력으로 대응하려고 하지 말라는 야훼의 말씀이 '거룩한 전쟁'의 승리로 이루어지고 입증되었다.

그러나 권력을 획득한 악한 정치가들은 말씀을 믿지 않았다. 권력자들은 만민에게 빛을 주시는 야훼 하나님의 권능을 믿지 않았다. 권력자들은 국가 권력을 독점하여 개인과 가족과 당파의 이득을 챙기기에 급급하였다. 국가 권력은 이기적인 욕심을 챙기는 우상 숭배자들에 의해 농단이 되고 있었다. 열왕기하 8장부터는 이들 국정 농단자들에게 대한 하나님의 무서운 심판이 내려지는 장면이 펼쳐진다.

참된 농자農者는 어두운 시대에 평화를 외친다. 자기 시대를 위해 평화의 일꾼으로 부름을 받고 역사의 현장에서 평화를 지어내는 창조자가 곧 농자이다. 예언자 엘리사는 자기 시대에 평화를 일구는 농자였다. 오늘날 전쟁의 위기를 겪고 있는 한반도에서 농자들이 평화의 일꾼으로 활약해야 한다. 정치의 현장에서 농자들이 외치는 하나님의 말씀이 쟁쟁하게 울려 퍼져야 한다. 농자들의 실천으로 한반도를 비롯한 온누리에 하나님의 평화가 편만하게 이루어질 것이다. 평화의 길은 농자가 걸어야 할 멀고도 험한 순례의 길이다.

참된 농자(農者)의 길
— 열왕기하 8:1-6

I. 들어가는 말

엘리사 이야기에서 갑자기 토지 소유권을 둘러싼 주제가 펼쳐진
다. 어떤 수넴 여인이 멀리 떠나서 살다가 고향으로 돌아왔을 때
그녀의 토지가 다른 사람의 소유로 둔갑해 있음을 발견했다. 이
수넴 여인이 자신의 잃었던 토지를 되찾는 이야기가 열왕기하 8장
1-6절에 펼쳐진다. 이 이야기를 둘러싼 앞뒤 문맥이 전쟁이 벌어진
상황인지라 토지 소유권과 전쟁 사이의 상관성을 짚어 보기에 어려
운 점이 느껴진다.

이 이야기에는 엘리사는 직접 등장하지 않는다. 대신에 엘리사의
제자 게하시가 왕과 더불어 등장한다. 땅을 빼앗긴 수넴 여인이
땅을 되찾았다는 사건은 샬롬을 이루었다는 뜻이 된다. 본디 샬롬은
하나님께서 창조하신 원상태로 회복하는 것을 가리키는 용어이다.
흔히 '평화'라고 번역하는 이 히브리어 원어 샬롬은 앞뒤 문맥의
전쟁 상황을 해석할 수 있는 단초를 제공한다. 이 샬롬의 사건

앞에는 전쟁 이야기(7장), 뒤에는 정변 이야기(8-9장)가 펼쳐지고 있는 것이다. 수넴 여인이 땅을 되찾은 샬롬의 사건과 그 앞뒤에 펼쳐진 폭력 사태들 사이에는 무슨 관계가 있는 것일까?

Ⅱ. 토지의 사적 소유는 평화를 깨뜨린다

인류의 역사에 있어서 토지를 개인이 사적으로 소유하는 일들이 언제부터 시작되었을까? 고대 문명의 발상지인 수메르제국과 이집트제국에서 도시들이 건설되면서 농경지를 포함한 도시 주변의 영토들이 왕국의 영토라고 왕들이 선언함으로써 토지의 사유화는 거의 완결된 국면에 들어갔을 것이다. 도시국가와 제국의 체제는 노예제를 기반으로 모든 사회적 생산을 수행하였으므로 농토에서 일하는 농민들이 노예 노동에 종사했음은 두말할 나위 없었을 것이다. 농경이 시작되던 농업 혁명 초기부터 농부는 노예였다는 말이다.

엘리사는 참된 농자農者로서 하나님의 말씀을 펼치려고 애쓰고 있었다. 창조된 원래의 상태로 돌아가자고 외치면서 참된 농자의 길이 무엇인지를 삶으로 보여 주고 있었다. 샬롬(평화)을 추구하는 예언자 엘리사 앞에는 왕국이라는 폭력체가 큰 장애물로 놓여 있었던 것이다. 이러한 맥락에서 볼 때 아람왕국과 이스라엘왕국 사이의 전쟁은 엘리사에게 엄청난 고통으로 다가왔을 것이다.

성경은 민족주의의 관점도 국가주의의 관점도 취하지 않는다. 당연히 가족주의에 근거한 씨족이나 부족의 혈연에 대한 애정이나 이스라엘-유대라는 다윗 왕국에 대한 애국심도 경계한다. 성경은 이스라엘을 일방으로 편들지도 않는다. 성경은 셈민족주의의 근거를 제공하지도 않는다. 성경은 전쟁의 문제를 매우 냉정한 관점으로 바라보면서 이스라엘왕국과 아람왕국 양쪽을 모두 하나님의 말씀에 위배되는 인간의 죄악으로 평가하고 있다. 그래서 수넴 여인이라는 한 개인의 토지를 찾아주는 이야기는 국가들 사이에 벌어진 전쟁기와 권력자들 사이에 벌이는 정변기라는 폭력의 사건과 명료한 대조법을 연출하고 있다.

왕년에 엘리사가 죽은 아이를 살려준 적이 있었다(왕하 4:36). 그 아이의 어머니도 수넴 여자로서 매우 부유한 여자였다(왕하 4:8). 지금 토지를 되찾으려는 이 수넴 여인이 아마도 열왕기하 4장의 수넴 여인이 아닐까 추정할 수 있다. 정국이 어수선한 가운데 설상가상 이스라엘에 기근이 닥쳤다. 하나님께서 이스라엘왕국을 심판하시려고 칠 년 동안 기근을 내리신 것이다. 이 사실을 미리 알고서 엘리사는 이 여인과 그 가족을 블레셋 땅으로 피신시켰다. 칠 년 가뭄이 끝나자 수넴 여인은 고향으로 돌아온다. 그러나 그녀가 소유했던 밭에는 남들이 농사를 짓고 있었다. 땅을 빼앗긴 것이다. 수넴 여인은 왕에게 탄원하여 자신의 땅을 되찾게 해달라는 소송을 제기한다.

죽은 사람도 살렸다는 엘리사의 명성은 세상에 파다하게 퍼져 모르는 사람이 없었다. 이스라엘의 왕도 엘리사의 능력에 대해서 감탄해 마지않는 중이었다. 지금 권좌에 앉아있는 이스라엘 왕은 엘리야를 박해하고 우상숭배에 열을 올렸던 아합왕조의 후예이다. 그는 엘리사가 죽은 자를 살린 사건에 유독 관심을 보인다. 그러나 그의 진정한 관심은 딴 데 있었다. 자신의 죄를 회개하고 여호와 하나님만을 섬기겠다는 결단으로 샬롬을 회복하겠다는 의도가 아니었다. 애굽의 파라오나 앗시리아의 사르곤과 같이 죽지 않고 영원토록 영생불사의 특권을 누리고 싶은 욕망이 그를 사로잡고 있었던 것이다. 왕은 엘리사의 도움으로 영생하고 싶었던 것이다. 이러한 왕의 속셈도 잘 모른 채 제자 게하시는 엘리사의 기적을 왕에게 신나게 이야기해 주고 있었다.

게하시가 왕에게 죽은 자가 살아난 이야기를 아뢰고 있는 중에 그 수넴 여인이 재판정에 들어왔다. 그녀는 죽었다가 살아난 그 아들의 손을 잡고 왕 앞으로 나아온 것이다. 이러한 장면은 게하시가 일부러 연출한 것인지 엘리사가 시킨 것인지 알 수는 없지만 모종의 신중한 연출이 이루어진 것만은 틀림없다. 왕은 그 아이가 실제로 죽었다가 살아났다는 사실을 당사자들로부터 친히 듣게 된 것이다. 기적 이야기에 감격한 왕은 판결을 내린다. "이 여인의 재산을 모두 돌려주라. 그리고 이 여인이 떠난 그 날부터 지금까지 그 밭에서 난 소출을 모두 돌려주어라"(왕하 8:6). 수넴 여인은 드디어 잃었던 토지를 되찾게 되었다.

'돌려주다'란 동사로 '슈브'가 사용되었다. 일그러진 현재의 상태를 온전했던 원래의 상태로 복구하는 것이 '슈브'이다. 떠났던 사람이 돌아오는 것도 '슈브'이다. 잃었던 것을 되찾는 것도 '슈브'이다. 예루살렘에서 포로로 끌려갔던 자들이 돌아오는 것도 '슈브'이다. 죄인이 회개하고 하나님께로 돌아오는 것도 '슈브'이다. 이처럼 '슈브'는 '샬롬'을 이루는 전제조건이 된다. 바벨론 포로에서부터 예루살렘으로 돌아오는 귀환 사건을 노래한 시편 126편에도 '슈브'란 동사가 사용되었다. 이 동사는 신약성경 복음서에서 '회개하다'란 뜻으로 발전하였다. 그리스어 '메타노이아'는 '회개'란 뜻인데, 히브리어 동사 '슈브'를 바탕에 깔고 있다. 예수님께서 "회개하고 복음을 믿어라"라고 외쳤을 때 구약성경의 '슈브'를 바탕한 '샬롬'을 염두에 두신 것이다. 이 샬롬의 상태가 곧 '하나님의 나라'인 것이다.

죽었던 아이가 되살아난 사건도 '슈브'를 통해서 이룩한 '샬롬'을 증언한다. 왕의 개인적 욕심을 채우는 기적이 아니었던 것이다. 빼앗겼던 토지를 돌려받은 '슈브'의 사건도 역시 엘리사가 일으킨 '샬롬'의 사건이라 할 수 있다. 그러나 엘리사가 부지런히 일으키는 '샬롬'(평화)의 사역에도 불구하고 세상은 온통 어두운 사건들로 점철되어 있었다. 전쟁이 줄지어 발생하고 있었으며, 사회정의는 무너지고 토지를 빼앗는 일들이 비일비재하였다. 사람들은 줄곧 토지를 빼앗고 부富에 대한 욕망 때문에 사람을 폭행하였다. 사람 사이에 사랑의 관계는 깨어지고 서로 갈등하다가 마침내 정변과 전쟁을 일삼는 죄악의 역사를 이스라엘과 인류는 지어가고 있을 뿐이었다.

III. 농업은 죄

이러한 죄악상의 연원이 어디일까? 왜 농부들은 한 시대라도 편안하게 살 수 없었던 것일까? 열왕기하 8장 1-6절의 본문에서 이와 관련한 몇 가지 인문학적인 주제를 논할 수 있을 것이다.

첫째, 농업의 타락이 그것이다. 하나님의 말씀대로 사는 농지農者는 본디 흙에 생명력을 불어넣으며 모든 피조물을 살리는 존재였다

(창 2:5). 하나님께서 창조 세계 속에 정하신 순환의 원리에 따라 모든 타자와 함께 어울려 자신의 삶조차 상대화하면서 살아갈 수 있어야 했다. 이것이 '샬롬'의 인간상이다. 그러나 사람이 선악과를 먹고 이기적인 존재로 전락하자(창 3:5, 19, 23) 흙으로 지어진 모든 타자와 함께 더불어 살던 농자는 개별성을 띤 존재로 타락하게 되었다. 그는 더 이상 타자를 위하여 타자와 더불어 자연 속에서 순환하며 살지 않고 자신의 이기심만을 추구하며 살게 되었다(창 3:23). 이기적인 존재자 가인이 짓는 농작물에 대해서 하나님은 달가워하지 않으셨다. 그 결과 가인은 욕망의 좌절과 자존심의 상처를 입고 질투심에 불타서 동생 아벨을 살해하고 말았다. 이로써 모든 피조물을 사랑해야 했던 농자의 진면목은 어둠 속으로 가라앉고 말았다. 농부는 타락하여 폭력을 휘두르는 존재로 둔갑하고 말았던 것이다. 이들이 타자 위에 군림하는 농부로서 영웅이 되었으며 타자를 폭행하는 죄의 역사를 지어가기 시작하였다(창 6:1-4).

농부의 타락으로 말미암아 폭력을 휘두르는 권력자로서의 왕이라는 존재가 등장하였다. 왕이 잉여농산물을 독점하고 다른 농부들에게 노예 노동을 강요했으며, 신전을 통하여 통치 이데올로기로서의 신화를 선전함으로써 마침내 도시국가를 창건하고 '왕국'을 선포하였다. 왕은 샬롬을 이루어야 하는 모든 농업을 변질시켜 자신의 영달을 위해 물질을 생산하는 기초 산업으로 타락시키고 말았다. 왕국의 폭력이 하늘을 찌를 듯 기승을 부리자 하나님께서 하늘 문을 여시고 노아 시대에 대홍수로 심판하셨다. 엘리야·엘리사 시대에는 하늘 문을 닫고 비를 주시지 않고 기근을 내리셔서 이스라엘의 회개를 촉구하셨다.

둘째, 토지의 사유권에 대한 문제이다. 성경은 토지의 소유권을 하나님에게로 돌린다. "모든 토지는 다 내 것이다"라고 주께서 선언하셨다(출 19:5, 키 리 콜-하아레츠). 그러나 도시국가로서의 왕국이 성립되자 도시 인근의 모든 토지는 왕의 소유로 넘어가고 말았다. 농사지을 토지를 왕으로부터 부여받은 농민들은 반드시 소출의 일부분을 세금이나 공물로 바쳐야 했다(삼상 8:12-16). 수넴 여인이 소유했던 땅도 이제는 왕의 허락을 받아야 되찾을 수 있는 것이다.

현대 민주주의 국가는 개인에게 토지부동산의 사유권을 헌법으로 보장해 주고 있다. 국가의 권력이 국민에게 있다고 규정하는 헌법은 국민에게 왕의 권력을 돌려주고 있는 것이다. 그러나 지금은 농경 시대가 아니라 후기자본주의 시대이다. 금융권이 산업을 관통하고 있다. 국민은 자신이 소유한 토지의 사유권을 남용하여 부동산 투기에 열을 올리며 불로소득을 얻는 죄를 범하고 있다. 이와는 반대로 사회주의를 표방하는 국가는 모든 토지를 국가의 소유로 규정하고 임대권만을 개인에게 허용하고 있다. 하지만 토지 소유권을 국가의 이름으로 공유화한 사회주의 국가조차도 모든 토지 생산물과 토지 가치를 자국의 이익을 위해서 군사력 증강과 국가 권력을 확장하는 일에 오용하고 있다. 사회주의 국가 안에도 빈부의 격차는 크게 벌어지고 있다. 이처럼 토지 소유권이 모든 사회 문제와 역사 문제의 바탕에 깔려 있는데 현실의 토지 제도는 모두 성경의 토지관에 위배된다. 이 말은 현세의 모든 나라가 하나님의 뜻을 저버리고 살아가는 죄인의 세상이라는 뜻이다.

근자에 유발 하라리란 학자가 『호모 사피엔스』란 책을 내놓았다. 수년 전에 『빅 히스토리』란 책이 나오더니 근자에 『총 · 균 · 쇠』라는 책이 화제가 되었는데『호모 사피엔스』는 그 종합편이라고 해도 무방하다. 그는 농업 혁명에 관한 종래의 인류학의 이론을 뒤집고 완전히 새롭게 해석한다. 수렵 채집의 경제로 살아가던 인간의 공동체는 30여 명 정도의 작은 집단이었으며 언어가 지금처럼 발달하지 않았다. 구석기 시대와 신석기 시대를 거치면서 B.C. 1만 년경에 농업 혁명이 일어났다. 농업 혁명으로 생산력이 증대되면서 사람 사이에 계층 갈등이 생겨났다.

호모 사피엔스는 뒷담화를 통해 언어 능력이 개발되었다. 언어의 발달로 허상의 세계를 구상언어로 표현하면서 신화를 창출하고 그 신화를 중심으로 공동체의 규모가 커지게 되었다. 함께 살 수 있는 인구가 늘어나자 인간의 집단생활은 정주하는 생활로 변하여 농사를 짓는 생활이 시작되었다. 채취와 수렵과 어로로 생활하던 소규모의 공동체에서부터 농업 혁명과 더불어 대규모로 커진 공동체의 정주 생활로 이행하게 된 것이다. 이 대규모의 경제 공동체를 가능하게 만들어 준 결정적인 요인이 농업 혁명이었다. 성경이 증언하는 바와 마찬가지로 인류학의 연구 결과도 농업 혁명은 인류에게 재앙을 초래하였다. 애초에 농사짓던 농부들은 도시의 강자들에게 예속된 노예였던 것이다. 이러한 예속 관계는 현대까지도 계속 유지되고 있으니 참으로 불행한 일이 아닐 수 없다.

밀이나 쌀과 같은 단일작물을 대규모로 경작하려면 대단위 농토가 개간되어야 하는데 이 작업에 노예 노동이라는 집단 노동이 투여되었을 것이다. 경작지에서 밀을 재배하며 생활하는 집단의 공동체성을 유지하기 위해서 종교가 발달하였다. 신화를 생산하는 신전이 모든 마을과 도시의 구조에 중심에 위치하게 되었다. 피라미

드와 지구라트 같은 신전은 제국의 중심이었다. 공동체의 잉여농산
물이 생겨나면서 토지를 사유화한 권력자의 경제적 부가 축적되게
되었다. 부의 축적은 사회의 지배 계급을 형성시켰다. 지배 계급은
언제나 허구 세계를 생산하는 종교인의 도움을 받아서 도시국가나
제국과 같은 대규모의 공동체를 통합하고 유지할 수 있었다. 도시국
가의 창건은 그 영토 내의 농토에서 일하는 농부를 노예 상태로
전락하게 만들었다. 더구나 토지에서 일하는 농자는 매번 동일하게
반복되는 동작으로 인하여 내장 기관과 근육 조직과 관절에 질병을
앓기 시작했다. 유발 하라리는 농업 혁명이 호모 사피엔스에게
행복이 아니라 큰 재앙을 가져왔다고 본다.

IV. 농업의 타락을 극복하는 길

성경은 농업 혁명을 농자農者의 타락이라고 본다. 창세기 2장
5절에서 창세기 4장 2절을 거쳐서 창세기 4장 17절과 10장 10절에
이르는 이야기의 흐름을 이어보라. 농업 혁명이 가져온 대재난을
성경은 죄라고 경고하고 있다. 호모 사피엔스에게 제의(sacrifice)가
발달하면서 먼저 제사장 그룹이 형성되었을 것이다. 제사장들의
정주 생활은 경작지와 농업 혁명을 요구하였다. 영국의 스톤헨지와
같은 제단 구조물은 제사장 그룹의 집단 거주를 전제하고 있다.
농업의 발상지인 터키 동남부에서 발굴된 유적지 괴베클리 테페는
인류 최초의 신전으로 간주된다. 신전이 처음부터 농업 혁명과
관련되어 있음을 이 유적지는 보여 준다. 공동체에서 희생 제사가

발달하면서 농업 혁명이 촉발되었던 것 같다.

대단위의 농경지는 노예들의 집단 노동이 없이는 개간할 수 없었을 것이다. 더구나 희생 제사를 폭력의 관점에서 재해석하는 르네 지라르의 이론을 성경의 가르침에 연결할 수 있다. 고대인의 제사와 희생 제물을 공동체의 희생양이라는 관점에서 보면 종교의 본질이 '폭력'이라는 통찰은 농업 혁명과 종교의 관계를 조명해 준다. 농업 혁명은 애초부터 노예 노동이 없이는 불가능한 것이었다. 도시와 국가의 경영은 노예제도를 딛고 세워진 폭력의 산물이었다. 농민은 농업 혁명이 일어난 만 년 전부터 강자의 노예였으며 권력자가 세운 국가와 도시의 희생물이 되어왔다. 이것이 농민의 오랜 역사인 것이다.

이런 관점에서 엘리사는 참된 농자農者라고 보아야 한다. 그는 죄 많은 국가 사회를 향해 평화와 사랑의 공동체로 되돌아가자고 절규하였기 때문이다. 하나님의 말씀이 요구하는 '회개'(슈바)는 농부의 노예 상태를 폭로하고 농부들로 하여금 토지에 예속된 고통의 사슬을 끊어버릴 것을 요구한다. 농부가 샬롬의 원상태로 돌아가고 자기 것이 아니 토지를 돌려주는 행위를 통해서만 '평화'(샬롬)가 가능해진다. 예수님께서도 외치시기를 "회개하라(슈바). 하나님의 나라가 가까이 왔다. 복음을 믿어라"라고 하셨다. 그러나 애석하게도 죄 많은 인류는 샬롬으로 돌아갈 수 없다. 인간의 문명은 돌이킬 수가 없는 것이다.

V. 나가는 말

오늘의 농부들이여, 토지의 참된 주인으로 돌아가자. 더 이상 돈을 벌려고 농사를 짓지 말자. 돈 벌려고 짓는 상업 농사 때문에 농민은 영원토록 도시에 종속된다. 이것이 얼마나 무서운 죄인지를 성경 말씀이 외치고 있으니! 도시와 국가의 체제를 위해서 식량을 생산하는 과업을 농부가 떠맡았다면 이제 그 관계에 혁명이 일어나야 한다. 그래야 농부가 인간다운 삶을 영위할 가능성이 생긴다. 농부가 농업 혁명 이후 지금까지 지속되어온 노예 노동에 종사하는 것을 완전히 되돌이키는 방법은 무엇일까? 농부가 토지를 하나님의 토지로 고백하고 모든 생명을 위하여 일하는 참된 농자로 거듭나야 그 길이 열릴 것이다. 하나님의 명령대로 생명을 살리는 농업을 일구어내야 한다. 먼저 예수님을 믿는 우리 기독 농민들이 하나가 되어서 회개하여야 할 것이다. 우리 모두가 다 주님께로 돌아간다면 참 '평화'(샬롬)를 되찾을 수 있을 성싶다.

농자(農者)의 역사 참여
— 열왕기하 8:7-29

Ⅰ. 들어가는 말

농업이나 농민을 예찬하는 구절은 성경에서 거의 찾아볼 수 없다. 국가사회를 지탱하는 농민의 식량 생산에 대해서도 성경은 칭찬하지 않는다. 고대의 왕국들에 대한 성경의 평가는 매우 부정적이기 때문에 왕국의 유지에 관련된 모든 사항에 대해 성경은 좋게 평가하지 않는다. 폭력과 전쟁을 주도하는 왕국을 유지해 주는 농업 생산력은 아무래도 칭찬할 수가 없는 노릇이다.

더구나 노예의 해방을 명령하는 것이 성경이다. 노예를 강제하고 합리화하고 있는 고대 노예제사회는 성경의 정신과 갈등한다. 고대 도시국가 주변에 널리 분포한 영토는 농지였으며, 거기에 농민들은 노예 노동에 투여되고 있었다. 중세의 봉건제 시대에 이르러서야 농민들은 비로소 지위가 조금 격상하여 '농노(農奴)'라는 신분을 획득한다. 봉건제 사회는 영주와 농노로 구성되었으며, 기초 단위인 장원(莊園)을 기사 신분인 영주가 통치하였다.

성서가 기록되던 고대는 노예 노동에 기초하여 성립한 도시국가가 지배하는 사회였다. 도시 주변의 영토에서 노예들이 도시민을 위하여 식량을 생산하였다. 도시국가의 농민은 대부분 노예였다. 이런 연유로 성경에는 히브리 노예들의 해방은 이야기하지만 농업 노동자로서의 농민의 해방을 언급하지는 않는다. 농민은 노예군으로 분류되었던 것이다.

진정한 농자로서 엘리야와 엘리사는 노예 노동에 기초한 왕국의 체제와 투쟁하였다. 노예제사회를 합리화하는 모든 우상숭배의 세력들에게 심판을 선포한 사람들이 예언자들이었다.

II. 농자(農者) 엘리사의 정치 참여

본디 엘리사는 열두 겨리의 소들을 몰면서 거대한 쟁기로 밭을 갈던 농자였다. 아마도 매우 넓은 농토를 소유하고 있던 어떤 유력자의 아들이었을 것이다. 그가 부모에게 작별 인사를 하고 소를 잡아서 동네 사람들을 대접한 후에 엘리야를 따라나섰다는 기록을 보아도 그가 얼마나 부유한 지주의 아들이었는지를 짐작할 수가 있다. 아마도 그는 엘리야의 부름을 받기 이전에는 야훼 하나님에 대해서 제대로 알지 못했던 것 같다. 야훼께서 노예를 해방하시는 하나님이라는 사실을 깨닫기까지 스승의 가르침이 필요했을 것이다. 다시 말하자면 엘리야의 예언자 학교에서는 야훼와 노예 해방의 관계를 가르쳤을 것이다.

스승 엘리야가 승천한 후에 엘리사는 자신만의 고유한 사역을 펼쳐나갔다. 엘리사는 스승 엘리야와는 다른 행보를 보인다. 재건된 여리고의 농업 경제를 위해서 물을 치유하는 기적을 행하고, 벧엘의 폭력 문화를 개혁하기 위해 나그네를 괴롭히는 불량배 청년들을 제거한다. 엘리사는 농업 노동의 현장을 버리고 노예제사회의 개혁에 나섰던 것이다. 권력자들이 농토를 사유화하고 그 생산물을 독점하고 있었을 때 그들이 거주하는 도시국가들을 개혁하는 일에 전념하였다. 엘리사 일생의 전반기는 이러한 개혁 운동에 할애되어 있다. 그러나 후반기에는 더욱 과감하게 왕조를 무너뜨리는 반정反正의 행보를 내딛고 있다.

열왕기하 8장 7절부터는 이러한 반정을 일으키는 사건이 보도된다. 엘리사는 도시국가의 왕가에 반정을 종용한다. 아람왕국과 이스라엘왕국을 지배하는 왕들은 엘리사의 반정으로 차례차례 죽어나간다. 이로써 새로운 왕조가 들어선다. 아람왕국은 하사엘의 반정으로 새 왕조를 맞이한다. 이스라엘왕국에는 예후의 반정이 일어난다. 하사엘 장군은 병든 아람 왕 벤하닷을 죽이고 왕위를 찬탈하였고, 예후 장군은 이스라엘 왕 아합의 아들 요람을 죽이고 왕위를 찬탈하였다. 예후 장군의 반정을 통하여 아합왕조의 이세벨과 그 가족이 전멸을 당하였고, 심지어 남 왕국 유다로 시집간 이세벨의 딸 아달랴와 그 자식들까지도 반정에 휘말려 멸문지화滅門之禍를 당한다. 폭력의 통치자들에게 내린 하나님의 심판은 엄중하였다.

Ⅲ. 엘리사의 반정(反正) 프로그램

하사엘의 반정은 열왕기하 8장에 먼저 보도된다. 뒤이어 예후의 반정이 열왕기하 9장에 보도된다. 열왕기하 8장은 모두 네 가지 문단으로 짜여 있는데, 그 내용은 다음과 같다.

(1) 8:1-6 기근을 피해 떠났던 수넴 여인의 귀향과 토지 회복
(2) 8:7-15 엘리사가 아람왕국에 일으킨 하사엘의 반정
(3) 8:16-24 아합의 딸과 혼인한 유다 왕 여호람의 통치
(4) 8:25-29 유다 왕 아하시야의 통치

엘리사가 하사엘 반정을 일으켰으나 아람왕국은 이스라엘왕국을 더욱 맹렬히 압박하였다. 엘리사의 하사엘 반정은 이스라엘을 압박하는 데 그 목적이 있었던 것이다. 엘리사는 이 일을 하면서 눈물을 흘렸다. 엘리사는 하사엘이 장차 이스라엘왕국의 백성을 잔인하게 학살할 것임을 미리 내다보고 있었다(왕하 9:11-13).

하사엘에게 기름을 부어 왕으로 삼으라는 야훼의 명령은 스승 엘리야에게 주어진 명령이었다(왕상 19:15-18). "하사엘의 칼을 피해서 도망하는 사람은 예후가 죽일 것이고, 예후의 칼을 피해서 도망하는 사람은 엘리사가 죽일 것이다"(왕상 19:17). 이 구절에 따르면 하사엘의 반정으로 이스라엘 백성이 많이 죽을 것이고, 이어서 예후의 반정은 더 많은 사람이 죽임을 당할 것인데, 이 두 가지 심판을 피하더라도 마지막에는 엘리사가 나머지 생존한 도망자들까지 깡그리 다 죽일 것이라는 심판의 시나리오가 펼쳐진다. 그러므

로 하사엘 반정와 예후 반정은 모두 야훼께서 친히 기획한 심판 사건들이었던 것이다.

그러나 스승 엘리야는 하나님의 심판 명령을 수행하지 않은 채 승천하고 말았다. 엘리야는 반정을 일으켜 왕을 죽이는 방식으로는 하나님의 나라를 이룰 수 없다는 사실을 확연히 깨우치고 있었다. 호렙산 동굴에서 세미한 소리 속에서 만난 하나님은 말씀의 하나님이었기에 엘리야는 말씀을 가르치고 전하는 일 외에는 역사에 어떤 희망도 없음을 알고 있었다. 하나님께서는 엘리야의 영성이 어느 정도 성장하였는지를 시험해 보신 것이었다.

그러나 야훼 하나님의 심판은 어김없이 시행되고 있었다. 우상 숭배자들을 심판하시려고 이 두 반정을 일으키신 것이었다. 엘리야에게 배웠지만 제자 엘리사는 과감히 정변을 일으킨다. 하나님의 심판이 이스라엘의 아합왕조 위에 검은 그림자를 드리우기 시작한 것이다.

엘리사가 일으킨 하사엘의 반정으로 인하여 이스라엘왕국은 더욱 극심한 고통을 당하게 되었다. 하사엘은 벤하닷보다 더 무서운 기세로 이스라엘을 침략해 왔다. 아합왕이 벤하닷 왕과 싸우다가 전사했는데, 아합의 아들 요람은 하사엘의 침공에 맞서 싸우다가 죽는다. 그의 부하 예후 장군이 반란을 일으켜 시해를 당한 것이다. 이처럼 엘리사의 예언 활동은 막바지에 이르러서 국가의 폭력으로 이스라엘왕국의 우상 숭배자를 심판하는 과제에 집중되고 있다.

IV. 엘리사 이야기 전체 조망하기

엘리사 이야기의 전체가 어떤 내용으로 짜여 있는지를 아래와 같은 문단 나누기를 조감하면서 파악해 보자.

(1) 2:1-18 엘리사의 예언자직 계승

(2) 2:19-22 엘리사가 여리고성의 물을 고침

(3) 2:23-25 엘리사가 벧엘에서 나그네를 괴롭히는 불량배들을 죽임

(4) 3:1-27 야훼의 거룩한 전쟁 (I): 모압 왕 메사 정벌

(5) 4:1-7 제자 과부의 기름병으로 빚을 갚고 구출함(자연 기적)

(6) 4:8-37 수넴 여인의 죽은 아들을 살려냄(치병 기적)

(7) 4:38-44 길갈 기근 중 수도원 식량 해결(국과 떡)(자연 기적)

(8) 5:1-27 아람왕국 사령관 나아만의 치병(치병 기적)

(9) 6:1-7 나무꾼의 도끼가 물에 떠오른 기적(자연 기적)

(10) 야훼의 거룩한 전쟁 (II)

      ① 6:8-23 포로로 잡은 아람 군대를 후대하여 놓아줌

      ② 6:24-33 아람 왕 벤하닷의 침공으로 요람 왕이 엘리사를 죽이려 함

      ③ 7:1-20 나병환자들의 증언대로 야훼께서 아람 군대를 물리침

(11) 8:1-6 기근을 피해 떠났던 수넴 여인의 귀향과 토지 회복

(12) 8:7-15 엘리사 반정 (I): 아람왕국 장군 하사엘의 역성 혁명

(13) 8:16-24 유다 왕 여호람의 통치 ― 아합의 딸과 혼인

(14) 8:25-29 유다 왕 아하시야의 통치

(15) 9:1-10:36 엘리사 반정 (II): 이스라엘왕국 장군 예후의 역성 혁명

(16) 11:1-12:21 유다 여왕 아달랴에 대한 여호야다의 반정: 요아스 등극

(17) 13:1-9 이스라엘 왕 여호아하스 통치

(18) 13:10-13 이스라엘 왕 여호아스(요아스)의 통치

(19) 13:14-21 엘리사의 죽음

위의 짜임새를 보면 야훼의 거룩한 전쟁기가 전반부에 두 차례 발생하였고, 이 두 차례의 전쟁기 사이에 엘리사가 일으킨 다섯 차례의 기적 사건이 보도되고 있다. 이 기적 사건은 모두 치병 사건과 자연 기적으로 이루어져 있다. 이는 야훼 하나님께서 국가 단위가 아니라 모든 생명을 구원하시는 주님임을 증거한다. 야훼는 창조주 하나님이시라는 믿음도 병행된다. 이스라엘은 하나님을 온전히 믿지 않고 우상을 섬기고 있었다.

열왕기하 3장에 보도하는 모압 정벌기는 패전으로 마감된다. 야훼께서 엘리사의 기도를 통하여 이스라엘에게 승리를 안겨주었으나 모압 왕 메사가 자기의 아들을 희생 제물로 바치자 이 장면을 본 이스라엘 군인들은 모두 혼비백산하여 도망을 치고 말았다. 야훼의 거룩한 전쟁은 어처구니없게도 이스라엘의 불신앙으로 인하여 패배하였다. 이스라엘은 우상숭배에 빠져 있었던 것이다.

열왕기하 6-7장에는 두 번째 전쟁기가 보도된다. 야훼께서 엘리사의 기도를 들어주시고 이스라엘을 보호해 주려 하시는데 이스라엘 왕 요람은 오히려 엘리사를 죽이려 한다. 아람 왕 벤하닷이 침공하자 그 탓을 모두 엘리사에게 돌린 것이다. 선왕 아합의 우상숭배 정책은 이스라엘을 자손 대대로 혼란에 빠뜨리고 있었다. 야훼 하나님을 알지 못하는 권력자는 오히려 주의 예언자를 죽이려고 하였다.

엘리사 사이클의 후반부에는 우상숭배와 불신앙에 대한 심판이 행해진다. 두 차례의 반정 사건이 8장과 9장에 보도된다. 재미있는 모양은 이 두 반정 사건 사이에 남 왕국 유다의 사정을 보도하고 있다는 점이다. 엘리사 시대에 유다 왕 여호람과 아하시야 그리고 아달랴 여왕의 폭정에 대한 보도가 이어진다. 남 왕국 유다의 왕가는 북 왕국 아합왕가와 혼인관계를 맺었는데 이로써 남 왕국조차도 우상숭배의 풍조가 만연하게 되었다. 심판의 역사를 열왕기하 11-12장은 보여 주고 있다. 남 왕국에서도 요아스의 반정이 일어난다. 제사장 여호야다는 이세벨의 딸 아달랴 여왕을 죽이고 요아스를 왕위에 등극시킨다. 북 왕국에도 남 왕국에도 반정이 일어난 것이다. 우상숭배를 자행한 왕조는 모두 비극으로 끝났다.

V. 엘리사의 정치 참여에 대한 신명기 사가의 평가

두 차례의 반정을 일으킨 후에 엘리사는 죽을병이 들어서 죽는다 (왕하 13장). 스승 엘리야는 승천하였다. 엘리야의 승천과 엘리사의 죽음은 뚜렷한 대조법을 이룬다. 왕국의 개혁을 향한 엘리사의 피나는 노력에도 불구하고 이스라엘 왕조는 우상숭배의 죄를 되풀이한다. 북 왕국의 타락을 경계하지 않고 혼인 언약을 맺었던 남 왕국도 마침내 우상숭배로 오염되고 말았다. 탐욕과 폭력은 우상숭배이며, 국가의 우상은 폭력의 문명을 옹호하는 것이었다(골 3:5). 국가라는 체제는 폭력 없이는 성립할 수 없는 체제였던 것이다. 이스라엘이란 국가를 개혁해보려는 엘리사의 노력은 다 무위로 끝났다.

엘리사 이야기는 열왕기하 13장에서 막을 내린다. 예후에게서 도망친 자들을 엘리사가 다 죽이리라고 예언한 열왕기상 19장 17절의 예언은 어디에서 시행되었는지에 대해서는 아무런 언급도 없이 엘리사의 사망기가 보도된다. 예후의 아들 여호아하스 왕은 아람왕 하사엘의 침공으로 전력에 큰 손실을 입고 고통을 당하였다. 그가 죽자 그의 아들 여호아스가 이스라엘의 왕이 되었다(왕하 13:10). 여호아스 왕이 애곡하는 가운데 예언자 엘리사는 임종을 맞는다. 왕은 "나의 아버지, 나의 아버지, 이스라엘의 병거와 마병이여" 하면서 통곡하였다. 이 호곡의 의미는 왕이 엘리사를 스승으로 받들고 왕국의 국사로 책봉하고 있었음을 의미한다. 엘리야가 승천할 때 엘리사도 "나의 아버지여, 나의 아버지여, 이스라엘의 병거와 마병이여"라고 동일하게 외쳤었다(왕하 2:12). 이 외침대로 엘리사 자신이 왕에게 스승이 되었고, 이스라엘의 병거와 마병이 되었다. 그러나 왕은 믿음이 없었다. 엘리사가 임종 직전에 많은 승리를 안겨주려고 활로 땅을 여러 번 치라고 했으나 여호아스 왕은 단세 번만 치는 데 그쳤다. 왕의 믿음 없음으로 인하여 이스라엘은 아람왕국의 침공으로 크게 쇠퇴하게 된다. 예후 왕조는 여로보암 2세의 아들 스가랴 왕 시절에 살룸의 반정으로 끝이 나고 말았다(왕하 15:10).

VI. 나가는 말

지금까지 살펴본 엘리사 이야기의 후반부 기사들은 엘리야에게 주어진 하나님의 소명을 실행하는 이야기였다. 그 가운데 엘리야의 만년과 엘리사의 만년이 날카로운 대조를 보이고 있다. 아람과 이스라엘의 두 반정 이야기와 남 왕국 유다의 반정 이야기는 하나님의 구원을 성취하는 해결책이 되지 못하였다. 특별히 엘리사의 국가 개혁이 성서가 줄기차게 제시하고 있는 참된 농자의 삶의 모범이 되지 못하였다. 농자들이 어떻게 살아야 세상이 구원을 받을 수 있는가?

성서는 엘리야와 엘리사의 삶을 통해서 '국가와 농자'라는 거대 담론을 제시하였다. 오늘날 현대 국가의 틀 안에서 농업을 살아내는 농자農者들은 어떻게 살아야 하는지 조금씩 실마리가 풀리는 느낌이다. 국가 개혁은 최종적인 대안이 될 수 없다. 농자의 관심이 하나님의 말씀에 집중되어야 한다는 것을 엘리야·엘리사 사이클은 보여준다. 말씀을 익히고 깨우치는 데 농자의 관심이 쏠려야 한다. 농자가 세속의 욕망을 초월할 때 비로소 새 세계가 열린다.

농자는 폭력에 의지할 수밖에 없는 국가를 극복할 수 있는 대안 공동체의 주역이다. 생명을 죽이는 어두운 역사를 생명을 살리는 희망으로 살아내는 유일한 일꾼이 농자이다. 농자가 생명 살림의 일꾼이 되어서 말씀 공동체를 구성할 때 비로소 역사에 희망이 보이기 시작한다. 그러므로 농촌 교회를 바로 세우는 일은 이 땅의 농자들에게 긴급한 과제가 된다.

농촌 교회 세우기와 마을 선교 활동에 농자가 적극 참여하여

야 하는 까닭을 우리는 엘리야-엘리사 사이클에서 읽어낼 수가
있다.

엘리사의 사회 개혁, 그 지향과 한계
— 열왕기하 9:1-10:36

Ⅰ. 들어가는 말

열왕기하 9장은 엘리사 이야기의 후반부를 연다. 엘리사는 열왕
기하 13장에서 죽는다. 엘리사의 죽음으로 열왕기상서 17장에서
시작했던 예언자 엘리야-엘리사 이야기는 막을 내리고 끝난다.
무려 20장에 걸쳐서 펼쳐진 두 예언자의 장황한 이야기는 열왕기서
의 중심부에 배치되어서 이스라엘과 하나님의 나라를 보는 신명기
사가의 역사관을 매우 뚜렷하게 보여 주고 있다. 이야기의 대미는
우상 숭배자 오므리 왕조의 멸망과 아합왕 가족의 비참한 최후로
장식되며, 이어서 반정反正으로 등장한 예후 왕조의 몰락으로 두
예언자 사이클은 끝난다. 놀랍게도 예언자 엘리사의 피나는 개혁
시도에도 불구하고 북 왕국 이스라엘의 멸망이 열왕기하 17장에
보도된다. 예언자의 개혁에 무슨 문제점이 있었던 것일까?

Ⅱ. 농자(農者)는 한 국가의 국민에 한정될 수 없다

성경의 말씀에 의하면 농자農者는 본디 어느 한 나라에만 국한된 국민일 수가 없다. 현대에 태어난 사람은 누구나 국가에 소속되어 국적을 가져야 한다. 현대인은 국적을 가지고 그 국가 사회의 집단에 속한 일원으로 살아가야 한다. 이것은 피할 수 없는 숙명이다. 자기 마음대로 국민이기를 거부할 수는 없다. 누구나 국적을 가져야 한다. 그러나 성경은 그러한 운명을 당연시하지 않는다. 하나님이 창조하신 생명은 하나님의 나라를 구성하고, 하나님의 다스림을 받는 하나님의 백성이다. 하나님께서 창조하신 인간은 본디 농자였으며, 하늘의 운행과 기운에 따라서 사는 농자라야 하나님 나라의 백성이다.

사람이 세운 국가는 선악과를 먹고 타락하여 살인죄를 저지른 가인의 후예들이 세운 사람의 체제이다. 폭력이 낳은 결과물이 도시국가이며(창 4:17), 명멸해간 수많은 제국의 기본 구성 요소였으며(창 10:10), 현대 국가의 모체가 되었다. 그러므로 하나님의 다스리시는 법도를 따르는 '농農'이란 개념 자체가 국가의 한계를 넘어 범우주적인 창조 신앙을 천명하고 있다고 보아야 한다. 성경의 농자農者는 이 국민이라는 한정된 일국성의 범주를 너머서 범세계적 범우주적인 범주로 펼쳐져 있다. '농자천하지대본'이란 표현은 국가의 경계를 넘어선 창조 신앙의 언어이다. 누구든지 온 지구상에 흙을 섬기며 살아가는 농자라면 그는 누구나 하나님의 통치하시는 네트워크에 속하여 있다. 그러므로 그는 사랑과 자유와 평등과 생명의 활발한 운동을 일으키는 창조적인 인물이다(창 2:5). 성경이 말하는 농자는 이와 같이 폭넓은 보편의 개념에 속한다.

III. 엘리사의 국경을 초월한 반정부 활동

예언자 엘리사는 진정한 농자로서 국경을 넘나들며 활동했다. 이스라엘 국내에 한정하지 않고 적국 아람국의 내정에 관여하여 반정을 일으켰다. 때는 아합의 아들 요람이 이스라엘 북 왕국을 통치하고 있었다. 벤하닷은 이스라엘을 침공하여 길보아 전투에서 아합왕을 죽였다. 아합의 아들 요람은 전사한 선대를 이어 왕위를 계승했다. 그의 권력 배후에는 엘리야를 죽이려 했던 바알 숭배자 이세벨이 버티고 있었다.

요람의 통치기에도 아람 왕 벤하닷은 이스라엘을 여러 차례 침공하였다. 그런데 벤하닷이 병들어 누워 있을 때, 엘리사는 하사엘을 부추겨서 벤하닷 왕을 제거한다. 엘리사는 하사엘 장군을 은밀히 만나 그에게 왕위에 오를 운명이라고 예언하면서 아람왕국의 왕위를 찬탈하도록 부추겼다. 하사엘은 병든 왕 벤하닷을 질식시켜 죽여 제거하고 왕위를 차지하였다.

강력한 하사엘이 새로이 등극하자 아람왕국은 더욱 강성해졌다. 강성한 국력을 가지고 하사엘은 더욱 맹렬한 기세로 이스라엘왕국을 압박해 왔다. 엘리사는 하사엘의 침략으로 많은 이스라엘 백성이 살육당할 것을 내다보고 울었다(왕하 8:11). 결과적으로 엘리사의 반정은 이적 행위가 되었다. 적국인 아람국을 더욱 강하게 만들어주었을 뿐만 아니라 조국인 이스라엘을 침공하는 결과를 낳았기 때문이었다.

엘리사는 이스라엘왕국에서 우상을 숭배하는 이세벨 정권에 맞서 외세를 동원하여 치열한 반정부 운동을 펼쳤다. 아합왕조는 아람왕국의 침공 사건을 기점으로 멸문지화滅門之禍의 길로 접어들어 서고 있었다. 적국의 힘을 빌려서라도 우상을 숭배하는 자국의 악한 통치자 이세벨 정권을 심판하고, 더 나아가 야훼의 예언자들을 살해한 바알 숭배의 아합왕조를 제거하는 것이 엘리사의 목표였다. 아람왕국에서 일으킨 반정의 전략이 엘리사가 택한 최선의 방법이 었다. 그것은 이스라엘을 심판하시는 하나님의 방법이기도 했다. 국가의 단위로 보면 이러한 행위는 분명 야훼의 이적 행위였고, 야훼의 예언자 엘리사도 이적의 행위였다. 그러나 야훼에게는 어떠한 국가 체제나 국경도 초월하는 범우주적인 생명과 사랑의 통치만 이 의미가 있는 것이다.

IV. 예후의 혁명 − 위로부터의 개혁

아람왕국의 반정反正을 성공시키고 이스라엘을 위기에 빠뜨린 엘리사는 이제 이스라엘 국가의 반정을 도모한다. 이세벨 정권을 퇴치하기 위한 결정적인 한 방이 필요했다. 그것은 이세벨 정권에 봉사하는 예후 장군에게 기름을 부어 쿠데타를 일으키는 것이었다. 이스라엘에 반정이 일어났다. 예후는 길르앗 라못에 있었다. 하사엘 이 침공해 왔기에 최전선에서 외적의 침입에 맞서고 있었다. 아합왕 은 전사했고 국내 정세는 어수선했으며, 어린 왕은 어머니의 섭정을 받고 있었으며 민심도 떠나고 있었다. 예후 장군이 버티는 최전방의 전선에도 왕조에 충성해야 할 이유를 찾지 못한 군사들이 동요를 일으키고 있었다. 전력은 현저히 약화되었고 전선은 흐트러지고 있었다. 반대로 아람의 침략군은 기세를 올리고 있었다.

혼란스러운 예후에게 엘리사의 제자가 찾아왔다. 그는 예후에게 기름을 붓고 왕이 될 것을 예언하고 달아나 버렸다. 그 제자는 달아나면서 "개들이 이스르엘 땅 안에서 이세벨을 뜯어 먹을 것이다"라고 예언하였으며 바깥에 기다리던 장군들이 그 예언의 소식을 듣게 되었다. 엘리사가 예후에게 기름을 부었다는 소식을 접하고 모두들 예후를 새로운 임금으로 추대하고 나섰다. 이에 힘입은 예후는 단번에 이스르엘로 달려가서 어린 왕 요람을 살해하고 그와 함께 출정한 남 왕국 유다의 왕 아하시야마저 살해한다. 아하시야는 북 왕국 아합왕조와 통혼하여 낳은 남 왕국의 왕으로서 이세벨의 딸이 낳은 자식이었다. 바알을 섬기는 우상숭배의 혈연이 남 왕국의 왕조마저도 붉게 물들이고 있었다. 예후의 반정은 더 나아가 농부 나봇을 무고하게 죽인 아합과 이세벨의 악행을 징벌하러 나선다.

이세벨은 이스르엘 왕궁에 머물고 있었다. 예후가 성문으로 들어섰을 때 이세벨이 저항하였으나 그를 모시던 내시들이 그녀를 창문 밖으로 내던지니 피가 터져서 죽었다. 예후가 장사를 지내 주려 하였으나 그녀의 시신을 개들이 다 뜯어 먹어버려서 뼈다귀만 겨우 수습할 수 있었다. 예언자의 말이 성취된 것이다. 또 예후는 사마리아로 나아가 이세벨을 따르던 신하들을 시켜서 아합의 아들 70명의 목을 베어 거리에 효수하였다. 예후는 백성들에게 자신의 반정에 대해서 설명하였다. "주께서는 그의 종 엘리야를 시켜 하신 말씀을 모두 이루셨습니다"(왕하 10:10).

엘리야는 호렙산 체험 이후에 하나님으로부터 받은 세 가지 지시를 준행하지 않았다. 주님의 명령에 순종하지 않았는데도 승천한 것이다. 야훼께서 불순종한 것에 대해 책임을 묻지 않았다. 책임을 묻기는커녕 승천시켜 영광스럽게 데리고 가셨다. 그러나 세 가지 명령은 엘리사의 몫으로 떨어졌다. 야훼 하나님께서는 엘리사를 통하여 예후에게 기름을 부어서 기어코 아합왕조의 죄를 벌하셨다. 예후는 아합 가문에 속한 사람을 모두 죽였을 뿐만 아니라 그 왕조의 신료들과 제사장들마저도 발본색원拔本塞源하여 모조리 척살해 버렸다.

예후의 정화 작업은 여기에서 그치지 않았다. 그의 청산 작업은 멀리 남 왕국의 우상 숭배자들에게까지 미쳤다. 남 왕국은 북 왕국과 혼인동맹을 맺은 사이였기에 아합의 자손이 남 왕국 왕실에서 버젓이 행세하고 있었다. 이세벨의 외손자들이 외할머니에게 문안을 드리러 사마리아로 오다가 예후와 마주치게 되었다. 이들은 이미 전사한 아하시야 왕의 형제들이었다. 예후는 이들 일행 42명을 모조리 죽여버렸다. 이로써 남 왕국에 남아 있던 아합 가문의 피붙이들마저 모조리 척살당하고 말았다.

예후는 여기에서 그치지 않았다. 그는 백성들 가운데 남아 있는 바알 숭배자들을 모조리 색출하여 제거하는 작전을 펼쳤다. 예후 자신이 바알을 예배하겠다고 짐짓 공표하고서는 바알 숭배자들로 하여금 다 나아와 바알을 예배하자고 초청하였다. 바알의 종들이 바알 신전으로 들어서자 그들에게 바알의 예복을 입혔다. 그런 다음 예후는 군사 80명을 신전에 들여보내어 바알 숭배자들을 모조리 척살하였다. 내친김에 신전 안에 있는 모든 우상을 다 부수어 버렸다. 심지어 바알 신전을 헐어서 오물을 버리는 변소로 만들어 버렸다. 이처럼 예후의 개혁은 철저하였다. 그는 수많은 사람의 피를 흘릴 수밖에 없었다. 피를 흘린 폭력의 대가는 예후가 나중에 따로 치러야만 했다. 이리하여 바알을 섬기는 우상 종교는 이스라엘에서 완전히 말살되었다.

V. 미완의 혁명 — 계속해야 할 개혁

예후의 혁명은 완벽하고도 철저해 보였다. 그러나 이상하게도 성서는 그의 혁명이 완전하였다고 평가하지 않는다. 오히려 예후는 여로보암의 죄로부터 완전히 돌아서지 못하였다고 평가절하한다. 그 바람에 예후 왕조는 4대까지만 지속되고 끊어질 것이라고 야훼께서 예후에게 직접 말씀해 주셨다. 벌은 자녀손 3, 4대까지 이른다고 규정한 십계명의 한 구절과 같았다. 성서는 예후가 아합의 가문을 처단하는 일에는 철저하였을지는 모르겠지만, 야훼의 율법을 지키는 일에는 전심전력을 기울이지 못했다고 평가한다.

우상 숭배자를 척결하는 일은 개혁을 실천하는 단초에 불과하며, 개혁의 완성은 아니었던 것이다. 개혁의 완성은 하나님의 말씀을 준행하는 데 있었다. 제도를 바꾸거나 인사 조치를 단행한다고 개혁이 완성되는 것은 아니었다. 온 나라를 하나님의 말씀인 생명 사랑의 터전으로 바꾸어내야 개혁이 이루어진다. 개혁의 완성을 이루기 위해서 예후는 진력을 다해야 했던 것이다. 예후는 종교와 제도와 인사의 개혁을 단행한 뒤에 왕이라는 지위가 주는 권력의 안일함에 빠져서 나태해졌다. 이스라엘 온 나라에 하나님의 말씀을 준행하도록 백성을 계속 교육시키고, 나라를 계속 개혁해 나가는 사업을 중단했던 것이다. 그의 개혁은 하나님께서 보시기에 턱없이 모자랐고 미진하였다.

그렇다면 이스라엘을 개혁하는 작업은 어떻게 했어야 최종적인 완성을 기할 수 있었을까? 상류 사회의 개혁만으로는 개혁이 완성되지 않는다. 부패를 척결하고 적폐를 청산한다고 해서 개혁의 목적이 이루어지지 않는다. 상류 사회나 관료들과 엘리트의 부패를 청산하는 것은 기본이고, 온 백성이 변화를 받아야 한다. 백성이 스스로 나서서 자정의 노력을 기울일 때 비로소 개혁의 완성을 향한 촛불이 점화되는 것이다. 백성 한 사람 한 사람이 빠짐없이 우상숭배를 저버리고 자신의 생각과 생활을 바꾸어야 한다. 저마다 개혁의 의지를 가다듬고 나서야 한다. 백성이 스스로를 개혁하려고 자발적으로 일어설 때 비로소 개혁의 완성을 향한 첫걸음을 내디딜 수 있다. 적폐 청산은 개혁의 첫 단추일 뿐이다.

개혁의 핵심 문제는 '공공성公共性'이다. 한 나라에 공공성이 얼마나 확장되는가에 개혁의 성패가 달려 있다. '공공성'의 반대말은 '사사화私事化'(privatization)다. 야훼께서는 우주 만물을 창조하신 하나님이시기 때문에 공공성의 대표자이시다. 창조주 하나님은 만물이 저마다 생명과 존재의 꽃을 활짝 피워서 복되게 살기만을 바라신다. 자식들이 모두 잘 되기를 바라는 부모의 마음처럼 하나님께서는 모든 피조물이 다 잘 살게 되기만을 바라신다. 그래서 하나님은 공공성의 창시자이신 것이다. 예후의 역성 혁명은 공공성이 온 나라에 편만하게 확산되는 데까지 진척되지 못했다.

VI. 맺음말

이스라엘을 개혁한 예후였지만 우상숭배를 완전히 척결하지 못한 데 그의 흠결이 있었다. 사사로운 이익을 추구하는 것이 곧 우상숭배의 본질이었다. 예후는 왕으로 등극하여 자신의 내면과 가족 속에 있는 사사화私事化의 속성을 버리지 못했다. 이것은 모든 왕이 걷는 숙명이며 한계이기도 하다. 예후도 야훼 하나님을 온전히 예배하기 위해서 온 나라 구석구석에 편만하게 드리워진 사사화라는 우상숭배의 어두운 그림자를 지우지 못하였다. 이기적 사사화의 우상숭배를 버리고 공공성이라는 야훼 하나님의 창조 신앙으로 전환할 때 개혁은 완성된다. 최종적으로 개혁되어야 할 대상은 바로 개혁자 그 자신임을 예후는 전혀 깨닫지 못했다. 이러한 한계는 엘리사 자신도 인식하지 못했던 것 같다.

온 나라의 성원이 빠짐없이 하나님을 사랑해야 새로운 나라가 될 수 있다. 하나님을 온 맘을 다 바쳐 사랑할 수 있어야 공공성에 눈을 떠서 비로소 이웃을 사랑할 수 있는 출발점에 서게 된다. 자신의 영예를 위해 살아가는 자는 개혁의 대열에 설 수 없다. 돈을 벌기 위해서 일하는 자도 공공성의 대열에 참여하지 못한다. 창조주의 말씀을 공부하여 사랑에 눈을 뜨고 각성하여 공공성을 연마하는 동시에 이웃사랑의 계명을 실천할 때 그 나라는 자유롭고 평등한 사회로 나아갈 수 있다. 이러한 사랑의 행진이 방방곡곡에 힘차게 이루어질 때 개혁은 완성된다. 예후는 이와 같은 아래로부터의 개혁을 추동해 내지 못하였다. 왜냐하면 그가 새로운 권력자로 군림하게 되었기 때문이다.

새로운 권력은 옛 권력과 비교할 때 폭력이라는 본질에 있어서 마찬가지이다. 노예제를 온존한 채 농민들에게 토지를 돌려주지 않는 나라는 개혁되지 않는다. 위로부터의 개혁은 결국 통치자만을 바꾸는 임시 조치에 불과하다. 사랑 없이는 야훼 하나님께서 시내산에서 계시해 주신 그 말씀의 본류에는 조금도 다가서지 못한다. 예후의 피어린 숙청은 분노로 시작하였으나 사랑으로 마무리하여야 했다. 예후의 개혁은 열매를 맺지 못하고 말았다. 아래로부터의 개혁이 후속편으로 계속 이어져야 했다. 그러면 역사 속에서 사랑의 개혁이 완성된 적은 한 번이라도 있었던가? 예수님께서 그 개혁을 완성하셨다. 십자가 사랑으로 세속 사회와 국가의 폭력을 청산하고 하나님 나라의 개혁을 이루셨다. "다 이루었다"(τετέλεσται, 요 19:30).

산당(山堂) 철폐와 농자(農者) 바로 서기
— 열왕기하 12:1-21

여로보암은 반란을 일으켜 북 왕국 이스라엘을 건국하였다. 유다 지파를 제외한 열한 지파들이 르호보암의 독재에 저항하여 여로보암을 앞세우고 이스라엘 열두 지파 동맹에서 탈퇴하였다(왕상 12장). 유다 지파의 다윗 왕조는 남 왕국 유다를 다스리는 르호보암 왕으로 이어지고, 나머지 열한 지파들은 여로보암을 왕으로 세워 북 왕국 이스라엘로 이어졌다. 역사에서 남 왕국을 유다왕국이라고 부르고, 북 왕국을 이스라엘왕국이라고 부른다.

I. 우상을 섬긴 북 왕국 이스라엘의 비참한 말로

이스라엘왕국의 태조인 여로보암은 벧엘과 단에 금송아지 우상을 세우고 그것을 야훼를 예배하는 신전으로 삼았다. 남 왕국의 예루살렘 신전에 필적하는 신전이 필요했던 것이다. 여로보암은 우상을 섬긴 죄로 2대를 채 넘기지 못하고 반정反正을 당하여 실각하였다. 이스라엘왕국에는 반정이 끊임없이 일어나서 정권 교체가 빈번하였다. 여로보암의 아들 나답 왕은 바아사 반정이 일어나 조기에 폐위되었다(왕상 15:28). 이어서 시므리 반정(왕상 16:10), 오므리 반정(왕상 16:16), 예후 반정(왕하 9:13), 살룸 반정(왕하 15:10), 므나헴 반정(왕하 15:14), 베가 반정(왕하 15:25) 그리고 마지막으로 호세아 반정(왕하 15:30)이 일어나 마침내 앗시리아의 침공을 받아 이스라엘 왕국은 BC 722년에 멸망하고 말았다. 우상을 섬긴 왕조들의 말로는 이처럼 비참한 참상과 멸망으로 귀결되었다.

엘리야와 엘리사는 북 왕국 이스라엘에서 활약한 예언자들이었다. 이 두 예언자의 눈부신 개혁 작업에도 불구하고 이스라엘은 근본에서 나아진 점은 아무것도 없이 엘리사 사후에 급속히 멸망으로 치달았다. 모든 왕은 산당을 철폐하지 못하여 개혁에 실패하였다고 신명기 사가는 평가한다. 엘리야가 바알 예언자들과 대결을 벌인 갈멜산도 산당이었고, 엘리야의 개혁도 산당을 개혁하려는 시도였을 수도 있다.

하지만 엘리사의 개혁 작업에는 산당을 철폐하려는 시도는 보이지 않는다. 엘리사는 아람왕국 하사엘에게 기름을 부어 반정을 일으켜 아람국을 더욱 강하게 만든다. 강한 국력으로 이스라엘의 아합왕조를 침공하게 하여 아합왕조의 죄를 징치한다. 엘리사는 예후 반정을 일으켰으나 예후의 개혁에 산당 철폐는 포함되지 않았다. 예후는 산당을 철폐하지 못하여 그의 왕조도 4대 만에 종말을 고하였다. 예후 반정 후에 열왕기하 11-12장에는 남 왕국의 반정 사태가 보도되면 엘리사는 등장하지 않는다. 그러다가 13장에 이르러 엘리사의 사망 기사가 보도된다.

Ⅱ. 남 왕국 유다에서 일어난 반정(反正)

열왕기하 11-12장은 남 왕국에서 일어난 아달랴 반정과 요아스 반정을 보도한다. 아합과 이세벨의 딸 아달랴는 남 왕국 유다로 시집을 와서 왕후가 되었다. 북 왕국에서 아합이 전사하고, 예후 반정이 일어나 어머니 이세벨도 척살되었고, 그녀의 아들 유다 왕 아하시야마저 전사하였다. 그러자 위기를 느낀 왕후 아달랴는 반정을 일으켜 다윗 왕가에 속한 모든 왕손을 척살하고 스스로 여왕으로 등극하였다(왕하 11:1).

아달랴 반정 가운데 여호야다는 아기 요아스를 몰래 숨겨서 키웠다가 7년 후에 요아스 반정을 일으켜 아달랴를 죽였다. 북 왕국의 우상숭배가 남 왕국을 오염시켰으며, 바알 숭배로 물들었던 예루살렘의 정치와 종교도 철저히 개혁의 수순을 밟는다. 바알 숭배의 척결에 이어서 요아스는 예루살렘성전을 보수한다. 그런데 요아스는 두 가지 잘못을 범하여 여호사밧 반정을 당하는 비운의 주인공이 된다. 요아스는 산당을 철폐하지 않았고, 아람 왕 하사엘에게 야훼 신전의 기물을 공물로 바치는 잘못을 저질렀다. 산당이 무엇이길래 모든 왕이 산당을 철폐하지 못하여 비운을 맞이했을까? 열왕기하 12장은 요아스 개혁을 보도하면서 산당을 철폐하지 못한 점을 꼬집고 있다.

Ⅲ. 열왕기하 12장의 짜임새 살펴보기

열왕기하 12장의 3절은 18절과 상응한다. "다만 산당을 제거하지 않아서 백성이 여전히 산당에서 제사를 지내고 향을 피웠다"(왕하 12:3). 4절에서 17절까지는 예루살렘 성전을 수리하는 이야기이다. 3절은 18절과 상응하면서 포괄법(inclusion)으로 4-17절을 수미쌍관 하게 에워싸고 있다. 18절은 다음과 같다. "유다 왕 요아스는… 주의 성전과 왕실 창고에 있는 모든 금을 시리아 왕 하사엘에게 보냈다"(왕하 12:18). 3절은 산당 철폐의 실패를 지적하고, 18절은 야훼 신전의 성물을 모독한 죄를 지적한다. 그 짜임새는 아래와 같다.

A. 1-3절: 요아스 치적에 대한 서론적 평가: 산당 폐지 실패
X. 4-17절: 야훼 신전의 보수 공사
A. 18-21절: 하사엘에게 야훼 신전의 성물을 바침, 여호사밧 반정을 맞음

이 짜임새는 야훼 신전을 보수한 요아스의 개혁을 산당 폐지의 실패와 야훼 신전 기물의 모독이라는 요아스의 실패가 둘러싸고 있음을 보여 준다.

Ⅳ. 산당은 야훼께서 노여워하시는 죄의 온상

신명기 사가를 위시하여 역대가 사가도 산당山堂의 철폐를 매우

중요한 요소로 평가한다. 이들은 이스라엘을 망하게 한 주요한 요인 중에 하나로 산당의 제사를 꼽는다. 신명기 사가(DtrH)는 산당이 청산하기 가장 어려운 적폐였다고 비평한다. 역대기 사가(Chr)도 남 왕국을 몰락하게 만든 주요 원인 중 하나로서 산당을 폐지하지 못한 점을 꼽고 있다.

산당山堂은 히브리어로 '바마'인데 그 복수형은 '바모트'이다(겔 20:29). '바마'는 본디 어떤 동물의 등어리 또는 몸통을 가리키는 용어였는데, 높은 곳을 가리키는 뜻으로 전용되었다. 그리스어로 ὑψηλός(휩셀로스)라고 번역하는데 '높은 곳'이란 뜻이다(신 32:12; 33:29). 재미있는 것은 예수님의 시험 사화에서 마귀가 예수를 이끌고 올라간 '높은 산'도 그리스어로 εἰς ὄρος ὑψηλὸν(에이스 오로스 휩셀론, '높은 산으로')란 어구를 사용하고 있으니 그것이 산당이었음을 암시하고 있다(마 4:8). 휩셀로스는 산등성이나(삼하 1:19) 무덤을 가리키기도 한다(겔 4:3). 게셀에서 산당이 발굴되었는데 거기에서 사람의 뼈가 출토되었다. 이로 미루어 산당에서 장례도 치뤘던 것 같다. 이것을 영어로 'high place'라고 옮긴다(왕상 11:7). 이곳에서 바알 제사가 이루어졌고 신전 창기가 활동하였다.

북 왕국 이스라엘은 워낙 출발부터 산당에서 우상을 섬기다가 일찌감치 BC 722년에 망하고 말았다(왕하 17:9, 11, 29). 앗시리아 정복자들이 그 땅에 산당을 세웠다(왕하 17:32). 유다왕국도 산당을 철폐하지 못했기 때문에 BC 586년에 멸망했다. 포로기 이후에 디아스포라는 "산당을 헐라"는 야훼의 명령을 중요한 핵심어로 인식하였다. 이 명령이 일찍이 시내산에서 주어졌다는 역사적 사실을 회고하면서 그 명령을 어긴 죄책을 고백하였다(레 26:30; 참조.

민 22:41; 33:52).

사무엘 시대에는 모두가 산당에서 제사를 지냈다. 사울도 사무엘과 마찬가지로 산당에서 제사를 지냈다(삼상 9:12-14, 19, 25; 10:5, 13). 이상하게도 다윗이 산당과 연루된 기사는 없다. 여기까지는 산당에 대한 비난의 논조가 나오지 않는다. 그러나 솔로몬은 산당에서 제사를 지낸 장본인으로서 역사가의 비판을 받는다(왕상 3:2-4). 예루살렘 성전을 건축한 후에도 솔로몬은 모압의 그모스와 암몬의 몰록을 위하여 산당을 지었는데, 그것도 예루살렘 앞산에 건축하였다(왕상 11:7). 르호보암도 산당을 지었고, 유다 백성 전체가 산당 제사에 물들었다. "그들도 높은 언덕과 푸른 나무 아래마다 산당과 돌 우상과 아세라 목상을 만들었다"(왕상 14:23).

남 왕국과 마찬가지로 북 왕국도 여로보암 때부터 백성들이 산당을 짓고 레위인이 아닌 보통 백성을 제사장으로 삼았다(왕상 12:31). 벧엘에 송아지 우상을 세우고 그 산당에 제사장을 임직시켰다. 자원하는 자는 누구나 산당의 제사장이 될 수 있었다(왕상 13:33). 이 언급은 여로보암 시대 이전까지는 산당의 제사장으로 레위인이 복무했음을 알려 준다. 사사기 17장에서 한 떠돌이 레위인이 미가의 집에서 제사장으로 복무하는 이야기가 생각난다. 산당 곧 '바마'는 가나안인이나 이스라엘인이 일반으로 제사를 드리던 장소였던 것이다.

남 왕국 유다의 왕들 중에 야훼의 율법을 준수하려고 애썼던 왕들이 많았지만 하나 같이 산당을 철폐하지 못하였다. "다만 산당은 없애지 아니하니라"(왕상 15:14, 아사; 22:43, 여호사밧; 왕하 12:3, 요아스; 14:4, 아마샤; 15:4, 아사랴; 35, 요담; 16:4, 아하스). 남 왕국 유다의 왕 아마샤와 아사랴와 요담과 아하스가 대를 이어서 개혁하려고 했으나 산당의 철폐에 실패하고 말았다.

북 왕국 멸망 이후 남 왕국의 히스기야는 드디어 산당을 철폐하는 데 성공하였다(왕하 18:4, 22). 앗시리아의 장군 랍사게가 산당을 철폐한 일로 히스기야를 조롱할 정도로 그의 개혁은 주변 열강들의 빈축을 샀다(사 36:7). 그의 아들 므낫세가 등극하여 다시 산당을 복원했지만(왕하 21:3), 마침내 요시아왕이 개혁을 단행하여 산당을 완전히 폐지하였다(왕하 23:5, 8, 9, 11, 15, 19, 20). 산당은 이처럼 폐지하기가 어려운 적폐 중의 적폐였다.

이사야와 예레미야와 에스겔도 산당의 제사를 맹렬히 비판하였다(사 15:2; 16:12; 렘 17:3; 겔 6:3, 6). 산당에서 인신 제사도 이루어졌다(렘 19:5). 힌놈의 아들의 골짜기에 바알의 산당을 건축한 것을 예레미야는 탄식하였다(렘 32:35). 산당에서 행음이 이루어졌다고 에스겔은 비판하였다(겔 16:16). 호세아는 아웬 산당의 죄를 고발했으며(호 10:8), 아모스는 이삭의 산당을 저주했고(암 7:9), 미가는 예루살렘을 가리켜서 '유다의 산당'이라고 맹렬히 비난하였다(미 1:5). 야훼 하나님께서는 이 산당들을 노여워하신다(시 78:58).

V. 산당과 농민의 관계

가나안에 편만했던 산당은 가나안 농민의 오래된 민속 종교였다. 야훼 종교는 가나안의 민속 종교에 대하여 문제를 제기하였고, 마찰을 빚고 갈등을 일으켰다. 산당에 대한 대안 사상으로 제기된 것이 야훼 신앙이었기 때문이다. 산당이라는 농민들의 민속 종교에 무슨 문제가 있었길래 야훼 신앙은 산당의 철폐를 그토록 집요하게 요구하였을까? 고대 가나안의 농경사회에서 풍요를 기원하는 제의가 산당에서 행해졌다. 바알은 가나안 주민들의 주신으로서 기후를 관장하는 신이었다. 도시국가의 신전은 왕궁과 나란히 권력자들의 종교였지만, 지방에 세워진 산당들은 농사짓는 민중의 신전이었다.

성서는 그 까닭을 창세기에서부터 찬찬히 설명하고 있다. 농사를 처음 지었던 사람은 가인이었다고 하면서(창 4:2) 농사와 우상숭배의 관계를 해설하기 시작한다. 선악과를 먹고 이기주의에 빠져서 자기 중심주의로 살았던 자들이 농사를 짓기 시작했다는 설명이다. 가인이 농사를 짓되 타자를 이용하여 착취하고 자신의 욕심을 채우는 사사로운 사람이 되었다. 인류 최초의 타락한 자가 농부라는 논조이다. 성서는 농업 자체를 죄의 결과라고 지목한다.

인류사에서 농사는 BC 10,000년경에 시작되었다. 지금의 터키 동부지역과 가나안의 여리고 지역에서 최초로 밀과 보리가 재배되었다. 괴베클리 테페와 차타휴이크의 발굴 결과 농업 혁명의 배후에는 종교 제의가 있음이 드러났다. 이 유적지 인근에서 인류 최초로 밀과 보리가 재배되었다. 이를 '농업 혁명'이라고 부른다.

농업 혁명으로 생산력이 증대되어 풍요한 삶이 전개되었다는 종래의 마르크스주의의 이론은 사실이 아님이 판명되었다(고든과 유발 하라리 참조). 불행하게도 농업 혁명으로 인간에게 불평등한 사회가 출현하게 되었다. 농업 생산량의 증가를 위하여 대단위 농토의 개발에는 집단적 노예 노동이 동원되었다. 이와 더불어 인간의 탐욕이 증대하여 힘센 자가 더 많은 농산물을 차지하게 되었고,

약한 자가 적게 가지게 되는 인간 불평등이 시작되었다. 가인은 농업 혁명의 혜택을 누렸지만, 아벨은 사회적 권력에서 소외되었다. 가인은 그 이름의 뜻처럼 사사화私事化(privatization)의 삶을 살면서 욕망을 충족하는 자였다. 자신의 욕망을 위해 모든 타자를 희생시키는 폭력이 편만하게 되었다.

괴베클리 테페 인근에 차탈휴이크라는 또 다른 유적지가 발굴되었다. 이들 유적지의 탐사 결과 농업 혁명을 주도한 사람들이 신전의 제사장으로 추정된다(코뱅 참조). 농업 혁명을 주도한 신전 종사자들은 '신탁'을 매개로 사람들을 신전으로 유도했다. 원시 종교의 사제들은 본디 마을 공동체를 이끌었던 주술사(샤만)들이었지만, 이들은 농업 혁명 이후 우상숭배 신전의 제사장으로서 농산물과 생산 수단을 독점하였다. 이것이 도시 문명의 시대에 이르러 제정일치 사회에서 제정분리의 사회로 분화되었는데, 이 과정을 거치면서 왕정 체제가 등장하였다. 애초에 들녘이나 산등성이에 있던 산당은 이윽고 도성 안에서도 세워지게 되었다. 도시 문명 속에서 산당은 모든 생명을 살리라는 농자의 사명(창 1:28)을 저버리고 사사화의 탐욕에 저버린 타락한 농민들의 욕망을 충족하는 이데올로기의 허상이었다.

VI. 맺음말

지금까지 성서가 금지하는 산당의 종교사를 살펴보았다. 가인의 삶을 '흙을 섬기는' 물질주의의 삶으로 규정하는 창세기 4장 2절에서부터 죄인의 종교사가 전개되기 시작한다. 신명기 사가는 창세기로

부터 열왕기하에 이르는 장구한 역사서에서 산당 폐지의 필연성을 줄기차게 강조한다. 민속 종교들이 권력자의 폭력 체제를 옹호하는 산당의 종교를 표방하였다. 농민들은 도시의 권력자들에게 착취를 당하면서 그 착취를 정당화하는 산당의 헛된 이데올로기를 신봉하였다. 농사는 도시의 번영을 위해 봉사하는 산업으로 전락하였다. 야훼 신앙은 농자農者들이 이러한 민속 종교들을 버리고 더 이상 불의한 도시국의 권력자에게 노예 노동을 바치지 말 것을 요구한다. 농자들은 저마다 떨치고 일어나서 생명의 지킴이로서의 정체감을 회복하고, 하나님께서 주신 자유와 평등을 회복할 것을 요구한다.

성경의 야훼 사상은 오늘날에도 농자들에게 도시 문명으로부터 해방될 것을 요구한다. 특히 농촌 교회가 성경의 요구에 부흥해야 할 것이다. 농민에게 부여된 이중 삼중의 착취 구조를 벗어던지는 사회 구원의 과업을 외면한 채 달콤한 영혼 구원의 유혹에 잠겨서 폭력의 사회체제를 지지하고 있는 교회는 산당의 종교와 별반 다를 바 없다. 야훼 하나님의 택함을 받은 참된 농자는 산당의 철폐를 과감히 요구하며 참 생명 농사의 길로 나서야 할 것이다.

엘리사의 죽음 이야기
— 열왕기하 13:1-25

농사를 짓다가 예언자로 부름을 받은 엘리사였다. 그는 하나님의 말씀을 선포하면서 이스라엘을 개혁하기 위해서 하사엘 반정과 예후의 반정을 일으켰다. 아람왕국을 강화시켜서 이스라엘의 우상 숭배자들을 압박하였고, 예후 반정을 일으켜서 아합왕조를 종식시켰다. 참으로 파란만장한 개혁의 일생이었다. 엘리야의 승천기는 열왕기하 2장에 보도되었는데 엘리사의 사망기는 13장에 보도된다.

I. 죽을병이 든 엘리사

엘리사의 사망 기사는 열왕기하 13장 14절에서부터 보도된다. 엘리야가 승천하였던 것과는 대조되게 엘리사는 죽을병이 들어서 죽었다. 북 왕국 이스라엘을 우상숭배로부터 구원하기 위해서 엘리사는 안간힘을 썼지만, 개혁은 성공을 거두지 못했다. 그가 행한 특단의 개혁 조치들은 피비린내 나는 반정의 연속이었다. 이 폭력의 되풀이 되는 고통 속에서 엘리사의 심정도 찢어질 대로 갈가리 찢어졌을 것이라 추정해 볼 수 있다. 그가 많은 피를 흘렸기 때문인지 스승 엘리야와는 달리 그는 승천하기는커녕 죽을병에 들어 죽었다.

북 왕국에서부터 우상숭배 풍조가 밀려 들어온 여파로 남 왕국에도 반정이 일어나기 시작했다. 엘리야가 일으킨 예후 반정은 북 왕국의 아합 가문을 완전히 숙청하였는데 그 여파로 남 왕국에 내려와 살던 아합 가문에 속한 혈통의 왕족들을 제거하려는 피어린 숙청이 예루살렘에서도 이어졌다. 이러한 숙청을 이끌고 지휘한 엘리사의 손에는 어쩔 수 없이 붉은 피가 묻어날 수밖에 없었다. 다윗이 전쟁으로 피를 많이 흘린 탓에 예루살렘의 성전을 건축할 자격이 그 아들 솔로몬에게 이양되었던 것과 마찬가지로 손에 피를 많이 묻힌 엘리사에게 하늘로 승천하는 스승의 그 영광이 허락되지 않았던 것이다.

본디 반정을 일으키는 일은 야훼께서 엘리야에게 명하신 명령이었다. 아람왕국에서 하사엘 반정을 일으키고 북 왕국 이스라엘에서 예후 반정을 일으키는 일은 엘리야에게 주어진 사명이었다(왕상 19:15-17). 그러나 이상하게도 엘리야는 야훼께서 명하신 이 사명을 수행하지 않았다. 그럼에도 불구하고 그는 하늘로 들림을 받고 승천하는 영광을 누렸던 것이다.

제자 엘리사는 스승에게 능력을 갑절로 요구하였으며 그 능력으로 왕국을 개혁하는 반정들을 주도하였다. 엘리사는 아람왕국의 반정과 이스라엘왕국의 반정을 차례로 주도하였다. 엘리사의 개혁운동에 피비린내가 풍겼으며 무서운 살육의 참상이 뒤따랐다. 우상을 숭배하던 아합왕의 가문은 예후의 반정으로 멸문지화滅門之禍를 당하였고, 하사엘의 반정으로 더욱 막강해진 아람왕국은 더 무서운 기세로 북 왕국 이스라엘을 침공해 왔다. 이로써 이스라엘의 우상 숭배자들은 말할 수 없이 쓰라린 고통을 당하게 되었다.

이스라엘의 고통은 여로보암이 저지른 우상숭배 범죄의 결과였다. "이스라엘에게 범죄하게 한 느밧의 아들 여로보암"이란 상투어가 열두 차례나 반복되는데 이 상투어가 엘리사의 사망 기사를 보도하는 열왕기하 13장에 두 차례나 나온다(왕상 22:53; 왕하 3:3; 10:29; 13:2, 11; 14:24; 15:9, 18, 24, 28; 23:15). 여로보암의 죄가 남긴 적폐들이 완전히 청산되지도 못한 상황에서 개혁자 엘리사가 죽는다는 것은 그의 개혁이 미완으로 끝났음을 신명기 사가가 평가하고 있는 대목이라 하겠다.

이처럼 미완의 개혁이라는 아쉬움을 남긴 채 엘리사는 임종을 맞는다. 이 죽음 기사에서 엘리사의 죽음을 미완의 개혁으로 평가함으로써 신명기 사가는 엘리야와 엘리사의 활동을 비교하면서 이 둘을 종합하여 평가하고 있다. 우리는 이 글에서 신명기 사가의 관점을 더듬어 보려고 한다.

II. 문단의 짜임새로 감상하는 엘리사의 죽음 기사

먼저 열왕기하 13장 10-25절이 하나의 단일한 문단임을 알고 문단 분석을 시작해야 한다. 엘리사의 죽음 기사가 놓여 있는 위치를 파악하기 위해서 13장 전체의 짜임새를 살펴보면 아래와 같다.

I. 왕하 13:1-9 여호아하스의 통치와 사망 — 여로보암의 죄 계대, 그러나
   죄를 회개

II. 왕하 13:10-25 여호아하스의 통치와 사망

   A. 왕하 13:10-13 여호아하스의 통치에 대한 평가 — 여로보암의
   죄를 계대, 악을 행함

   X. 왕하 13:14-21 여호아하스 시대의 엘리사 죽음과 그 후일담

   A. 왕하 13:22-25 여호아하스 통치에 대한 평가 — 조상의 언약
   덕분에 망하지는 않음

위의 짜임새를 보면 열왕기하 13장은 I부와 II부의 두 가지 요소로
구성되어 있음을 알 수 있다. 엘리사의 죽음 기사는 II부 여호아하스
통치에 대한 기사의 한가운데 끼어 있음을 알 수 있다. A-X-A'의
교차법으로 짜여진 문단은 열왕기하 13장 10-25절이다. 그러므로
10-25절을 하나의 통일된 단일 문단으로 보아야 할 것이다.

I부 1-9절은 여호아하스의 통치에 대한 평가이며 엘리사가 죽기
직전의 상황을 보여 준다. 엘리사가 벌인 예후의 반정에도 불구하고
예후의 자손들은 여로보암의 죄에서 돌이키지 아니하였다는 부정
적인 평가가 먼저 소개되고 있다. 이러한 평가는 무력으로 개혁한
엘리사의 위로부터의 개혁은 그리 큰 효과가 없었다는 신명기 사가
의 평가를 보여 주고 있다. 엘리사의 죽음은 이러한 부정적인 평가가
주어진 직후에 소개되기 시작한다. 이로써 죽음을 앞둔 시점에서
엘리사의 개혁에 대한 평가는 아무래도 부정적인 어조로 들리게
된다. 폭력으로 벌인 개혁은 소용이 없었다는 것처럼 들리는
대목이다.

III. 엘리사의 죽음 기사에 나타난 신명기 사가의 평가

엘리사는 죽을병이 들어서 죽었다(왕하 13:14). 그가 병이 들었다는 소식을 접하고 요아스왕이 문병하러 내려왔다. '내려왔다'(야라드)라는 표현으로 미루어 엘리사는 사마리아도성 바깥의 어느 시골에 거주하고 있었음을 알 수 있다. 엘리사는 사마리아라는 도시국가를 개혁하는 일에 전념하였으면서도 자신은 정작 도시 안에서 생활하지 않고 도시 바깥의 시골에서 생활하고 있었다.

이러한 생활 속에서도 엘리사는 왕을 지도하는 국사의 지위에 있었던 것 같다. 요아스 왕은 임종을 앞둔 엘리사 앞에서 탄식하기를 "나의 아버지, 나의 아버지, 이스라엘의 병거와 마병이시여!"(아비 아비 레켑 이스라엘 우파라샤브)라 외치며 울었다. 이 어구는 스승 엘리야가 승천할 때 엘리사 자신이 외쳤던 탄식구였다.

요아스도 엘리사와 동일한 탄식구를 외쳤다는 것도 묘한 느낌을 독자에게 불러일으킨다. 이 탄식의 외침은 절망을 표현한 말이기 때문이다. 제자 엘리사가 스승 엘리야의 승천 장면을 지켜보면서 절망 어린 탄식을 하였다는 것도 이상한데 이 말을 요아스 왕이 엘리사 앞에서 외쳤다는 것은 더욱 이상하게 들린다. 이 대목은 왕이 엘리사를 스승으로 모시고 있었음을 전제한다(왕하 2:12). 스승을 보내며 이별이 슬퍼 절규하던 엘리사가 그처럼 탄식하였더니 이제 요아스 왕이 국사로 책봉한 엘리사의 죽음을 앞두고 절규하고 있다. 이 탄식의 소리가 임종을 앞둔 엘리사의 귓속으로 되돌아왔을 때 엘리사의 심정은 어떠했을지 상상하는 일은 독자의 몫이다.

신명기 사가는 이 탄식구에 매우 비판 어린 평가를 담아내고 있다. 엘리사가 이스라엘의 병거와 마병은 아니라는 점을 독자에게 주지시키는 것이다. 이스라엘을 지키시는 분은 오직 야훼 한 분밖에 없다. 전쟁을 승리로 이끄시는 분도 인간이 아니라 오직 야훼 하나님 밖에 없다. 아브라함 이후로 모세의 시대를 거쳐서 모든 시대에 이스라엘을 침략해 온 모든 이방의 군대를 물리치고 이스라엘을 구원하신 분은 야훼 하나님이셨다.

엘리사가 승천하는 엘리야를 보내면서 이처럼 탄식한 것에도 엘리사의 미진한 역사 신앙을 읽어 낼 수가 있다. 예후 반정을 일으킨 엘리사는 개혁 운동 결과로 왕을 친히 지도하는 국사가 되었다고 추정할 수 있다. 예후 왕조의 왕들은 엘리사를 국사로 모시고 가르침을 받으면서 그를 하나님처럼 의지하였음을 이 탄식 한마디로 알 수 있다. 요아스 왕은 엘리사에게 국운을 걸고 있었던 것이다. 왕에게서 엘리사에 대한 믿음이 야훼 하나님에 대한 믿음을 대신하고 있었던 것이다. 이 절망하는 탄식구는 왕의 신앙이 얼마나 야훼 하나님에 대하여 불신앙이었는지를 은근히 암시하고 있다. 신명기 사가는 국가를 개혁하려는 예언 운동이 어떠한 한계를 지니고 있는지 은근히 독자들에게 암시하고 있다.

여로보암 이래 믿음이 없는 왕들이 내내 왕국을 지배해 왔다. 반정을 일으킨 왕들도 이 점에서는 마찬가지였다. 요아스는 엘리사의 임종을 지켜보면서 불안에 몸서리쳤다. 엘리사가 화살을 땅에 내려치라고 부탁을 하자 딱 세 차례만 내려치고 그쳤다(왕하 13:19). 엘리사는 왕의 믿음 없음을 탄식하면서 앞으로 아람왕국과의 전쟁에서 세 차례만 승리한 후 그 후로는 패배할 것이라고 탄식하였다. 엘리사는 아쉬워하면서 숨을 거두었다. 엘리사의 죽음은 이처럼 초라하고도 어두운 분위기로 묘사된다.

스승 엘리야가 승천하는 장면에서 슬퍼하며 탄식하였던 제자 엘리사였다. 엘리사는 끝까지 인간의 개혁과 노력에 기대를 걸었다. 그렇게 지도하며 가르쳤던 요아스 왕도 엘리사와 마찬가지 생각을 하고 있다. 이제 병이 들어 죽어가는 스승 엘리사 앞에 그의 제자 요아스 왕도 그처럼 절망에 빠져 슬퍼하며 탄식하고 있는 것이다. 여기에 왕국 개혁의 한계에 대한 심오한 성찰이 엿보인다. 엘리야와는 달리 왕국의 권력을 개혁하는 일에 일말의 기대를 걸었던 엘리사는 자신의 개혁 낙관주의가 실패로 귀결되는 모습을 임종하면서 바라보고 있다. 죽어가면서도 엘리사는 크게 화를 내고 말았다. 이러한 부정적인 장면에는 신명기 사가의 날카로운 비평이 깃들어 있다.

그럼에도 불구하고 예언자 엘리사는 생명의 원천이 되시는 야훼 하나님의 기운을 받아 살다가 죽었다고 신명기 사가는 후일담을 사족처럼 달고 있다. 엘리사가 사망한 후에 전해지는 후일담은 그의 생명력이 죽은 후에도 활동하였다고 증언하고 있다. 엘리사의 무덤에 어떤 사람의 시체를 던졌더니 그 시체가 엘리사의 뼈에 닿자 다시 살아났다(왕하 13:21). 이 후일담을 통해 신명기 사가는 야훼 하나님은 생명을 주시고 생명을 살리는 주님이시며, 엘리사는 그 모든 약점에도 불구하고 야훼 하나님의 강력한 손길에 이끌려 활동한 위대한 예언자였다는 메시지를 이스라엘 디아스포라 공동체에 던지고 있다. 왕국의 무서운 역사를 밝히기 위해서 모든 인간적인 수단을 동원하면서 애써 살아간 엘리사의 생애는 이렇게 막을 내렸다.

IV. 국가체제가 가로막는 농(農)의 개혁

엘리야와 엘리사는 진정한 농자農者였다. 시내산에서 야훼 하나님께서 모세에게 계시해 주신 말씀은 농農의 사상이었다. 농의 사상은 하나님께서 창조하신 본모습을 회복하여 살아가려는 삶의 기초였다. 이러한 사상은 창세기 1장에서부터 성경이 매우 강조하고 있는 '샬롬'의 사상이며 평화의 꿈이다. 엘리야와 엘리사는 주께서 가르쳐 주신 농의 사상으로 무장하여 국가를 바르게 개혁하려고 노력했다. 이들은 이스라엘을 바르게 세워 샬롬을 선포하고 죄에 빠진 그들을 구원하려고 몸부림치며 살았다.

그러나 엘리사가 전개한 농의 개혁은 그의 죽음으로 인하여 물거품으로 돌아가고 말았다. 그 사후에 곧이어 침략 전쟁이 발발했으며, 국내의 반정들도 끊이지 않고 일어났다. 예후 왕조는 겨우 4대 만에 살룸의 반정을 당하여 멸망하고 말았다. 엘리사가 내린 특단의 국가 개혁 조치에도 불구하고 반정과 반정이 꼬리를 물고 이어지더니 급기야 북 왕국 이스라엘은 멸망하고 말았다(왕하 17장). 엘리사는 797년경에 죽은 것으로 추정된다. 그렇다면 그가 죽은 때로부터 불과 75년이 지난 722년에 북 왕국은 멸망하고 말았던 것이다.

엘리사의 한계는 왕국의 지닌 태생적 한계였다. 사무엘상 8장이 지적하듯이 야훼께서 다스리시는 하나님의 나라를 부정하고 생겨난 것이 인간의 왕국이었기 때문이다. 왕들은 열방의 왕들과 경쟁하는 처지에서 열방의 우상숭배 통치 이념을 받아들이지 않을 수 없었다. 권력의 집중으로 필연코 왕들은 교만과 탐욕을 부추겼고,

급기야 피를 흘리는 일을 피할 수 없게 되었다. 왕들은 야훼 하나님의 말씀에 온전히 순종할 수 없는 삶의 조건에 시달려야 했던 것이다.

엘리야와 엘리사의 한계점은 바로 이러한 왕국과 왕의 한계 안에서 개혁 운동을 전개할 수밖에 없었다는 점에 있었다. 왕국은 도성의 출현으로부터 촉발된 것으로 가인의 후예들이 이룩한 폭력의 문명이었다(창 4:17). 도시국가와 그 연맹체로서의 왕국은 성곽을 짓고 권력체를 형성하였으며, 그 성곽 주변의 영토를 점령하고 농업을 도시를 위한 산업에 종속시켰다. 도성 바깥의 영지에서는 농민들이 노예 노동력이 되어 일하였고, 농민들이 거둔 수확을 도시의 지배자들이 독점하였다. 도시가 농업을 종속하고 착취하는 일은 가인이 에녹성을 건축하고, 그의 영웅적 후예들이 도시국가들을 건국하고, 자연을 파괴하는 문명 시대를 발호한 이후로 줄기차게 자행되어왔다. 이것은 고대 노예제사회체제의 구조적 모순이었다(창 4:20-25). 고대의 도시국가는 농자들을 노예로 종속한 폭력적 노예 체제 위에 건설되었던 것이다.

하나님께서 창조하신 세계를 진정한 농의 사상으로 개혁하는 일은 오늘날에도 여전히 지난한 과제로 떠오르고 있다. 도시들의 연합체는 국가로 세워졌으며, 이 체제는 농업 희생의 토대 위에 서 있다. 이 때문에 농자의 해방은 원천적으로 불가능하다. 도시들로 구성된 국가가 없어져야 농자의 해방이라는 과업은 완성될 것이다. 농자의 해방이 없이는 하나님 나라의 완성은 이루어지지 않는다. 이 점에서 엘리사의 개혁은 그 한계에 봉착한 것이었다.

V. 나가는 말

근자에 우리나라에는 촛불혁명으로 도시국가의 민주주의 개혁
이 이어지고 있다. 이참에 농민들도 팔을 걷어붙이고 나섰다. 국가로
하여금 농정 개혁에 나서달라고 단식농성을 벌이기 시작했다. 한편
도시에 사는 시민들은 쌀값이 폭등하여 못 살겠다고 아우성을 내지
른다. 도시 경제를 개혁하여 농민들과 노동자를 위시한 서민들을
잘살게 하려는 과제는 민주 정권이라면 당연히 껴안아야 하는 지난
한 과제이다. 이 지난한 과제가 오히려 지금 민주 정권의 발목을
잡고 있다. 또 한편 새 정부는 평화와 통일을 이루려고 안간힘을
쏟아붓는다. 이 와중에 그간 소외되어왔던 농민의 요구가 세차게
올라오고 있다.

성경은 오래전부터 농민의 개혁이 국가의 권력을 잡은 왕들과
귀족들에 의해 좌절되어왔음을 증언한다. 농의 개혁은 저항에 부딪
혀 늘 좌절되어왔음을 엘리야와 엘리사의 활동은 보여 준다. 국가의
권력에 참여한 농민들의 힘이 우세할 때 농민들의 이익은 확장될
수 있을 것이다. 그러나 이러한 일은 도시들이 중심이 되는 국가의
본질로 인하여 원천에서 가능하지가 않다. 게다가 국가 안에서
벌여야 하는 개혁과 국가 안에서 취득하는 농민의 권력 지분도
근본에서는 폭력일 수밖에 없다는 한계를 안고 있다. 모든 국가
내의 권력 운동이 바탕에 깔고 있는 이러한 폭력의 한계점을 신명기
사가는 엘리사의 개혁 운동을 보도하는 가운데 암암리에 지적하고
있다. 도시를 바탕으로 세운 국가가 없어지지 않는 한 진정한 농의
개혁은 이룰 수 없는 법이라고….

박정희 정권 이후 경제개발 5개년 계획은 도시들을 비대하게 만들었고 반면에 농촌을 고갈시켰다. 그들이 새마을운동을 펼쳤지만, 지금까지 농촌은 더욱 공동화空洞化되어 왔다. 국가의 정책은 공업 중심의 중상주의 정책으로 치달았다. 도시의 개발과 확장으로 인하여 농촌의 마을 공동체는 완전히 붕괴되었다. 오늘 지금 펼치고 있는 우리의 농의 개혁은 과연 어디에서 시작하여 어디로 귀결할 것인가 그 끝이 보이지 않는다.

4부

사회적 현안과 농(農)신학

성경의 눈으로 보는 자유무역협정(FTA)

I. 들어가는 말

신자유주의란 시장에 대한 국가의 보호주의를 벗어나 온 세계 범위의 시장에서 자유로운 경제활동을 누리려는 자본의 운동이다. 1970년 이후 세계에 신자유주의 경제 체제가 확산되었다. 자본은 국가 간의 보호관세를 철폐하고 국경을 넘나들며 자유로운 경쟁의 시장으로 나아가려고 한다. 대한민국도 1997년 이후 국제통화기금(IMF) 체제를 겪으면서 급물살을 탔다.

최근에 한국 정부가 칠레와 자유무역협정(FTA)을 맺은 데 이어서 미국과 한·미자유무역협정을 맺었다. 한국 사회에도 신자유주의가 쟁점으로 떠올랐다. 한국 정부는 EU와 호주와도 자유무역협정을 체결할 계획이다. 곧 중국과도 그리할 것이다.

미국의 민주당은 노동조합을 지원하는 강력한 보호주의의 정강을 내놓는다. 월스트리트저널이나 워싱턴포스트 등 기업가 중심의 언론들은 민주당의 정책을 맹비난한다. 최근에는 민주당의 보호무역주의 정책에 반대하는 경제학자 천여 명이 자유무역협정을 옹호하여 서명하였다. 신자유주의 경제체제를 추동하는 입장이나 그에 대해 반대하는 입장이나 공통되게 미국이라는 국가 단위에서 국익을 추구한다. 이러한 상황은 한국에서도 비슷하다.

자유무역협정은 한국의 농업을 망칠 것이라고 보기에 농민 단체들은 결사반대에 나선다. 농촌 경제가 피폐하면 농촌 교회가 어려워지기에 농촌 목회자들도 반대의 깃발을 들고 나선다. 하지만 목회자들은 사회과학자의 논리만으로 바라보아서는 안 된다. 성서의 눈으로 우리 정부가 추진하는 자유무역협정을 가늠해 보자.

II. 신자유주의에 맞선 교회의 대응

신자유주의 시대를 맞아 세계 교회는 참다운 제자도의 실천을 모색하며 고뇌하고 있다. 2006년 2월 브라질 포르토 알레그레에서 모인 제9차 WCC 총회는 세계 경제를 쟁점으로 제시하였다. 총회 준비서는 "Alternative Globalization Addressing Peoples and Earth"(사람들이 사는 지구에 걸맞는 진정한 세계화 AGAPE)라는 주제로 마련되었다. 세계화가 낳는 양극화의 폐단을 극복하기 위해서 '아가페' 운동을 실천하자고 제안하였다. 신자유주의 세계화에 대해 교회는 실천할 지침을 다음과 같이 마련하였다.

순교를 각오한 예수의 제자도를 실행할 것, 불의와 파괴의 권력이 복음을 위협할 때 생명을 창조하시는 삼위일체 하나님의 친교에 참여할 것, 피조물과 더불어 탄식하시는 성령과 함께 사람이 사는 지구의 고통을 나누어 질 것, 생명의 정의를 위하여 인간이 다른 피조물들과 계약을 체결할 것, 불의와 파괴의 권세에 대항하는 고난당하는 사람들의 대열에 앞장설 것, 하나님의 신실한 백성으로서 교회가 전체 지구공동체에 생명을 전달하는 선교에 나설 것.

자유무역협정에 대해서 한국교회는 침묵하고 있다. 도시에 집결한 한국교회의 주류는 이를 지지한다. 지식인 기독인들은 자유로운 시장의 이론을 신봉한다. 이들은 더욱 부강한 나라를 꿈꾸며 국민소득 3만 불 시대를 선망한다. 하지만 성서는 자유무역협정에 대해서 무어라고 말씀하시는가? 자기를 십자가에 못 박고 그리스도를 살아가는 형제들은 신자유주의를 어떻게 보나?

III. 하나님은 제국을 무너뜨린다

토라는 포로기를 살던 디아스포라 유민流民들의 눈으로 과거의 왕조사를 뼈아프게 반성한다. 왕국 체제가 옳았느냐 그릇되었느냐 시비를 논한다. 왕국 체제에 대한 반성은 신바빌로니아제국 체제에 대한 비판으로 이어졌다. 토라는 제국의 체제 대신에 하나님의 말씀을 중심한 디아스포라 공동체를 옹호하였다.

왕조사는 하나님을 거역한 반역자들의 역사다. 열방들이 내세우는 것과 동일한 국가 이데올로기를 내세우며 이스라엘은 왕국을 꾸려왔다. 이 반성이 창세기에 압축되어 있다. 가인의 살인사건 이후 가인의 후예들이 성곽을 쌓고 도시 문명을 일구었다. 영웅들이 나타나 왕으로 군림하면서 땅의 백성을 착취하였다(창 6:1-4). 네피림과 아나킴이 일으킨 문명은 교만의 문명이다(민 13:33; 신 1:28; 9:2).

영웅들이 높은 성벽을 쌓고 폭력을 휘두를 때 약자들은 고통을 당하였다. 성곽과 궁전과 신전을 위시한 대규모 건축 사업에 노예 노동이 투입하였다. 노예를 얻기 위해 왕들은 전쟁을 일삼고(창 14장) 토지를 전매하여 왕권을 강화하였다(창 47장). 농부들마저 노예로 전락하였다. 부富가 도시에 편중되자 이주민들이 도시로 대량 유입되었다. 이들도 마침내 강제노역에 종사하게 되었다. 이들이 히브리인들이다.

하나님께서 지배자들의 폭력을 물리치고 억압받는 노예를 구출하셨다. 광야에서 인도해 주셨다. 그러나 백성은 번번이 하나님을 불신하고 거역하였다(신 9:7-10:11). 하나님이 일으키시는 은총과 해방의 역사는 백성의 불신앙 앞에서 더 진보할 수가 없었다. 역사는 죄와 구원이 반복되는 순환의 역사로 펼쳐졌다.

악순환이 거듭되는 역사 속에 탈역사로서의 종말관이 유일한 탈출구로 제시된다. 그것은 희망의 미래를 바라보는 종말 공동체의 고백이다. 말씀의 공동체는 약속된 새 땅 앞에 서 있다. 욕망과 충족의 법칙이 인간의 역사를 장악하는 역사 안에서는 희망이 없다. 약속의 땅을 바라보면서 모세는 노래를 가르치고 여호수아를 후계자로 임명한다(신 31-34장). 비스가 산정山頂에서 약속의 땅을 바라보는 모세 앞에 희망찬 미래가 동터온다.

Ⅳ. 신자유주의의 인간관: 타락한 '호모 에코노미쿠스'

반복되는 죄는 거듭되는 은총을 소용없이 만든다. 인간은 죄를 다스리지 못하는 종자와 하나님의 은총을 받은 종자, 두 종류로 구분된다. 가인의 후예는 죄의 길을 선택하여 도성의 문명을 구가하면서 전쟁과 살육의 길로 나아갔다(창 4장). 이들은 대홍수를 만나 멸절하였다(창 69장). 셋의 후예 가운데 노아만이 온전하였기에 하나님께서는 그를 대재난에서 건져 주셨다. 데라와 아브람으로 이어지는 은총의 핏줄이 이어졌다(창 5장, 10장). 그러나 인류는 하나님에게 도전하여 하늘을 찌를 듯 높은 성벽과 신전을 건축하였다(창 11장).

하나님을 거역하는 인간의 죄는 어디서 생겨났을까? 하나님께서 자신의 형상을 따라 사람을 지으시고 그로 하여금 땅을 다스리고 제압하게 하셨다(창 1:27-28, 라다, 카바쉬).[1] 바알의 풍요제와 가나안의 소돔과 고모라는 땅에서 나온 욕망의 산물이다. 하나님의 사람은 땅을 제압하고 억눌러야 한다(창 1:28).

하나님께서 사람에게 먹을거리로 채소를 주셨다. 그러나 아직 비를 주시지 않았기에 땅은 황무하였고, 흙을 섬길[2] 사람이 아직

---

1 창세기 1장 28절의 '카바쉬'를 '정복하라'라고 번역한 개역의 번역은 너무 세다. 그렇다고 이것을 '섬기다, 관리하다'라고 이해하는 것도 잘못이다(TWOT). 하늘과 땅을 창조하신 하나님은 인간이 '땅'을 '복속할 것'(subdue)을 명하셨다. 여기에 가나안 땅이 암시되어 있고 인간의 욕망을 내뿜어 죄짓게 하는 땅의 존재가 함의되어 있다. "뜻이 하늘에서 이룬 것 같이 땅에서도 이루어지이다"라고 하는 주기도문도 같은 맥락에 있다. 땅은 사람이 지그시 눌러주어야 할 대상이다.

2 동사 '아바드'는 타자를 위해 일하는 것을 뜻한다. 목적어가 '아다마'(흙)일 경우 '경작하다, 농사짓다, 땅을 갈다' 따위로 번역되어 있다. 밭을 가는 경작행위는 동사 '하다쉬'로 표현된다(왕상 19:19). 창세기2-4장의 '아다마' 동사는 "흙을 위해서 일하다"란 뜻으로 신중하게 사용

없었기 때문에 땅은 아직 채소를 내지 않았다(창 2:5). 하나님께서는 흙에서 나온 먼지(아파르)를 버무려 사람을 조형하고(와이체르) 그 코에 생기(니쉬마트하임)를 불어넣으니 생령(네페쉬하야, 산 넋)이 되었다(창 2:7). 사람의 질료는 흙먼지이다(창 3:23). 사람이 살아있는 것은 그를 조형하시고 그의 코에 숨을 불어넣어 주신 하나님의 노동이 있었기 때문이다(시103:14).

하나님께서는 에덴에 한 동산을 창설하시고(나타, 심다), 거기에 온갖 좋은 식물을 자라게 하셨다(창 2:8-9). 식물은 사람이 흙을 경작한 결과로 나온 것이 아니다. 에덴동산에 아담이 먹을 식물이 나게 하신 분은 하나님이셨다. 사람을 그 동산에 두어 그것을 섬기고 지키게 하셨다(창 2:15, 아바드, 샤마르). 인간은 하나님의 동산을 관리하는 일을 맡았다. '호모 에코노미쿠스homo economicus'3로 지음받은 것이다.

아담과 하와는 워낙에 선악을 알지 못했다. 동산에 '선과 악을 알게 하는 나무'의 열매를 따 먹고 비로소 세계를 자기중심으로 해석하게 되었다. 자기중심성이 생기자 인간은 하나님에게서 멀어졌다(창 3:7-8). 선악을 판단하는 자기중심성이 생겨 자기 멋대로 동산을 주무르는 존재가 되었다. 이로써 모든 피조계를 다스릴 능력을 상실하였다. 하나님께서는 부적절한 청지기를 동산에서 쫓아내셨다.

하벨은 양을 먹였고, 카인은 흙을 섬겼다(창 4:2, 아바드 아다마).

되었다.
3 '에코노미쿠스'는 '집안을 관리하다'란 뜻이다. 더 크게는 '전 지구를 관리하다'란 뜻이다.

카인은 자신의 질료인 흙(창 3:23), 곧 자신을 섬겼다.[4] '호모 에코노미쿠스'에 두 가지 종자가 등장하였다.[5] 하나는 타자를 먹이고 또 하나는 자기를 섬긴다. 남을 먹인 하벨의 제물은 하나님께서 눈여겨 보셨지만 자기를 섬긴 카인의 소산물은 외면당하였다(창 4:4-5, 사야). 카인은 제사를 통해 하나님을 자신의 행복을 위한 도구로 삼으려고 했다.[6]

자신의 선에서 좌절된 인간은 분노하였다. 인간이 선과 악을 알게 된 결과 피조물에 가득한 하나님의 선에 대해서 무지한 상태에 빠지고 말았다. 자의식으로 인류에게 최초의 분노가 터져 나왔다. 분노한 인간은 하나님을 외면한다(창 4:5). 하나님은 분노한 인간이 애처로워 달래신다. "어찌하여 화를 내느냐? 어찌하여 얼굴을 돌리느냐"(창 4:6). 만약 네가 선한 일을 한다면 얼굴을 들고 나를 똑바로

---

4 창 1:28의 '카바쉬'와 3:23과 4:2의 '아바드' 동사를 연결시키면 자연 생활 신학의 기초가 마련된다.

5 최근 원시인 연구가 리이키(Meake Leakey) 박사가 케냐의 동일한 지역에서 호모 하빌리스와 호모 에렉투스가 함께 살았다는 증거를 *Thursday's Journal Nature*지에 제출하였다. 이 두 종(種)의 인간은 150만 년 전에 50만 년 동안 동일한 지역에서 공존하였다. 전자는 채식을 하였고, 후자는 육식을 겸하여 먹었다. 이로써 전자에서 후자로 진화하였다는 기존의 가설이 무너졌다. 이 두 원인간에서 호모 사피엔스가 진화되었는지도 미지수가 되었다. 창세기의 에덴동산 이야기는 호모 하빌리스와 호모 에렉투스 그리고 호모 사피엔스의 요소들을 모두 포함하고 있다. 더욱 중요한 것은 창세기 1장이 호모 에코노미쿠스의 상(像)을 제시하고 있다는 점이다.

6 수년 전에 「녹색평론」에 게재된 논설은 가인을 농경민의 대표로, 아벨을 유목민의 대표로 상정하면서 유목민이 역사에서 훨씬 공격성을 띠었고 폭력을 휘둘렀다고 분석하면서 농업을 옹호하였다. 인류학자들 중에는 농경민이 잘 조직된 군사력을 보유하여 언제나 초원을 찾아 이동하는 유목민을 저지하였다고 보는 학자가 많다. 그러나 이 두 주장 모두 성서가 말하고자 하는 초점을 벗어난다. 성서는 좀 더 깊은 영성에로 나아가도록 인도하고 있다. '선악을 알게 하는 나무의 열매'를 불가(佛家)의 '분별지'(分別智)와 비교해 보면 성서 저자의 영성이 확연히 드러날 것이다.

바라보아라. 나는 온 피조물을 온통 선한 것으로만 창조하였느니라 (창 1:4, 10, 12, 18, 21, 25, 31).[7] 너에게 유익한 대로만 일을 한다면, 그것은 온 피조물에게 골고루 선한 것이 못되니, 더구나 하나님에게랴! 너를 비우고 참으로 만인에게 유익한 일을 한다면 너는 얼굴을 들고 나와 눈을 마주치지 못할 이유가 어디 있겠느냐?(창 4:6). 네가 선한 일을 하지 않으면 죄가 너를 호시탐탐 노리게 되어 있단다. 카인아! 죄를 다스리지 않으면 죄가 결국은 너를 삼켜버릴 것이다(창 4:7).

비뚤어진 카인은 이윽고 동생 하벨을 죽이고 말았다(창 4:8). 하벨이 흘린 피의 소리가 흙에서 하나님께 부르짖었다. 피를 받아 마신 흙 때문에 카인은 저주를 받았다(창 4:10-11). 자기 자신의 질료인 흙을 섬기던 카인의 운명은 결국 자기 자신의 질료인 흙으로부터 소외당하고 말았다. 카인은 죄의 심한 압박에 시달린다(창 4:13). 카인은 더 이상 하나님의 얼굴을 친견하지 못하게 되었다(창 4:14). 하지만 주께서는 이처럼 저주받은 카인을 보호해 주시기로 약속하신다(창 4:15).

카인은 성을 쌓고 아들의 이름을 따서 '에녹성'이라고 명명하였다(창 4:17). 성을 쌓는 행위가 타락한 '호모 에코노미쿠스'의 첫 행각이었다. 성곽에 사는 자손 중에 라멕도 사람을 죽여 카인보다 77배의 벌을 받는다. 77은 무한수이다. 죄로 인한 징벌은 이제 무한하게 증폭되고 말았다(창 4:23; 6:5).

---

7 창세기 1장에 '토브'(좋다, 선하다)라는 단어가 일곱 차례 나온다. 이것은 온 피조물이 하나님께 다 선하고 아름답게 지음 받았음을 의미한다. 본디 세상은 아름다움의 천지였다.

카인의 죄를 계대(繼代)한 도성민의 죄된 운명은 셋에게서 태어난 자손들과 대조를 이룬다. 카인의 후예인 하녹(=에녹)은 전쟁의 상징인 성곽의 맹주가 되었던 반면에(창 4:17) 셋의 후예인 하녹(에녹)은 하나님과 동거하다가 들림을 받았다(창 5:24). 셋의 후예인 라멕에게서 인류를 대홍수에서 구한 노아가 태어난 반면, 카인의 후예인 라멕은 서로 죽고 죽이는 전쟁 상황에 매몰되고 말았다(창 4:23).[8] 노아를 통해 셈으로 이어지는 계보는 만민에게 복의 근원이 된 아브람에게로 나아간다(창 12:1-3). 함의 후예는 시날 땅의 바벨탑 문명을 건설하며 종래에는 애굽의 파라오에게로 이어진다. 롯은 소돔성을 거주지로 택하였다가 아브라함으로 이어지는 계보에서 탈락하고 말았다(창 13:10; 14:12; 19:30-38).

V. 시장을 정의롭게 하시는 야훼: 해방의 하나님

야훼는 만신전을 초월하여 계신다(출 20:3; 신 6:4). 야훼의 백성은 만신전에 부속한 다른 신들을 섬기지 않는다. 오로지 히브리인 아브라함에게 현현하신 야훼만을 섬긴다. 주님께서는 미츠라임(애굽)제국에서 노예살이하던 자기 백성을 탈출시키시고 시내산에서 계약을 체결하셨다. 열국 광야에서 하나님의 나라를 이룩하시기

---

8 카인의 후예인 하녹(에녹)은 창 25:4에서 아브라함이 그두라에게서 낳은 미디안의 아들들 가운데 기명되어 있다. 동일한 이름의 연상작용을 통해 토라의 신학이 표현되어 있다. 원역사에 아홉 차례 언급되는 이 이름은 창 25:4까지 합치면 열 차례 언급된 셈이다. '라멕'이란 이름은 창 4-5장에 딱 열 차례 언급되고 있다.

위해서였다.

고대 국가 체제의 생산 주력은 노예 노동자들이다. 채석장과 광산과 산림 벌목장과 농토에서 노예 노동이 진행되었다. 열왕들과 지배계층은 노예 노동력을 획득하기 위해서 전쟁을 일삼고 부의 편중을 가중하였다. 전쟁 포로는 노예가 되었고, 가난하여 빚진 자들도 노예로 전락하였다. 먹을 것을 찾아 이주해 온 이주민들도 노예가 되었다. 야훼 하나님은 세상의 전쟁을 종식하기 위해서 거룩한 전쟁을 수행하신다. 노예를 해방시킴으로써 제국의 권력을 제압하신다(출 20:2).

십계명이 금하는 '페셀'(출 20:4, 개역, '새긴 우상')과 '마세카'(출 34:17, '부어 만든 주물상')는 노예들이 채석장과 광산에서 만들어 내는 제품이다. 제국의 지배자들은 저마다 웅장한 성곽을 건설하고 왕궁을 건축하였으며, 거대한 신전을 짓고 거기에 장엄한 신상들을 세웠다. 페셀과 마세카의 금지는 국가의 지배 이데올로기를 주도하는 만신전 체제를 부정하는 선언이다. "내 이름을 망령되이 일컫지 말라"는 슬로건은 신의 이름으로 지배권을 정당화하지 말라는 반제국의 선언이다(출 20:7). 야훼의 제단을 쪼갠 돌로 쌓지 말아야 한다(출 20:22-26; 참조. 신 27:5-6; 수 8:31). 으뜸가는 제단은 흙으로 쌓은 것이다. 제단에 계단을 놓는 일도 제국의 황제들이 하는 짓이니 금해야 한다. 솔로몬은 성전 건축을 위하여 벌목장과 채석장에 18만 명이 되는 대규모 노예 노동력을 투입하였다(왕상 5:13-18). 솔로몬은 성전 뜨락에서 돌 깨는 소리가 들리지 않게 하려고 채석장에서 다 다듬은 돌을 운반해 왔다(왕상 6:7).

우상금지법과 제단법은 안식일법으로 자연스레 이어진다. 휴식

없는 노동을 금지하시고 이레째마다 하루를 쉬도록 안식일법을 제정하신다(출 20:8-11). 노예들이 해방된 이후에 다시 노예화 과정이 진행되었을 경우 칠 년마다 노예를 해방시켜야 한다(출 21:2). 노예 해방의 목적은 인간다운 삶을 누리는 데 있다. 노예가 원한다면 주인의 집에서 한 식구가 되어 평생을 거주할 수 있다(출 21:6).

이상의 핵심 사항들을 통해 하나님께서는 인간의 욕망이 분출되어 충돌을 일으키는 시장에 정의가 넘치기를 바라신다. 시장에서 승리한 강자가 스스로 자기를 비우고 낮추고, 하나님을 섬기는 존재로 변화를 받아서 약자를 돌보는 자로 거듭나기를 하나님은 촉구한다.

VI. 신자유주의 체제의 대안: 말씀의 공동체

실락원에서 복락원으로 가는 관문은 시내산에 있다. 시내산에서 하나님은 백성에게 말씀을 기록한 돌판을 주셨다. 하나님의 백성 한가운데 두 돌판을 담은 언약궤(법궤)가 놓였다. 증거궤의 뚜껑에는 두 그룹이 있고 하나님께서는 그 뚜껑에 임재하신다(출 25:22, 카포렛). 두 그룹은 에덴의 생명나무로 가는 길을 지키는 천사들이다(창 3:24). 말씀을 새긴 두 돌판이 곧 생명나무이다. 에덴에서 추방된 사람은 말씀을 통해서 복락원으로 들어갈 수 있다. 하나님께서 법궤의 뚜껑 위 두 그룹 사이에서 사람을 만나주시기로 작정하신다. 자기를 버리지 못하고 간단없는 욕망의 유혹에 시달리던 하나님의 백성은 말씀 듣기와 말씀 준행에 실패하였다(민 11:4). 욕망의 노예가

된 인류를 구원하시려고 예수 그리스도께서 친히 법궤 뚜껑이 되셨다(롬 3:25).[9]

말씀을 준행하는 공동체의 출현으로 시장의 논리는 극복되었다. 신자유주의 세계 경제 체제의 대안은 오로지 말씀의 공동체밖에 없다. 말씀의 목적은 자기를 비우고 오로지 그리스도로만 살도록 사람을 초청하는 데 있다(갈 2:20). 자기를 버린 사람, 그리스도를 사는 사람만이 시장의 우상으로부터 인류를 구출할 수 있다.

Ⅶ. 나가는 말

참다운 하나님의 백성 공동체로서의 교회는 애초부터 제국의 박해를 받았다. 다시는 거인과 영웅이 다스리는 나라에 살지 않고 오로지 하나님만을 섬기며 살려는 공동체가 초기 교회였다. 초기 교회는 로마제국의 폭력에 엄청난 희생을 치렀다. 그러나 로마가톨릭교회는 토라와 예언의 말씀을 버리고 국가와 결탁하는 길을 걸었다.[10]

자유주의는 봉건 영주와 절대왕정의 몰락을 위해 투쟁하였다.

---

9 '화목제물'로 번역되어 있는 로마서 3장 25절의 그리스 원어는 '휠라스테리온'이다. 이에 해당하는 히브리어 단어는 '카포렛'이다. 이것은 법궤의 뚜껑을 가리킨다. '시은소', '시은좌' 또는 '속죄소'라고 번역되기도 한다.

10 베드로의 사도 계승권에만 집착하는 라칭거 교황은 로마가톨릭교회만이 유일한 교회라고 주장한다. 그는 과거에 초기 교회의 아름다운 전통을 계승하지 못한 여러 가지 사실들을 억지로 은폐하려고 한다. 로마가톨릭교회는 세계의 자본가들에게 둘러싸여 있는 교황 제도를 폐지해 버려야 참다운 교회로 성장할 수 있다.

시민혁명은 자본주의의 체제를 낳았다. 소수가 누리던 재화를 다수가 누릴 수 있게 되었다. 현대에 출현한 국민국가는 자본가들의 탐욕을 제어하고 부의 균등한 분배를 노리는 복지 국가로 등장하였다. 이제 왕들이 지녔던 욕망이 국민국가를 향도하는 국민 안에서 불타오르고 있다. 엄청난 부를 소유한 소수의 자본가가 대다수의 인민을 시장 안에 가두고 시장의 자유라는 이데올로기로 예속하려 한다. 신자유주의의 신봉자들은 제국 시대의 왕들과 귀족들이 누리던 삶을 계대하려고 안간힘을 쓴다. 소수의 지배자가 누리던 사치를 이제는 더 많은 시민이 누리려고 한다. 국민국가에서 욕망의 절대량은 불의한 왕정국가 때보다 한층 증가하였다.

한국 기독교는 이러한 신자본주의의 태풍에 무방비 상태에 놓여 있다. 민중과 농민의 권익을 보호하기 위해서 반FTA투쟁에 나서는 목회자들도 있다. 그러나 성경은 그 이상을 요구한다. 깨어나서 자기를 비우고 가진 것을 몽땅 내려놓고 그리스도를 몸으로 살 것을 요구한다. 깨어난 목회자들이 말씀으로 공동체를 인도할 때 태풍에서 살아남을 수 있다. 목회자 중에서도 자연과 더불어 살아가는 농촌 교회의 목회자들이 가장 유리한 환경에 놓여 있다. 가난하고 힘없어 천대받는 농촌 목회자가 가지지 못한 것을 한탄한다면 세상에서 가장 비참한 목회자가 될 터이다. 그러나 가진 것이 없이 텅 빈 자기 속을 그리스도로 채운다면 이 시대를 위한 작은 그리스도로 쓰임을 받는다. 양 떼를 몰고 신자유주의의 광야를 건너 에덴동산으로 나아가자. 농촌 교회를 지켜내야 하는 이유가 바로 여기에 있다.

성경의 눈으로 읽는 기미독립선언문

3.1운동 100주년을 맞아서 기미독립선언문(이하 선언문)을 다시 읽어 보는 일은 현재의 과제들을 짚어 보는 가운데 미래를 전망하기 위해서 분명 의미 있는 일이다. 특별히 그리스도인으로서 선언문을 성경의 눈으로 정독해 봄으로써 오늘의 교회 개혁이 안고 있는 과제들을 생각해 보려고 한다. 선언문에 서명한 서명자 33인 중 천도교 측 인사가 15명이고, 기독교 측 인사가 16명이며, 불교 측 인사가 2명이었다는 점도 오늘의 교회가 민족사에 대해 지고 있는 책임성을 실감하게 한다.

기독교 측 인사가 16명이나 선언문에 서명했다고 해서 기독교 사상이 얼마나 깊이 선언문에 아로새겨 있는지를 찾아보려고 시도 하는 것은 아니다. 천도교 측 인사 최린이 최남선에게 선언문을 작성할 것을 부탁하여서 기미독립선언문의 초고가 작성되었다고 한다. 그렇다고 해서 최남선의 사상을 연구하자는 것은 아니다. 이 선언문 속에 나타나 있는 시대의 정신이 어떻게 성경의 주제와 조우하는지를 조감하기 위해서 성경의 눈으로 선언문을 읽어 보려 는 것이다. 이것은 당대의 기독교 측 인사들이 의도했든 의도하지 않았든 간에 우리 시대를 사는 우리의 교회에 대하여 선언문이 어떤 의미를 지니고 있는지를 되짚어 보려는 것이다. 이러한 작업은 늘 교회 개혁을 추구하는 성도들에게 매우 의미 있는 작업이 될 것이다. 우리 시대에 교회가 안고 있는 역사 참여의 선교적 과제뿐만 아니라 상처 받은 사람의 마음을 치유하는 영성의 일에도 도움이 될 듯하다.

I. 성경의 이스라엘 역사와 한국사

기독교인의 경전은 성경이다. 그리스도인이라면 누구나 성경을 묵상하고, 성경에서 삶의 지침을 얻고 자기 시대에 주어진 역사를 살아내려고 노력한다. 성경 안에는 기독교를 형성시킨 역사적 동기들을 알려 주는 단서들이 가득 들어 있다. 기독교와 역사적 과제를 논할 때 성경을 가장 먼저 읽어야 하는 까닭도 여기에 있다.

구약성경에는 다윗과 솔로몬의 통일 왕국을 체험한 이스라엘의 반성이 들어 있다. 또 이스라엘 북 왕국과 유다 남 왕국으로 분열하여 살아간 오랜 역사 후에 두 왕국이 마침내 멸망한 이스라엘의 체험을 바탕으로 형성된 역사 성찰의 신학 사상을 기록한 책이다. 나라가 망하고 이스라엘 백성이 바벨론 포로지로 끌려가서 혹독한 노예 생활을 겪으면서 망국의 원인을 뼈아프게 성찰한 회개의 책이 구약성경을 작성하게 된 주요한 동기였다. 과거사에 대한 성찰은 조상들이 하나님 야훼를 어떻게 배반했는지 살펴보게 했다. 왕국이 망한 후 식민지 시대를 사는 디아스포라의 이스라엘이 당면한 고통을 어떻게 극복했는지를 그리고 희망찬 미래를 보여 주었다. 이 성경이 시대를 초월하여 1919년 일제강점기의 초두에 한반도의 역사 속에 다시 살아 새로운 삶의 지침을 우리 민족에게 제공해 주었다면 이 얼마나 놀라운 하나님의 섭리인가!

선언문은 다섯째 문단 서두에 '병자수호조약'을 언급하고 있다. 이것을 일명 '강화도조약'이라고 하는데 1876년에 일본이 조선을 압박하여 개항하게 한 불평등 조약이다. 선언문이 그 '조약'이 불평등 조약임에도 불구하고 '조약'을 성실히 이행하지 않는 일본의 '무신無信'을 지적하면서 우리 스스로의 잘못을 자책하는 일이 너무 긴급하여 굳이 따지거나 탓하지 않겠다고 선언한다. '조약' 이후 일본이 우리 민족을 깔보고 민족의 역사를 왜곡하고, 유구한 민족의 문화를 무시하였던 일본의 '소의小義'도 따지지 않는 것도 과거를 반성하여 현재를 준비하는 일이 너무나 중대하여 따질 겨를이 없는 탓이라고 천명한다. 다시 말해서 선언문은 성경과 같이 자신의 역사를 반성하는 성찰을 망국의 백성에게 촉구하고 있는 것이다.

II. 성경의 하나님 나라와 기미독립선언문의 독립국

선언문은 첫 문단에서 조선이 '독립국'임을 분명히 선언한다. 이어서 조선인이 '자주민'임을 선언한다. 세계 만방에 우리 민족이 독립국을 운영하는 자주민이라는 사실과 '인류 평등'이라는 큰 주제와 '민족의 독자적 생존권'을 천명한다.

'대한제국'이란 시대착오적인 국가가 등장했다가 멸망한 것을 목격한 조선 민중에게 선언문은 새로운 미래에 대한 꿈을 불어넣고 있다. '독립국'과 '자주민'이라는 말속에는 '강화도조약'으로 인하여 대원군의 쇄국정책이 무너진 1876년부터 고종이 시해되는 1919년까지 43년의 역사에 이어진 조선왕국 멸망사가 요약되어 있다. 개화파에 반대하여 일어난 수구파의 '위정척사운동衛正斥邪運動'과 신식 군대와의 차별에 저항하였던 '임오군란'(1882) 그리고 개화파의 김옥균金玉均이 일으킨 '갑신정변'(1884) 후에 조선왕국이 문벌을 폐지하고 인민의 평등한 권리를 세우려고 했던 '갑오개혁'을 떠올리지 않을 수 없다. 독립국과 자주민의 선언에는 이러한 뼈아픈 갈등과 실패의 역사가 깔려 있다.

사무엘서와 열왕기는 이스라엘왕국이 저질렀던 모든 죄악상을 낱낱이 다 기록하고 있다. 그 핵심에는 야훼께서 명하신 노예 해방령(출 21:1-7)을 지키지 않고, 같은 동족을 노예로 삼고, 경제적 불평등을 심화시켜 동족을 착취하고 억압하였던 과거사에 대한 아픈 반성이 들어 있다. 이는 망국 후에 포로로 끌려가서 노예 집단이 된 이스라엘 디아스포라가 자신을 새로운 '하나님의 나라'라고 선포할 수 있었던 밑거름이 되었다(출 19:1-8). 유다왕국이 멸망하기 직전에 요시아왕의 중앙집권적 개혁이 단행되었는데, 신명기 사가는 이 사건을 우상숭배를 타파하고 예루살렘 성전으로 모든 종교를 일원화한 유일신 신앙의 원조로 재해석하였다(신 6:4; 왕하 23장).

요시아 종교개혁은 곧이어 므낫세 왕의 반동에 의해서 복고되었다. 므낫세 왕의 우상숭배 복원은 왕국의 멸망을 걷잡을 수 없이 재촉하였다. 신명기 사가는 바벨론 디아스포라의 일원으로서 이스라엘 망국의 역사를 이렇게 해석하였다. BC 8세기 말에 북 왕국 이스라엘이 멸망했을 때 남 왕국의 히스기야 왕은 일찍이 국가 개혁을 서둘러 진행한 바 있었는데 이 사건을 신명기 사가는 망국의 관점으로 깊이 회고한다(왕하 18:4). 히스기야의 개혁도 그 후계자에 의해서 다시 과거 체제로 복귀하는 비운을 겪었는데 이는 요시아의 개혁이 겪어야 할 실패와 왕국 멸망의 운명을 예고한 것이라고 보았다.

선언문이 '독립국'과 '자주민'을 선포한 외침 속에서도 이와 비슷한 성찰이 배어난다. 고종은 1895년 명성황후가 시해되자 1896년 아관파천俄館播遷을 단행하고 이후 1897년에 환궁하여 국호를 '대한제국'이라 고쳐 '황제'로 등극하여 대한제국이 '자주국가'임을 대외에 선포했다. 그러나 고종의 선포에는 '자주민'의 사상이 빠져 있다. 대한제국의 헌법은 국가와 국민이 황제의 소유이며 황제가 모든 것을 결정한다는 전제 군주적 이상을 담았다. 이는 당대의 세계사가 흘러가는 '민民'의 운동에 역행하는 시대착오적 개혁이었다. 그 당시 세계사는 절대 군주가 폐위되는 대세를 보여 주고 있었다. 러시아와 중국에서 황제들이 폐위되고 민중 민주의 혁명이 거세게 일어나고 있었다. 이러한 세계사의 흐름을 대원군과 고종 황제와 수구파 유림은 바르게 평가하지 못했다. 이는 일본이 재빨리 단행한 메이지 유신의 개혁에 매우 뒤지는 반응이었다. 황제권과 군사력을 강화하려는 부국강병의 노력이 있었지만, 황제권을 지나치게 내세우다가 갑오개혁과 을미개혁을 부정하는 우를 범하였다.

대한제국의 선포와 더불어 자주민의 운동이 모두 탄압을 받게 되었으니 선언문이 외치는 '조선인의 자주민' 선언에는 이러한 개혁 실패에 대한 뼈아픈 반성이 들어 있다. 이 반성은 '하나님'을 '왕'(멜렉크)이라고 선언하며 '이스라엘'을 '하나님의 백성'이라고 선포하는 성경의 외침과 그 궤를 같이하는 대목이다.

Ⅲ. 왕국의 폭력에 대한 성경의 경고와 선언문의 '자주민'

선언문의 둘째 문단은 '독립국'과 '자주민'을 세계 만방의 식민지 예속 국민에게 선포함으로써 개혁의 새 시대가 도래했으며, 이는 하늘이 움직이고 하늘이 추진하는 역사의 추이이기 때문에 어느 누구도 막을 수 없다고 확신을 갖고 선포한다. 이 문단의 영문 번역을 보면 '하늘'을 'God'이라고 번역한 대목이 눈에 띈다. 성경에서 '하나님'을 '하늘'이라고 에둘러 부르는 관례도 이에 일치한다. 하늘의 뜻은 곧 하나님의 뜻으로 우리 민족은 당연시하고 있다.

선언문에 서명한 인사 중에 유학자들은 한 명도 없다. 이것은 조선왕국을 주도한 지배 세력이 유림이기 때문이었음을 반증하는 현상이다. 천도교 측 제안자들이 유림의 인사들을 서명자로 추대했으나 그들은 거부하였다. 즉, 유학자들은 대한제국의 왕당파를 형성했고, 그들이 벌인 의병 운동은 참패를 면치 못했다. 조선의 지배자들은 '조선인의 자주민'이 일으키는 개혁을 거부했으며, 패잔병들은 현실과 타협하여 군주를 배반하고 일본 왕을 섬기는 배신의 길을 걸었다.

성경은 왕국이라는 지배 체제의 폭력성을 간파하고 있다. 세계의 모든 왕은 폭력을 행하는 폭행자들이라고 성경은 지적한다. 세상의 왕국(마믈레케트)은 노아 홍수 이후에 함의 자손들 가운데서 출현한 니므롯이란 용사들이 세웠다(창 10:10). 노아 홍수 이전에는 가인의 후예들인 거인족 네피림이 폭력을 휘둘러 온 땅이 부패하게 되었다(창 6:1-4). 노아 홍수의 심판은 가인의 후예들이 폭력을 휘둘렀기 때문이었다(창 6:11, 하마스). 가인은 동생 아벨을 죽이고 자신의 가족을 보호하기 위해서 성곽을 쌓아 도시를 건설하였다(창 4:17). 라멕은 더욱 폭력을 휘둘러 살인을 더 저지르고 도시 문명을 개발하였다.

가인의 도성에서 발달한 사회체제는 도시국가의 왕정 체제였다. 주전 1만 년경에 괴베클리 테페와 차달휴익과 여리고 지역에서 최초의 농업 혁명이 일어났다. 농업의 발달로 인하여 토지와 부(富)의 소유에 불평등 체제가 출현하였으며 마침내 신정 체제를 낳았다. 이후 제정이 분리되면서 주전 3,500년경에 에리두도성을 필두로 도시국가의 왕정 체제가 우후죽순처럼 출현하기 시작했다. 메소포타미아의 수메르 문명권과 나일강 유역의 이집트 문명권과 가나안 지역의 여리고 문명권이 지중해 전 지역의 문명권으로 확산되었다. 성경은 문명의 기원에 내재한 폭력성과 문명이 낳은 고대 노예제사회와 그 토대 위에 세워진 도시국가 왕국 체제를 죄의 결과물로 규정하며 경고하고 있다. 가나안의 왕정 체제를 성공적으로 구가하던 소돔과 고모라의 도성은 하늘의 심판을 받아 멸망하고 말았다(창 19장). 왕국 체제의 멸망에 대한 무서운 경고는 성경에서 처음부터 끝까지 큰 주제의 흐름을 형성하고 있다.

히브리인은 도시국가를 지탱하는 노예 노동력이었다. 모세의 인도로 광야로 나아온 이스라엘은 애굽(미츠라임)이라는 도시국가의 왕정 체제로부터 탈출한 히브리인이었다. 시내산에서 하나님과 언약을 맺은 이스라엘은 '하나님의 나라'의 백성이 되었다(출 24:1-11). 이들은 광야에서 말씀의 훈련을 받고 가나안 문명권으로 진입하여 폭력이 난무하는 도시국가의 왕정 체제를 무너뜨렸다. 노예들을 착취하던 가나안 문명의 폭력 체제는 여리고왕국을 필두로 일거에 폐기되었다. 이스라엘이라는 '자주민'이 외치는 평등 체제의 슬로건 아래에서 가나안을 지배하던 권력자들이 남녀노유를 막론하고 철저히 멸망을 당했다. 이것이 바빌로니아제국의 압정에 고통당하던 디아스포라 유대인 공동체가 회상한 과거사이다. 이것이 '자주민'으로서의 정체성이며 또한 왕국 체제의 폭력성을 제거하려는 하나님의 뜻임을 디아스포라의 '자주민' 공동체는 선포하고 꿈을 꾸었다.

이러한 점에서 자주민이 살아내야 하는 '자유 발전'에 '하늘'의 뜻이 있다는 선언문의 선포는 성경이 가르치는 '하나님의 나라'의 선언과 일치한다. 서구 열강의 식민지 강점의 시대가 끝났다는 세계사의 흐름에 대한 선언문의 인식도 성경에 가르치는 종말론적 주제와 일치한다. 그러나 선언문이 제시하는 '반만년 역사의 권위'는 민족주의의 기초를 허구에 올려놓은 허위의식임을 지적해야 한다. 한반도에서 살아온 사람들의 반만년 역사에 나타났던 씨족 사회와 부족 국가 그리고 도성 중심의 왕국 체제에 대한 반성과 성찰이 이 선언문에는 생략되었다. 특히 조선 왕정 체제에 이르러 강화된 노예 체제와 신분 차별에 대한 반성은 선언문에서 찾아볼 수 없다. 그러나 성경은 이 주제를 가장 치열한 회개의 주제로 떠올리고 있다.

선언문은 '이천만 민중의 성충誠忠'이란 표현을 사용함으로써 조선왕조와 유림의 지배 체제가 억압했던 천민과 노비의 계층에 대한 새로운 인식을 요청하고 있다. 신분의 차별을 철폐하여 근대화로 나아가려 했던 갑오개혁이 대한제국의 반동으로 무력화된 사실도 선언문에 명기되어 있지 않다. 이 점을 더욱 분명한 의식으로 선언문이 반성하고 적시했더라면 형평사 운동과 같은 대중적 조직이 더 일찍 일어났을 것이다. 신분 철폐는 성경의 노예 해방 사상과 한 맥을 이루는 중대한 개혁 과제였다(신 15장). 조선의 이천만 민중이 자주민이라는 선언은 오늘날 대한민국의 헌법에 주권재민의 강령으로 잘 정립되어 있다. 또한 '전 인류의 공존동생권'은 땅끝까지 선포해야 하는 하나님 나라의 이념과 일치하는 매우 중요한 사항이다(행 1:8).

IV. 하나님의 백성과 민족

선언문은 '민족'이란 용어를 열두 차례 사용하며 더불어 '이민족'이란 용어도 한 차례 사용한다. 더구나 '민중'이란 용어와 '민'이란 용어도 한 차례씩 언급하고 있다. 조선왕국은 노예제사회와 신분 차별에 바탕을 둔 절대왕정 국가였다. 조선은 성리학의 이념으로 건국하여 어진 임금 아래 모든 백성이 복종하는 이상 국가를 실행하고자 했다. 그러나 국가의 권력층에 가족 중심의 문벌이 등장하면서 왕권과의 갈등을 거듭하였다.

조선왕국은 독립 국가이기보다는 강대국 중국과 종주권 조약을 맺은 동맹국으로서의 위상을 항상 견지하고 있어야 했다. 이것을 일제는 사대주의라고 비난했으나 세계사에서 모든 주변국이 겪어야 하는 굴레가 종주국이었다. 대한제국은 자신을 '독립국'으로 세우기를 원했지만 '민국'은 거부하였다. 선언문이 '독립국'과 '자주민'이라고 새삼 천명한 것은 조선사에서 찾아볼 수 없는 일이었다. 선언문은 조선왕조의 전통 사회를 지배한 충효 이념의 극복을 명시적으로 표명하지는 않았지만 '민족'과 '민중'과 '민'이란 근대적 개념을 차용함으로써 선언문은 '대한민국'이라는 국호로 조만간 성립할 상해임시정부와 이승만 정권의 출현을 예표하고 있다.

대한민국은 영어로 Republic of Korea이다. '민국'을 Republic이라고 번역하지만, 인문학에서는 보통 공화국이라고 번역한다. 3.1운동 직후 안병찬, 여운형, 이동휘 그리고 김준연 등이 만주 하얼빈에서 대한소비에트 임시정부를 구성하였는데, 이는 광복 후 '대한인민공화국'으로 승계되는 징검다리 역할을 하였으며, 여운형의 건국준비위원회는 이 국호를 채용하였다. 북한은 국호를 '조선민주주의인민공화국'으로 정하였다.

민족주의의 열풍은 공화국으로 귀결되었지만, 근대 서구에서는 아시아와 아프리카의 민족과는 매우 다른 역사적 맥락을 보여 주고 있었다. 특히 서구 열강의 민족주의는 식민지 종주국들에 관련된 과제였으며, 아시아·아프리카의 피식민지 국가와 종족들에게는 해당되지 않았다. 이러한 세계사의 상황에서 파리강화조약에 선언문의 취지가 전달되기를 열망하여 이러한 근대적 정신을 표현하였을 것 같다.

성경은 '민족'을 표현하여 '고임'이란 단어를 사용하고, 왕국의 백성을 가리켜서 '암'이란 용어를 사용한다. 가문이나 문벌을 표현할 때 '미쉬팍호트'란 단어도 사용하는데(창 10:4, 종족), 이것을 한글역본들은 '지파'라고도 번역한다. 성경은 '하나님의 백성'이라는 새로운 개념을 전달하기 위해서 세속의 왕국이 사용하는 '암'이란 용어를 그대로 사용한다. 참된 왕은 야훼 하나님뿐이라는 성경의 선언은 세상의 왕국 체제를 부정하는 반反체제 사상이었다. 성경은 세상의 모든 족속을 표현할 때는 '고임'이란 용어(창 10:4, 나라)를 사용한다. 세상의 모든 족속을 지배하는 왕국 체제는 폭력으로 구축된 사회였다.

선언문은 '구시대의 침략주의, 강권주의'를 배척함을 분명히 하고 있다. 침략과 지배 그리고 억압의 악순환의 오랜 역사가 종식되고 근대가 밝은 빛으로 떠오르는 것을 선언문은 인식하고 있다. 고종은 갑오농민전쟁(1894)을 무참히 진압하고 자기의 백성에게 대학살로 응대하였다. 동학 사상으로 무장한 농민들은 보국안민輔國安民과 신분 철폐와 일본의 침략 배격을 슬로건으로 내걸었으니 고종과 지배자들은 자신의 백성인 농민 대중과 결합하는 새로운 체제 개혁을 상상할 수 없었다. 김홍집과 유길준 중심의 내각이 갑오개혁(1894)을 추진하는 과정에서 동학 농민을 척살한 명성황후가 시해당했다(을미사변, 1895). 아관파천으로 모든 권력을 상실하고 허수아비가 된 고종은 대한제국을 건국하였으나(1897) 러일전쟁(1904)과 을사늑약(1905)과 한일병합(1910)의 비운을 차례로 겪고 1919년에 이르러 그 자신마저도 시해를 당함으로써 대한제국은 완전히 멸망하고 말았다.

이처럼 조선왕조의 국운이 그 생명력을 다 해가고 있을 때 서재필은 1896년에 독립협회를 조직하여 자강 운동을 펼쳤다. 자주독립운동과 국민의 정치 참여와 국회 개설을 통한 민권 운동과 교육 · 상공업 · 국방력을 강화하려는 자강운동을 펼쳤다. 독립협회는 자유 민권 사상과 자강 개혁 사상과 자주 국권 사상을 지닌 진보적 지식인들에 의해 성립되었다. 독립협회는 민중의 지지를 기반으로 한 사회단체로 출범하여 조선 말의 개혁 정치에 큰 영향을 끼쳤다. 수구 보수 세력의 반대로 아깝게 해산되고 말았으나 그 사상의 영향은 선언문 속에 은근히 풍겨 나오고 있다.

V. 마음의 칼날, 양심, 정의의 군대, 인도의 무기 그리고 야훼의 거룩한 전쟁

조선의 유림儒林이 일으킨 왕당파 의병 운동은 일제의 군대에게 맥없이 진압되었다. 병사들이 지배 계층에 의해 차별을 당하는 노비와 천민으로 구성되었기 때문에 민중의 투쟁 의지를 끌어올릴 수가 없었다. 조선 정부는 기독교 교도들과 실학파를 제거한 데 이어서 동학도를 학살하였다. 자국민을 학살하고 외세에 의존한 정권이 강력한 민民의 지지를 받을 수 없었음은 자명하다. 이러한 폭력의 광란 속에서 국권을 잃고 말았는데, 민족의 정신적 지도자들은 선언문 속에 오히려 평화의 사상을 담아냈다. 평화의 선언으로써 '민족적 독립을 확실케' 하려고 하였다.

선언문은 '마음의 칼날', '양심', '정의의 군대', '인도人道의 무기'라는 표현을 과감히 동원하고 있다. 그 과감성 속에는 폭력이 아니라 사랑이 승리한다는 확고한 신념이 깔려 있다. 이는 예수께서 "내가 세상을 이겼다"는 말씀과 같다(요 16:33). 선언문은 적당한 타협을 통한 평화주의는 새로운 미래에 대해서는 아무런 의미가 없음을 확연히 깨우치고 있다. 선언문의 이러한 평화 신념을 최남선의 사상으로 돌릴 수는 없으며 망국을 체험한 민중의 새 세상에 대한 염원이 화산과 같이 표출된 것이었으리라.

진리의 승리와 평화 염원의 간절함이야말로 성경이 증언하는 믿음의 내용이다. 하나님께서는 모든 생명을 살리는 사랑이시며 세상의 어떠한 국가 신전에 세워진 우상도 아니다. 성경이 증언하는 하나님은 어떠한 피조물 개체도 아니며 모든 개체를 창조하신 조물주이시며 보편이다. 그는 모든 생명을 살리는 분으로서 인간의 인식 범위를 넘어서는 초월 보편자이다. 이 신학을 굳이 인간의 언어로 표현하자면 모든 존재하는 것들을 포괄하는 '공공성'이다. 이것이 기독교의 사랑이며 성도가 품는 믿음이다. 성경의 믿음은 신의 존재 유무에 대한 관념이 아니라, 만물을 살리는 한 분의 생명 본체에 대한 인식이며 그것이 사랑이라는 깨달음이다. 믿음은 그 깨달음에 충실하게 살아가는 실천인 것이다.

유사 이래 수없이 되풀이되어오는 침략과 정복과 수탈과 억압의 폭력 사슬에서 벗어나는 것이 진정한 해방임을 성경은 가르친다. 양심이 정의의 군대와 인도人道의 무기이다! 양심이야말로 모든 생명이 품은 보편성의 마음이다. 선언문은 사랑과 평화에 대한 믿음에서 벌써 일제의 폭력에 대한 승리를 구가하고 있으니 성경과의 연속성이 돋보인다.

VI. 자성과 자기 비움: '자기비움'(Kenosis)의 기독론

선언문은 일본을 원망하지 않겠다고 천명한다. 우리는 스스로를 채찍질하기에 바쁘다고 술회하면서 남을 원망할 겨를도 없다고 고백한다. 현재를 준비하기에 바쁘기 때문에 일제의 과거사를 응징하고 가릴 겨를도 없다고 선포한다. 이는 투쟁 의지를 포기하겠다는 것이 아니라 인류사의 악순환인 전쟁의 폭력성을 거부하고 평화의 길을 택하겠다는 선언이다.

자기를 비우지 않으면 평화의 길을 갈 수 없다. 자기 속에 가득 차 있는 탐욕과 욕망이 구축해 놓은 거짓된 자아를 버리지 않으면 참된 자아를 찾을 수 없다. 참된 자아를 회복하지 않는 한 진정한 평화는 없다. 예수 그리스도께서 이 진리를 가르쳐 주시기 위해서 본디 하나님과 동등하시나 자신의 존재를 낮추어서 죄 많은 세상 속에 내려오셨고, 세상의 권력 체제 속에서 억압당하는 천민들과 함께 삶을 살아내셨다. 예수께서 가시는 곳마다 병든 자들이 치유되었으며, 절망한 자들이 다시 일어섰고, 권력자들의 높은 콧대가 꺾였다. 마침내 십자가에 달려 죽임을 당하기까지 예수는 평화의 길을 떠나지 않았고 마침내 부활로써 승리하셨다. 여기에는 어떠한 무력투쟁도 개입되지 않았다. 말씀이 승리하는 쾌거가 성경에 증언되어 있다. 이 점에서 선언문은 성경이 달리는 궤도에 진입하고 있다. 이것을 신학은 '케노시스 기독론'이라고 부른다(빌2:5-11).

VII. 하나님 나라의 선포와 회개: 동양 평화, 세계 평화, 인류 행복

성경은 전쟁의 원리를 제시한다. 어떤 도성을 함락시키기 이전에 먼저 그 적군과 화해를 청하라는 것이다. 함락하기 전에 항복을 권유해야 한다. 평화의 길로 사랑과 상생의 길로 돌이킬 것을 권유해야 한다. 예수께서도 "회개하라 하나님의 나라가 가까웠다"라고 선포하신 것은 말씀이 온 세상을 이기고 무너뜨리기 전에 먼저 회개하고 돌아와서 구원받을 것을 권유하신 것이다. 회개의 권유는 성경이 매우 강조하는 사상이다.

선언문은 건설을 지향하며 파괴를 부정하고 원한의 감정을 버리겠다고 고백하는데 이는 참된 평화의 길로 돌이키자는 권유이다. 일본 정치가의 공명심은 잘못된 것이니 그것을 고치고 바로잡아 바른길로 돌아오라고 권유한다. 이것은 성경이 권유하는 회개 (metanoia)와 궤를 같이하는 대목이다.

한민족과 일본인이 상생하는 사랑의 품으로 돌아가자는 권유는 모든 인류에게 평화를 가져다주는 촉발점이 될 것이었다. 오라, 사랑으로 서로 돕고 행복하게 살아보자꾸나. 행복의 길이 앞에 있는데 왜 하필이면 굳이 저주받는 불행한 투쟁의 길을 걸어가려는가? 선언문은 장차 일본제국이 멸망을 당할 것을 미리 내다보며 경고하고 있다. 이것은 성경의 수다한 예언자들이 외친 외침과 동일하다. 일본은 아직도 독도를 빌미로 영토 분쟁을 꾀하고, 침략 전쟁을 사죄하지 않고 있다. 위안부 문제, 강제 징용 문제, 태평양전쟁의 징용 문제 등 만행을 반성하지 않고 있다. 성경은 죄를 적시한 후에 회개를 촉구하는데 일본은 이에 응하지 않고 있으니 또 한 번의 큰 심판을 받게 될 것이 분명하다.

양국의 병합은 민의 뜻이 아니라 폭력을 휘두르는 권력자들의 야욕임을 선언문은 지적한다. '두 민족 사이에 영원히 화합할 수 없는 원한의 구덩이로' 치달을 뿐이니 잘못을 바로잡자고 제안한다. 두 민족이 피차간에 서로 돕고 상생하는 공동체로 나아가야 행복한 미래가 열린다고 권유한다. 이것은 바로 성경이 부단히 가르치는 말씀의 핵심이다.

창조주 하나님이 베푸신 복은 창세기 1장에서부터 시작된다. 생육하고 번성하라고 복을 주셨는데 이는 예수 그리스도의 희생을 통해 도달하는 참된 행복의 길을 예비하신 것이다. 국가의 권력으로 '민'의 행복 염원을 억압하고 부정한다면 모두가 불행해질 것이다. 선언문의 이러한 외침은 성경이 고대 로마제국의 '팍스 로마나Pax Romana'에 대하여 외친 함성과 동일한 내용이다.

Ⅷ. 새 하늘과 새 땅의 비전: 성경의 종말론과 부활 신앙

선언문은 '신천지'와 '신문명'의 도래를 내다보고 있다. "힘의 시대가 가고 도의의 시대가 오도다." 폭력의 시대는 사라진다고 선언한다. "하늘과 땅에 새 기운이 되돌아오는 때를 맞고, 세계 변화의 물결을 탄 우리는 아무 머뭇거릴 것 없으며, 아무 거리낄 것 없도다. 우리의 본디부터 지녀온 자유권을 지켜 풍성한 삶의 즐거움을 실컷 누릴 것이며, 우리의 풍부한 독창력을 발휘하여 봄기운 가득한 온누리에 민족의 정화를 맺게 할 것이로다"라고 밝고 희망찬 어조를 회복한다. 이처럼 밝은 어조로 선언문은 마침내 '즐거운 부활'을 노래하는 데까지 나아간다.

성경의 부활은 고대의 여타 종교들이 제시하는 부활 사상과 그 차원을 달리한다. 예수의 고난이 그리스도 부활의 전제이다. 폭행을 당하여 꺾이고 쓰러진 사람에게 부활이 있다. 그리스어 '아나스타시스'란 단어가 부활인데 이것은 '다시 일어선다'는 뜻이다. 라틴어를 거쳐 영어에 이르러서 resurrection이 부활을 의미하는데 이것도 '다시 일어서다'란 뜻이다. 복음서와 서신서들에서는 이 부활 사상을 '일어서다'란 동사 '에게이로'로써 표현한다. 옆구리에 창으로 찔리고 모든 피를 다 쏟고 쓰러졌는데 다시는 일어서지 못하게 로마 병정은 죽은 예수의 다리까지 부러뜨려 놓았다. 다시는 일어서지 못하게 만들었으나 예수께서는 무덤에서 부활하셨다. 예수의 부활은 진리와 생명의 승리를 보장한 것이었는데(요 14:6) 선언문은 '양심'과 '진리'가 승리한다는 확신을 부활 사상으로 승화시키고 있다.

IX. 맺음말

3.1운동 100주년을 맞이하여 한국기독교교회협의회(NCCK)가 발표한 성명서도 기미독립선언문을 성경의 눈으로 읽어 내고 있다. NCCK성명서는 선언문에서 우리 시대의 과제 열두 가지를 이끌어 낸다. 행복(1), 공동체(2), 다양성(3), 여성(4), 청년(5), 교육(6),

경제정의(7), 생태(8), 시민사회(9), 한반도의 평화(10), 세계평화(11), 죄의 고백(12)이다. 선언문과 마찬가지로 NCCK 성명서는 맺는말에서 "3.1운동은 부활 신앙에 기초한 운동입니다"라고 결론을 내린다. "3.1운동 백주년을 맞이하면서 우리는 다시 이 부활의 꿈과 믿음을 이어가고자 합니다. 삼천리 반도 금수강산의 끊겼던 혈맥이 다시 이어지고, 정의가 강물같이, 생명이 바다같이 물결치는 새 하늘과 새 땅을 꿈꾸려 합니다. 부활의 첫 열매가 되신 예수 그리스도를 따라 세계 만국과 나눌 수 있는 풍성한 열매를 맺으려 합니다. 3.1운동 백주년을 맞아 다시 새로운 평화와 정의와 생명의 백 년을 향해 나아가려는 우리 겨레 위에 하나님께서 복을 주시고 동행해 주실 것을 믿습니다"라고 결의를 다지고 있다. 성명서는 "일어나라 빛을 발하라 이는 네 빛이 이르렀고 여호와의 영광이 네 위에 임하였음이니라"(사 60:1)라는 말씀으로 끝을 맺는데 이는 "나는 세상의 빛이라"(요 8:12)라고 선언하신 예수의 선언으로 이어지며 이것은 오늘도 살아 우리 가운데서 꿈틀거리고 있다.

농민기본소득제에 대한 성서적 조명

I. 들어가는 말

우리는 지금 제4차 산업혁명의 시대에 들어서고 있다. 제1차 산업혁명은 만 이천 년 전에 일어난 농업 혁명을 말하고, 제2차 산업혁명은 증기기관의 발명과 공장 생산을 특징으로 하는 18세기의 공업 혁명을 가리킨다. 그리고 제3차 산업혁명은 20세기에 컴퓨터의 발달로 인하여 발생한 정보화 혁명을 가리킨다. 이제는 인공지능(AI: Artificial Intelligence)이 발달하여 빅 데이터big data에 기반한 로봇의 시대가 열리는데 이것을 제4차 산업혁명이라고 일컫는다.

모든 정보가 집결하는 곳을 플랫폼platform이라고 부른다. 그런데 소수의 자본가들이 플랫폼 정보를 장악하면 엄청난 부富가 소수의 사람들 손에 독점되는 현상이 제4차 산업혁명의 시대에 나타날수 있다. 공장 노동자들이 로봇에 의해 대체되면서 실업 대란이 예상되는데, 실업 수당으로는 도저히 감당할 수 없을 만큼 실업자가 양산되리라는 전망이다. 이런 상황을 극복하기 위해서 세계의 경제학자들이 머리를 맞대고 내놓은 대안이 '기본소득제'이다. 많은 국가가 현재 기본소득제를 실시하는 방안을 고심하면서 연구하고 있다.

교회도 이러한 시대의 흐름에서 자유로울 수 없다. 교인들이 실직당하고 가난한 시민으로 전락하면, 교회 운영도 어려워질 것이다. 그리 멀지 않은 시기에 닥쳐올 일이니 조속한 시일 내에 머리를 맞대고 적절한 대안을 마련하여야 할 것이다. 인공지능 시대가 제기한 쟁점들과 문제의 본질이 어디에 있는지를 헤아려 보는 일은 오늘의 교회가 시급히 착수해야 할 신학적 과제이다.

특히 도시 중심의 문명이 극대화되는 가운데 더욱 피폐해져만 가는 농촌의 교회들이 당장 4차 산업의 변화에 가장 직접적인 영향을 받을 것으로 보인다. 따라서 농촌 교회는 농민 운동 단체들에서 제시한 농민기본소득제에 대하여 어떻게 응답해야 하는지를 바르게 판단하고 결정해야 한다. 여기에서는 농촌 교회와 기본소득제의 관계에 대해서 집중하여 논하려고 한다. 이 작업도 다른 쟁점들과 마찬가지로 성경의 말씀에 비추어 살펴보는 일부터 착수해야 할 것이다.

Ⅱ. 국가 안에서 차지하는 농민의 지위

제1차 산업혁명인 농업 혁명으로 인하여 종래의 수렵, 어로, 채집으로 경제활동을 하던 인간의 삶에 변화가 찾아왔다. 기후 따라 이동하면서 살던 사람들 중에서 한 곳에 정착하여 밭을 일구고 농작물을 재배하는 새로운 삶이 등장했다. 정주민이 생겨난 것이다.

농업 혁명 이후 수천 년의 세월이 지나면서 농산물을 집약하고 독점하는 사람들이 등장하였다. 이들은 권력자가 되어 도성을 건설하고 토지를 강점하여 영토로 삼고 더 이상 농업 노동에 종사하지 않는 유한계급이 되었다. 성경에서 이러한 권력자들은 가인과 라멕의 후예이며 네피림과 니므롯으로 표상된다. 이것이 국가의 출현과 성장을 떠받쳐온 경제적 과정이다. 국가의 지배하에서 농토에서 일하는 자들을 '농민農民'이라고 부른다(나는 농업 혁명과 국가가 생기기 이전의 사람들은 자연의 순환운동을 따라 살았기 때문에 '농자農者'라고 구별하여 부른다).

국가는 도시들의 연합체로 등장했으며 도시들은 고대 노예제 체제를 유지하였다. 노예제 아래에서 성밖에 사는 농민은 도시의 번영을 위해서 일하는 노예의 처지에 놓였다. 중세 시대에 이르러 노예로서의 농민적 지위는 '농노農奴'(serf)라 불리는 지위로 조금 더 나아졌다. 하지만 봉건 영주들이 무거운 세금을 부과하여 농노들의 삶은 여전히 열악하였다. 농노들은 영주의 허락 없이 여행도 할 수 없었다. 러시아제국은 19세기까지 농노제도를 유지했으나 다른 유럽의 국가들은 중세가 끝날 때 농노제도를 폐지했다.

18세기에 제2차 산업혁명이 일어나면서 도성의 외곽 성시城市(burg)에 사는 자본가들이 신흥 지배 세력으로 등장하였다. 이들은 공장 생산을 위하여 많은 노동자가 농촌 지역에서 충원하였다. 많은 농민이 공장 노동자로 진출하였다. 농촌 인구는 급감하기 시작했고, 도시 인구는 급증하였다. 농촌의 마을 공동체는 해체되고 더욱 살기 어려워졌다. 서구 사회에서는 이러한 이농의 과정이 서서히 오랜 세월에 걸쳐서 진행되었지만 동양, 특히 우리나라에서는 1960대 이후로 수십 년 안에 급격하게 이루어졌다. 더구나 개발독재 권력에 의해서 국토가 무리하게 개발되어 도시에 빈민촌에 대거 형성되고 농촌의 마을들은 급속히 해체되었다.

제3차 산업혁명의 시대에 들어서자 세계의 도시들은 급팽창하는 현상을 보이고 있다. 이 흐름 속에서 농촌 마을들은 급격히 해체되어 농민들이 도시의 빈민촌으로 이주하였다. 이 현상은 아시아, 아프리카, 남아메리카 등 제3세계에서 나타나고 있다. 도시를 중심으로 운영하는 국가 체제 안에서 몇몇 선진적 국가들을 제외하면 농민의 지위는 더욱 낮고 비참한 처지로 전락할 전망이다.

III. 하나님 나라를 향한 농자(農者)의 사명과 기본소득제

기본소득은 현대의 사회적 불평등을 극복할 수 있는 대안으로 제시되었다. 하나님 나라의 평등사상과 토지의 공개념을 옹호하는 안식년과 희년 사상을 신앙의 내용으로 삼고 있는 교회는 이러한 불평등한 사회체제를 그대로 방치해서는 안 된다. 교회는 불평등한 사회를 향한 예언자의 메시지를 현대의 언어로 선포해야 하는데 그것이 바로 기본소득이다. 불평등한 체제 위에 서 있는 자본가 중심의 교회들은 그 부동산과 자산을 사회에 모두 환원해야 한다. 참 교회라면 기본소득을 실시하는 일에 자신의 자산을 다 투여하고 적극 참여해야 할 것이다.

무엇보다도 농촌 교회들이 농민 기본소득제에 앞장서야 한다.

제3차 산업혁명으로 더욱 비대해진 도시들과 달리 현저히 인구가 감소한 농촌 지역에 활기를 불어넣는 정책은 농민기본소득제를 실시하는 것뿐이다. 농민이 늘어나야 농촌 교회도 다시 활기를 찾을 수 있다. 농민 기본소득제를 실시하여 국가가 기본 생활비를 보장해 준다면 농촌 인구도 늘어날 것이다. 교회는 잃어버린 농촌 마을 공동체와 농촌 문화를 다시 회복할 수 있는 기회를 맞이할 수도 있을 것이다. 이에 농촌 목회자들이 앞장서서 농업인 등록을 하고, 농사를 지으며, 사명감을 가지고 농촌의 부흥 운동에 팔을 걷고 나서야 할 것이다. 말씀 위에 다시 세울 수 있는 사회적 실천은 지금까지 연구된 바로는 기본소득제의 실행밖에 없다.

IV. 기본소득제의 역사와 실천 방향

기본소득은 18세기부터 제기되어왔다. 미국의 토마스 페인 (1737~1809), 프랑스의 샤를 푸리에(1772~1837), 벨기에의 샤를리에 (1816~1896) 등이 기본소득의 지급을 제안했다. 1960~70년대에는 미국의 제임스 토빈 등 여러 노벨 경제학상 수상자들이 '시민보조 금'(demogrant)이라는 명목으로 기본소득 제도를 제시했다. 마틴 루터 킹 목사도 이 운동에 가담했다. 닉슨 대통령과 민주당 대통령 후보였던 맥거번도 기본소득 공약을 내세웠다. 1986년에 벨기에 루벵대학교의 반 파라이스 등이 유럽에서 '기본소득 유럽네트워크' 를 결성했고, 2004년에는 '기본소득 지구네트워크'(BIEN, basic income earth network)를 창립했다. BIEN은 전 세계 기본소득 지지자들이 연대하는 국제기구이며, 2009년에는 한국에도 '기본소득 한국네트워크'가 조직되어 연대하고 있다.

기본소득(basic income)은 국가가 모든 시민에게 아무런 조건 없이 지급하는 소득을 말한다. 개인의 소득이 얼마인지, 그의 재산이 얼마인지를 조사하거나 그의 직업 유무를 따지지 않고 국가는 국가를 구성하는 모든 국민 개인에게 정기적으로 일정한 금액을 현금으로 지급하는 제도이다. 기본소득 제도는 기초생활 수급, 실업 수당 등 기존의 사회보장제도와는 다르다. 개인의 재산이나 소득, 직업의 유무나 구직의 의사 등을 따지지 않고 '조건 없이' 사회 공동체 구성원이라면 누구에게나 무조건 지급하는 정책이다. 기본소득 정책의 바탕에 깔려 있는 가장 기본적인 생각은 노동의 대가로 소득을 얻는다는 생각을 버리고 노동과 소득을 별개로 간주하자는 것이고, 국민 모두에게 인간다운 삶의 '기본권'을 국가가 보장하자는 것이다. 기본소득은 국민의 '권리'이기 때문에 가정 단위가 아닌 개인별로 지급되어야 한다. 또 개인의 실질적 자유를 보장하려는 취지에 따라 현물이 아닌 현금을 지급하는 것을 원칙으로 삼는다.

기본소득제도는 전 지구적인 실험 단계에 있다. 스위스에서는 국민투표에서 부결되었지만, 핀란드 등 일부 국가들에서 실험하고 있으며, 인도나 아프리카 나미비아에서 실험한 결과 빈곤 해결에 상당한 효과가 있었다. 미국 알래스카주는 1974년부터 기본소득 제도를 시행하여 1982년부터 1,000달러를 지급하고 있다. 기본소득 제도는 알래스카를 미국에서 가장 평등한 곳으로 성장시켰다. 인도의 마디야프라데시주에서는 1인당 3,000~5,000원씩 매달 지급하는 기본소득을 14개월 동안 실험한 결과 어린이 영양실조가 크게 개선

됐고, 학교 출석률이 높아졌으며, 소득수준이 향상되었다. 아프리카 나미비아의 오미타라 지역에서는 만 오천 원씩 지급한 결과 빈곤과 실업이 큰 폭으로 개선되었고, 소득이 상승했고, 임금과 농업 생산량과 자영업 소득도 증가했다. 네델란드의 위트레흐트를 비롯한 19개의 지방자치 정부도 115만 원을 지급하는 기본소득의 실험을 준비 중이다.

한국에서도 박원순 서울시장, 이재명 경기도지사, 일부 민주당과 민중당의 정치가들이 기본소득에 적극 관심을 보이고 있다. 박원순 시장은 생애주기에 맞춘 '한국형 기본소득제'를 제안했다. 이재명 도지사는 성남시장으로 있을 때 2016년 1월부터 성남시에서 '부분적 기본소득 제도'로 평가되는 청년 배당을 시행하였다. 그는 대통령후보 경선대회에서 국민 2,800만 명에 대한 기본소득 지급안을 내놓았으며 지금 기본소득제 연구소를 설립하여 일상적으로 연구하고 있다.

모든 사회 구성원에게 기본소득을 지급하면 소득 불평등이 어느 정도 해소되고 불안정 노동을 개선할 수 있다. 또 자동화, 로봇, 인공지능(AI)으로 일어난 제4차 산업혁명으로 인해 발생하는 실업 문제도 극복할 수 있다. 전 국민에게 동일한 세율로 과세하고 동일하게 분배하면 모든 사람이 혜택을 받아 복지 확대에 따른 조세 저항을 줄일 수 있다. 또 사회복지 운영을 위해 발생하는 비용을 크게 줄일 수 있다. 소비가 증가하고 창업 활성화를 유도하여 경제도 더 원활하게 돌아갈 것이다.

그러나 기본소득에 대한 비판 의견도 드세다. 기본소득에 소요되는 막대한 재원을 마련하기 위한 세율 인상이 불가피하다는 비판이 가장 강하다. 물론 이러한 비판은 상류 사회를 이루고 있는 부유한 계층에서 터져 나온다. 또 일도 하지 않았는데 돈을 주는 것은 무노동 무임금의 원칙에 위배되어 부당하다는 지적도 있고, 기본소득으로 노동 의욕이 감퇴되고 노동 시장이 위축되어 사회 생산력이 떨어질 것이라고 우려하는 비판도 있다. 또한 국민연금, 고용보험, 건강보험 등 사회보험 등 공공복지가 위축될 것을 우려하여 사회복지사 계열에서 제기되는 반대의견도 있다.

그러나 내가 보기에는 매우 중요한 역사적 발전으로 평가할만한 긍정적인 면이 더 많다. 기본소득은 종래에 논란이 되어왔던 국가의 정체성과 역할에 대해서 긍정적인 평가를 내릴 수 있는 근거를 마련해 준다. 기본소득의 시행을 통해서 국가의 역할이 크게 개혁될 것이라고 전망한다. 국가는 모든 국민에게 공히 봉사하며 섬기는 체제로 변화될 수 있다는 말이다. 국가의 역할이 근본에서 뒤바꾸어지는 계기가 기본소득제를 실시함으로써 마련될 수 있다.

V. 구약성서가 증언하는 말씀 공동체의 기본소득 정신

구약성서가 증언하는 교회는 '카할' 내지 '에다'로서의 말씀 공동체이다. 다윗 왕조가 세운 예루살렘의 성전 체제는 우상숭배와 노예 체제의 온존으로 붕괴되고 멸망의 비운을 맞이하였다. 성전 파괴와 왕국 멸망을 하나님의 심판으로 이해하고 반성하는 가운데 디아스포라 공동체는 언약의 공동체로서의 이스라엘을 증언하는 오경을 작성하였다.

모세의 광야 공동체는 언약의 공동체였다. 여기에 교회의 정체성이 정립되어 있다. 바빌로니아제국과 페르시아제국의 지배를 거치면서 신명기 사가는 말씀의 신학을 정초하였고, 역대기 사가는 말씀 속에 현존하는 하나님의 임재를 신학화하였다. 성전 체제를 대신하여 말씀 예배의 교회론을 정립하였다. 식민지 지배를 통하여 망국을 경험하고 노예의 신분으로 전락한 야훼의 신앙인들이 다시금 디아스포라의 공동체로 일어났다. 안식일을 정례화하여 노예노동으로부터의 해방을 선포하고 말씀의 예배를 통해서 상처받은 생명을 복원하는 새로운 예배 공동체는 그 가운데 가난한 자가 없게 하려는 기본소득제의 이념 위에 정립하였다. 십일조를 위시한 모든 헌물은 노예의 해방을 기념하는 유월절 사상 위에 세워졌으며, 모든 물질은 가난한 자와 고아와 과부와 나그네와 레위인에게 우선으로 배분되었다. 이로써 공동체 내의 평등한 체제가 정립되고 지속될 수 있었다.

말씀 예배를 가능케 한 동력은 오경에서 나왔다. 오경은 애굽제국의 노예 체제에 빗대어 자신이 살고 있는 페르시아제국의 노예 체제 현실을 비판한다. 하나님은 애굽왕국에서 노예가 되어 고난을 당하던 히브리 민중을 해방시키셨다. 히브리인들은 광야에서 훈련을 받고 말씀을 받아서 언약의 공동체로 세워졌다(출 19:1-24:11).

광야에서 건축한 성막에는 언약궤(또는 증거궤)가 지성소에 안치되었으며, 그 언약궤 안에는 시내산에서 계시하신 하나님의 말씀을 기록한 두 돌판이 들어 있었다. 창조주이시며 구원주이신 하나님께서는 이 말씀의 언약궤 위에 임재하시며, 이스라엘 백성의 광야 행전에 함께 하셨다. 성막의 신학은 다윗 제국의 예루살렘 신전의 희생 제사를 철저히 반성하면서 광야에서 계시하신 하나님의 말씀에 행방 공동체의 정체성을 두었다. 이로써 디아스포라는 모든 왕국이 저마다 제시하는 신전의 예배들을 우상숭배로 각성하게 되었으며, 참된 이스라엘 공동체가 예배하는 분은 오로지 말씀 예배의 공동체에서 자신을 알려 주시는 야훼 한 분뿐임을 만방에 선언하였다. 야훼 하나님의 현존은 희생 제사를 드리는 신전이 아니라 말씀을 예배를 드리는 공동체의 현장에 임하신다는 믿음, 이것이 오경이 제시하는 교회의 정체성이다.

디아스포라 말씀 공동체를 세우는 두 가지 사상의 축은 야훼 하나님을 창조주로 선언한 것과 모든 피억압자를 해방시키는 구원주로 고백한 것이다. 창조주 신앙으로 모든 생명의 보편적 존엄과 평등을 선포하고 모든 토지의 공공성을 선언하였다(출 19:5). 이러한 신학은 광야 공동체와 가나안 공동체를 통해 정립된 원 교회가 이스라엘왕국의 등장으로 인해 왜곡되었다는 디아스포라 공동체의 역사 성찰에서 나왔다. 사울 왕국, 다윗 솔로몬의 통일 왕국, 북왕국 이스라엘과 유다로 분단된 분열 왕국은 모든 면에서 하나님 나라를 감당할 수 없었다. 그 까닭은 왕과 귀족 그리고 평민과 노예라는 불평등한 사회체제 위에서 왕국 체제가 가능했기 때문이었다. 기본소득제를 불가능하게 하는 근본 요인은 인간의 이기심과 탐욕에 있으며, 사람이 선악과를 먹는 죄를 범한 이후에 더욱 악화되어 왔다.

선악과를 먹은 죄인은 도시국가를 건설했으며(창 4:17), 도시국가의 산업을 일으켰고(창 4:20-24), 사회적 폭력으로 지배력을 장악한 영웅들은 왕국을 건설하였다(창 10:10). 왕국은 노예 노동 위에 서 있기에 시내산에서 맺은 야훼의 언약법이 명하는 노예해방령을 실천할 수 없었다(렘 34:16). 망국의 원인을 성찰하는 디아스포라 말씀 공동체의 오경은 안식일과 안식년과 희년의 비전을 제시하며 초태생에게 부과하는 세금과 레위인에게 주어야 할 십일조 등 공공기금을 법제화했으며, 이로써 토지의 공개념과 노동의 휴식과 사회적 공공기금의 기본소득제가 제국 시대의 한가운데에서 정립되었다. 오경 공동체는 작은 규모의 마을 공동체로서 국가 권력이 아니라 순전히 말씀을 배우고 익히는 가운데 부단히 자신의 사적 소유를 공공화하는 과정 속에서 기본소득제의 정신을 실천할 수 있었다.

말씀 공동체의 새로운 이념들은 하스모네 왕조의 성립에서 또다시 왜곡되기 시작했다. 디아스포라diaspora 말씀 공동체는 하스모네왕국을 거쳐 로마제국의 지배하에 성립한 헤롯 체제에 의해 다시 예루살렘 신전 체제로 귀속되었다. 로마왕국 체제(Pax Romana)하에서 왜곡된 하나님의 말씀을 바로 잡으려는 오경 회복 운동이 바로 예수 운동이었다.

가나안을 점령하여 왕국 체제와 노예제를 무너뜨리고 기본소득제를 실시하는 열두 지파 부족 연맹 체제를 여호수아서와 사사기는 하나님 나라의 원형으로 제시한다. 하나님의 나라는 백성들의 개인적 영성의 성장을 담보로 성립하는 것이었다. 우상숭배는 사사화私事化의 과정을 추동하는 악한 죄의 충동이었으며, 가나안에서 모든 왕들을 처단하고 새롭게 정립한 말씀 공동체 체제는 우상숭배의 사사화 과정으로 인하여 계속 도전을 받았다. 사사기는 이처럼 무너지고 다시 세우는 역사의 과정을 하나님의 나라의 모습으로 증언한다. 하나님 나라의 신학을 담지하는 기본소득제는 공동체의 성원 모두를 공공화의 영성으로 양육하는 중요한 교육과정이었던 것이다.

VI. 신약성서의 교회: 기본소득제를 실시한 말씀 공동체

교회가 태동한 현장은 예수께서 가버나움을 거점으로 활동하신 갈릴리였다. 갈릴리는 민중의 현장이었고 해방을 갈구하는 피억압 민들의 부르짖는 현장이었다. 갈릴리 바닷가에서 예수는 굶주리면 서도 말씀을 들으러 나아온 오천 명의 민중에게 오병이어의 기적을 베푸셨다. 예수께서는 가난한 사람들과 고통당하는 소외된 자들에게 영원히 목마르지 않은 물이 되셨고, 영원히 배고프지 않은 영생의 빵이 되셨다. 예수의 선교 속에 기본소득제의 기본정신이 담뿍 담겨 있다. 부활하신 예수는 고난받기 이전에 세 차례나 고난을 예고하셨는데, 고난을 감당한 후에 부활하여 다시 갈릴리로 가신다 고 약속하셨다. 가난한 자들에게 복음을 선포하시려는 예수의 의지 는 아무도 꺾을 수 없으며, 온 세계의 갈릴리 현장에서 영원히 지속되는 것이다.

누가복음서에는 예수의 갈릴리 복귀에 관한 말씀을 생략한 대신 에 갈릴리의 선교 신학을 범세계적인 구원사의 선교적 현장으로 확장시키고 있다. 누가는 갈릴리 현장의 신학 위에 교회론을 정립하 고 있다. 부활하신 주님을 제자들이 예루살렘에서 뵈었고, 예루살렘 에서 승천하는 모습을 본 제자들이 예루살렘에서 성령 강림을 체험 한다. 이로써 교회가 정립하여 하나님 나라의 증언자가 되어 온 세계로 퍼져 나갔다. 누가에게서 갈릴리 현장은 온 세계를 지배하고 있는 제국의 체제하에서 고통을 당하고 있는 민중의 현장으로 이해 되었다.

예수께서 갈릴리에서 선포하신 하나님 나라의 복음을 성령께서 초대교회 공동체에서 기본소득제로 실천하시는 모습이 사도행전에 보도되고 있다(행 2:45; 4:35). 사도들 대신에 기본소득제를 초대교회 에 실시하기 위해서 일곱 명의 일꾼을 뽑아서 시행하였다(행 6:3). 말씀을 통해서 기본소득의 복음이 빈곤으로 고통을 당하는 모든 가난한 자들에게 전파되어야 한다.

누가복음서와 사도행전은 오순절 성령 강림을 인하여 기본소득 을 지급하는 교회 공동체가 예루살렘에 설정되었고, 이 교회는 박해를 받아서 온 세계로 퍼져 나갔다고 증언한다. 디아스포라 공동체를 통해서 기본소득제가 온 세계로 퍼져 나갔던 것이다. 신약성서가 증언하는 교회의 정체성은 권력자의 폭력에 억압당하 는 모든 가난한 민중 가운데 선포되는 나눔의 복음을 실천하는 데 있으며, 그 공동체에 자유와 정의와 생명이 담겨 있었다.

Ⅶ. 기본소득제로써 교회의 정체성을 회복하게 하는 성서의 주제들

창조 신앙의 공공성은 기본소득제의 바탕을 이룬다. 유일신에 대한 이해는 창조주 하나님의 고백과 창조 신앙의 보편성의 고백에 서 비로소 가능해진다. 이로써 모든 사회적 신분과 인종의 차별이 철폐되고 성차별과 사회적 소수자의 차별도 부정된다. 이런 신앙 인식의 과정을 진행하는 물질적 기초는 오로지 기본소득제의 공공성에서 찾을 수 있다.

창조 신앙의 시간 이해는 안식일, 안식년, 희년 그리고 유월절과 무교절, 맥추절, 초실절, 칠칠절, 초막절의 절기들을 통해 사회화되어야 했는데, 그 중심에는 노동자에게 휴식을 제공하고 모든 피조물이 살아가는 환경의 회복과 모든 관계의 평화(샬롬)를 겨냥하는 기본소득제의 정신이 놓여 있는 것이다. 사회의 불평등으로 인하여 하나님의 형상을 상실하게 된 인간의 회복은 기본소득제를 통하여 새로운 전망을 인류사회에 제공할 것이다. 이것이 성경의 창조 신앙이다.

창조 신앙의 공간 이해는 세계의 땅이 모두 하나님의 소유임을 천명함으로써 토지공개념을 정립하는 데로 나아갔으며, 토지 정의는 곧 국가들이 국경선을 긋고 토지를 사유화하는 데 대한 문제를 인식하게 되었다. 개인의 토지 사유화를 넘어서 국가의 토지 국유화까지도 문제시하는 가운데 모든 토지의 공공화는 말씀 공동체의 과제로 넘어갔다. 이것은 모든 개인의 회개와 성장을 기본 전제로 하여 온 세계 모든 국가가 기본소득을 실행하는 미래의 비전이다.

구원 신앙은 창조 신앙의 인간 이해 위에 기초되어 있다. 인간에게 생명 살림의 일꾼으로서의 정체성을 그리고 생명 지킴이로서의 사회적 위상을 부여한 성서의 토대 위에서는 고대 노예제사회의 불평등한 폭력의 체제는 죄악의 현실태로서 부정될 수밖에 없었다. 인간성을 파괴하는 폭력을 배제하고, 평화로서 인권을 옹호하며, 모든 피조물의 생명들을 복되게 살게 하는 책임이 인간에게 부여되었다(창 1:28). 이러한 사명은 온 세계의 삶 속에 실천할 기본소득제의 가능성 속에서 새로운 비전을 엿볼 수 있을 것이다.

죄로부터 벗어나는 구원은 하나님을 거역하는 모든 죄인의 지배로부터의 해방을 전제한다. 죄는 하나님의 창조하신 뜻에 어긋나게 살아가는 인간 중심의 삶을 가리킨다. 토라Torah는 죄를 버리고 하나님의 뜻에 맞추어 살아가려는 인간에게 구원의 참된 길을 제시한다. 국가로부터 탈출한 이스라엘이 최초로 구원받은 공동체이며 교회의 원조이다.

죄를 벗기 위하여 속죄제와 화목제와 속건제 등을 번제로 바쳐드리는 것도 기본소득의 사상을 제공한다. 디아스포라 초기 공동체에서 제정한 십일조 헌금 사상과 각종 제물로 드리는 예물의 사상이 공공기금의 확충을 위한 방안으로 마련되었으며, 공공기금을 사적인 목적을 배제하고 오로지 공적인 목적으로 사용함으로써 평등하고 사랑이 넘치는 건강한 말씀 예배의 공동체를 지속 가능하게 운영했던 것이다. 교회는 생명과 평화와 정의를 추구함으로써 사랑을 실천하는 공동체로서 역사 속에서 현존한다. 이 모든 신학의 이념은 사회적 지평에서 전개할 수 있는 기본소득제가 없이는 실천할 수가 없어 보인다.

Ⅷ. 교회가 앞장서서 '기본소득네트워크'를 결성하자

기본소득을 각 교회의 사회 선교의 과제로 설정하기 위하여 우선 목회자의 기도와 실천이 앞서야 한다. 목회자가 교우들과 함께 기도하고 성경을 공부하는 가운데 교우들이 자연스럽게 기본소득의 논의에 참여하도록 이끌어야 한다. 우선 성서 공부를 하면서 인문학의 주제들을 성서에 비추어 공부하고, 기본소득에 열심을 내는 교우들로 하여금 '기본소득실천위원회'를 결정하면 거의 다 이룬 것이나 마찬가지이다. '기본소득실천위원회'(이하 위원회)는 순전히 교우들로 구성하는 것이 좋고 목회자는 고문으로 활동하는 것이 바람직하다.

위원회는 두 가지 방향으로 실천하면 좋을 것 같다. 첫째는 교회 내에서 기본소득을 실시하는 방안이고, 둘째는 교회가 위치한 지역을 대상으로 실천하는 방안이다. 위원회는 우선 기본소득에 관한 설명회를 여러 차례 열어서 그 이해와 공감대를 넓혀야 한다. 교우들의 여론을 청취한 후에 기본소득 헌금의 항목을 신설하고 시행할 것을 제직회에 제안하고, 당회가 이를 인준하면 된다. 교회 내부의 실천으로서는 기본소득 헌금의 일부를 매월 모아서 등록교인의 수대로 균등하게 1/n로 나누어 주되 현금을 봉투에 넣어서 분배하면 기본소득의 정신을 잘 홍보할 수 있다. 교회 바깥의 대사회적 실천을 위해서는 교우들이 주민들과 의논하여 지역의 기본소득 단체를 결성하고, '한국기본소득네트워크'에 가입하여 전국적인 연대망에 참여하는 방법이 좋다. 이 방안을 위원회는 당회와 제직회에 제출하여 승인받으면 좋을 것이다. 온 교회가 기본소득 헌금을 바치게 되면 금방 몇백만 원의 기금이 모일 것이고, 이것으로 교회는 개혁의 첫걸음을 내디딜 수도 있다.

기본소득 기금을 교회 내부에서 나누어 가지는 방안으로서 은행계좌나 시장 쿠폰을 사용하지 않고 위원회의 위원들이 주일예배를 위한 안내위원이 되어서 교회 문 앞에서 일일이 나누어 드리면 좋다. 거부하는 사람이 있으면 지급하지 않는다.

교회가 기본소득을 실시하는 것은 원래의 기본소득 취지에 부합하지는 않는다. 왜냐하면 본디 기본소득은 국가가 시행해야 할 경제정책으로 입안된 것이기 때문이다. 그러나 교회가 예언자의 상징적 행동으로 실시하는 것은 큰 의미가 있다고 본다. 예레미야 예언자는 예루살렘 시민들 앞에서 항아리를 깨뜨리거나 쇠사슬로 몸을 묶는 따위의 상징적인 행동을 시연하였다. 교회는 사회를 향하여 예언자의 상징적 행동을 보여 주어야 하는 하나님의 나라이다. 국가의 시행에 앞서서 교회가 먼저 초대교회처럼 기본소득을 실시하는 것은 세상의 가난한 사람들을 위한 뜨거운 사랑의 몸짓이 될 것이다.

IX. 나가는 말: 기본소득은 농촌 교회의 선교적 과제이다

한국의 농촌 교회가 사회 선교의 방법으로 참여할 수 있는 좋은 프로그램이 농민 기본소득 운동이다. 교회의 사회 참여의 원리와 방향은 교회 중심이 아니라 하나님 중심의 선교여야 한다. 농촌 교회는 도시의 권력이 주도해 온 오랜 문명사 속에서 고난을 당해 온 농민의 지위를 기본소득제를 통해서 격상시키고 마침내 모든 억압에서 벗어나는 농자의 자유로운 삶으로 이끌어 올리는 과업을 실천해야 한다. 기본소득제의 국가적 실행은 이처럼 농민의 신분을 해방시킨다.

기본소득제를 개교회에서 실시한 일은 교회사에서 찾아볼 수 없다. 그러나 초대교회의 모습을 사회적 지평에서 실천함으로써 하나님 나라를 현실로 만들어가는 노력은 당면한 제4차 산업혁명의 시대에 교회가 선도적으로 이행해야 할 과제이다. 이 과제는 성경이 가르치고 있는 말씀 준행의 과정이기도 하다. 하나님의 창조 세계를 주관하여 움직여 가시는 성령께서 현대의 교회를 통해서 활동하심을 농촌 교회는 예언자의 상징적 행동을 통해서 세상에 드러내야 한다. 이러한 전망 속에서 목회자들이 교회 안에서 기본소득제를 제안하고 실천할 수 있기를 소망해 본다. 사회의 평화를 회복해 보려는 교회의 행동은 국가로 하여금 농민 기본소득제를 시행하도록 하여 농촌 사회의 미래를 열어줄 것이다. 또한 농민 기본소득제의 시행은 나아가 국민 기본소득제의 국가적 시행을 추동하기 위해 먼저 이루어야 할 중요한 과제이다.

농(農)의 눈으로 보는 코로나19

I. 들어가는 말

코로나19가 좀 잡혀가나 싶더니 급전직하 광복절 8월 15일을 맞아 더 악화되기 시작했다. 태극기 집회자들의 난동으로 인하여 코로나는 전국으로 급속히 재확산되고 있다. 집회 참가자들 상당수가 개신교 교인들이었고 또 상당수의 목회자도 참석하였다고 한다. 이에 한국기독교교회협의회(NCCK, 이하 교회협)는 대對사회 사과문을 발표했다.

교회협은 코로나19의 재확산 상황과 관련하여 "한국교회는 생명의 안전과 구원을 위해 자기 비움의 길을 걸어야 합니다"라는 제목의 입장문을 발표했다. 먼저 교회협은 코로나19 재확산의 중심에 교회가 있음을 참담한 심정으로 인정하며, '우리 사회의 모든 구성원들에게' 깊은 사죄의 뜻을 밝힌다고 사과하였다. 그동안 한국교회는 방역에 대한 책임을 다하지 못하고 집단적인 자기중심성을 드러내었으며, 이는 시대와 교회를 향한 하나님의 뜻을 온전히 헤아리지 못한, 한국교회 지도자들의 무지와 자만, 욕망에서 비롯된 오류라고 분석하였다. 극단적 정치 행동을 이어가는 일부 극우파 교인들은 법의 심판을 받아야 한다고 지적하였다.

교회협은 "한국교회는 코로나19와 함께하는 새로운 일상을 준비하지 않으면 안 되는 전 인류적 생명 위기의 시대를 맞이하여 생명 중심의 변혁적 전환을 이루어야 합니다. '이웃과 자연의 생명의 안전과 구원을 위해 어떻게 세상을 섬길 것인가' 하는 고민이 교회의 중심에 위치해야 합니다"라는 간절한 소망을 피력하였다.

코로나19의 상황에서 일부 극우파 교회는 보수 대연합의 권력을 쟁취하려는 욕심으로 정치 운동에 가담하였다. 이들은 성경이 가르치는 참 인간 '농인農人'의 길에서 완전히 벗어나 버렸다. 망가진 죄인의 모습, 완전히 일그러진 흉악한 모습이 사회를 어지럽히고 있다. 이러한 상황을 성경에 나타난 '농農'의 눈으로 바라보면 좀 더 끔찍한 느낌이 든다.

Ⅱ. 하나님의 형상, '농인'(農人)의 슬픈 역사

창세기 1장에 제시된 '하나님의 형상'은 창세기 2장에서 '농인'으로 구체화된다. 창세기 2장 5절은 '땅을 갈 사람'이라고 표현하여 사람의 본 모습을 '농인農人'으로 규정하고 있다. 이들 농인이 변질하고 타락하는 역사를 죄의 역사로 성경은 서술하고 있는 것이다. 오경을 벗어나면 '농인'들의 모습이 거의 사라져 보이지 않게 된다.

신명기 역사서에서 특히 사무엘상에 묘사된 '농인'은 거의 노예에 가까운 신분으로 전락해 있다. 고통스러운 '농부'의 모습은 이스라엘에 왕국이 출현하게 된 상황에서 더욱 악화되었다. 도성을 차지한 권력자에 의해 억압당하고 착취당하는 천민의 모습이 그려지고 있다. 왕국 시대의 '농부'는 하천민의 신분이었다.

왕국 체제는 농민에게 국가의 식량을 생산하는 기능을 맡겼다. 이스라엘에 왕을 옹립하는 기나긴 과정은 농의 사상으로 다스리던 가나안의 자율적 공동체가 붕괴되는 과정이었다. 공동체를 꿈꾸는 사랑의 사회는 사라지고, 끊임없는 폭력의 위협을 당하여 무너져가는 슬픈 역사를 이스라엘 역사는 보여 준다.

III. 왕국 체제하에서 농민의 계급적 위상

열왕기하 25장 12절에 나오는 '비천한 자'는 '포도원 지기와 농부'를 가리키는 호칭이다. "시위 대장이 그 땅의 비천한 자를 남겨 두어 포도원을 다스리는 자와 농부가 되게 하였더라"(개역개정). 새번역은 좀 다르게 번역했다. "근위대장은, 그 땅에서 가장 가난한 백성 가운데 일부를 남겨 두어서, 포도원을 가꾸고 농사를 짓게 하였다." 식민지 지배자는 사회의 하천민을 승격시켜서 땅을 경작하는 농부의 일을 맡겼다.

열왕기하 15장은 왕국의 멸망사를 기록하고 있는 역사서의 마지막 부분이다. 여기서는 땅 없는 '땅의 비천한 자들'이 포도원을 다스리는 자가 되고 '농부'가 되었다. 이 문장에서 '농부'로 번역된 히브리어는 '야가브'인데, 이 단어는 예레미야 52장 16절의 평행구에도 나온다. "그러나 근위대장 느부사라단은, 그 땅에서 가장 가난한 백성 가운데 일부를 남겨 두어서, 포도원을 가꾸고 농사를 짓게 하였다"(새번역). 여기서 새번역은 명사 '야가브'를 "농사를 짓게 하였다"라고 의역하였다. 예레미야 39장 10절에는 이의 동종명사 '야게브'를 사용하여 '농토', '밭'을 주었다고 표현되어 있다. 이 모든 표현에서 식민지 지배자가 빈민에게 농토를 나누어 주고, 농사를 짓게 하는 식민지 정책이 시행되었음을 알 수 있다. 국가가 멸망을 당하자 지금까지 억압받던 천민들에게 땅이 주어져 빈민이 농사를 짓는 농부로 승격되었다.

IV. 참 사람 '농인'(農人)을 향한 희망

예레미야 31장 24절에는 '야훼의 날'에 유목민과 농민이 도성 안에서 성민이 되어 더불어 함께 살아가고 있는 비전이 제시되어 있다. "유다와 그 모든 성읍의 농부와 양 떼를 인도하는 자가 거기에 함께 살리니." 도시의 지배 계급과 도시 바깥의 천한 농부가 평등하고 대등한 사이가 되어 서로 도우며 협동하며 살고 있다. 계급과 신분의 차이가 해소되었고, 전통적 계급 사회가 해체된 모습이다. 이것이 '주의 날'에 관한 비전이다.

예레미야 31장 24절에서 '농부'라고 번역된 히브리어는 복수명사 '이카림'이다. 단수명사는 '이카르'로 쟁기로 밭을 가는 '농부'를 가리킨다. 창세기 46장 34절을 보면 이집트의 성민은 가축을 치는 목자들을 불가촉천민으로 여기고 멸시한다. 창세기에 묘사된 이집트 사회는 '주의 날'에 심판을 받아 멸망한 타락한 사회였다. 예레미야 51장 23절을 보면 야훼의 날이 오면 그날에는 농부(이카르)와 그의 멍엣소(침도)도 산산이 부수어지고 말 것이라고 예언한다. 이 심판에는 농부도 포함되어 있다. 모든 농부에게도 심판이 동일하게 임한다. 이는 농부가 하나님이 창조하신 본래의 '농인'으로 살지 못했기 때문에 당하는 최후이다.

'주의 날에는 신분의 차별, 남녀의 차별, 인종의 차별이 사라진다. 바울 사도는 이처럼 차별이 없는 인간관계를 꿈꾸었으며, 고대 노예제사회에서 번영하던 도시 문명을 향해서 차별 없는 복음을 선포하였다. 이로써 바울과 초대교회의 성도들은 성경이 제시하는 참된 인간, '농인'으로 거듭나게 되었다. 이들은 억압하는 사회를 이기고 참된 복음의 자유를 누리며 자신에게 주어진 생명을 복되게 살아냈다.

V. 코로나19의 시대를 살아가는 '농인'(農人)

하나님께서 심판하시는 종말이 성경에 예고되고 있다. 현대에 이르러 급격한 기후 변화와 천재지변과 전염병이 급증하고 있다. 근자에 태풍이 불어서 중국에는 수천만 명, 일본에 수만 명, 대한민국과 북한에 수천 명의 목숨을 앗아갔다. 많은 수재민이 거리와 피난처에서 고생하고 있다. 산불 재난도 심각하다. 시베리아와 브라질, 미국, 호주의 산불은 엄청나며, 이상기후로 인하여 지난 초여름의 온도가 시베리아에서 38도까지 치솟았다. 유럽도 마찬가지이다. 스페인은 42도의 폭염을 기록한다. 아프리카, 중남미에는 깨끗한 물과 식량이 없어 많은 사람이 죽어가고 있다. 이처럼 코로나19의 위기뿐만 아니라 기후 위기와 무서운 재난은 모든 인류의 생명을 위협하고 있다.

과거에는 주로 정치적인 위기를 극복하려고 애썼다. 제국주의, 식민주의, 전체주의 등의 폭압에서 가난한 민중을 해방하는 정치적 과제가 주된 관심사였다. 그러나 오늘의 위기는 과거와는 달리 산업 사회가 뭇 생명을 파괴하여 여섯 번째로 종의 대절멸을 초래하는 재난이 주요 쟁점이 되고 있다. 환경 파괴로 닥치는 재난은 부자든 가난한 자든 마구잡이로 지구촌의 모든 인류와 동식물의 생명을 멸종으로 몰아가고 있다.

강대국의 부자들과 권력자들만 살아남는 허황한 계획은 무위로 돌아갔다. 이제는 모든 인류가 절멸하는 절체절명의 위기, 곧 호모 사피엔스의 멸종을 앞두고 있다. 생명 멸종이라는 절체절명의 위기 앞에서 '농인'은 이제 무엇을 해야 할까? 예레미야와 같은 예언의 해법은 매우 간단하다.

VI. '농인'(農人)을 회복해야 산다

사람이 '농인'으로 회복되어야 한다. '농인'이 생명의 길을 찾고, 더불어 함께 생명의 길을 닦아야 한다. '농인'은 죽음의 길을 거부하고 죽음의 세력과 대결하는 사람이다. '농인'으로 살아가는 길에는 코로나19 같은 재앙이 초래한 수많은 재난이 극복된다. 출애굽기 15장 26절에 의하면 '농인'은 '이집트에 내린 재앙'을 하나도 당하지 않게 된다고 한다. 이집트에 내린 재앙들은 인류의 문명국가를 둘러싸고 있는 정치적인 현실에서 비롯된 것이다. '농인'은 성경이 제시하고 있는 바와 같이 모든 사람이 차별 없이 서로 사랑하며 함께 살아가는 새로운 길을 모색한다. '농인'은 모든 사람을 참된 생명의 길로 인도하는 메시아이다. 성경은 그것을 구원의 복음이라고 부른다. '큰 농인'이신 예수께서 그 길을 뚜벅뚜벅 걸어가셨고, 수많은 '작은 농인들'이 그의 뒤를 따르고 있다. 이것이 구원의 행렬이며 참된 교회이다.

세계를 위협하는 인간의 재앙은 어떤 것이 있을까? '농인'의 삶을 가로막는 장애물은 대체로 탐욕스러운 사람들이 벌이는 정치적 관계에서 발생한다. 미국의 인도-태평양 전략이 '농인'의 삶을 가로막고 있다. 중국의 굴기하는 일대일로, 러시아의 시베리아 북극권 개발 정책, 일본이 추진하는 헌법 9조 개정 시도, 북한의 핵미사일 강성 대국 정책, 한국의 보수와 진보의 대결, 이 모든 권력투쟁의 정치는 생명의 길이 아니다. 죽음으로 인도하는 길이다. '농인'은 이 모든 죽음의 길을 저버린다.

VII. 맺음말: 생명을 살리는 '농인'(農人)

'농인'은 산과 바다를 생명이 번성하는 터전이 되도록 가꾸는 사람이다. 생명의 운동이 약동하는 가운데 모든 악한 죽음의 정치를 몰아내고야 만다. '농인'이야말로 동해를 생명의 바다로 만들 수 있다. 독도를 둘러싼 악한 죽음의 기운은 '농인'이 가는 길 앞에서 사라진다. '농인'이 제주도 바다를 생명의 바다로 보존할 때 중국의 이어도 침탈의 야망은 꺾이고야 만다.

코로나19를 퍼뜨리고 방역 체계를 무너뜨리는 폭력자들은 그리스도인이 될 수 없다. 주의 몸된 교회의 일원에서 영원히 추방되어 바깥 어두운 데 쫓겨나 이빨을 갈며 괴로워할 것이다. 참된 '농인'은 사회를 살리는 생명의 책임을 다하고, 타자를 섬기는 방식으로 자신의 삶을 구현해 나간다. 그러나 섬김을 포기하고, 정치적 기획으로 권력을 거머쥐려는 자들은 구원을 받지 못하고 영원한 지옥불에 던져질 것이다.

생존을 위해 체제 속에 갇힌 농부들도 있다. 이들은 변화를 받아야 한다. 상업적 '농부'로부터 생명 살림의 '농인'으로 거듭나야 한다. 스스로 '농인'이 되는 생명의 길을 결단하여 선택하고 걸어야 한다. 늘 살아있는 생명이 되어야 한다. 곧 영원한 생명을 살아가는 영생의 삶을 살아야만 된다. '농인'은 화석에너지를 버리고 근검절약하며, 쓰레기를 배출하지 않으며, 풀 한 포기, 물 한 방울을 소중히 아끼며 생활한다. 이로써 '농인'은 사람을 사람답게 살지 못하게 하는 죽음의 온갖 저주를 풀어낼 수 있다. 참 자유를 누리는 해방의 길은 성경이 가르치는 '농인'의 삶 속에 큰 선물로 주어져 있다.

5부

미발표 글

농신학과 인문학의 대화

I. 성경에 나타난 농업

1. 사람의 기원(農人): 창세기 2장 5-7절

"주 하나님이 땅 위에 비를 내리지 않으셨고, 땅을 갈 사람(아담 라아보드)도 아직 없었으므로, 땅에는 나무가 없고, 들에는 풀 한 포기도 아직 돋아나지 않았다. 땅에서 물이 솟아서, 온 땅을 적셨다. 주 하나님이 땅의 흙(아파르 민하아다마)으로 사람을 지으시고, 그의 코에 생명의 기운을 불어넣으시니, 사람이 생명체가 되었다."

2. 농(農)의 기원: 창세기 2장 15절

"주 하나님이 사람을 데려다가 에덴동산에 두시고, 그 곳을 맡아서(러압닥흐) 돌보게 하셨다(러샴락흐)."

— 그 곳을 맡아서(러압닥흐): 수렵, 채취, 어로로 생산 활동 = 경經

― 돌보게 하셨다(러샴락흐): 생명 살림의 환경 가꾸기 = 제灣

'농'은 본디 자연 경제였다. 하나님의 창조하신 천지 운행의 율동에 맞추어 생명 살림의 일꾼으로 살아가는 것.

3. 농인의 타락과 농업의 기원: 창세기 3장 17-19절

"남자에게는 이렇게 말씀하셨다. 네가 아내의 말을 듣고서, 내가 너에게 먹지 말라고 한 그 나무의 열매를 먹었으니, 이제, 땅(하아다마)이 너 때문에 저주를 받을 것이다. 너는, 죽는 날까지 수고를 하여야만, 땅에서 나는 것을 먹을 수 있을 것이다(토칼렌나). 땅은 너에게 가시덤불과 엉겅퀴를 낼 것이다. 너는 들에서 자라는 푸성귀(에쉐브)를 먹을 것이다. 너는 흙(하아다마)에서 나왔으니, 흙(하아다마)으로 돌아갈 것이다. 그때까지 너는 얼굴에 땀을 흘려야 낟알(렘헴, 먹을 것, 양식)을 먹을 수 있을 것이다. 너는 흙(아파르)이니, 흙(아파르)으로 돌아갈 것이다."

― 토칼렌나: 동사 아칼의 이인칭 단수 토칼 + 삼인칭 남성단수 접미사.
― 토칼렌나에 선행하는 남성명사는 '그 나무'를 뜻하는 하에츠이다.
― 농인의 타락: 너는 흙(아파르)에서 나왔으니, 흙(아파르)으로 돌아갈 것이다(19).

창세기 2장 7절에 의하면 본디 농인은 물에 젖은 흙으로 하나님께서 빚으시고 그 코에 하나님의 숨이 들어간 생명체이다(물 + 흙먼지아파르 민하아다마] + 숨). "그때에 주 하느님께서 흙의 먼지로 사람을 빚으시고, 그 코에 생명의 숨을 불어넣으시니, 사람이 생명체가 되었다"(창 2:7, KRB).

그러나 선악과를 먹은 이후의 상황에서는 사람이 흙(아파르)으로 된 흙(아파르)일 뿐이라고 주께서 규정하신다. 즉, 하나님의 숨을 상실한 존재로 전락했다. 이것을 우리는 '농인의 타락'이라고 불러도 될 것이다.

선악과를 먹은 이후에는 자연 경제인 '농農'을 떠나서 인위 경제인 '농업農業'으로 퇴행하였다(너는 얼굴에 땀을 흘려야 빵을 먹을 수 있을 것).

4. 농업의 기원과 본질: 창세기 3장 23절, '라아보드 에트-하아 다마 아쉘 루칵흐 미샴'

창세기 3장 23절은 번역하기가 매우 까다롭다. 농인의 타락을 이해하지 못하면 번역을 하지 못할 것이다. 이 말씀을 바르게 이해하기 위해서 한글역본과 영역본들을 비교해 보는 일이 필요하다.

[개역] 여호와 하나님이 에덴동산에서 그 사람을 내어 보내어 그의 근본 된 토지를 갈게 하시니라.

[개정역] 여호와 하나님이 에덴동산에서 그를 내보내어 그의 근원이 된 땅을 갈게 하시니라.

[공동역] 에덴동산에서 내 쫓으시었다. 그리고 땅에서 나왔으므로 땅을 갈아 농사를 짓게 하셨다.

[새번역] 그래서 주 하나님은 그를 에덴동산에서 내쫓으시고, 그가 흙에서 나왔으므로, 흙을 갈게 하셨다.

[가톨릭역] 그래서 주 하느님께서는 그를 에덴동산에서 내치시어, 그가
생겨 나온 흙을 일구게 하셨다.

[NKJ] therefore the LORD God sent him out of the garden of Eden to
till the ground from which he was taken.

[NRS] therefore the LORD God sent him forth from the garden of
Eden, to till the ground from which he was taken.

23절 후반절은 바로 앞의 19절 "너는 흙이니 흙으로 돌아갈
것이다"라는 구절을 관계절로 다시 표현한 것이다. 사람을 구성하는
물질이 '흙'이라고 재천명하는 것이다. 여기에 하나님의 숨은 언급하
지 않는다. 농인이 타락하자 그에게서 하나님의 숨이 제거되어
하나님과 유무상통하는 소통의 기운이 사라지고 말았다. 23절은
이제 에덴에서 추방된 이후의 삶을 묘사하는 창세기 4장 2절로
자연스레 이어진다.

5. 농부의 출현: 창세기 4장 2절, '카인 하야 오베드 아다마'

1) 유목민(nomad)

수렵 채집형 유목민은 인류사에서 가장 오래된 생계 수단이
있다. 계절에 따라 먹을 수 있는 식물을 찾거나 사냥감을 찾아
떠나는 것이다. 이 사람들은 동물을 사냥하고 야생 과일이나 채소를
위시해 기타 식물을 채집하면서 돌아다닌다. 수렵-채집형 유목민의
예로써 콩고 민주 공화국의 피그미Pygmies, 남아프리카의 부시먼족,

오스트레일리아 토착민, 동남아시아의 네그리토Negrito, 인도의 아디바시Adivasi를 꼽을 수 있다.

목축형 유목민은 소와 양 같은 짐승 떼들을 길러 그 짐승들과 이주한다. 한 지역에서 오래 머물면 목초가 다시 자라날 수 없을 정도로 고갈되기 때문이다. 목축문화牧畜文化는 소, 말, 양, 염소, 낙타 등을 기르면서 생활하는 목축민이 형성한 문화이다. 유목 생활하는 유목민은 농경민보다 생활이 불안정하고 가축을 기르려고 들판 곳곳을 옮겨 다니기 때문에 정착 생활하기 어려워서 이동하기 편한 천막과 의복이 발전하게 되었다.

소요형 유목민은 산업화 국가에서 흔하다. 이 사람들은 한 지역에서 다른 지역으로 이동하면서 장사한다.

2) 아벨

아벨은 의식적으로 흙을 갈지 않고 동물을 먹이는 유목의 생활을 택하였다. 그 까닭은 유목을 통해서 농의 삶을 유지 보존하고 에덴동산으로 돌아가기를 염원했기 때문이다. 하나님과 소통하는 '하나님의 숨', 곧 하나님의 영에 따라 사는 삶이 상실되었기에 그것을 슬퍼하고 고통스러워하며 기어코 주님과 함께 숨 쉬는 삶으로 돌아가려고 애썼다. 아벨은 제물을 바침으로써 주님과 소통하고 하나님의 숨을 되찾으려 노력하였다.

아벨의 경제활동은 '양을 먹이는 일'이라고 표현되어 있다. 히브리어 '로에 촌'은 '양을 먹이는 사람'이란 뜻인데 단순히 유목민을 가리키는 것이 아니라 성서의 문학에서 타자의 생명을 살리고 양육

하고 돌보는 일을 하는 사람을 뜻하는 수사법의 표현으로 읽어
내야 한다.

주께서는 아벨의 예물을 기뻐하며 받았다. 주를 찾고 추구하며
주의 뜻에 따라 살려는 아벨의 제물을 기뻐하신 것은 주께로 가까이
가려는 아벨의 삶 때문이었다.

3) 가인은 최초의 농부였다

가인의 경제활동은 흙을 가는 일(오베드 아다마)이었다. 이 문장은
창세기 2장 5, 15절에 나오는 오베드 아다마와는 매우 다른 뜻으로
쓰였다. 중간에 선악과를 먹고 에덴에서 추방당하는 사건이 발생했
고, 타락한 농인이 주께 저주를 받은 일이 발생했기 때문이다.

창세기 4장 2절은 창세기 3장 19절과 3장 23절에 이어지는
문맥에서 읽어야 한다. 농인을 이루는 영적인 구성분인 하나님의
숨이 떠나고 나니 그에게는 '흙'(아파르)이라는 물질만 남았다. '흙'으
로서의 인간(창 3:19)은 자신을 구성하고 있는 물질인 '흙'을 위해서
살게 되었다(창 3:23). 이것은 농인의 타락을 의미한다. 이 문맥을
이은 것이 창세기 4장 2절에 나타난 가인의 삶이다.

창세기 4장 2절의 오베드 아다마는 흙을 갈고 흙의 소출로 삶을
영위하려는 이기적인 물질주의 삶을 의미한다. 선악과를 먹은 아담
은 하나님과 더불어 소통하고 동역하는 삶의 차원을 상실하고 말았
는데, 그의 아들 가인이 아버지의 죄를 그대로 이어받았다. 아래의
역본들을 비교해 보자.

[개역] 그가 또 가인의 아우 아벨을 낳았는데 아벨은 양 치는 자이었고
　　　가인은 농사하는 자이었더라

[개정] 그가 또 가인의 아우 아벨을 낳았는데 아벨은 양치는 자였고 가인
　　　은 농사하는 자였더라

[새번역] 하와는 또 가인의 아우 아벨을 낳았다. 아벨은 양을 치는 목자가
　　　되고, 가인은 밭을 가는 농부가 되었다.

[공동역] 하와는 또 카인의 아우 아벨을 낳았는데, 아벨은 양을 치는 목자
　　　가 되었고 카인은 밭을 가는 농부가 되었다.

[가톨릭역] 그 여자는 다시 카인의 동생 아벨을 낳았는데, 아벨은 양치기
　　　가 되고 카인은 땅을 부치는 농부가 되었다.

[NKJ] Then she bore again, this time his brother Abel. Now Abel was
　　　a keeper of sheep, but Cain was a tiller of the ground.

[NRS] Next she bore his brother Abel. Now Abel was a keeper of sheep,
　　　and Cain a tiller of the ground.

　　위에서 '농부' 또는 '농사하는 자' 내지는 'a tiller'라고 번역한
'오베드 아다마'는 자기중심주의에 빠져 이기적으로 사는 존재를
표현하는 수사법이다. 흙으로 이루어진 존재로서의 사람이 흙을
위하여 살게 마련인데 카인이 그 죄인의 삶을 계대하여 흙을 섬기며
이기적인 물질주의의 삶을 살았다.

　　가인에게는 하나님의 숨을 추구하며 주님을 찾고 그의 말씀을
따라 살려는 의식이 없었다. 가인은 물질적 인간이었다. 땅의 소출만
거두는 데 집중한 타락한 농부로서의 가인은 땅에서 거둔 곡식
제물을 바쳤다. 주께서는 그의 이기적인 삶을 보시고 그의 예물을

기뻐하지 않으셨다. 하나님의 관계가 끊어져 있었기 때문이었다.

자기를 위해 살다가 자기를 부정당한 가인은 화를 내어 견디다 못해 동생 아벨을 살해하였다. 타락한 농인인 농부의 삶은 이처럼 폭력으로 발전하고 말았다.

4) 제의와 종교의 기원

가인과 아벨의 제사 행위는 두 가지 현상으로 나타났다.

— 아벨의 종교는 생명을 살리는 제의: 생명을 살리는 생명의 종교
— 가인의 종교는 생명을 죽이는 제의: 생명을 죽이는 폭력의 종교

5) 타락한 삶의 결과

키 타오베드 하아다마 로-토세프 테트-코악흐(창 4:12)
"네가 흙을 갈아도 땅심이 향상되지 않을 것이다"(이영재 사역).

6) 도시의 기원

와여히 보네 이르(창 4:17)
(이르 = 도시, 도성, 성읍, πόλις, civitas, city)

[개역] 아내와 동침하니 그가 잉태하여 에녹을 낳은지라 가인이 성을 쌓고 그 아들의 이름으로 성을 이름하여 에녹이라 하였더라.

[개정] 아내와 동침하매 그가 임신하여 에녹을 낳은지라 가인이 성을 쌓고 그의 아들의 이름으로 성을 이름하여 에녹이라 하니라.

[새번역] 가인이 자기 아내와 동침하니, 아내가 임신하여 에녹을 낳았다. 그 때에 가인은 도시를 세우고, 그 도시를 자기 아들의 이름을 따서 에녹이라고 하였다.

[공동역] 카인이 아내와 한 자리에 들었더니, 아내가 임신하여 에녹을 낳았다. 카인은 제가 세운 고을을 아들의 이름을 따서 에녹이라고 불렀다.

[가톨릭역] 카인이 자기 아내와 잠자리를 같이하니, 그 여자가 임신하여 에녹을 낳았다. 카인은 성읍 하나를 세우고, 자기 아들의 이름을 따라 그 성읍의 이름을 에녹이라 하였다.

[NKJ] And Cain knew his wife, and she conceived and bore Enoch. And he built a city, and called the name of the city after the name of his son- Enoch.

[NRS] Cain knew his wife, and she conceived and bore Enoch; and he built a city, and named it Enoch after his son Enoch.

토라에 나타난 '도시'

Ⅰ. 들어가는 말

구만리교회에 시무하시면서 예장농목 편집부장으로도 일하는
박용철 목사님께서 이렇게 말씀하셨다. "예수님이 참으로 불쌍히
여긴 사람은 예루살렘의 잘 나가는 사람이었다. 신앙의 질이 높다고,
축복의 양이 많다고, 성공하였다고 믿는 이들에게 하나님의 말씀대
로 살 것을 권고했다. 이런 면에서 농촌이 갈릴리가 아니라 오늘의
도시가 갈릴리일 수 있다. 이런 역설은 농촌 목회자의 알량한 자존심
을 세우기 위한 표현이 아니라 농촌과 도시가 함께 어우러지는
상생의 목회가 어떻게 가능한지에 대한 문제의식의 출발이 아닐까
한다"(「목회자신문」 2007년 11월 3일자 제6면, '농목 칼럼' 중에서).

박 목사님의 일갈은 농촌 목회자의 정체감을 분명하게 표명한다.

---

* 이 글은 이영재 목사의 부인 장지숙 사모로부터 전해 받은 것으로 소논문이라고 되어 있다.
  그러나 이 글의 전반부(디아스포라 이전까지의 부분)는 「농촌과 목회」 2007년 겨울호(통권
  36호)에 같은 제목으로 실린 바 있다. 이 글 전체가 전반부를 쓴 이후에 완성한 것인지
  아니면 이미 완성된 글의 분량이 많아서 그 일부인 전반부만 「농촌과 목회」에 게재한 것인지는
  분명치 않다.

성경의 눈으로 볼 때 농촌의 목회자가 도시의 목회자를 지도해야 할 위치에 있다는 것이다. 농촌이야말로 도시를 올바로 이끌 수 있는 참된 신앙의 현장이다.

한국은 지난 30년 동안 경제 개발이라는 급물살을 탔다. 경제 성장을 제일의 과제로 추진하면서 농촌의 부락 공동체는 완전히 해체되고 말았다. 새마을운동은 농민을 강제하여 토지로부터 떠나게 몰아댔다. 토지를 잃은 농민들은 도시로 쫓겨났다. 그들은 도시의 빈민 내지는 하급 임금 노동자가 되었다. 농촌의 공동체들은 급속히 해체되었다.

개발 독재 정부의 일차 목표가 농촌 인구를 13%까지 줄이는 것이었다. 그 후 국민의 정부와 참여정부조차도 경제 개발을 계속 추진하여 현재 농촌 인구는 전 인구의 6%까지 줄었다. 조만간 노인들이 타계하고 나면 3%로 떨어질 것으로 전망된다. 농촌은 곧 '일가구—家口(family) 농사'라는 유럽형의 농촌으로 이행할 것이다. 이로써 한국 사회는 대도시 중심의 서구형 사회로 완전히 탈바꿈할 것이다. 농촌 교회도 덩달아 쇠퇴의 일로를 걷게 될 것이다.

정부가 경제 성장 제일주의를 내세운 탓에 물질 제일주의의 가치관이 온 사회를 뒤덮고 있다. 누구나 돈을 숭배하고 돈이 없으면 못산다고 공감하고 있다. 이런 사정은 교회 안에도 편만하여 도시의 그리스도인들이 대부분 금권만능주의 가치관을 지니고 있다. 대도시에서 대형 교회를 이루기에 성공한 목회자들은 자기도 모르게 교만한 자세를 취하며 신자유주의 세계 경제 체제를 옹호하고, 정부의 시책에 적극 협조한다. 그들은 이 사회에서 크게 성공한 사람들로 치부된다. 반대로 농촌 교회의 목회자들과 교인들은 경제 성장에서 밀려난 사람들로서 마치 인생에 낙오한 사람인 양 자조하며 스스로 패배감에 시달리고 있다.

이러한 정황에서 도시를 성경의 눈으로 바라보고 농촌을 향해 주시는 성경의 말씀에 귀를 기울이는 일은 의미가 있다. 더구나 농촌에 사는 사람들을 하나님 앞에 세우는 일은 매우 긴급하다. 특별히 농촌 교회의 목회자들이 하나님을 만나야 한다. 농촌 목회자들이 어떠한 신학의 내용으로 자신의 삶을 곧추세워 나가야 할지를 궁구하는 일은 신자유주의의 물결이 해일처럼 덮쳐오고 있는 현 상황에서 시급하다.

도농 상생론은 자칫 도시 중심론으로 귀결되기 십상이다. 도시는 자연과 대립하고 있는 물체이다. 도시 중심의 기획은 농촌을 둘러싸고 있는 자연의 가치를 상품화하는 경향으로 떨어지기 쉽다. 또 한편 농촌 팔아주기 운동에도 한계가 있다. 시장의 원리로 움직이는 도시 안에 사는 사람의 자선 행위에는 한계가 있다. 상생 관념은 곧 자선 행위로 이어질 수 있다. 도시인들이 즐겨 찾는 농산물을 개발하는 일은 농촌을 도시의 부속품으로 전락시킨다. 값싼 농산물을 도시의 민중은 선호한다. 이러한 상황에서 농촌의 유기농 운동이나 농촌의 문화 운동은 이내 그 한계점에 봉착하였다.

농촌의 공동체를 회복하는 일이 무엇보다 더 중요하다. 그 공동체성을 바탕으로 교회 공동체가 회복되어야 한다. 그러나 농촌 마을 공동체를 복구하는 일은 이제 완전히 물 건너갔다. 그렇다면 거꾸로 농촌 교회의 공동체성 회복을 통해서 마을 공동체의 복구가 가능하도록 시도해야 할 것이다.

이런 상황에서 농촌은 스스로 자족하면서 살 수 있는 나름대로의 자치 구조를 절실히 요청하고 있다. 먼저는 하나님께서 지으신 자연과 한 동아리를 이루고 자연을 잘 다스려서 먹을거리를 얻는 데 만족하며 사는 일이다. 이 일을 위해서 자연농법을 발전시키고 실천하는 작업이 보다 활발하게 진행되어야 할 것이다. 농촌 경제 운동의 한계성을 극복하기 위해서 농촌 교회는 물질 소유의 허구성을 벗어나서 참다운 깨달음에로 귀의하고 성경의 종교로 교회를 확고하게 정립하는 일이 요긴하다. 농촌 피폐가 도시 중심의 국가 정책에서 기인된 것이라면, 농촌 교회는 농촌 지킴이로서의 사명을 각인하고 국가의 정책과 대결하여 이길 있는 전략을 수립해야 할 것이다.

그것은 말씀과 참 깨달음의 수행을 돕는 '농의 신학'을 정립하는 길이 될 것이다. 농민의 자존과 정체성을 회복하는 길잡이로서의 농의 신학은 도시에 상관하는 비교우위론에서 벗어나서 자신을 '하나님의 백성'으로 정립하는 사상의 노력으로 일관해야 한다. 이러한 노력으로 농민은 절대로 독립된 위상을 정립하게 될 것이다. 이 위상은 오로지 성경 읽기에 의해서 정립하여야 할 것이다.

성경에서 나는 '농의 신학'을 정립하라는 메시지를 강력하게 읽는다. 시내단화(출 19:1; 민 10:10)에서 명료하게 제시된 '하나님과의 만남'이 핵심어이다. 시내단화를 읽으면서 구구절절 도시 문명과의 대립각을 날카롭게 느낀다. 하나님과 백성 사이에서 말씀을 전달하는 설교자 모세의 고독한 모습에서 농촌 목회자의 사명을 읽는다(출 20:18-21). 더구나 창조 이야기에서 농촌 목회가 자연 목회로 나아가야 할 필연성을 감지한다(창 1장). '땅'의 신학과 '흙'의 신학을 전개하며 도시인의 이기주의를 경계하게 된다. 에덴동산 이야기에서 참된 경제인으로서의 '호모 에코노미쿠스'를 발견하며 오늘 우리가 취해야 할 참된 경제인의 자세를 볼 수 있다(창 2-3장). 창세기 1장과 9장에서 먹을거리의 신학을 읽어내며, 광야를 행진하는 백성의 모습에서 먹을거리로 인해 드는 시험과 극복 그리고 하나님의 백성의 훈련 과정을 보게 된다.

이 모든 요소는 성경이 고대 노예제사회를 통렬하게 비판한 데서 나온다. 지배망을 강고하게 구축하고 있는 제국들은 도성의 연합 체제로 이룩되었다. 해석학의 과정을 거쳐 성경은 반제국의 쟁점을 오늘의 그리스도인에게 제시한다. 더 나아가 성경은 신자유주의 경제 체제를 이끄는 시장 자유의 이데올로기를 넘어서 그 대안으로서 말씀의 공동체를 일구어내고, 그들을 손수 이끌고 가시는 하나님의 손길을 증언한다.

Ⅱ. 도시 문명에 대한 문제 제기

신자유주의 세계 경제 체제가 21세기에 핵심 쟁점으로 회자되었다. 이 체제는 자유로운 시장을 이념으로 하여 성장과 번영을 약속했다. 자유무역협정(FTA)을 체결하는 국가 간의 운동은 이 체제를 더욱 활성화하였다. 그러나 국제금융은 대도시들 사이에서 긴밀한 연결망을 구축하며 금융 자체의 모순에 휩싸였다. 시장에 힘찬 활력을 불어넣는가 싶었더니 세계에 금융대란을 일으킨다. 밝은 전망 속에 있던 국가의 무궁한 발전에 먹구름이 드리운다. 이 세계 체제에 대한 성경의 평가는 어떠한가? 도시들의 확대와 번영은 자손의 번영과 땅을 약속하신 하나님의 미래와 일치하는가?

'도성都城'을 가리키는 히브리어 단어는 '이르'이다. 성경에 이 단어는 매우 자주 나온다. 가장 자주 나오는 명사로서 500~5,000번 의 빈도수를 보여 주는 것이 43가지 있다. '이르'는 이 모둠에 속한다 (문희석 편, 『구약원어참고서』, 보이스사, 1991). 이 단어는 오경에 173회, 타나크 전체에서 1,118회 언급된다. 이 단어는 고대 노예제사회의 지배 계급이 구가한 도성 문명을 대표한다. 이것은 '왕', '용사', '열방'이란 단어들과 더불어 핵심어로 꼽힌다. 하지만 성경에서 이들 용어는 하나같이 하나님을 거역하는 집단들로 등장한다.

아가서를 보면 술람미 여인은 성안에서 사랑하는 이를 찾아 헤매다가 찾지 못하고 마침내 순찰꾼에게 잡혀서 강간을 당한다(3:1, 2; 5:7). 아가서는 도시의 폭행을 지적한다. 이사야서를 보면 도성에 사는 사람들은 심판을 모면할 길이 없다(6:11). 어떠한 예언의 말씀도 도시인들의 귀에는 들리지 않고, 이해되지 않는다. 이사야서는 도성 에 사는 사람들을 멸망의 숙명에 빠져 있다고 본다.

이러한 부정의 함의는 신명기 사가의 역사서에서도 그대로 드러 난다. 나봇의 포도원을 빼앗는 이세벨의 음모를 아합은 묵인한다. 그처럼 악한 흉계는 '아합의 도성' 안에서 일어났다. '그의 도성'에 사는 장로들과 귀족들이 이세벨의 음모에 가담하였다(왕상 21:8, 11, 13, 24). '요새'를 뜻하는 '헤일'(חיל)이란 단어가 열왕기상 21장 23절에 나오는데 이것은 24절의 '이르'와 평행을 이룬다. 이 평행으 로 미루어 '이르'는 방어의 기능을 지닌 요새로 이해되어야 할 것이 다.

이러한 신명기 사가의 문제의식은 다윗성과 솔로몬의 예루살렘

성에 대한 평가에서도 드러나고 있다. 다윗이 '시온 산성'(머추라트 치온)을 빼앗아 '다윗성'으로 삼았을 때 그는 여부스족을 치고 성을 쌓았다(삼하 5:7, 9). 다윗성에 자신의 궁전을 세운 후에 다윗은 무엇보다도 먼저 처첩을 더 많이 거느리는 일을 하였다(삼하 5:13). 야훼께서 다윗을 통하여 블레셋을 징벌하시려는 계획을 진행하셨지만, 야훼께서 친히 다윗성 안에 들어오셔서 내주하시는 것은 기뻐하지 않으셨다(삼하 6:6; 7:5-7).

이스라엘의 장로들이 왕을 세워달라고 간청하여 사무엘이 매우 불쾌하였을 때, 야훼께서 왕의 옹립을 마지못해 허락하신다. 하지만 왕을 세워보면 왕은 하나님의 법도를 지킬 수 없는 조건에 놓이게 된다. 이로써 백성은 그 왕에게 얼마나 많은 고통을 당할 숙명에 놓이게 될 것인지를 경험해 보라고 경고하신다(삼상 8:9). 야훼께서 다윗에게 복을 주시어 그를 왕으로 등극하도록 지극히 보살폈음에도 불구하고 다윗은 열방 가운데 속한 한 사람의 왕으로서 다른 왕들과 동일한 악행을 저지른다. 이로써 그는 다른 왕들과 마찬가지로 수많은 살육의 음모에 시달리고 많은 고난을 당하게 된다.

다윗성을 세우자마자 블레셋이 침공해 오고 천하를 평정하는가 하였으나 내란에 시달린다. 권력을 지닌 왕이 되었기에 내면에서 불일 듯 일어나는 정념을 다스리지 못한다. 권력을 이용하여 신복 우리야를 죽이고 그 아내 밧세바를 차지하였다. 다윗의 범행으로 자식들 가운데 분란이 일어났다. 압살롬은 형을 살해하고 마침내 아버지의 왕위를 찬탈하려고 반란을 일으켰다. 이러한 일들은 하나님의 백성 가운데서 일어나서는 안 될 일이었다. 그러나 왕국 체제를 도입하여 왕정을 베푸는 한 그 나라는 하나님의 나라로 펼칠 수 없게 된다.

천하를 평정하는가 하였으나 다윗은 왕으로서 반드시 이행할 수밖에 없는 군역제를 도입하려고 했다. 이를 위하여 인구 조사를 시도하였다가 야훼 하나님의 진노를 산다(삼하 24장). 다윗의 죄악을 계대하여 태어난 솔로몬도 왕으로서의 숙명을 감당해야 했다. 솔로몬도 군역과 부역을 실시하였고, 군마를 얻기 위해 애굽의 옹주들을 아내로 맞이하였으며, 부국강병을 위하여 여러 차례의 국제결혼을 감행하였다. 이 모든 일이 야훼의 눈에 악한 행위로 보였다. 이러한 모든 악행은 예루살렘이라는 '도성'에서 자행되었다. 솔로몬 이후의 모든 왕이 다윗이 겪은 그 한계를 벗어날 수 없었다. 다만 요시야가 왕의 한계를 벗어날 수 있는 가능성을 비쳤으나 그는 일찍 죽고 말았다. 이러한 왕들의 죄악은 도성에서 일어난 참극들이었다.

이처럼 신명기 사가가 제기하는 도성에 대한 문제의식은 오경에서 어떻게 나타나고 있는지를 지금부터 살펴보기로 한다. 우선 육경의 차원에서 '도성'에 대한 평가를 살펴보고, 이어서 '오경'에 나타난 '도성'에 대한 평가를 살펴보기로 한다.

III. 도성 : 진멸의 대상

육경을 말하려면 무엇보다도 여호수아서를 살펴보지 않을 수 없다. 여호수아는 1-12장(I부)과 13-21장(II부) 그리고 22-24장(III부)의 세 문단으로 크게 구분할 수 있다. 제I부는 땅을 정복하는 전쟁기이고, 제II부는 땅을 분배하는 보도문이며, 제III부는 여호수아서의 역사를 마무리하는 육경본의 결론부이다.

'이르'란 명사는 여호수아서에 162회나 언급된다. 이것은 오경 전체에서 173회 언급된 것에 비교할 때 엄청난 빈도수이다. 여호수 아서에 '헤일'이란 단어는 단 네 차례만 나오는데, 여호수아 1-12장 의 범위 안에서 군데군데 사용된다(수 1:14; 6:2; 8:3; 10:7).

제I부(1-12장)에서 '이르'란 단어는 특별히 여호수아 6장과 8장에 집중하여 나타난다. 6장은 여리고성의 멸망을 보도하고 8장은 아이 성의 멸망을 보도한다. 가나안의 성읍 중 여리고와 아이성을 표본으 로 섬멸한 후에 여호수아는 야훼께 제사를 드리고 율법서를 낭독하 였다(수 8:30-35). 이 일로 인하여 가나안의 모든 왕이 연합하여 야훼 의 백성을 대적하여 일어났다. 여호수아는 크고 높은 성곽을 차지하 고 있던 가나안의 모든 왕을 무찔렀다(수 12장). 이 일은 오로지 야훼의 말씀으로 이루어진 전쟁으로서 도성의 문명을 파죽지세로 몰아붙여 무너뜨린 쾌거였다. 이처럼 육경의 대단원은 가나안의 도성들을 무너뜨리는 대정복의 사건으로 점철되어 있다.

제II부(13-21장)는 세 문단으로 나눌 수 있다. 13-19장은 땅 분배를 보도하며 가나안의 '도성들'을 이스라엘이 차지한다. 20-21장은 레위인의 도성과 도피성에 대해서 규정한다.

그리고 제III부(22-24장)는 정복기를 마무리한다. 21장은 정복기 의 마무리 문단이며, 23-24장은 정복을 마친 여호수아의 회고담이 다. 야훼께서는 "너희가 건설하지 아니한 성읍을 너희에게 주었다" (민 24:13)고 그는 평가한다.

여호수아서가 이처럼 '도성'과 '왕들'의 지양으로 육경을 마무리 짓는다면, 이 '도성'에 대한 쟁점은 육경을 여는 창세기의 앞부분에

서 이미 명료하게 제기되어 있어야 한다. 오경의 차원에서 '도성'의
신학이 어떻게 전개되는지 살펴보자.

IV. 가인의 도성 대(對) 하나님의 도성

'왕'의 출현은 거인족의 출현에서 비롯되었다. '하나님의 아들들'
의 출현은 창세기 6장 1-4절에 보도된다. '하나님의 아들들'이란
'영웅들'이란 말과 다르지 않다. 이들은 '사람의 딸들'과 혼인하여
'네필림'이란 거인족을 낳았다. 하나님은 이들의 횡포를 보고 그들의
수명을 120세로 한정하셨다. 네필림의 출연으로 세상에는 죄가
넘쳐나게 되었다. 노아 시대의 대홍수는 '영웅들'의 출현이 낳은
필연의 귀결이었다(창 6:5).

홍수 이후에도 네필림을 계대하여 니므롯이 출현하였다(창 10:8,
9). 이들은 구스의 아들이자 앗수르의 조상으로서 레센성을 쌓았다
(창 10:12). 이러한 영웅들은 시날 평지에서 바벨성을 쌓고 하늘
꼭대기까지 도달하는 탑을 쌓았다(창 11:4, 5, 8). 하나님께서 이들의
교만한 시도를 흩어버리셨다.

인류의 역사에서 최초로 '성'을 쌓은 인물은 가인이다(창 4:17).
가인은 최초로 살인죄를 범한 사람이다. 가인의 성에 사는 가인의
후예 중 라멕은 아버지의 죄를 계대하여 거듭 살인하였다. 가인이
동생 아벨을 죽이게 된 배경에는 탐욕으로 찾아온 죄를 다스리지
못하였기 때문이다(창 4:7). "죄를 다스리라"는 권면에 쓰인 동사는
'마샬(다스리다)이다. 이 동사는 창세기 1장 26, 28절에 나오는 '라다'

동사를 지시한다. 창조의 처음에 하나님은 사람을 창조하시고 피조물을 '다스리라'(라다)고 명하셨다. 가인은 피조물로서 자신의 내면에서 솟구치는 '죄'를 다스려야 했다.

가인의 죄는 어디에서 비롯했을까? 그것은 아담의 범죄로부터 시작한다. 하와는 뱀의 꼬임에 빠져 에덴동산에서 금지된 '선악을 알게 하는 나무의 열매'를 따 먹고 아담에게 주어 먹게 하였다(창 3:6). 에덴동산을 섬기도록 책무를 맡은 아담은 자신의 범죄를 하와에게 전가한다(창 3:12). 이로써 아담과 하와는 에덴동산에서 추방당하였다. 그들은 자신의 질료를 이루는 흙을 섬겨야 했다(창 3:23). 다시 말하자면 에덴에서 추방된 인류는 에덴동산 바깥에서 자기 자신을 섬기는 존재로 전락하고 말았다는 뜻이다. 가인의 살인죄는 바로 여기에서 비롯되었다.

가인은 아벨과 달리 '흙을 섬기는 사람'이 되었다. 즉, 자신의 질료를 이루는 흙을 섬기는 존재는 자기 자신을 위하여 살아가는 자기중심의 이기심에 지배되는 존재를 가리킨다. 이와는 반대로 아벨은 '양을 먹이는' 사람이 되었다. 즉, 아벨은 자기와 공존하는 피조물을 돌보고 보살피는 '타자를 위한 존재'로 살았다는 뜻이다. 야훼께서는 가인의 제사보다 아벨의 제사를 더 어여삐 받으셨다. 자기의 이해관계에 밝았던 가인은 '자기'의 좌절을 견디지 못하고 화를 냈다. '자기 좌절'과 '화'를 연결 지은 '죄'는 연쇄작용을 일으켜 마침내 '살인'을 유발하였다.

'살인'은 동태복수법의 원리에 따라 복수를 동반하게 되어 있었다. 가인은 보복당할 것을 두려워하였다. 야훼께서는 가인을 보호하는 표를 주셨다. 가인은 야훼의 보호하시겠다는 약속을 믿지 않고 야훼의 주신 표를 무시하였다. 가인은 자신을 방어하기 위하여 '성城'(castle)을 쌓고 자신의 맏아들의 이름을 따서 '에녹성'이라고 명명하였다(창 4:17). 이것이 인류에서 최초로 쌓은 '성'이다. 창세기는 '성'이 야훼 하나님을 믿지 않는 불신의 산물임을 날카롭게 지적하면서 도성 문명에 대한 문제를 제기하고 있다.

야훼 하나님은 사람이 '선악'을 알게 된 이상 '악'을 멀리하고 '선'을 행하여야 한다는 사실을 가인에게 주지시켰다. '선'을 행하지 않으면 악, 곧 '죄'가 문 앞에 엎드린다(창 4:7, 동사 '야타브'). 자기를 위하여 살아가는 인간에게 '선'은 곧 자기를 유익하게 하는 모든 것을 의미한다. 자기에게 불리한 것은 모두 악하다. 그러나 하나님께서 창조하신 세계는 하나님 보시기에 모두 선하다. '선하다'로 번역된 형용동사는 '토브'인데 이것은 창세기 1장에 일곱 차례 언급되어 있다(창 1:4, 10, 12, 18, 21, 25, 31). 믿음의 눈으로 세계를 보는 사람에게 '악'은 없다. 오직 '선'만 존재할 뿐이다.

그러나 '선악을 알게 하는 나무의 실과'를 따 먹고 아담과 하와는 '자기중심성'을 갖게 되었으며, 그 결과 유한한 인간의 눈으로 하나님의 창조 세계를 판단하게 되었다. 가인은 이러한 자기중심의 가치관을 자기중심의 삶을 근거로 하여 구축하였다. 죄는 이처럼 하나님의 떠난 자기중심의 삶에서 발생하였으며, 죄를 다스리는 길은 오직 '선'을 행하는 길밖에 없다. 다시 말하자면 야훼 하나님을 믿고 그의 선하심을 찬양하는 길밖에는 죄를 이길 길이 없다. '선'의 인식은 오직 하나님의 말씀을 듣고 청종하는 데서만 가능하게 되었다.

이처럼 도성의 문명은 하나님을 거역하는 불순종의 정신에서 출발하였다. 자기 피조물을 보호하시는 하나님의 사랑을 자기중심성에 갇힌 인간은 이해하지 못한다. 도성에 사는 도성인들의 대명사로서 가인의 아들 라멕이 등장한다. 라멕은 가인을 계대하여 살인을 저질렀고, 야훼의 보호하시는 은총을 야훼의 징벌이라고 왜곡한다. 가인의 삶을 본 라멕은 야훼께 징벌받은 아버지만을 인식할 뿐이다.

창 4:15 가인을 죽이는 자는 일곱 배로 보복을 받을 것이다.
창 4:24 가인은 일곱 배로 보복을 받을 것이고 라멕은 일흔일곱 배로 보복을 받을 것이다.

위에서 밑줄 친 동사 '유캄'은 '복수하다'란 뜻의 동사 '나캄'의 수동형이다. 즉, '보복당하다'라고 번역할 수 있다. 라멕은 가인이 야훼의 보호를 받았음에도 불구하고 야훼께서 자기 아버지 가인에게 일곱 배로 보복하였다고 잘못 인식한다. 가인의 삶이 아들의 눈에 너무나 불행하게 비친 것일까. 라멕은 자신의 삶은 아버지보다 11배나 더 불행하다고 고백한다. 이것이 도성 안에 사는 사람들이 평가하는 삶이다.

이러한 불행한 삶은 바벨성의 심판을 넘어 애굽도성에까지 미친다. 아버지의 집을 떠나 유랑하는 아브람이 당도한 곳은 미츠라임(애굽)의 수도였다. 거기에는 파라오가 살고 있었다. 아브람은 이 도성에서 폭력을 두려워하여 아내를 누이라고 속여야 했다. 사래는 파라오에게 성폭행을 당하였다(창 12:19). 야훼께서는 미츠라임도성의 폭력을 물리치고 아브람의 아내를 구출해 주셨다. 또 네게브 땅을 다스리는 그랄 왕 아비멜렉이 아브라함의 아내 사라를 데려갔다가 야훼의 징벌을 받고 사라를 돌려보낸다(창 20:1-18). 아브라함의 아들 이삭도 그랄의 횡포를 두려워하여 아내를 누이라고 속인다(창 26:7). 이처럼 '성'과 '왕'과 '성민'의 세 요소는 늘 폭력을 행사하는 악의 요소이다.

아브람과 헤어진 롯은 도시들이 있는 지역을 선택하여 살다가 마침내 소돔성에 들어가 정주하였다(창 13:12). 그러나 소돔은 심판의 대상으로 선정될 만큼 죄악이 넘치는 곳이었다. 심판자 세 천사가 소돔성에 이르렀을 무렵 때는 석양이었고 롯은 성문에 앉아 있었다. 성문은 재판정이었고 롯은 석양을 보면서 실의에 잠겼다. 롯은 소돔성을 떠나기 원하지만 아내와 식구들은 소돔성에서 살기를 원하였음을 암시하는 대목이다. 롯의 집에 객으로 묵는 천사들을 소돔 성민들이 폭행하려고 한다(창 19:5). 롯은 남자를 가까이한 적이 없는 두 딸을 폭도들에게 내어 주려고 한다(창 19:8). 소돔성에서 얻은 사위들은 소돔성의 탈출을 거절하였고(창 19:14), 아내는 멸망하는 소돔성을 돌아보다가 소금기둥으로 변하고 말았다(창 19:26). 아직 시집가지 않은 두 딸을 데리고 롯은 소알로 피신하였다. 여기서도 도성의 주민들이 얼마나 악한 폭행자인지를 그리고 롯의 가족들이 얼마나 도성의 문명에 깊이 물들어 있었는지를 토라는 신랄하게 지적한다. 소돔의 '도성'에는 의인이 한 사람도 없었다. 심지어 롯조차도 하나님께서 아브라함을 생각하사 살려주셨을 뿐이다. 롯은 '산'으로 도망하지 못하고 '소알성'으로 피신하였으나 '소알 성민들'이 두려워서 기어코 '산'으로 탈출하였다(창 19:30).

아브라함이 떠나온 본향은 '나홀성'이다(창 24:10, 11, 13). 야곱은 세겜성읍 앞에 천막을 쳤는데(창 33:18) 그의 딸 딤나가 세겜성의 추장의 아들에게 폭행을 당하였다(창 34:20). 야곱이 세겜을 떠났으나 그 인근 성읍들은 하나님 야훼를 두려워하여 야곱을 감히 추격하지 못하였다(창 35:5, 개역, '고을들'). 요셉은 애굽의 각 도성에 창고를 짓고 곡물을 비축하였다(창 41:35, 48). 야곱의 아들들은 애굽의 도성으로 곡식을 사러 왔다(창 44:13). 도성은 농노들이 생산한 곡물을 사들여 비축하는 축재의 장소이다. 요셉은 애굽의 토지를 농민들에게 전매하여서 파라오의 것이 되게 하였고, 백성을 여러 도성으로 이주시켰다(창 47:21). 파라오 라므세스는 국고성 비돔성과 람세스성을 건축하면서 이스라엘을 노예로 부렸다(출 1:11). 야훼의 심판을 성읍을 황폐하게 할 것이다(레 26:25, 31, 33). 가나안 땅의 주민은 강하고, 도성은 견고하고, 성에는 아낙자손이 산다(민 13:28). 이스라엘은 약속의 땅으로 진행하면서 도중에서 만나는 '도성'들과 그 성민을 모조리 진멸하였다(민 21:2, 3, 25-27; 24:19). 이스라엘은 미디안족의 도성들을 모두 진멸하였다(민 31:10).

하나님의 백성의 아녀자들을 보호하기 위해서 갓 문중과 르우벤 문중은 요단 동편에 '도성'을 건축하였다(민 32:16, 17 등). 레위인들이 사용할 도성과 초장이 마련되어야 하며 또 보호받아야 할 피의자들이 도망하여 올 '도피성'을 이스라엘은 마련하여야 한다(민 35:2 이하). 여기서 토라의 저자는 하나님의 백성을 위하여 '도성'이 필요함을 강조한다.

V. '도시의 신학' 대 '농의 신학'

토라가 전개하는 도성의 신학은 토라의 전체를 수미일관 꿰뚫고 흐르고 있다. 미츠라임 제국에서 탈출한 히브리인들은 이스라엘, 곧 하나님의 백성으로 취임하며(출 19:3-6), 하나님의 산에서 법을 교육받고(출 19:1-10:10), 광야에서 단련을 받는다(출 15:22-18:27; 민 10:11-20:13; 21:4-9). 마침내 이스라엘은 광야를 벗어나 약속의 땅으로 진입하는데, 이 과정에서 모든 '도성'을 무너뜨리고 차지한다(민 21-24장; 신 9:1-6).

이 과정에서 '도성'은 자기를 섬기는 불신앙의 성격에서 벗어나 하나님을 섬기고 타인을 보호하는 믿음의 '도성'으로 탈바꿈한다. 이러한 도성에 관한 토라의 시나리오는 거듭 거역하는 공로 없는 백성의 손으로 이루어지지 않았다. 오로지 백성에 앞서 가시는 야훼 하나님의 사역으로 이루어진다. '도성'을 차지한 이스라엘 백성의 본성은 가나안 성민들과 마찬가지로 '목이 곧은 백성'임을 이스라엘은 한시도 놓쳐서는 안 된다.

1987년에 대한민국 사회의 변혁을 매듭지은 이후에 우리 사이에는 어떤 일이 벌어지고 있는가? 한국교회는 과연 성서의 뜻에 따라 자신을 부단히 개혁해 가고 있는가? 개혁의 방향은 성경이 제시하는 미래 사회의 대안으로 정향되어 있는가? 2007년 대선 국면에서 교회는 얼마나 성경에 기초한 참여의 원리를 체득하고 있는가? 토라의 도성 신학을 짚어 보면서 우리 농촌 교회는 존재 이유를 새롭게 추스를 때이다. 이 도시 문명이 창궐한 가운데 그리스도인들은 세상에 대해서 여러 가지 뼈아픈 질문을 던져야 할 것이다.

세상을 변혁하는 주체는 높음을 추구하는 인간이 아니다. 그 주체는 하나님이시다. 하나님께서는 세상의 가장 낮은 이스라엘을 통해서 변혁의 사역을 이루신다. 이스라엘은 언제나 하나님을 거역하였기에 농촌 교회도 겸손하게 자신을 비우는 일에 집중할 일이다. 도시인들과 마찬가지로 금권을 추구한다면 농촌은 도시인에 비해 실패한 인생을 산다. 그러나 자기를 비우고 낮추어 그리스도로 하여금 나를 살게 한다면 농촌의 사역은 모든 세상을 구원하는 사역이 될 것이다. 그럴 때 하나님은 백성과 만나주신다. 자기를 비운 백성 가운데 내주하신다(출 25:22). 사도 바울도 이 점을 명확히 인식하였다.

> 내가 그리스도와 함께 못박혔나니 그런즉 이제는 내가 사는 것이 아니요 오직 내 안에 그리스도께서 사시는 것이라(갈 2:20).

VI. 디아스포라: '성문 밖'의 공동체

1. 최근의 연구사에 비추어 본 토라의 독자들

1980년대에 한국 기독교 사회 운동에서 민중 운동을 위한 성서적 근거를 찾아보려는 시도가 있었다. 이에 크게 공헌한 책은 갓월드의 『야훼의 부족들』(*Tribes of Yahweh*)이다. 갓월드는 출애굽의 연대를 기원전 1350년경으로 잡고 가나안 땅 진입의 과정을 평등 사회를 향한 가나안 농민의 혁명 과정으로 제시하였다. 이것은 한국 사회의 변혁 운동에 참여하는 기독 민중에게 커다란 지침으로 수용되었다. 하지만 정작 서구의 히브리어성서 연구계에서는 노트와 폰라트의 연구 결과들을 의문시하고 차일즈의 공시 읽기 방법과 렌토르프의 편집자 연구를 받아들이면서 갓월드의 역사 연구는 대체로 불확실한 것으로 간주되고 있었다. 갓월드 자신도 이러한 사정에 응답하기 위하여 2000년에 『고대 이스라엘의 정치』라는 단행본을 펴냈다. 거기서 그는 구약 신학이 아니라 한 사람의 역사가로 자신을 자리매김하면서 자신의 연구 결과들을 크게 수정할 수밖에 없었다.

최근 쉬니데빈드는 왕국 시대에 토라가 존재하고 있었다고 주장하였다. 그의 단행본에 대해서 카아는 최근의 연구 결과 토라가 포로기와 포로 이후기에 비로소 생성되었다는 일반적 견해가 무리는 있지만 왕국 시대에 토라와 같은 성격의 책이 있었다고 단정하기는 어렵다고 논평했다.

계약 신학은 북 왕국 멸망을 경험한 남 왕국 유다가 히스기야 시대를 거친 후 요시아 시대에 활동한 신명기 저자의 신학이라는 페를리트의 주장이 제기된 1969년 이래 레빈슨이 신명기를 포로기에 왕국사를 반성한 해석서라고 분석하고 반시터즈가 계약법을 디아스포라 유민 공동체를 위해 작성되었다고 주장한 2003년에 이르기까지 근 30년 동안 전승사 연구를 비롯한 연구 방법들이 대체로 의문스럽게 여겨지게 되었다. E문서의 존재가 부정되었으며, 노트의 암픽티오니 가설이 무너졌고, 심지어 폰라트의 야훼스트도 불확실한 것으로 간주되었다. 예컨대 오경 형성의 핵으로 간주되었던 신명기 26장의 '작은 역사 고백'에 대한 논의도 환상에 불과한 사변으로 낙인찍혔다. 따라서 현재 벨하우젠 이래 받아들여지던 J, E, D, P의 사문서들 중에서 P만 확실시되고 나머지는 non-P로 뭉뚱그린다.

더구나 드베테 이후 확고부동하게 자리를 굳혀오던 D가 요시아 시대에 만들어졌다는 가설도 불확실하게 되었다. 레빈슨은 신명기가 포로기에 작성된 것이라고 본다. 이러한 연구 결과 요즈음에는 토라의 형성은 왕국이 멸망한 후 포로기에 고난당하던 디아스포라 공동체에서 비로소 이루어졌다고 추정된다. 이러한 이론을 받아들인다면 토라는 포로민의 눈으로 해석되어야 한다. 포로민을 제국 시대에 억압당하던 민중으로 본다면, 토라의 농의 신학의 가능성은 종래와는 다른 차원에서 활짝 열린 셈이 된다. 한마디로 간추리자면 토라는 디아스포라 유민이 왕조 시대를 반성하면서 맺은 회개 운동의 결실이다.

2. 디아스포라의 자기 정체성: 왕의 백성 대 하나님의 백성

만수 김정준은 야훼 신앙의 고백자가 '누구'인지를 물었다. 이들은 디아스포라 유민이었다. 이들은 왕국 체제를 부정하고 '하나님의 통치'를 대망하였다(출 19:3-8). 이런 맥락에서 토라를 읽는 사람은 포로민의 입장에서 창조사와 족장사와 애굽 탈출기와 광야 유랑기와 시내단화와 신명기(모압에서 행한 모세의 설교문)를 읽어야 한다.

그렇다면 애굽 탈출과 광야 행진의 의미는 전혀 다르게 이해된다. 국가가 해체된 상태에서 국가의 권력에 대한 반성이 이루어진 것이다. 왕정 체제 아래서 소외된 집단을 민중이라고 보는 관점은 이제 바뀌어야 한다. 국가 해체를 경험한 유민 공동체가 토라의 민중이다. 포로민들은 자신을 '하나님의 백성'으로 이해하기 시작했다.

하나님의 백성은 광야에서 훈련을 받는다. 빵과 물이 없는 상황에서 빈곤한 삶을 믿음으로 헤쳐 나간다(출 16-17장). 물질의 빵보다는 하나님의 입에서 나오는 말씀, 곧 하늘의 만나로 살아간다(신 8:3). 애굽제국의 노예 체제 아래서 먹던 고기를 그리워하는 일 자체가 불신앙이다(민 11:5). 광야 유랑 40년 동안 이스라엘 백성은 '목이 곧은' 백성임이 드러났다(신 9:5-7). 백성이 거역한 사례는 꼬리에 꼬리를 물고 이어졌다. 마침내 이스라엘 제일 세대는 모두 광야에서 죽고 말았다. 백성이 내세울 공로는 전혀 없다. 따라서 백성은 모름지기 겸허하게 자기를 낮추고 배부르게 먹지 말 것이며, 고대광실을 짓지 말아야 한다(신 8:12-17). 민중이 잘살게 되더라도 이러한 참회의 심경으로 살 것이다. 이방인들과 같이 교만한 삶을 영위해서는 안 된다.

하나님의 백성은 스스로 정결한 상태를 유지하여 늘 하나님과 함께 살아가는 공동체이다. 먹을 수 있는 것과 먹어서는 안 되는 것을 구별하고, 모든 더러운 것들을 멀리해야 한다(레 11-15장). 번제와 속죄제를 위시한 각종 제사를 드림으로써 하나님께 가까이 나아가는 삶을 살아야 한다(레 1-7장). 공동체의 제사 행위 속에 공동체의 자기 정체 의식이 표현된다. 열국 광야(겔 20:35)에서 훈련받는 공동체는 스스로를 '제사장 나라'로 인식한다(출 19:6). 죄 많은 인류가 엮어내는 하나님 부재의 세계사 속에서 하나님의 백성 공동체는 열국의 죄를 보속하는 '제사장 나라'로서 스스로의 위상을 매긴다. 속죄의 날은 이러한 '제사장 나라'가 자기의 죄뿐만 아니라 인류의 죄를 속죄하는 거룩한 날이다(레 16장). '거룩한 백성'으로서 공동체(출 19:6)는 하나님 앞에서 거룩한 삶을 살기 위해서 최선의 노력을 경주한다(레 17-26장).

이러한 인생관으로 살아가는 공동체 성원은 모든 세상의 속된 가치관을 버린다. 욕망과 충족의 역학으로 서로 다투는 국가 체제를 너머 참된 사랑의 공동체로 나아가려고 한다. 그것은 자기를 비워 낮은 신분으로 살아가는 영성의 길이다. 여기서 세속의 인간관과 세계관은 극복된다. 피조물 속에서 하나님의 '기'의 운동을 인지하고 하나님과 화해하며 이웃을 섬기는 가운데 평화롭게 살아가는 공동체가 하나님의 백성, 곧 회막 공동체이다.

토라는 이러한 화해와 사귐의 신학을 펼치는 신학서이다. 토라의 중앙에 야훼의 얼굴과 이름과 영광의 신학이 표현된다(출 33:11, 18, 20). 정의로우신 야훼 하나님은 인과응보의 법리를 철저히 적용하시지만 세상을 구원하시기 위해서 백성의 죄를 오래 참으시고 노하기를 더디 하시며 자애롭고 인자하시다(출 20:5-6; 34:6-7). 이러한 하나님을 아는 참된 지식이 있어야 백성 공동체는 거룩한 백성으로 성장해 나간다(사 1-5장). 죄 많은 세상 속에서 생명을 지키고 평화를 일구며 평등을 지향하고 주 안에서 자유로운 삶을 구가한다.

VII. 세계관의 대결: 창조 신앙

창세기의 원역사(창 1-11장)에 나오는 창조 이야기는 고대 근동의 주류를 이루는 세계관에 반대한다. 고대 근동의 주류 세계관은 『에누마 엘리쉬』와 『길가메쉬 서사시』와 『아트람하시스 신화』 속에 표현되어 있다. 바빌로니아제국은 포로민들과 식민지에서 자신의 신이 신들의 싸움에서 승리했음을 강조하였다. 이러한 사정은 페르시아 시대에서도 마찬가지였다. 포로 이후기에 디아스포라 공동체는 야훼 신앙을 정립하여 이러한 제국의 세계관을 극복하였다. 성서에 고대 신화나 민담과 평행되는 이야기가 많이 등장한다. 그 이유는 성서 저자가 그것들을 자료로 사용하여 그 속에 나타난 세계관을 뒤집어엎기 때문이다.

『에누마 엘리쉬』의 창조 신화는 세계가 신神들의 투쟁으로 생겨났다고 이야기한다. 싸움에서 승리한 신이 패배한 신들의 사지를 찢고 피를 뿌려서 세계를 만들었다. 이러한 신화는 전쟁을 부추기고 영웅과 용사를 찬양하며 승자의 세계관을 대변한다. 특히 마르둑 이야기는 신바빌로니아제국의 지배 이데올로기로 작용하였다. 또 제왕의 이데올로기를 반영하는 세계관으로서 『길가메쉬 서사시』가 있다. 이 서사시의 초두에서 우룩의 왕 길가메쉬는 거인이자 영웅으로 묘사된다. 우룩의 성민은 그 때문에 날마다 공포에 떨었다. 길가메쉬 서사시는 처음부터 끝까지 영웅을 찬양하고 숭배하는 사상으로 일관한다. 창세기 저자는 땅에 영웅들(하나님의 아들들)이 출현하자마자 땅에 사는 사람은 점점 악해졌으며 대홍수의 재난을 불러일으켰다고 회고한다(창 6:1-4, 5). 영웅들은 숭배의 대상이 아니라 하나님의 심판을 받을 대상이다.

1. 말씀의 창조: 참된 세계관

하나님은 천지창조의 사역을 말씀으로 이루신다. '와요메르'란 어귀는 창세기 1장에서 꼭 열 차례 반복된다(참조 1:22). 이것은 창조 이야기의 저자가 '말씀하시는 하나님'이란 주제를 의식하고 만들어 낸 반복법이다. 이러한 생각은 출애굽기 20장 1-17절의 소위 '십계명'에서도 두드러진다. 유대교 전통에 따라 제1계명으로 간주되는 출애굽기 20장 1절은 동사 '다바르'(명령하다)로 시작하여 동사 '아마르'(말씀하다)로 끝나며 그 문장의 중앙에 '하더바림'(명령들)이란 명사형을 배치하였다. 마소라학파는 1절 끝에 '스투마'(ס) 기호를 찍어서 이것이 하나의 계명 조항임을 나타낸다. 이러한 반복 기법으로 '말씀하시는 하나님'이란 주제를 토라의 저자는 강조한다.

신들이 싸운 결과 세계가 창조되었다는 제국의 세계관과는 달리 '말씀'의 창조는 영웅 숭배를 거부한다. 전쟁 용사들은 고대 노예제 사회를 지배한 도성에서 살았다. 디아스포라 공동체는 전쟁과 영웅 숭배를 표방하는 만신전에 부속하지 않는 야훼 하나님을 만났다. 이 만남을 토대로 그들은 말씀의 신학을 체계화했다. 하나님께서 세계를 말씀으로 창조하였다는 선언은 영웅을 숭배하고 전쟁을 정당화하는 지배자 중심의 세계관을 완전히 뒤엎는다.

2. 국가 체제를 넘어서

야훼께서는 히브리인들을 일으켜 파라오의 정권을 전복하여 권력을 찬탈하시지 않는다. 람세스를 폐위하고 대신에 모세를 제왕으로 삼지 않는다. 왕조의 건설은 구원사의 방향과 어긋난다. 악한 왕을 제거하고 선한 왕을 세우는 과정이 불필요하다. 하나님 앞에서 모든 왕은 폐위되어야 마땅하다. 야훼께서는 광야에서 아랏 왕, 아모리 왕 시혼, 바산 왕 옥, 모압 왕 발락을 무찌르고 나아가신다. 땅에서도 여호수아는 왕으로 옹립되지 않는다(수 12장).

가나안 땅에 들어갔을 때 사사들의 성공과 실패, 특히 요담우화 (삿 9:8-15)와 입다(삿 11:1-40)와 삼손(삿 13-16장)의 사례들이 이러한 야훼의 구원 방식을 말해 준다. 사무엘의 만류에도 불구하고 사울을 기어코 왕으로 옹립한 장로들은 불신자들이다(삼상 8장). 이 불신앙으로 마침내 왕국이 망하고 말았다(왕하 25장). 엘리사가 아합의 집을 멸하려고 세운 예후도 왕들의 슬픈 운명을 벗어나지 못하였다 (왕하 9-10장).

신명기 사가는 왕들을 날카롭게 비판한다. 이 점은 신명기의 왕법(신 17장)과 전쟁법(신 20장)에서 두드러진다. 왕은 군마를 많이 두지 말고, 아내를 많이 거느리지 말며, 율법을 늘 공부해야 하고, 백성 위에 군림해서는 안 된다. 이러한 왕은 이스라엘 전체 왕조사에 걸쳐 한 사람도 없었다. 다윗과 솔로몬마저도 토라에 충실한 왕의 모습을 보여 주지 못했다(왕상 10:28-29; 11:1-8). 전쟁에 나설 때는 새집을 지은 자, 포도를 수확한 자, 새신랑이 된 자, 겁이 나는 자를 징집에서 면제해야 했다. 기드온의 정병이 신명기의 전쟁법을 실천한 유일한 사례였다(삿 7:8). 이러한 신명기의 규정은 전쟁을 일삼는 국가 체제를 부정한다.

3. 생명의 창조: 먼지 속에 들어온 하나님의 숨

토라에서 동물을 가리키는 용어로 '네페쉬하야'란 표현이 쓰인다. '네페쉬'는 '피'와 동격으로 간주된다(창 9:4). '네페쉬'는 '바사르' (肉)에 들어가서 살아 있는 동물이 되게 한다(창 2:7). '네페쉬'라는 단어는 레위기와 민수기의 법문에서 사람 개인을 지칭하기도 한다.

'네페쉬'는 흙으로 이루어진 인간의 육신을 살아있게 만드는 없어서는 안 될 요소다.

하나님께서 흙에서 나온 먼지를 긁어모아서 사람(하아담)을 빚었다. 그 코에 하나님의 '니쉬마트하임'(개역, '생기'; 공역, '입김'; 표역, '생명의 기운')을 불어넣었더니 그것이 '네페쉬하야'가 되었다. 여기에 전치사 ㄱ(르)와 결합되어 있다. 창세기 2장 7절을 직역하면 "야훼 하나님께서… 그의 코에 생명의 숨을 불어넣었더니 그 아담이 살아 있는 네페쉬로 되었다"가 된다. 결국 먼지 속에 하나님의 숨이 들어와서 사람이 '살아있는 네페쉬'가 된 셈이다. 야훼께서는 사람을 만들기 위해 먼지 속에 자신의 숨을 불어넣기까지 자신을 낮추었다. 자기를 낮추신 야훼 하나님의 겸허하신 행동으로 사람이 살게 되었다. 여기에는 어떠한 영웅과 같은 모습도 찾아볼 수 없다.

4. 말씀의 금령: 피를 흘리지 말라

말씀으로 창조된 생명계에서 가장 귀중한 것은 피다. 피를 함부로 먹거나 땅에 흘려서는 안 된다(창 4:10; 9:1-7; 레 17장; 신 12:16, 23-24). 핏속에는 '네페쉬'가 있기 때문이다. 이러한 토라의 금령은 전쟁에서 피를 흘리는 일을 근본에서 차단한다. 이집트, 신바빌로니아, 페르시아, 헬레니스트로 이어지는 제국들의 시대에 전쟁이 끊임없이 이어졌으며, 제국들의 틈바구니에서 민중의 공동체들은 언제나 약탈의 위협 아래 시달렸다. 고대 근동 사회가 이처럼 끊임없이 전란에 시달렸던 것을 감안한다면, 이러한 금령은 전쟁에 가장 참혹하게 고통받던 민중의 평화에 대한 염원을 담고 있다고 해석할 수 있다.

5. 말씀의 명령: 생명의 보존

제국의 권력에 희생된 사람들은 국가의 권력을 매우 경계하였을 것이다. 창세기 원역사에 사용된 동사들에 그 논조가 나타나 있다. 창조 이야기에 동사 '라다'(창 1:26, 28)와 '마샬'(창 1:16, 18; 3:16; 4:7)과 '카바쉬'(창 1:28)와 '아바드'(창 2:5, 15; 3:23; 4:2, 12)가 서로 공교롭게 관련되어 있다. 이 동사들을 살펴보면 제국의 권력을 토라의 저자가 얼마나 날카롭게 비판하였는지를 알 수 있다.

1) '땅'은 눌러야 한다: 동사 '카바쉬'(창 1:28)의 의미

창세기 1장 28절에 "땅을 정복하라"는 개역성경의 번역은 많은 논란을 불러일으킨다. '정복'이란 말은 인간이 자연 자원을 무한대로 활용하고 인간이 지구상의 다른 지역을 마음대로 침략하는 정복 전쟁을 정당화하기 쉽다. 20세기 후반 탈식민지 시대에 '카바쉬'란 단어를 '섬기다, 관리하다'란 의미로 번역하려고 시도했다. 그러나 이 단어가 쓰인 다른 용례들에 견주어 볼 때 그러한 번역은 무리임이 드러났다. 이 단어는 명백히 어떤 대상을 복속시키거나 발로 짓밟는 행위를 의미한다.

성서 전체에 걸쳐서 '카바쉬' 동사는 폭행하는 분위기를 풍긴다. '강간하다'(에 7:8), '가나안 족속을 정복하다'(민 32:22, 29; 수 18:1; 삼하 8:11; 대상 22:18), '강제노동, 부역'(대하 28:10; 느 5:5; 렘 34:11, 16)의 의미로 쓰인다. 이러한 어법에 가장 기본이 되는 것은 '발로 밟다'란 의미이다. 동사 '카바쉬'는 솔로몬이 밟고 있던 금발등상을 가리키는 '케베쉬'라는 파생명사로 응용되어 있으며, 스가랴 9장 15절에 "그들이 물맷돌을 밟을 것이며"라는 표현에 사용되었고, 미가 7장 19절에는 "그는 우리의 죄악을 발로 밟으시고"라는 문장에 사용되었다. 그러므로 창세기 1장 28절의 의미는 하나님의 형상으로 지음 받은 인간은 생육하고 번성하여 땅을 가득 채우고 마침내 "그 땅을 지그시 밟고 있어야 한다"라고 번역해야 옳다. 이때 미가 7장 19절과 같이 죄악의 온상인 '그 땅'을 억눌러 복속시킴을 의미한다.

이러한 의미는 창세기 4장 7절에서 동사 '마샬로 표현되어 있다. 가인은 자기에게 있는 탐욕(터슈카)을 잘 다스려야 했다. 가인은 하나님의 후견을 약속받았으나 믿지 못하여 땅에 성곽을 쌓고 그 도성의 이름을 에녹이라고 지었다(창 4:17). 이로써 가인의 아들 라멕은 아버지를 따라 살인을 저지르고 가인에게 베푼 보호의 약속을 형벌을 주는 하나님의 저주였다고 곡해한다(창 4:24). 가인의 후예들은 도시를 만들고 성곽을 쌓고 도시 문명을 구가하였다. 그 반면에 하나님의 뜻으로 난 자녀들은 셋의 후예들로서 그 가운데도 역시 에녹과 라멕이 있다. 셋의 후예인 에녹은 하나님과 동거하다가 승천하였고(창 5:22-24), 그의 아들 므두셀라는 969세까지 사는 최장수의 기록을 세웠다(창 5:27). 셋의 후예 중에 또 다른 라멕이 있는데 그에게서 흠 없는 노아가 태어났다(창 5:28-31).

이리하여 극단으로 대비되는 두 부류의 인간이 출현하였다. 가인의 후예에서 영웅들인 네피림이 태어났으며, 이들이 '그 땅에' 번성하였다(창 6:1-4). 이로써 '그 땅에' 죄악이 넘치게 되었다(창

6:5-17). 가인이 욕망을 눌러야 했던 것과 마찬가지로 하나님의 형상을 닮은 사람은 '그 땅'을 눌러서 높아지려는 땅의 욕망을 제어해야 했다. 토라는 이집트제국과 가나안 여섯 부족이 구가하는 도성 문명이 복속되는 과정을 보여 준다(참조. 신 9:1-6; 민 13:33, 네피림=아낙 자손).

2) 살리는 힘: 동사 '라다'의 의미

하나님께서 여섯째 날에 사람을 창조하시고 바다와 육지와 하늘에 있는 모든 동물을 '다스리라'고 명하셨다(창 1:26, 28). 사람은 희년이 되면 노예를 혹독하게 다스리지 말아야 한다(레 25:43, 46, 53). 마지막 날에는 세상을 다스릴 주권자가 야곱에게서 날 것이다(민 24:19). 선한 통치자는 정직한 자들을 땅끝까지 다스리며(시 49:15; 72:8), 원수들을 짓밟는다(시 110:2; 욜 3:13[히 4:13]).

이와는 반대로 악한 자들이 다스리면 모든 피조물이 고통을 받는다(사 14:2, 6). 절대왕권은 백성에게 강제 노동을 시키고 폭력을 휘두른다(왕상 4:24[히 5:4]; 5:16[히 5:30]; 9:23; 겔 34:4). 하나님께 불순종하는 자는 악한 권력의 지배를 받게 된다(레 26:17; 렘 5:31; 겔 29:15; 느 9:28).

3) 먹을거리: 채식과 육식

하나님께서 워낙에 사람들과 동물들의 먹을거리로 채소를 주셨다. 심판의 홍수가 끝난 후 방주에서 나온 노아와 그의 가족에게 동물이 먹을거리로 허락되었다(창 9:3). 부득이한 경우에 동물을 먹어도 좋다. 이때 피를 먹지 않도록 지극히 조심해야 한다.

육식을 즐기는 이삭은 에서가 사냥해 온 고기 음식을 즐겼다(창 25:28). 육식을 좋아했기 때문에 그는 에서를 편애하였다. 아버지의 편애는 자식을 싸우게 만들었다. 편애는 야곱은 장자권을 빼앗고 밧단아람(하란)으로 도주하는 비극을 낳았다. 다니엘은 왕의 음식과 포도주 대신 채소와 물만 먹고도 왕궁의 다른 소년들보다 더 보기 좋았다(단 1:15).

4) 섬김의 미학: 동사 '아바드'의 의미

야훼께서 땅에 아직 비를 내리지 않았기 때문에 들에는 초목이 아직 다 나지 않았다. 또 '그 흙을 섬길' 사람이 없었다(창 2:5). 이런 상황에서 야훼께서 땅에서 물이 솟아나게 하셨고, 흙먼지를 긁어모아 사람을 조형하였다. 그 조형물의 코에 '살아있는 숨'을 불어넣으니 비로소 그것이 '살아있는 네페쉬'가 되었다(창 2:7). 야훼께서 먼지로 만든 조형물에 야훼의 '살아있는 숨'이 결합된 존재, 이것이 곧 사람이다.

주께서 불모의 땅 가운데 에덴이란 동산을 창설하시고 거기에 아담을 쉬게 하면서 흙, 땅을 섬기고 지키도록 하셨다(창 2:15). 주께서는 에덴에 사람이 먹을 초목을 마련해 두셨다(창 2:9-14). '선악을 알게 하는 나무의 실과'를 먹은 아담은 '자신의 질료를 이루는 흙을 섬겨야 하는 존재로 에덴에서 추방당하였다(창 3:23). 아담은 자기를 섬기는 자기중심의 인간이 되었다. 아벨은 양을 먹이는 사람(로에)이

되었지만, 카인은 자신의 질료인 흙을 섬기는 사람(오베드)이 되었다 (창 4:2). 하나님께서는 타자를 먹이고 양육하는 아벨의 제물은 좋아 하셨지만, 자신을 섬기는 카인의 제물은 좋아하지 않으셨다. 죄를 다스리지 못한 카인은 동생 아벨을 죽이고 말았다. 생명을 부정하는 살생은 자기를 섬기는 이기심과 탐욕에서 비롯되었다. 노아도 '흙의 사람'이 되었고, 포도주에 취한 그는 부모를 공경하지 못한 자식 함을 저주하고 말았다(창 9:20, 25).

Ⅷ. 도성의 부정: 우상숭배 금지

십계명의 서두에서 하나님은 자신을 말씀의 하나님으로 계시하 시고(출 20:1), 이어서 종들의 집 애굽에서 이스라엘을 구출해 낸 야훼로 자신을 드러내신다(출 20:2). 말씀의 하나님은 종들을 해방시 키신 야훼로서 오직 한 분뿐이시기 때문에 다른 신들을 존재하게 해서는 안 된다(출 20:3; 신 6:4). 고대 근동의 만신전에 속한 신들은 최고신을 포함하여 모두 허망한 존재들이며, 인간이 만들어 낸 신들에 불과하다. 이런 맥락에서 시내산 계시 이전에 인간이 인지하 는 야훼에 대한 담론은 완전하지 않다. 멜기세덱이 야훼를 '엘 엘리 욘'(최고신)으로 찬송했다 하더라도 그의 찬송은 아직 불완전하다(창 14:19-20). 이드로가 야훼를 모든 신들 위에 가장 크신 분이라고 외쳤을 때 그 고백도 아직 완전하지 못하다(출 18:11). 야훼께서 자신을 계시해 주신 십계명의 말씀에 의거할 때 야훼 하나님을 바르게 인식할 수 있다.

야훼께서는 억압당하는 생명을 해방시키시며 억압자들을 물리치시는 분이시다. 고대 근동 사회는 고대 노예제사회였다. 노예들이 사회의 생산을 담당하였다. 노예 노동 위에 제국과 도시국가의 문명이 가능했다. 노예들을 취득하기 위해서 왕은 끊임없이 전쟁을 벌이고 땅을 정복하였다. 하나님은 노예들을 해방시킴으로써 자신을 백성에게 드러내셨다.

고대 노예제사회의 문명을 가장 명확하게 표현하는 기제가 바로 신전이었다. 고대의 왕들은 저마다 신전과 궁전과 성벽을 건축하는 일에 몰두하였다. 여기에 동원된 건자재들은 채석장과 광산과 벌목장에서 공급되었다. 노예들은 이러한 작업장들에 투여된 노동력이었다. 노예들의 해방은 노예제사회의 근간을 무너뜨리고 제국의 체제를 부정하였다.

1. 우상금령: 반제국의 선언

십계명은 토라의 복판에 위치하여 모든 사건의 핵심 주제들을 한데 묶어내고 있다. 이어서 열국의 왕들이 내세우는 다른 모든 신들을 배제할 것을 요구하신다(출 20:3). 북 왕국 이스라엘과 남 왕국 유다의 열왕이 섬기던 신들도 예외 없이 배제되어야 한다(왕상 11:5-7). "너는 나 외에는 다른 신들을 너를 위하여 있게 하지 말라"라는 요구는 고대 노예제사회를 주도하는 왕정 체제의 지배 이데올로기로서의 모든 종교를 부정하라는 명령이다. 오직 "너희를 애굽 땅, 즉 종들의 집에서 인도하여 낸 여호와"만을 예배하여야 한다(출 20:2).

2. 우상금령에 대한 종래의 이해

폰 라트는 『구약성서신학』 1권에서 십계명에 나온 우상금령에 대해서 해설한다. 원시 종교의 가시적 물질 숭배에 대해서 고등 종교의 정신을 앞세우는 신앙이 승리하였다고 보았던 합리주의적 해석을 거부한다. 물질과 정신이라는 추상적인 대립의 명제로서 이 문제를 해결할 수 없다. 신이 상像 안에 현존한다는 일반 종교의 관념에 반해서 히브리어 성서의 금령은 결코 일반 종교의 진리가 아니라 오히려 그러한 신 관념에 대한 예리한 냉소라고 본다.

폰 라트는 암픽티오니의 중앙 성소인 세겜의 12계명에서 이미 우상금령이 들어와 있었다고 판단한다(신 27:15). 중앙 성소 바깥의 변두리 촌락에서는 신상을 모시는 일이 여전히 이루어지고 있었다(삿 17장). 그는 출애굽기 20장 4절에 '다른 신들'이 배격되고 있는 점에 비추어 출애굽기 20장 4절의 우상금령은 곧 이방신 금령의 의미로 발전하였다고 본다. 이 계명은 신명기 27장 15절보다 더 후대에 종교혼합주의가 시작되던 시대를 반영한다고 보고 금송아지(출 32장)나 호세아의 싸움(호 8:4; 11:2)과 같은 이야기가 출애굽기 20장 4절과 연관된다고 보았다. 신명기 4장 9-20절은 우상 금지에 대한 신학적 해석으로서 포로기와 같은 비교적 후대의 작품으로 본다.

폰 라트는 이스라엘의 주변의 종교들에 눈을 돌려서 우상 금지령을 서로 다른 세계관의 표현으로 파악하자고 추천한다. 다른 신들과는 달리 야훼 하나님은 세계를 표상하는 분이 아니라 세계를 초월해서 숨어 있는 분으로 이해하자는 것이다. 이스라엘의 우상 금지는 야훼의 모든 가시적인 모습을 거부했고 야훼의 말씀과 이름만을 인정했다. 그래서 마체바(주상)나 놋뱀은 서서히 추방되었지만, 말씀을 담은 언약궤의 조형물은 보존되었다고 본다.

그러나 폰 라트의 해설이 보여 주는 우상금령의 전개사는 불확실하다. 우선 세겜의 중앙 성소 전승이라는 것이 불확실하고 신명기 27장의 삶의 자리를 세겜으로 보는 데도 문제가 있다. 더 나아가 이스라엘의 종교혼합주의라는 발상도 더 이상 주장할 수 없다. 왕국 시대에 워낙 다신론을 기조로 하는 만신전이 있었고, 최고신을 중심한 위계질서가 신학을 구성하였을 것이다. 유일신 신학은 포로기 이후에 비로소 발전하였다.

벨하우젠 이래 출애굽기 20장 1-17절의 십계명을 북 왕국 전승에 속한 E자료로 간주해 왔다. 이 관행을 폰라트가 받아들인 데서부터 그의 오판은 시작되었다. 신명기의 십계명과 출애굽기의 십계명을 비교 분석해 보면 후자가 전자를 전제하고 있음이 확연히 드러난다. 신명기 5장 6-21절의 십계명(D)이 먼저 있었고, 이것을 대본으로 하여 P가 출애굽기의 십계명을 개작하여 현재의 위치에 수록하였다. 신명기 십계명에서 안식일 규정은 출애굽 사건을 전거로 제시하고 있으나 출애굽기 십계명에서는 창세기 1장의 창조 이야기(P)를 인용하고 있다는 점이 이 사실을 확증해 준다.

더구나 신명기 사가의 역사서가 빨라야 포로기, 늦으면 포로 이후 시기에 저술되었으며, 토라는 이 신명기 사가의 역사서보다 더 먼저 저술되었을 수 없다는 최근의 연구 결과들을 참조할 때, 십계명이 토라에 편입되어 들어온 시기를 포로기 내지는 포로 이후기로 보아야 한다. 다만 폰라트의 추정 중에 받아들일 만한 점이 있다면 그것은 우상 금지령이 고대의 다른 왕국들이 신봉하는 이방 종교의 신상들을 거부하고 있다는 점에서 출애굽기 20장 2절과 4절이 출애굽기 20장 4절에 긴밀히 연결된다고 보았다는 점이다.

3. '페셀'은 무엇인가

출애굽기 20장 4절의 히브리어 단어 '페셀'은 동사 '파살'에서 나온 명사이다(개개역·공역, '새긴 우상'; 표역, '우상'). 동사 '파살'은 어떤 물질을 쪼개거나 쪼거나 깎는 조삭 행위를 가리킨다. 그 동작의 대상이 나무일 수도 있고(신 7:5, 25; 12:5), 돌일 수도 있다(출 34:1; 신 10:1, 3; 왕상 5:18[MT32]). 차일즈는 "페셀은 처음에는 목각이나 석상을 가리켰지만, 나중에는 금속 주물상도 가리키게 되었다"(사 40:19; 44:10)고 지적한다. 새긴 신상의 경우에 돌이나 목재를 깎는 노동이 요청될 터인데 그 동작을 동사 '파살'이 표현한다. 하박국 2장 18절에 이 단어의 동사와 명사가 어울려 사용되고 있다.

'페셀'은 출애굽기 20장 3절에 언급된 '다른 신들'의 표상물이다. 이것이 석상일 경우 채석장에서 떠낸 돌을 조각하여 만들었을 것이다. 사사기 3장 19, 26절에 '하프실림'이란 단어가 나온다. 모압 왕 에글론에게 조공을 바친 후 에훗이 에글론을 죽이려고 돌아왔다. 이때 에훗은 '돌 뜨는 곳'에서 나아 왔으며, 에글론을 죽이고 도망할 때 '돌 뜨는 곳'을 지나쳐 달아났다고 한다. 표준역에는 '돌 우상들이 있는 곳'이라고 번역하였다.

노예 노동자들이 채석장에서 고된 강제노역에 시달렸다. 포로기에 포로로 끌려간 유대의 장인들(왕하 24:14, 16; 25:11)은 느부갓네살과 나보니드가 벌인 대규모의 국가 토목공사에 동원되었고, 특히 느부갓네살은 가는 곳곳마다 엄청나게 큰 신전을 건설하고 화려한 궁전을 짓는 일에 열중하였다. 포로기의 엄청난 토목공사와 건축 사업은 채석장과 광산과 산림 채벌장의 노예 노동으로 진행되었다. '페셀'은 바로 이러한 채석장에서 나온 석재나 석상을 가리킨다. 그러므로 '페셀'의 제작을 금지하는 것은 채석장의 노예 노동을 금지하는 조치이다. 노예들을 해방시키는 야훼께서(출 20:2) 노예 노동을 강요하는 모든 다른 열국의 왕들이 만들어 낸 신들과는 반대로(출 20:3) 일체의 채석장 노동을 금하시고 그곳에서 생산되는 모든 제품의 도입을 금하신 것이다(출 20:4).

4. '마세카'는 무엇인가?

출애굽기 20장 22-26절은 언약법의 서론으로서 십계명을 해설한다. 23절에 언급된 '금신과 은신'은 '페셀'이 아니라 '마세카'이다. 마세카는 금속을 녹여 거푸집에 부어서 만든 주물상이다. 금으로 만들면 금신이 되고, 은으로 만들면 은신이 된다. 이 용어는 금송아지 제작의 이야기에 그대로 적용된다(출 32:31; 34:17). 청동을 부어 만들면 청동 신상이 될 것이다. 주물 신상들을 제작하려면 의당 구리 광산이나 금광이나 은광에서 노예 노동력이 투여되어야 한다. 페셀 금지령의 경우와 마찬가지로 마세카 금지령도 광산의 노예 노동의 폐지를 겨냥하고 있다.

마세카 금령은 이스라엘에서 장신구 착용을 중단한 기원론과 연관된다. 이스라엘은 금송아지, 곧 금신를 제작한 이후(출 32:31;

20:23), 야훼께서 더럽혀진 이스라엘 진 안에 더 이상 함께 동반하지 않겠다고 선언하시자 백성은 크게 슬퍼하면서 모든 장신구를 벗어 버렸다(신 33:5-6). 이것은 이스라엘 공동체가 마세카 신상뿐만 아니라 일체의 귀금속 장식물을 제조하지 말아야 한다는 특단의 각오로 디아스포라의 생활에 임했음을 보여 준다. 귀금속 장식물들을 벗어 버리는 영상은 토라와 신명기 사가의 역사서에서 흔히 등장한다(창 35:4; 민 31:50; 수 7:21; 삿 8:25-26 등).

금송아지 숭배 범죄 이후에 하나님께서 새로 세우신 언약법에는 마세카의 금지령도 명기되어 있다(출 34:17, 칠역, '테우스 코뉴투스'; 라역, conflatiles; NKJV, 'molded gods'; NRSV, 'cast idols'; 개개역·표역·공역, '신상들'). 석상 제작 금지와 마찬가지로 금상, 은상 및 청동상 제작의 금지는 노예 노동력에 바탕을 둔 고대의 왕정 체제 자체에 대한 부정을 의미한다. 이사야서에 나타난 우상 조롱도 바로 이러한 견지에서 신상에 대한 포로민들의 역겨운 심정을 표명하면서 왕들과 귀인들의 몰락을 겨냥하고 있다(사 40:17-23). 페르시아 시대에 상당한 규모로 성장한 디아스포라 공동체들은 야훼를 믿는 신앙을 중심으로 뭉쳤다. 그들은 제국들이 내세운 이데올로기들과 노예 노동을 반대하면서 참다운 미래 사회의 대안으로 하나님 나라를 대망하였다. 에베소의 초대교회가 마세카를 금지하였기 때문에 은장색들의 장사에 큰 지장을 주었다는 것은 페셀이나 마세카의 금령이 경기에도 영향을 미쳤음을 암시한다(행 19:24-27).

5. '다듬은 돌'(까지트)로 만든 제단의 금지

언약법의 서두에 제단법이 규정되어 있다(출 20:22-24). 제단은 흙으로 쌓은 것이 가장 좋다. 부득이하여 돌로 쌓을 경우 자연석으로 하는 것이 좋다. 흙과 자연석에 노예 노동은 필요 없다. 야훼를 위한 제단은 채석장에서 떠내어 정으로 쪼아서 만든 돌(까지트)로 쌓아서는 안 된다. 제단에 지구라트나 피라미드와 같이 층계를 만들어서도 안 된다. 이 금령은 제단의 온전성(탐밈)을 강조하려는 것이 아니다.

이 법은 신명기 27장 5절에서 모세가 강조한다. 여호수아는 모세의 명령을 준수하여 약속의 땅에서 자연석으로 제단을 쌓았다(수 8:31). 제단은 어떠한 노예 노동력과도 무관해야 한다(수 22:28, 34). 그러나 솔로몬은 채석장(왕상 6:7, 맛사아)에서 돌을 떠서 정으로 쪼아 다듬은 돌들을 몰래 예루살렘 성안으로 운반하여 성전과 궁전을 건축하였다(왕상 6:7; 7:9). 이 일에 동원된 인원은 십팔만 명에 달하였다(왕상 5:13-15). 솔로몬의 역군들이 성전 건축을 위하여 히람과 그발의 역군들과 협동하여 돌 뜨는 일을 하였다(왕상 5:18). 솔로몬은 산에 돌 뜨는 자를 팔만 명이나 투여하였다. 이처럼 성벽이나 궁전이나 성전 등 도성을 건축하기 위해서 제국의 왕들은 그 인근에 채석장을 경영하고 있었다.

신명기 사가는 아람의 장군 나아만이 나병에서 나음을 받은 후에 흙을 노새 두 바리에 실어서 귀국하였다고 보도한다(왕하 5:17). 흙 제단은 야훼 신앙을 표상하였다. 이것은 아람의 왕이 제사를 지내는 림몬 신당과는 극히 대조된다.

반시터즈는 에스겔 40장 42절, 43장 13-17절, 에스라 3장 2-6절을 살핀다. 그는 언약법의 서두에 나타난 제단법이 에스겔과 에스라 시대 사이에 만든 것이라고 판단했다. 그는 또한 언약법은 신명기법 이후에 만들어졌다고 판단하였다. 그는 언약법의 제단이 디아스포라 유민 공동체가 제단을 간편하게 수시로 쌓았던 정황에 걸맞다고 보았다. 그렇다면 디아스포라 공동체는 열국의 열왕들이 건축하는 제국의 제단들과 웅장한 신전들에 대한 대안으로 흙 제단과 자연석 제단을 내놓았다고 판단할 수 있다. 이 제단법은 신명기의 페셀 및 마세카 금지법령과 일관되게 연결되는 것으로서 고대 노예제사회의 노예 노동을 반대한다.

6. 십계명: 디아스포라 공동체의 강령

디아스포라는 고대 국가 체제에 대한 대안으로서 말씀의 공동체를 내놓았다. 말씀의 공동체는 토라를 중심으로 생활하는 공동체이다. 디아스포라는 예루살렘에 재건된 학개 성전을 중심으로 각 지방의 회당에서 말씀을 중심으로 살았다. 이 공동체들에서 야훼 하나님의 유일신 신앙이 발전하였으며, 다른 제국의 신들을 거짓 신으로 거부하였고, 그 신들을 표상하는 모든 신상을 부정하였다. 더 나아가 제국의 이데올로기를 제공하는 모든 종교를 우상숭배의 종교로 규정하고 그 제국의 기초를 이루는 노예 노동 자체를 근절하려는 온갖 노력을 기울였다. 디아스포라 공동체는 야훼 신앙을 평화, 평등, 자유, 해방의 이데올로기로 더욱 첨예하게 다듬어 갔으며, 이로써 국가를 신봉하는 국가주의와 협소한 민족주의를 벗어나서 유일하신 하나님의 직접 통치인 하나님의 나라 사상을 발전시켰다. 여기에 묵시 사상까지 더하여 종말 사상이 발전하였다.

이러한 견지에서 어떠한 피조물의 형상도 하나님을 모상할 수 없으며, 그 모상에 절하거나 숭배하는 행위도 단호히 거부되어야 한다. 따라서 어떠한 통치자도 신의 이름을 빙자하여 인민을 통치할 수 없다(출 20:7). 억압받고 노예 노동에 종사하는 모든 노예는 안식일을 지키려는 노력 속에서 쉼 없이 노동력을 착취하는 제국의 경제 체제에 대항하여 새로운 안식의 공동체를 세워나가야 한다(출 20:8-11). 출애굽의 하나님은 히브리인을 안식을 위하여 해방하셨으며(신 5:12-15), 우주 만물을 창조하시고 제칠 일에 쉬셨다(창 2:2-3). 노예 노동의 폐지 없이는 안식일법 준수도 불가능하게 되므로 안식일 준수는 노예 노동의 폐지를 전제한다. 이러한 십계명법의 취지에 뒤이어 언약법의 초두에 히브리 노예의 해방령이 뒤따라 나온다(출 21:1-11).

IX. 도성 문명의 대안: 농의 신학

토라는 도성을 진멸할 대상으로 본다. 육경의 결론부인 여호수아서에 '이르'(עיר, castle, 城)란 명사가 162회나 나온다. 이것은 오경 전체에서 173회 언급된 것에 비교할 때 엄청나게 잦은 빈도수이다. 여호수아 6장은 여리고성의 멸망을 보도하고 여호수아 8장은 아이성의 멸망을 보도한다. 그 후 여호수아는 야훼께 제사를 드리고 율법서를 낭독하였다(수 8:30-35). 이 일로 인하여 가나안의 모든 왕이 연합하여 야훼의 백성을 대적하여 일어났다. 여호수아는 크고 높은 성곽을 차지하고 있던 가나안의 모든 왕을 무찔렀다(수 12장).

여호수아 13-21장은 세 문단으로 나눌 수 있다. 13-19장은 땅 분배를 보도하며 가나안의 '도성들'을 이스라엘이 차지한다. 20-21장은 레위인의 도성과 도피성에 대해서 규정한다. 여호수아 22-24장은 정복기를 마무리한다. 야훼께서는 "너희가 건설하지 아니한 성읍을 너희에게 주었다"(민 24:13)고 여호수아는 평가한다. 여호수아서는 이처럼 '도성'과 '왕들'을 지양하는 것으로써 육경을 마무리한다.

홍수 이후에도 네필림을 계대하여 니므롯이 출현하였다(창 10:8, 9). 이들은 구스의 아들이자 앗수르의 조상으로서 레센성을 쌓았다(창 10:12). 이러한 영웅들은 시날 평지에서 바벨성을 쌓고 하늘 꼭대기까지 도달하는 탑을 쌓았다(창 11:4, 5, 8). 하나님께서 이들의 교만한 시도를 흩어버리셨다.

인류의 역사에서 최초로 '성'을 쌓은 인물은 가인이다(창 4:17). 가인은 보복당할 것을 두려워하였으나 야훼께서는 가인을 보호하는 표를 주셨다. 가인은 야훼의 약속을 믿지 않고 받은 표를 무시하였다. 가인은 자신을 방어하기 위하여 '성'을 쌓고 자신의 맏아들의 이름을 따서 '에녹성'이라고 명명하였다. 이것이 인류에서 최초로 쌓은 '성'이다. 창세기는 '도성'이 야훼 하나님을 믿지 않는 불신의 산물임을 날카롭게 지적한다.

도성인들의 대명사로서 가인의 아들 라멕이 등장한다. 라멕은 가인을 계대하여 살인을 저질렀고, 야훼의 보호하시는 은총을 야훼의 징벌이었다고 왜곡한다. 가인의 삶을 본 라멕은 야훼께 징벌받은

아버지만을 인식할 뿐이다. 라멕은 가인이 야훼의 보호를 받았음에
도 불구하고 야훼께서 자기 아버지 가인에게 일곱 배로 보복하였다
고 잘못 인식한다. 라멕은 자기 아버지보다 11배나 더 불행하다고
고백한다. 바벨성과 망대는 도성의 불행을 극단으로 묘사한다(창
11:1-9).

아브람은 '나홀성'을 떠났다(창 24:10, 11, 13). 유랑하는 아브람이
당도한 곳은 애굽의 도성이었다. 아브람은 파라오의 폭력을 두려워
하여 아내를 누이라고 속여야 했다. 사래는 파라오에게 성폭행을
당하였다(창 12:19). 야훼께서는 애굽도성의 폭력을 물리치고 아브람
의 아내를 구출해 주셨다. 또 네게브 땅을 다스리는 그랄왕 아비멜렉
이 아브라함의 아내 사라를 데려갔다가 야훼의 징벌을 받고 사라를
돌려보낸다(창 20:1-18). 아브라함의 아들 이삭도 그랄의 횡포를 두려
워하여 아내를 누이라고 속인다(창 26:7). 이처럼 '성'과 '왕'과 '성민'의
세 요소는 늘 폭력을 행사하는 악한 세력이다.

아브람과 헤어진 롯은 마침내 소돔성에 들어가 정주하였다(창
13:12). 심판자 세 천사가 소돔성에 이르렀을 무렵, 때는 석양이었고,
롯은 성문에 앉아 있었다. 롯은 석양을 보면서 실의에 잠겨 있었다.
롯은 소돔성을 떠나기 원하지만, 망설이고 있는 듯하다. 소돔 성민들
은 롯의 집에 객으로 묵는 천사들을 폭행하려고 한다(창 19:5). 롯은
두 딸을 도성민에게 내어 주려고 한다(창 19:8). 사위들은 소돔성의
탈출을 거절하였고(창 19:14), 아내는 멸망하는 소돔성을 돌아보다가
소금기둥으로 변하였다(창 19:26). 소돔 '도성'에는 의인이 한 사람도
없었다. 심지어 롯조차도 하나님께서 아브라함을 생각하사 살려주
셨을 뿐이다. 롯은 '소알성'으로 피신하였으나 '소알 성민들'이 두려

워서 기어코 '산'으로 탈출하였다(창 19:30).

야곱은 세겜 성읍 앞에 천막을 쳤는데(창 33:18) 그의 딸 딤나가 세겜성의 추장의 아들에게 폭행을 당하였다(창 34:20). 야곱이 세겜을 떠났으나 그 인근 성읍들은 하나님 야훼를 두려워하여 야곱을 감히 추격하지 못하였다(창 35:5, 개역, '고을들'). 요셉은 애굽의 각 도성에 창고를 짓고 곡물을 비축하였다(창 41:35, 48). 야곱의 아들들은 애굽의 도성으로 곡식을 사러 왔다(창 44:13). 도성은 농노들이 생산한 곡물을 사들여 비축하는 축재의 장소이다. 요셉은 애굽의 토지를 농민들에게 전매하여서 파라오의 것이 되게 하였고, 백성을 여러 도성으로 이주시켰다(창 47:21).

파라오는 국고성 비돔성과 람세스성을 건축하면서 이스라엘을 노예로 부렸다(출 1:11). 야훼의 심판은 성읍을 황폐하게 할 것이다(레 26:25, 31, 33). 가나안 땅의 주민은 강하고, 도성은 견고하고, 성에는 아낙 자손이 산다(민 13:28; 신 9:1-6). 이스라엘은 약속의 땅으로 진행하면서 도중에서 만나는 '도성'들과 그 성민을 모조리 진멸하였다(민 21:2, 3, 25-27; 24:19). 이스라엘은 미디안족의 도성들을 모두 진멸하였다(민 31:10). 이스라엘이 약속의 땅으로 진입하는 과정에서 그들은 모든 '도성'을 무너뜨리고 차지한다(민 21-24장; 수12장).

토라의 마무리 부분에서 '도성'은 다른 음조를 띤다. 백성의 아녀자들을 보호하기 위해 갓 문중과 르우벤 문중은 요단 동편에 '도성'을 건축하였다(민 32:16, 17 등). 레위인들이 사용할 도성과 초장이 마련되어야 하며 또 보호받아야 할 피의자들을 숨겨줄 '도피성'들이 마련되어야 한다(민 35:2 이하). 마침내 '도성'은 자기를 섬기는 불신앙의 성격에서 벗어나 하나님을 섬기고 타인을 보호하는 정의의

'도성'으로 탈바꿈한다.

X. 영생에 이르는 길: 식민지 민중의 희망

디아스포라는 '말씀'의 신학을 정립하였다. 말씀을 새긴 두 돌판을 담은 법궤가 새 생명을 얻는 관문이 된다. 에덴이 아름다운 본향인 이유는 그곳이 하나님의 현존 장소이기 때문이다. 에덴에서 추방된 인간은 에덴의 입구에 화염검과 두 그룹 때문에 다시 에덴으로 돌아갈 수 없다(창 3:24). 이 두 그룹의 표상은 법궤의 뚜껑에 조형된 두 그룹의 날개의 표상으로 이어진다(출 25:19-21). 법궤의 뚜껑에 있는 두 그룹 아래에는 두 돌판에 새겨진 말씀이 있다. 하나님은 법궤 뚜껑(카포렛, 시은소, 속죄소) 위 두 그룹의 날개 사이에서 모세를 만나려고 작정하신다(출 25:22). 말씀이 있는 곳에 바로 야훼의 현존이 있다. 이곳에서 에덴동산의 생명나무로 가는 길이 열린다.

바울 사도는 예수 그리스도를 이 법궤 뚜껑(카포렛)에 비유하였다. "예수를 하나님이 그의 피로써 믿음으로 말미암아 화목제물로 세우셨으니…" 이 한글 번역에서 '화목제물'이란 그리스어는 '힐라스테리온'으로 되어 있다. 이것은 히브리어 '카포렛'의 번역어이다. 따라서 이것은 '법궤 뚜껑'을 가리킨다.

XI. 나가는 말

토라는 농의 신학을 펼치고 있다. 농의 신학은 제국을 구성하는 도시 문명에 대안을 모색한다. 곧 디아스포라 공동체의 세계관을 토라는 제시한다. 그것은 도성 문명에 억압당하는 피억압 민중이 염원하는 생명·평화의 세계관이다. 땅은 인간의 욕망을 키우고 자기를 높이는 교만한 속성을 도시 문명을 통하여 한껏 펼친다. 이 땅을 하나님의 백성은 꾹 눌러 밟고 있어야 한다(창 1:28, 카바쉬). 사람은 땅을 창조계에서 땅과 더불어 낮은 곳에 처하는 겸손의 도를 따르는 존재이다. 이들은 하나님과 함께 일하며 이웃과 함께 살아가면서 피조물의 생명을 살리는 생명 살림의 일꾼이다. 이웃의 곤궁을 채워주고 피조물을 양육과 보살핌으로써 평화를 지키는 평화 지킴이이다(출 19:3-8).

도시 문명은 헬레니즘으로 표출되며, 농의 신학은 헤브라이즘으로 정립되었다. 이 두 가지 서로 다른 세계관이 서로 충돌하는 가운데서 하나님의 백성은 노예 해방을 선택하며, 노예와 노예주 사이의 화해와 평화를 이룩하는 일을 선택한다. 노예의 생명을 보장해 주며(출 21:1-11), 더 나아가 노예 노동이 낳은 어떠한 생산물도 소지하거나 흠숭하지 않는다(출 33:4-6). 제국의 체제가 만들어 낸 어떠한 이데올로기도 어떠한 지배자의 신학도 거부하고 단연한 분뿐이신 야훼 하나님만을 섬긴다. 야훼를 위해서 어떠한 장엄한 신전도 필요 없다. 수많은 노예를 동원하여 지은 제단과 성전은 없어져야 한다. 하나님께서는 광야에서 쌓았던 이동식 흙 제단이나 자연석 제단으로 만족하신다(삼하 7:5-7).

거대한 신전을 내세우는 도성들은 반드시 멸망하고 말 것이다. 그 신상의 표상 배후에 수많은 노예와 가난한 자들과 피조물들의 피가 흐르고 있기 때문이다. 하나님은 가나안의 도성들을 진멸하시고 자신의 백성을 통해서 새로운 도성을 건설하실 것이다. 그것은 평화를 위해서 일하며 생명을 살리는 도성이다. 그러한 도성은 주의 재림과 함께 하늘로부터 내려올 '새 예루살렘'이다(계 21:2).

야훼 하나님은 사랑이 많으시고 오래 참으시는 하나님으로서(출 34:6) 필살법(출 21:12-17; 22:18-20, '모트 유마트')조차도 유예하시고 범죄한 죄인에게 새로운 살림의 기회를 허락하신다. 야훼께서는 이와 같은 원리에서 건강한 생명을 살리시며, 생명을 죽이는 부패한 생명을 정리하신다. 야훼 하나님의 도구는 오로지 말씀뿐이다. 말씀이 세상의 칼과 창을 이긴다. 참 생명을 향한 하나님의 선교는 영원한 생명을 보장하는 하나님과의 만남으로 이어진다. 오로지 말씀을 통하여 하나님을 만나는 그곳에 영원한 생명이 보장된다.

말씀의 공동체는 '열국 광야'(겔 20:35, 개역, '미드바르 하암밈'; 개역개정, '여러 나라 광야')를 헤치고 약속의 땅으로 나아가는 광야의 공동체이다(민 10:11 이하). 이 공동체는 제국을 대신할 미래의 대안 공동체로서 반드시 이루어질 것이며 이미 모세가 비스가산에서 바라보고 있는 희망의 나라이다. 모세의 눈앞에 에덴동산이 펼쳐져 있다(신 34:7).

토라의 농의 신학에 주목할 때 비로소 토라가 펼치는 '디아스포라 공동체'의 신학을 이해할 수 있을 것이다. 이 주제를 이해하지 못하면 예수의 '하나님의 나라' 사상도 올바로 이해할 수 없을 것이다. 그것은 곧 교회의 신학이다.

『농신학農神學』에 대하여

한경호 목사

한국농신학연구회 회장,
이영재 목사 유고집 출판위원회 위원장

I. 들어가는 말

이영재 목사는 우리나라 신학계에서 '농農'을 열쇠 말로 삼으며 구약성서를 해석한 최초의 학자이다. 단편적으로는 언급한 분들이 있지만, 이렇게 일관되게 서술한 학자는 처음이라는 말이다. 아마도 세계적으로도 드문 일이 아닌가 생각된다. 서구는 농경사회에서 벗어난 지 이미 오래되었고, 농을 다룬다고 해도 오늘날의 상황을 반영한 생태적인 측면에서의 접근이 아닌가 싶다(웬델 베리 등). 우리 나라에서도 지식인 사회에서는 오늘의 도시 산업 문명을 당연시하 면서 농은 이미 역사 발전의 뒤로 밀려난 퇴물로 보는 시각이 지배적 이다.

그런데 최근 기독교계 내에서 이런 시각에 반기를 드는 농신학農神學 활동이 태동되었다. 생태 신학 등 생명의 문제를 신학의 화두話頭로 삼는 영역은 있어도 그 바탕에 있는 농農을 중심에 놓고 생각하는 사람들은 거의 없었다. 이런 움직임이 왜 발생했을까? 몇 가지 이유를 들 수 있겠다.

첫째, 도시 중심의 현대 산업 문명이 직면한 위기를 극복하기 위해서는 보다 근본적인 통찰과 사유가 필요하다는 문제의식이다. 과학기술 중심의 도시 산업 문명이 초래한 생태계의 위기는 인간뿐만 아니라 생명계 전체의 생존을 위협하고 있는 바, 그를 극복하기 위한 의식이 싹트면서 인간 존재의 근원성과 자연 생태계와의 정의로운 관계 그리고 무엇보다도 인간 생존의 절대적 요소인 식량 생산 토대로써의 땅과 농에 대한 근본적 인식의 전환이 요구되고 있기 때문이다. 성경은 바로 이 문제에 대한 해답을 제시하고 있다고 믿는다. 특히 구약의 원역사(창 1-11장)는 오늘 위기에 처한 인간들에게 자신을 돌아보고 근원을 바라볼 수 있는 안목을 제시해 주고 있다고 생각한다.

둘째, 이러한 성서 읽기는 그동안의 주류 신학인 구속 신학을 탈피하여 창조 신학과 신앙고백으로 나아가게 만들 수 있다는 생각이다. 농신학이 구약성경 특히 창세기에 대한 재해석에서 출발하기 때문에 필연코 하나님의 창조 정신과 오늘의 문명과의 관련성에 대하여 언급하지 않을 수 없다. 구속 신앙 일변도로는 오늘의 위기에 대한 답을 줄 수 없는 것이다. 구속 신앙은 창조 신앙에 의하여 제 위치를 다시 찾을 때에 그 참된 본연의 모습을 회복할 수 있을 것이다. 창조와 구속, 이 두 개의 신학적 기둥을 농신학의 입장에서 결합시켜야 한다는 문제의식이 있는 것이다.

셋째, 하나님의 정의는 바로 가장 밑바닥에 있는 민중의 삶의 회복과 직결되어 있다는 문제의식이다. 이스라엘 민족사의 출발이 노예를 해방시키시는 하나님의 공의에 입각해 있고, 바벨론 포로들을 해방시키시는 하나님의 역사 섭리에 있으며, 갈릴리 민중과 더불어 살면서 그들을 해방시켜 하나님 나라의 주체로 세우시고, 십자가에 처형된 예수 그리스도의 사역에 있다고 생각하기 때문이다. 민중을 생태적 측면으로 확대하면 민초民草라고 할 수 있다. 생명계의 가장 밑바닥에서 자연의 흐름에 자기 삶을 온전히 맡긴 채 모두를 먹여 살리려고 먹혀주는 것이 바로 이름 없는 풀들이다. 역사 속의 '민중'은 생태계의 '민초'와 결합될 때에 그 의미를 온전히 획득할 수 있을 것이다. 투쟁적인 민중은 목숨을 내어 주는 희생적인 민초의 영성을 가질 때에 모두를 살리는 구원자의 위상을 갖게 될 것이다. 예수는 생명의 떡으로 먹혀줌으로써 모두를 살리는 구세주가 될 수 있었다.

넷째, 한국 신학계가 낳은 민중신학과 토착화신학의 맥을 살려 나가려는 의지가 담겨 있다고 할 수 있다. 민중신학이 형성될 때의 시대 상황과 지금의 상황이 많이 다르지만, 그 한계를 극복하면서 근본 취지를 오늘에 살려야 한다고 생각한다. 민중신학이 표방하는 성서적 증언은 오늘도 유효하기 때문이요, 산업화 시대의 노동자보다는 목하 생명 시대에는 그보다 밑바닥에 있으며 생명을 담지하고 있는 민중인 농민과 농업의 존재와 역할이 더 중요하다는 생각이다. 이것은 사회경제사적, 계급적 측면으로부터의 탈피를 의미하는 것이기도 하다.

또한 토착화신학이 무속, 유, 불, 선 등 우리 민족의 심성 밑바닥에 흐르고 있는 종교적, 영적인 측면에 대하여 기독교 신학과의 대화를 통해 많은 가르침을 주어 사고의 지평을 세계적으로 넓혀 주었으나 민중과의 상호 소통에는 진전을 보여 주지 못했다는 문제의식도 있다. 농은 역사적으로 늘 밑바닥에 있어 왔기에 통치 이데올로기로 작용했던 종교, 사상들과는 잘 어울리지 않는 국면들이 있었다. 토착화 작업을 통하여 사상적 진전은 있었으나 그것이 민중의 삶 속에 문화적으로, 삶의 양식으로 자리 잡기에는 아직 갈 길이 멀다고 생각한다.

민중신학과 토착화(문화)신학은 서로를 어떻게 생각하고 있는가? 진지한 대화가 이루어져 왔는가? 기독교농민회의 정의 운동과 정농회의 생명 운동이 근본에서는 같은 토대에 있으면서도 시대 상황에 대한 인식 차이와 현실적 이해관계로 상호 진지한 소통을 못했던 것처럼 두 신학도 그렇지 않았는지 모르겠다. "종교는 문화의 핵심이요, 문화는 종교의 외피이다"라는 말이 있듯이 이제 기독교는 이 땅의 토착적인 한국 기독교로 정착해야 한다. 그 방향은 민중(초)지향적이어야 하고, 그 민중에 의한 새로운 기독교 민중 생명 문화가 창의적으로 나와야 한다. 생명의 바다에서 민중과 문화가 만나야 한다. 이 생명의 시대에 민중신학과 토착화신학은 농과 생명을 사상적, 실존적 토대로 삼으면서 상호 통전을 꾀하며 세계를 구원할 수 있는 지평으로 확대 발전시킬 수는 없는 것인가?

이영재 목사는 이러한 문제의식을 갖고 농신학을 한 사람이라고 생각한다. 기독교인들에게 성경은 삶과 믿음의 토대이다. 성서신학은 바로 이 성경을 일정한 입장을 갖고 해석하는 신학이다. 따라서 그 성경을 어떤 눈으로 바라보느냐 하는 것이 일차적으로 중요하다. 이런 의미에서 이영재 목사의 농의 눈으로 보는 성서 해석은 매우 유의미하다.

성경은 시공을 초월하는 절대의 말씀이지만 시대 상황 속에서는 시공에 제약되고, 인간의 언어와 사고 체계의 틀 속에 갇혀 상대화된다. 함석헌 선생의 말로는 "하나님의 말씀은 하나님의 입 안에 있을 때는 절대이지만 인간이 두 손에 받쳐 드는 순간 상대화된다." 따라서 어떤 신학을 마치 절대의 것인 양 맹종하는 것은 바람직하지 않으며 또한 민중신학, 토착화신학, 농신학 등을 단순히 상황 신학이라고 평가절하하는 자세 또한 바람직하지 않다. 나아가 그런 자세는 서구 신학을 기준으로 우리 신학을 판단하는 사상적인 식민지 자세라고 볼 수 있기 때문이다. 신학은 나라마다, 시대마다, 상황마다 그에 맞는 새로운 꽃을 피울 수 있고, 그래서 다채로운 사상적 정원을 만들어 볼 수 있다. 농신학 역시 그런 작은 역할을 해볼 수 있지 않을까?

이 글은 이영재 목사가 남겨놓은 유고遺稿를 중심으로 쓴 글이다. 이 목사 살아생전에 농신학과 관련된 글은 계간 「농촌과 목회」지에 실렸다. 그런 내용의 글을 실어 줄 마땅한 매체가 없었기 때문이다. 2007년도부터 2020년도까지 10여 년에 걸쳐서 36편의 글을 실었다. 적지 않은 분량이다. 만일 좀 더 살았더라면 보다 체계를 잡고 내용을 갖춰서 본인에 의한 농신학 책이 나왔을 텐데, 지금으로서는 아쉬운 일이다. 이 글의 내용은 그러므로 유고에 한정되어 있으며 그것도 필자가 성서신학자가 아니기 때문에 비평보다는 전체의 내용을 요약 압축해서 그의 주장을 드러내 주고, 약간의 보완과 비평 그리고 농신학의 과제를 생각해 보는 데에 한정하고자 한다.

II. 이영재 농신학의 출발 — 창세기 원역사

창세기는 주지하듯이 하나님이 천지 만물을 지으신 창조주이심을 기록하고, 구원사를 위해 선택받은 족장들의 생애를 기록한 책이다. 앞부분 1-11장까지의 원역사는 모든 것의 기원을 설명해 주고 있다. 우리는 먼저 인간의 기원부터 생각해 보고자 한다.

1. 인간론: '농인'(農人)의 창조

인간이라는 존재는 어떻게 생겨났는가? 이영재 목사는 창세기에 의거하여 사람은 하나님의 힘(노동), 흙, 물, 숨 네 가지 요소가 합하여 생령이 된 존재라고 말한다. 흙을 물로 반죽하여 하나님의 숨(너샤마)을 불어넣어 만들어진 존재이다. 숨은 하나님과 소통하는 통로이며, 사람이 살아있게 만드는 결정적인 요소이다. 요약하면 "인간은 하나님의 숨을 쉬는 생명체로서 땅의 사정을 잘 알아서 하나님께 알려드리고, 성령의 능력으로 살아가며, 하나님의 운동과 하나가 되어서 창조 사역에 동역하는 존재이다."[1]

---

1 생물진화의 관점에서 보면 인간에게 와서 나타난 두드러진 특징은 직립과 두뇌화 현상(뇌용량의 증가)이다. 직립과 더불어 의식작용이 복잡화되는 현상(consciousness complex-ity)으로 인해 하늘(하나님의 숨)과 땅(흙)을 하나로 연결할 수 있는 존재가 된 것이다.

그러면 인간은 무엇 때문에 무슨 목적으로 그렇게 지음을 받았는가? 이영재 목사의 농신학적 인간론은 창세기 2장 5절 "여호와 하나님이 땅에 비를 내리지 아니하셨고 땅을 갈 사람도 없었으므로"의 말씀과 15절의 "여호와 하나님이 그 사람을 이끌어 에덴동산에 두어 그것을 경작하며 지키게 하시고"[2]라고 하신 두 절에 크게 근거하고 있다. "땅을 갈 사람이 없었다"는 말씀은 인간의 의미와 목적이 무엇인지를 말해 주는 것으로, 인간의 역할과 소명이 땅을 가는 존재로 지으심을 받았다고 해석한다. 15절의 말씀도 같은 맥락에서 해석한다. '그것'은 땅(아다마)을 가리키며, '경작하다'는 말은 히브리어 '아바드'(섬기다, 노동하다)로 땅을 섬기게 하셨다는 말이다. 지킨다는 말은 '샤마르'이며 땅을 지킨다는 말이다.[3] 즉, 그는 15절을 "하나님께서 사람을 데리고 에덴동산에 편히 살면서 흙을 살리며 흙을 보전하는 일을 시키셨다"고 해석한다. 이 말씀을 좀 더 확대 해석하여 인간은 땅을 갈면서 땅에서 나는 뭇 생명들을 살리고, 돌보고, 지키는 존재로 지음을 받았다고 본다. 이것은 인간이 타자를 위해 일하도록 지음 받았다는 말이기도 하다.[4] 농신학회에서는 이 태초의

---

2 5절의 땅을 갈 사람이 없었다는 말은 영어(NIV)로는 there was no one to work the ground이며, 15절 말씀은 The LORD God took the man and put him in the Garden of Eden to work it and take care of it으로 번역되어 있다. 여기에서 it은 대부분의 한글 번역본들이 에덴을 가리키는 것으로 번역하고 있는데, 이영재 목사는 it이 언어학적으로 아다마(흙, 땅)를 가리킨다고 주장하고 있다. 어느 것이든 생명 지킴이, 생명 돌보미로서의 속성이 담겨 있다고 생각된다.

3 요즘 세계교회협의회(WCC)가 말하고 있는 에코-디아코니아(Eco-diakonia)의 개념이 사실은 창세기의 인간 창조 이야기 속에 이미 포함되어 있음을 알 수 있다.

4 이영재 목사는 동사 '아바드'의 개념을 '자신의 존재를 투여하여 타자를 이롭게 하는 행위'로 정의한다.

인간을 '농인農人'(Homo Colens)이라고 부르기로 했다. 인간에 대한 농신학적 정의라고 말할 수 있다. 인간은 하나님과 함께 생명을 살리는 농인으로 태어났다는 것이다.

두 번째로 인간이 땅을 가는 존재로 지음 받았다는 말은 하나님의 창조 작업의 지속적인 진행을 위한 존재로 지음을 받았다는 뜻이라고 본다. 하나님이 천지 만물을 창조하시고 일곱째 날에 쉬셨지만, 들판이나 산야에는 아직 식물들이 다 나지 않은 상태에 있었다. 창조의 작업은 이후에도 진행되었는데 그 소명을 인간에게 주셨다는 말이다. 인간은 하나님의 생명 창조의 조력자로서 모든 타자를 살리는 일을 하도록 지음 받았다.

2. 농인의 타락

하나님은 에덴동산 안에 선과 악을 알게 하는 나무를 두시고 다른 열매는 다 먹되 그 열매는 먹지 말도록 금하셨다. 그런데 사람이 그 열매를 따 먹고 말았다. 하나님의 명령에 불순종한 것이다. 본디 하나님이 창조하신 세상에는 그 "보시기에 좋았더라"는 말씀에서 보듯이 악이 없는 곳인데, 선악과를 따 먹음으로써 선과 악을 판단하는 또 다른 주체가 생기게 되어 악이 이 세상에 들어오게 되었다. 이 말은 인간이 하나님의 선하신 창조계를 자기중심적인 눈으로 보고 판단하기 시작했다는 말이다. 하나님 중심으로 사고하는 눈을 상실한 것이다. 이것이 최초의 인간 농인農人의 타락이다. 하나님과 함께 평화롭게 살 수 있는 삶의 길을 스스로 버린 것이다.

그 결과 인간은 에덴동산에서 추방되고 말았다. "여호와 하나님이 에덴동산에서 그 사람을 내보내어 그의 근원이 된 땅을 갈게 하시니라"(창 3:23)고 하셨다. 그리고 하와에게는 "내가 네게 임신하는 고통을 크게 더하리니 네가 수고하고 자식을 낳을 것이며"(창 3:16) 하셨고, 아담에게는 "네가 흙으로 돌아갈 때까지 얼굴에 땀을 흘려야 먹을 것을 먹으리니 네가 그것에서 취함을 입었음이라. 너는 흙이니 흙으로 돌아갈 것이니라 하시니라"(창 3:19)고 하셨다. 먹을 걱정, 입을 걱정 등 아무 걱정 근심 없이 살 수 있는 낙원에서 쫓겨나 이마에 땀을 흘리고 땅을 갈면서 살도록 된 것이다.[5]

이 구절에 대한 농신학적인 설명은 어떤가? 이영재 목사는 창세기 3장 23절의 뜻을 "삶의 목적이 하나님을 영화롭게 하는 데 있는 것이 아니라 먹고 살면서 육체의 결핍을 충족시키기 위한 것으로 변질되었다. 이것이 '자신의 근원이 된 땅을 갈게 하시니라'라는 말씀의 뜻이다"라고 해석한다. 에덴동산 안에서 땅을 가는 것은 먹을 걱정이 전혀 없는 상태에서 하나님의 창조 사역에 순종하는 것이었던 반면, 추방된 이후에 땅을 가는 것은 먹을 걱정에 얽매여 자기 소욕을 위해 살게 된 것이라는 말이다.

여기서 우리는 선악을 구분하는 주체자가 된 인간이 땀 흘려 노동하여 식량을 얻어야 하는 고통, 즉 식욕(먹고사는 일)에 얽매여 살아야 하는 존재로 그리고 성적인 욕망을 충족시키면서 후손을

---

5 노자(老子)의 말로 하면 태초의 인간의 모습은 통나무와 같다. 인위의 손길이 전혀 닿지 않은 자연 그대로의 모습이다. 도(道)의 경지에 오른 사람을 통나무와 같다고 표현하며 선과 악, 나와 너, 이것과 저것 등 사물을 둘로 나누어보는 구분 의식을 넘어선 존재이다. 자기 욕망과 의지에 의한 구분 의식으로 인해 불행이 시작된다. 장자(莊子) 역시 사물을 둘로 나누어보는 구분 의식과 시비지심(是非之心)이 도(道)에 이르는 데에 가장 근본적인 장애라고 말하고 있다.

낳는 고통을 겪어야 하는 존재로 전락하였음을 알 수 있다. 범죄 이전에 아담과 하와는 '나'와 '너'의 구별이 없는 하나의 존재였고, '내 것', '네 것'이라는 소유의식도 없었으며, 성적인 욕망도 발휘되지 않는 상태였지만 이후에는 나의 육신을 위한 '식욕'과 나의 쾌락을 위한 '성욕'을 충족시키며 살아가는 존재로 전락하였다는 말이다.[6]

이러한 타락한 농인 아담의 잘못은 그 아들 가인에게 그대로 이어졌다. 가인 역시 농부로 살았으나 아버지의 죄를 이어받아 땅을 자기 육신의 소욕을 채우려고 이용하는 이기적인 존재가 되었고, 심지어는 하나님까지 자기 농사에 끌어들여 이용하려고 했다. 타락한 농인은 이제 지구 전체의 땅을 위해서 일하는 것이 아니라 자신의 육身을 구성하고 있는 한 줌 흙을 위해서 사는 존재로 전락한 것이다.

3. 농사(農事)[7]에 대한 성경의 이해

위의 설명에서 보듯이 에덴동산 안에서의 농사와 밖에서의 농사는 본질적인 차이가 있다. 동산 안에서의 농사가 하나님과 함께 생각하고 순종하면서 행한 창조의 사역이라면, 에덴동산 밖에서의

---

6 식욕과 성욕은 생물진화의 역사에서는 본능으로 주어진 것이다. 그것 없이 생존과 진화는 불가능하다. 진화의 정점에 서 있는 인간에게는 이 30억 년 진화 과정의 무거운 짐이 '욕망'으로 지워져 있다. 이 짐을 벗어나는 것이 인간에게 와서 가능해지기는 했지만, 그것은 극소수의 뛰어난 종교인들에게서 나타난 현상이요, 거의 모든 인간에게는 불가능한 일이다. 이러한 본능의 세계를 성경은 신화적으로 설명해 주고 있는 것으로 보인다.

7 여기서의 '농사'는 '땅을 가는 일'의 우리말 표현이다. 히브리어로는 '하라쉬'이다. '농업'은 산업으로서의 경제 중심적 의미가 있기 때문에 적절하지 않다고 생각되어 이 말을 썼다.

농사일은 범죄 이후 주어진 것으로 육兩을 위한 활동이다. 이제 타락한 농인은 흙을 위한 존재가 아니라 흙을 이용하고 착취하는 존재로 전락하였다. 하나님은 아담의 범죄 후 "네가 네 아내의 말을 듣고 내가 네게 먹지 말라 한 나무의 열매를 먹었은즉 땅은 너로 말미암아 저주를 받고 너는 네 평생에 수고하여야 그 소산을 먹으리라"(창 3:17)고 하셨고, 가인이 범죄 후에는 "땅이 그 입을 벌려 네 손에서부터 네 아우의 피를 받았은즉 네가 땅에서 저주를 받으리니, 네가 밭을 갈아도 땅이 다시는 그 효력을 네게 주지 아니할 것이요, 너는 땅에서 피하며 유리하는 자가 되리라"고 하셨다. 따라서 성경에 의하면 농사는 타락한 인간에게 죄의 결과로 주어진 것이다. 농사에 대하여 긍정적인 표현이 성경에 거의 나오지 않는 이유가 여기에 있다고 이 목사는 주장한다.

성경의 이러한 입장을 어떻게 이해할 것인가? 농신학의 입장에서는 타락한 농인에게 초점을 맞출 것이 아니라 범죄하기 이전, 태초의 농인에게 맞추어야 할 것이다. 타락한 농인의 후예로서의 자신을 반성하고 돌이켜 태초의 농인을 회복하기 위하여 신앙적으로 결단하고 실천해나가는 존재로 자리매김을 해야 한다. 진정한 농인인 예수 그리스도를 통해 먼저 하나님과의 관계를 회복하고 땅과의 올바른 관계, 즉 땅의 생명을 살리고 땅에서 자라는 모든 생명체를 돌보는 관계로 전환되어야 한다. 이를 통해 하나님-인간-자연 생태계와의 관계를 정상화해야 한다. 에덴동산에서의 농사로 돌아가는 것이다.

4. 타락한 농인(農人)의 또 다른 모습 — 형제 살인

하나님의 숨을 받지 못하고 이기적인 존재가 되어 육(肉)을 위해 살게 되고, 영생의 삶을 잃어버리고 죽음을 맞게 된 타락한 농인의 죄악은 후손에게로 세습되었다. 맏아들 가인이 아버지 아담의 농사 일을 계승하였다.

가인의 살인 범죄를 이해하려면 먼저 고려해야 할 사항이 있다. 가인의 부모인 아담과 하와가 범죄한 후 아담이 "그 아내와 동침하매"(창 4:1)라는 말이 나오는데, 그것을 이 목사는 직역하여 "그 남자가 자기의 여자 하와를 알았다"로 해석하면서 소유의 관념이 인간에게 발생했다는 점을 지적한다.[8] 부부관계가 서로의 욕망을 충족시키는 소유욕에 바탕한 관계로 전락한 가운데 태어난 자식이 가인이다. '가인'이라는 낱말의 뜻도 '획득, 소득'이라는 뜻을 가지고 있으며, 이 소유욕이 가인을 통해 인간 전체에게 계승되었다고 본다. 가인은 소유 관념의 첫 생산물이다. 반면 '아벨'의 뜻은 허무이다. 여기에는 아벨이 허무한 육의 욕심을 채우려는 목적으로 살지 않았다는 뜻이 담겨 있다고 이 목사는 보고 있다. 죄를 계승한 가인의 반대편에 부모의 죄를 극복하기 위한 또 다른 아들의 존재가 있었다는 말이다.

가인은 자신의 육적인 욕망을 위해서 흙을 이용하고 심지어는 하나님까지 욕망 충족의 대상으로 삼았기 때문에 그 제물이 하나님께 받아들여질 수 없었다. 반면 아벨은 '양을 먹이는 자', 즉 다른

---

8 선악을 가르는 구분 의식은 '나'와 '너'를 구분하고, 결국 '내 것'과 '네 것'을 가르는 소유욕으로 나아간다.

생명을 기르고 살리는 사람이었으며, 하나님이 기뻐하시는 양의 맏배와 그 기름을 제물로 드렸다. 자기중심적이고 소유욕에 사로잡힌 가인의 제물, 하나님을 기쁘시게 하기 위한 제물, 이 둘 중에 하나님은 아벨의 제물을 받으셨다.9

이로 인해 가인의 분노가 폭발하였다. 자신을 위해서 살아가는 타락한 농인이 자신의 존재감이 짓밟히고 인정받지 못하였을 때 분노가 폭발하였다.10 결국 아벨을 자신의 경쟁자로 보고 그의 존재를 없애버리는 살인 행위를 하였다. 이것은 인간의 삶을 또다시 불행으로 빠뜨린 사건이다. 하나님과의 관계를 파괴한 부모의 죄에 더하여 이웃(형제)과의 관계를 파괴하는 결과를 낳았기 때문이다.

5. 타락한 농인이 걸어간 길 ① — 도시의 건설

가인이 아벨을 죽인 이후 그는 어떤 인생길을 걸어갔는가? 가인의 폭력으로 땅에 피가 흘렀다. 사람의 피를 머금은 땅은 생명력을

---

9 따라서 이 목사는 가인을 농경민의 대표자로 아벨을 유목민의 대표자로 해석하는 것은 잘못이라고 못 박고 있다. 학자 중에는 가인을 농경 문화를 상징하는 존재로, 아벨을 유목 문화를 상징하는 존재로 해석하여 유목 전승을 갖고 있는 이스라엘인들이 가나안에 들어와 농경 문화와 충돌하면서 유목 문화의 우월성을 표현하려는 의도가 있다고 해석하는 경우도 있다.

10 불교에서는 깨달음에 이르지 못하도록 하는 장애물을 3독(毒)으로 인한 번뇌라고 한다. 탐(貪, 탐욕), 진(瞋, 분노), 치(癡, 어리석음)이다. 탐욕은 그칠 줄 모르는 욕망, 자신의 생각대로 되기를 바라는 망상, 남이 자신을 인정해 주기를 바라는 갈구이다. 분노의 바탕은 반항심이다. 자신의 뜻대로 되지 않는 데서 일어나는 반항심, 허망한 자존심에 상처를 받는 데서 일어나는 반항심이다. 어리석음은 자신이 얼마나 탐욕스럽고 매사에 얼마나 화(火)를 잘 내는지 자각하지 못하고, 그 탐욕과 분노의 발생과 소멸에 대해 알지 못하는 것이다.

상실하였다. 소통과 사랑의 관계가 파괴되자 땅도 사람과 소통하며 사람을 섬기고 사랑하는 애초의 고유한 능력을 상실하고 만 것이다. "네가 밭을 갈아도(농사를 지어도) 땅이 다시는 그 효력을 네게 주지 아니할 것이요"(창 4:12). 이 말씀 속에 농사가 왜곡된 까닭이 들어 있다. 그 결과 가인은 땅을 떠나게 되었다. "너는 땅에서 피하여 유리하는 자가 되리라"(창 4:12). 땅에 삶을 맡기지 못하고 이리저리 방랑하는 신세가 된 것이다. 자기의 땅에서 소외된 인간의 슬픈 모습이다.

가인은 하나님을 떠나고 땅으로부터 버림받는 길로 나아갔다. "가인이 여호와 앞을 떠나서 에덴 동쪽 놋땅에 거주하더니 아내와 동침하매 그가 임신하여 에녹을 낳은지라 가인이 성을 쌓고 그의 아들의 이름으로 성을 이름하여 에녹이라 하니라"(창 4:16-17). 결국 가인은 자신의 가족을 스스로의 힘으로 보호하기 위해 성城을 쌓았다. 이것이 인간이 세운 첫 번째 도시이다.

도시의 기원에 대한 이 성경 말씀의 뜻은 어디에 있는 것인가? 도시의 건설이 인간의 죄성罪性과 긴밀한 관계 속에서 이루어졌다는 말이다. 첫째는 아벨을 살해한 범죄요, 둘째는 죽임을 면하게 해 주시겠다고 하신 하나님의 말씀(창 4:15)을 어기고 자기 스스로 죽임을 면하기 위해 성을 쌓은 불순종이다. 하나님, 이웃, 땅, 세 관계가 파괴된 후 자구책으로 세운 것이 도시이며, 도시 문명이다. 따라서 도시는 인간 중심적일 수밖에 없으며, 자기 욕망 충족적일 수밖에 없는 속성을 지니게 되었다. 그 목적을 달성하기 위해 폭력을 일삼게 되어 전쟁이 끊이지 않게 되었다.

이후 도시 문명은 어떤 길을 걸어왔는가? 세속 역사에서는 도시 문명이 농업 혁명 이후에 발생한 것으로 말하고 있다. 약 1만 년부터 시작된 농업 혁명은 사람의 생활 양식을 서서히 변화시켜 이전의 떠돌이 생활에서 한 곳에 거주하는 정착 생활을 할 수 있도록 만들었다. 농업 혁명 초기의 인류는 농업을 통하여 식량을 비롯한 삶의 조건이 향상되어 좀 더 안정된 삶을 누리기를 바랐다. 그러나 식량 생산이 점차 증가함에 따라 집단 거주자의 숫자도 증가하였고, 인구가 증가하면서 종교적으로 그들을 다스리는 제사장이 나왔으며, 이후 통치자가 등장하였다. 통치자들에 의한 권력의 출현은 사람들의 삶에 질곡이 되었다. 이영재 목사는 이 통치자들을 타락한 농인으로 본다. 타락한 농인 중에 힘 있는 사람이 나와 성을 쌓고, 생산물을 독점하면서 지배 계급을 형성하였으며, 체제를 유지하기 위해 일반 농부들은 노예로 부렸다. 세금, 군역, 부역 등을 통해 억압과 수탈을 일삼았다. 또한 끊임없이 발생하는 전쟁으로 인해 사람들의 생활은 고난 그 자체였다. 전쟁에서 승리하면 영토를 빼앗고, 재물을 약탈했으며, 패전국의 사람들은 모든 것을 잃고 노예가 되었다.

집단과 사회의 규모가 커지고 도시국가로 성장하면서 왕권 체제가 수립되었다. 이것은 전 지구적인 현상이다. 인류가 민주적인 체제를 갖추고 백성이 나라의 주인으로 행세하기 시작한 것은 불과 200년 안팎이다. 아직도 군주제를 취하고 있는 나라들이 있으며, 독재 권력이 지배하는 나라들도 많다. 오늘도 여전히 대도시를 중심으로 하는 국가주의 체제가 세계를 지배하고 있다. 그러나 세계는 이미 경제 교류와 생태계와의 관계에서 국경이 무너지고 있다. 이 국가주의의 한계 속에서 인류는 여전히 불안한 삶을 살고 있다. 양차兩次 세계대전, 수많은 국지전, 오늘도 겪고 있는 러시아와 우크라이나의 전쟁 등 도시 문명과 그에 기반한 국가주의 체제에 대한 근본적인 물음을 던지지 않으면 안 되는 시대에 우리는 살고 있다. 이영재 목사는 성경의 도시 문명에 대한 기술을 통해 오늘의 도시 문명에 대한 날카로운 비판을 가하고 있다.

6. 타락한 농인(農人)이 걸어간 길 ② ― 육식과 무기 생산

도시가 건설되면서 인류사회에 새롭게 들어온 것들이 있다. 육식과 쾌락 문화와 무기 생산이다. 가인의 5대손인 라멕에 대한 성경의 기록을 보자. "라멕이 두 아내를 맞이하였으니 하나의 이름은 아다요 하나의 이름은 씰라였더라. 아다는 야발을 낳았으니 그는 장막에 거주하며 가축을 치는 자의 조상이 되었고, 그의 아우의 이름은 유발이니 그는 수금과 퉁소를 잡는 모든 자의 조상이 되었으며, 씰라는 두발가인을 낳았으니 그는 구리와 쇠로 여러 가지 기구를 만드는 자요 두발가인의 누이는 나아마였더라"(창 4:19-22).

라멕의 아들 야발은 성 밖에서 가축을 쳤는데 그 가축은 성안의 지배계층에게 고기를 공급하기 위한 것이었다. 권력자는 성을 다스리는 관료들, 치안과 안보를 위한 군인들을 양성하였다. 이들은 농업 혁명을 겪으면서 농인으로서의 인간 본연의 역할과 소명에서 완전히 일탈한 계층이다. 그들은 체제 유지와 강화를 위해 그리고 쾌락을 위한 수단(수금과 퉁소)과 식도락을 위한 음식이 필요하였다. 그 대표적인 음식이 바로 고기이다. 가인의 6대손인 야발이 바로 그 역할을 담당하였다. 이영재 목사는 "'가축을 치는 자'란 히브리어로 '미크네'인데 이것은 '획득하다'라는 동사에서 파생된 것으로 가축이나 재산을 가리키는 용어이다. 축산을 하면서 소유 개념이 더 발달하였다"고 말한다.

인간을 창조하신 하나님은 태초에는 육식을 주지 않으셨다. "하나님이 이르시되 내가 온 지면의 씨 맺는 모든 채소와 씨 가진 열매 맺는 모든 나무를 너희에게 주노니 너희의 먹을거리가 되리라"(창 1:29). 에덴동산 안에 있는 각종 나무의 열매들이 주식이었다. "여호와 하나님이 그 땅에서 보기에 아름답고 먹기에 좋은 나무가 나게 하시니"(창 2:9)라고 하셨고, 땅을 갈게 된 후에도 곡식과 채소를 먹도록 하셨다. "땅이 네게 가시덤불과 엉겅퀴를 낼 것이라 네가 먹을 것은 밭의 채소인즉"(창 3:18)이라고 말씀하셨다.

그러나 아담과 가인의 타락 이후 도시 문명의 건설과 함께 육식이 인간 식생활 속에 들어오게 되었다. 축산은 이처럼 도시 문명의 발달과 관련이 깊다. 고기는 인간이 본성적으로 좋아하는 음식인데, 그것은 살생의 본성과 맞닿아 있다. "나의 상처로 말미암아 내가 사람을 죽였고, 나의 상함을 말미암아 소년을 죽였도다. 가인을 위하여는 벌이 칠 배 일진대 라멕을 위하여는 벌이 칠십칠 배 이르리로다 하였더라"(창 4:23-24). 도시는 상처를 입히고 죽이는 살생의 장소가 되었다. 도시, 육식, 전쟁, 폭력, 살생은 서로 연결되어 있는 것이다. 따라서 참된 농인은 육식을 금해야 맞다. 불교에서 살생을 금하고 있고 육식을 권장하지 않는 것은 바로 살생의 본성으로부터 벗어나는 것이 중요하기 때문이다.[11] 육식동물의 경우 장(腸)의 길이가 짧고,

---

11 불교의 경우 승려와 재가신도들이 지켜야 할 오계(五戒)가 있는데, 그 오계의 첫 번째가

성질이 급하고 사나우며, 공격적이고 포악하다. 사람 역시 육식을 좋아하고, 많이 하면 그런 성질이 강화된다. 따라서 육식은 인간 자신의 평화로운 영성을 위해서도 삼가는 것이 좋다. 하나님에게 가까이 나아가고자 하는 사람은 육식을 금해야 하는 것이다. 성경은 영양학을 말하는 책이 아니다.

이영재 목사는 더 나아가 고기를 생산하는 축산업에 대하여 가혹한 비판을 가하고 있다. "축산업은 죄다"라고 주장한다. 이 선언은 현대인들이 선뜻 납득하기 어려운 말이다. 도시 생활과 육식에 익숙하고, 과학적 사고방식으로 훈련받으며 국가주의 체제 안에서 성장한 현대인들이 도시 문명과 육식 생활에 대한 비판을 받아들이기란 쉽지 않을 것이다. 그러나 깊이 생각할 점이 있다. 육식을 당연시하고 오히려 영양 관리와 건강 유지에 필요하다고 권장하는 것이 정말 성경적으로, 신앙적으로 맞는 것인가, 축산업을 농민들의 생계 및 이익 추구와 관련하여 경제 중심적 관점에서 보는 것이 과연 성경적으로 맞는 것인가 돌아볼 필요가 있다.[12] 도시의 건설이 인간의 죄성과 관계가 깊고, 도시 생활 속에서 타락한 농인들에 의해 이루어진 육식 생활 역시 인간의 죄성과 관련이 깊을 수밖에 없다. 육식은 인간 본성 속에 내재하고 있는 폭력성(살생)과 관계 있으며, 따라서 하나님의 자녀들이 영적으로 거룩한 생활을 영위하는 데 장애가 된다는 점을 깊이 성찰할 필요가 있는 것이다. 따라서 축산에 대한 이영재 목사의 선언을 오늘의 사회 상황과

바로 "생명을 죽이지 말라(不殺生)"는 불살생계(不殺生戒)이다. 이 계는 다른 생명 전체에 대한 비폭력(ahimsa) 선언이다.
12 오늘날 종교를 떠나서 채식주의자들이 증가하고 있는 이유가 어디에 있는 것인가?

현실적인 이해관계에 비추어 부정적으로 평가하는 것은 성서신학적 견해를 밝히는 일에 도움이 되지 못한다. 이 목사도 오늘날 대규모화된 상업적, 기업적 축산에 대한 비판에 초점이 있는 것 같다. 농가에서 몇 마리 길러서 생활에 보탬이 되도록 하는 것까지 문제 삼는 것은 아니다.

다음과 같이 쉽게 이해해보자. 즉, "네 이웃을 네 자신과 같이 사랑하라", "네 부모를 공경하라"는 말씀을 지당하게 받아들이지만 실천하지 못하고 사는 것처럼, 그래서 '말씀대로 살아야지' 하고 반성하면서 마음을 다지는 것처럼 육식과 축산을 금하는 것이 하나님이 뜻이지만 그렇게 실천하며 살지 못하는 나 자신의 모습을 반성하면서 그 말씀을 받아들이고, '가능하면 육식과 축산을 절제하고 금하면서 살아야겠구나' 생각하면서 살아가면 되는 것 아닐까?

다음, 라멕의 또 다른 아들 두발가인은 대장장이가 되어 각종 연장과 무기를 만들었다. 연장은 농사일을 효율적으로 하여 증산에 도움이 되었을 것이고, 무기는 치안과 전쟁에 쓰이는 도구였다. 식량 증산은 지배 체제를 더욱 공고히 해 주었고, 전쟁의 승리는 부를 축적하고 통치력을 넓히고 강화하는 또 다른 방법이었다. 전쟁은 살생의 행위이다. 가인의 분노로 인한 범죄가 전쟁을 통하여 확대 재생산되었다.

인간의 역사는 전쟁과 폭력의 역사라 해도 과언이 아니다. 죽고 죽이고, 빼앗고 빼앗기는 역사의 반복이었다. 그 원인의 밑바닥에 타락한 농인農人 통치자 및 지배 권력의 탐욕과 분노와 소유욕이 자리하고 있다. 그 역사는 최근까지 이어졌고, 현재도 진행 중이다. 우리나라 역시 과거 수많은 전쟁을 치렀고, 가장 참혹한 6.25전쟁까지 겪었다. 이런 경험을 하면서도 어찌하여 인간은 도시 문명과 전쟁 그리고 각종 폭력에 대하여 별 문제의식 없이 살아오고 있는 것인가? 치안과 안보를 정치 지도자에게 위임한 채 그들이 벌이는 전쟁과 폭력에는 눈감아오고 있지 않는가? 언제까지 이 도시 문명 중심의 국가주의의 볼모가 되어 전쟁과 폭력을 용인하면서 살 것인가? 근본적인 질문을 던지지 않을 수 없다.[13]

7. 타락한 농인(農人)이 걸어간 길 ③ — 도시 문명의 확산

가인이 세운 도시는 빠른 속도로 확산되었다. "당시에 땅에는 네피림이 있었고 그 후에도 하나님의 아들들이 사람의 딸들에게로 들어와 자식을 낳았으니 그들은 용사라 고대에 명성이 있는 사람들이었더라"(창 6:4). 거인족들과 수많은 용사가 태어나 도시 문명의 지배자들이 되었다. 지면에는 점차 악이 번성하였다. "그때에 온 땅이 하나님 앞에 부패하여 포악함이 땅에 가득한지라. 하나님이 보신즉 땅이 부패하였으니 이는 땅에서 모든 혈육 있는 자의 행위가 부패함이었더라. 하나님이 노아에게 이르시되 모든 혈육 있는 자의 포악함이 땅에 가득하므로 그 끝 날이 내 앞에 이르렀으니 내가 그들을 땅과 함께

---

13 "무력을 쓰면 반드시 그 대가가 돌아오게 마련이어서 군사가 주둔하던 곳엔 가시엉겅퀴가 자라나고, 큰 전쟁 뒤에는 반드시 흉년이 따른다"(其事好還 師之所處 莉棘生焉 大軍之後 必有凶年. 노자, 『도덕경』, 30장). "무기는 상서롭지 못한 것으로 군자가 쓸 도구가 아니다. 어쩔 수 없어서 쓸 때에는 염담(노예로 삼겠다든지, 영토를 빼앗겠다든지 하는 욕심 없이 하는 것이)이 상책이다. 이기는 것이 좋은 일이 아니건만 이를 좋아하는 것은 사람 죽이기를 즐기는 것이라"(兵者 不祥之器 非君子之器. 不得已而用之 恬淡爲上 勝而不美 而美之者 是樂殺人. 노자, 『도덕경』, 31장).

멸하리라"(창 6:11-13). 도시의 번성은 죄악의 관영이었고, 그것은 땅의 부패로 이어졌다. 포악함은 폭력적 심리를 말한다. 결국 노아 시대에 와서 도시 문명은 하나님의 홍수 심판을 받고 멸망하였다.

그러나 노아의 둘째 아들 함에 의해 도시는 다시 창궐하게 되었다. 창세기 10장 6-14절은 함의 자손에서 니므롯이라는 용사가 출현하였고, 이후 함의 자손들이 애굽, 앗시리아, 바벨론 같은 제국들을 건설하여 온 땅을 도시국가들이 뒤덮게 되었다고 말하고 있다. 결국 그들은 바벨탑을 건설하였으며, 하나님의 언어 혼잡 심판[14]으로 흩어지고 말았다.

8. 술 문화의 시작

인간의 역사는 술과 함께 이루어졌다고 해도 지나치지 않다. 술은 언제 생겼는가? 성경에 의하면 노아가 술을 담아 먹은 첫 번째 사람이다. "노아가 농사를 시작하여 포도나무를 심었더니 포도주를 마시고 취하여 그 장막 안에서 벌거벗은지라"(창 9:20-21). 노아는 본래 당대에 의롭고 흠이 없는 사람이었고, 하나님과 동행하는 사람이었다(창 6:9). 그래서 하나님의 선택을 받아 심판을 면하고 새 역사를 여는 첫 사람이 되었다. 그 노아가 점차 변하였다. 이영재 목사는 '농사를 시작하다'라는 히브리어 원어 '와약할 ~이쉬 하아다마'의 뜻이 '세상의 일상생활로 돌아가다'라는 뜻이라고 해석하면서 노아가 늙어가면서 점차 의인됨을 상실하고 조금씩 세속적인 사람

---

14 이 심판은 예수 부활 승천 후 오순절 다락방의 성령 강림 사건으로 회복되었다고 말한다.

으로 변했다고 말한다.[15] '흙의 사람'이 된 것이다. "노아는 영성이 쇠락하면서 흙을 살리는 생명의 농부가 아니라 흙을 착취하여 자신의 욕망을 채우는 타락한 농인이 되고 말았다." 노아에게 허락된 육식과 그가 생산한 포도주는 잘 아울리는 식품이었다. 그는 술에 취해 장막 안에서 벌거벗는 주사酒邪를 부렸다.

III. 농의 눈으로 보는 족장사

이영재 목사는 족장사의 시작인 12장 1절 "여호와께서 아브람에게 이르시되 너는 너의 고향과 친척과 아버지의 집을 떠나 내가 네게 보여 줄 땅으로 가라"는 말씀을 아브라함에 대한 귀농의 명령으로 이해한다. 아버지 데라가 메소포타미아의 대표적인 도시 우르(Ur)를 떠나 중소도시인 하란(Haran)으로 이주하여 그곳에서 죽은 후, 아브라함은 조카 롯을 데리고 하나님이 명하시는 땅 곧 가나안으로 귀농하였다(창 12:5). 그러나 가나안 땅은 이미 다른 족속들에 의해 선점되어 있었다. 그들은 도시국가의 주민들이었다. 세겜을 떠나 벧엘로 갔으나 거기도 머물 곳이 없었다. 귀농하려면 그곳 도시국가의 농민이 되는 수밖에 없었다. 아브라함은 그렇게 할 수 없으므로 남쪽으로 내려갔으나 네겝 사막도 아말렉 족속에게 점령되어 있었

---

15 필자는 "농사를 시작하였다"는 말을 땅과의 관계를 회복한 사건으로 보았었다. 의인이었던 노아가 홍수 심판 후 하나님의 역사를 새롭게 열어가면서 땅으로부터 저주받은 가인의 잘못을 포도 농사를 통해 회복한 것으로 해석했던 것이다. 그것은 성서신학적인 것은 아니었고 문맥에 의한 필자 임의의 해석이었다.

고, 가뭄이 극심하여 마침내 양식을 구하려 애굽으로 내려갔다. 그러나 애굽 도시에서 아내 사라로 인해 겪은 폭력적 사건으로 다시 네겝으로 올라와 벧엘과 아이 사이, 처음 장막 쳤던 곳에 와서 하나님께 제단을 쌓았다(창 13:2-4).

이후 아브라함과 롯의 가축이 불어나자 목동들 간에 우물 문제로 종종 분란이 일어나자 헤어지기로 하였다. 롯은 물질의 풍요를 좇아 소돔성으로 들어갔다. "이에 롯이 눈을 들어 요단 지역을 바라본즉 소알까지 온 땅에 물이 넉넉하니 여호와께서 소돔과 고모라를 멸하시기 전이었으므로 여호와의 동산 같고 애굽 땅과 같았더라"(창 13:10). 롯이 보기에는 소돔과 고모라 성읍과 그 주변이 여호와의 동산 같고 애굽 땅과 같았다. 물질적 풍요에 대한 그의 욕망이 눈을 가렸다. 도시 문명 속으로 흡수되고 말았다. 그러나 아브라함은 그대로 남았다. 하나님은 아브라함에게 "내가 너에게 모든 땅을 줄 것인데 자손 대대로 그 땅에 살 것이다"라고 약속하셨다. 물론 이 땅 약속은 당대에 이루어지지 않고 여호수아 시대와 다윗왕국 시대에 성취되었다. 미래에 대한 땅 약속을 믿고 말씀에 순종하여 꿋꿋하게 지켜나간 아브라함의 삶과 신앙이 참된 농인의 모습이다. 롯은 재물이 약탈당하고 포로로 잡혀갔다가 아브라함에 의해 구출되는 사건을 겪은 후에도 다시 소돔성으로 들어가 살다가 후에 불 심판을 당하여 패망의 길을 걸었다. 물질 생활이 풍요로운 도시 생활을 맛본 롯은 그 삶을 벗어나지 못했다. 롯은 도시를 좋아하는 인간의 본성을 보여 주는 상징적인 존재가 아닌가 싶다. 도시로 이농한 롯과 그의 말로末路 그리고 도시 밖에서 귀농의 삶을 이어가면서 하나님의 말씀을 중심에 두고 살아간 아브라함과 이후 받은 축복, 이 두 사람이 걸어간 인생 역정은 오늘 우리에게 커다란 교훈을 주고 있다.

아브라함은 인생 행로에서 여러 고난을 겪었다. 애굽에 내려가 살 때에는 바로 왕에게 아내 사라를 빼앗기며 죽을 위험에 처했으며, 롯이 멸망한 후 그랄도성에 들어갔을 때도 또 사라가 폭행당할 위험에 처하기도 하였다. 이삭도 기근이 왔을 때 그랄도성에 들어갔다가 추방당하는 봉변을 당하였다. 그가 도성 밖에서 씨를 뿌리고 농사를 지어 많은 수확을 거두어 부자가 되었으나(창 26:12) 블레셋 아말렉 왕과 도성 주민들에 의해 쫓겨난 것이다. 우물을 다 빼앗기고 마침내 아버지 아브라함이 정주하던 주변부 브엘세바로 밀려나고 말았다. 야곱의 인생은 어땠나? 그는 외삼촌 라반의 집에 살면서 고생하여 모은 재산을 형 에서에게 거의 다 빼앗기고 세겜성 외곽지대에 살면서 가축을 길러 세겜성에 공급하였다. 그러나 딸 디나가 세겜성에서 강간당하는 사건을 겪으면서 축산을 중단하였다. 이처럼 도시의 폭력 체제는 하나님의 선택된 자녀들인 농인이 살기에는 부적합한 곳이었다.

IV. 도시 문명체제로부터의 탈출 — 출애굽

아브라함과 이삭과 야곱의 가족은 히브리인(하비루)이었다. 히브리인은 어떤 종족에 대한 명칭이 아니라 양식을 찾아 떠돌아다니는 사람들을 일컫는 말이었다.[16] 이들은 이집트에도 많이 살고 있었으며, 이스라엘도 히브리인이었다. 요셉 이후 인구가 증가하면서 번성

하던 히브리인은 후에 노예 노동자로 전락하였다.[17]

　야훼는 주변 도시국가들과 달리 지배자들의 신이 아니라 그들에 의해 억압과 수탈을 당하는 노예들의 신이었다. 야훼는 도시국가 체제하에서 노예 노동에 시달리는 하비루들을 해방시키기 위해 모세를 불러 지도자로 세웠다. 바로 왕은 노예를 절대 놓아주지 않으려고 하였다. 당시는 노예제에 바탕한 왕권 체제였다. 그만한 노동력을 잃는 것은 국가 유지에 커다란 손실이었다. 하나님은 여러 재난을 겪게 하심으로 마침내 애굽에서 탈출할 수 있도록 섭리하셨다.

　애굽의 농업은 나일강의 물을 인위적으로 끌어들여 이용할 수 있는 도구를 만들어 생산력이 크게 증대하였다. 그 모든 노동은 노예들이 담당하였다. 생산력의 증대로 왕권은 강화되었다. 요셉 시대에는 가뭄이 장기간 지속되었을 때 백성들의 토지를 국가가 사들이고, 백성들은 농업노동자로 전락하였다. 긴 문장이지만 너무 사실적으로 묘사되어 있어서 인용해본다.

　기근이 더욱 심하여 사방에 먹을 것이 없고 애굽 땅과 가나안 땅이 기근으로 황폐하니 요셉이 곡식을 팔아 애굽 땅과 가나안 땅에 있는 돈을 모두 거두어들이고 그 돈을 바로의 궁으로 가져가니 애굽 땅과 가나안 땅에 돈이 떨어진지라. 애굽 백성이 다 요셉에게 와서 이르되 돈이 떨어졌사

---

16 이들은 하비루(애굽의 토판 문서에는 아피루)라고 불렸으며, 양식을 얻기 위해서는 노동, 용병 등 어떠한 일이라도 하는 하층민들이었다.

17 학자 중에는 애굽이 힉소스족의 침략으로 점령당해 있을 때였기 때문에 요셉이 출세할 수 있었다고 한다. 같은 셈족이었기 때문이다. 그러나 이후 힉소스족이 애굽인들에 의해 밀려난 후 이스라엘이 탄압받게 되었다고 한다.

오니 우리에게 먹을거리를 주소서 어찌 주 앞에서 죽으리이까. 요셉이 이르되 너희의 가축을 내라 돈이 떨어졌은즉 내가 너희의 가축과 바꾸어 주리라. 그들이 그들의 가축을 요셉에게 끌어오는지라. 요셉이 그 말과 양 떼와 소 떼와 나귀를 받고 그들에게 먹을 것을 주되 곧 그 모든 가축과 바꾸어서 그해 동안에 먹을 것을 그들에게 주니라. 그 해가 다 가고 새해 가 되매 무리가 요셉에게 와서 그에게 말하되 우리가 주께 숨기지 아니하 나이다. 우리의 돈이 다하였고 우리의 가축 떼가 주께로 돌아갔사오니 주께 낼 것이 아무것도 남지 아니하고 우리의 몸과 토지뿐이라. 우리가 어찌 우리의 토지와 함께 주의 목전에 죽으리이까. 우리 몸과 우리 토지 를 먹을 것을 주고 사소서. 우리가 토지와 함께 바로의 종이 되리니 우리 에게 종자를 주시면 우리가 살고 죽지 아니하며 토지도 황폐하게 되지 아니하리이다. 그러므로 요셉이 애굽의 모든 토지를 다 사서 바로에게 바치니 애굽의 모든 사람들이 기근에 시달려 각기 토지를 팔았음이라 땅이 바로의 소유가 되니라(창 47:13-20).

도시 중심의 왕권 체제하에서 백성들은 땅을 빼앗기고, 종이 되어 농업노동자로 힘겨운 삶을 살았다. 비돔과 람셋은 거대한 식량 저장고였다. 통치자들은 식량의 독과점 체제를 통해 권력을 강화하였다. 이것은 왕권 체제의 폭력성이 아니고서는 불가능한 일이다. 하나님이 선택하신 히브리인들은 바로 이 체제하에서 노예 들이었다.

애굽을 탈출한 히브리인들은 광야에서 40년간의 훈련을 통해 노예 의식을 버리고 야훼 신앙을 고백하는 새로운 공동체로 변화되 었다. 시내산에서 십계명을 받았고, 이후 야훼가 주시는 여러 명령을 충실히 지키는 계약 공동체로 거듭났다. 중요한 내용은 희년법과 안식년이었다. "토지를 영구히 팔지 말 것은 토지는 다 내 것임이니라 너희는 거류민이요 동거하는 자로서 나와 함께 있느니라"(레 25:23). 애굽은 왕토 사상 중심의 농업국가였다. 이제 이스라엘 백성이 새로운 땅에 들어가서 실천해야 할 것은 땅이 왕의 것이 아니라 하나님의 소유라는 점과 노비를 비롯한 모든 사람이 안식일에 휴식을 취하고, 안식년에는 땅이 휴식하며, 희년에는 토지를 무르며 노비들을 해방시키는 것이었다. 이런 제도는 주변 어느 나라에도 없는 혁명적인 것이었다. 인간 중심적인 도시국가, 폭력에 의해 뒷받침되는 왕권 체제, 토지는 왕의 것이라는 왕토 사상, 그 체제를 떠받쳐주는 노예제도, 그 체제를 뒷받침해 주는 신神 등 이 모든 것들을 뿌리부터 부정하는 출애굽 공동체야말로 하나님의 나라의 예표였다.

가나안 땅에는 도성이 서른한 개가 있었다(수 12:33). 이 도성들을 차례로 무너뜨리는 이야기가 여호수아서에 기록되어 있다. 여리고성과 아이성 파괴가 대표적이다. 서른한 곳의 도성을 모두 진멸하였다. 새로 변화된 출애굽 계약 공동체가 이 과업을 수행하였다. 이 가나안 정복 이야기는 하나님의 거룩한 전쟁이다. 여리고는 당시 가나안의 대표적인 도성으로 농업 혁명이 여기에서 시작되었다. 여리고를 함락시킨 것은 농업 혁명으로 발생한 삶의 행태를 부정하는 것이다. 농민을 억압하고 수탈하는 세상의 질서를 부정하고 새로운 사회적 삶을 추구하는 행진이다. 이것은 실제로 발생한 사건이라기보다 말씀의 전쟁을 나타내는 것이다.

V. 하나님이 주시는 좋은 땅 — 젖과 꿀이 흐르는 땅

농신학의 입장에서 하나님이 주시는 좋은 땅은 어떤 곳인가? 그것은 하나님께서 주시는, 출애굽하여 들어가서 살게 될 가나안 땅이다. 흔히 그 땅을 일러 '젖과 꿀이 흐르는 땅', '아름다운 땅'이라고 한다. "그러므로 너희는 내가 오늘 너희에게 명하는 모든 명령을 지키라 그리하면 너희가 강성할 것이요 너희가 건너가 차지할 땅에 들어가서 그것을 차지할 것이며, 또 여호와께서 너희의 조상들에게 맹세하여 그들과 그들의 후손에게 주리라고 하신 땅 곧 젖과 꿀이 흐르는땅에서 너희의 날이 장구하리라"(신 11:8-9). 하나님의 명령을 잘 지키고 순종하며 살면 그 좋은 땅을 차지하게 될 것이라고 말하고 있다.

또한 그 땅은 "네 하나님 여호와께서 너를 아름다운땅에 이르게 하시나니 그곳은 골짜기든지 산지든지 시내와 분천과 샘이 흐르고, 밀과 보리의 소산지요 포도와 무화과와 석류와 감람나무와 꿀의 소산지라. 네가 먹을 것에 모자람이 없고 네게 아무 부족함이 없는 땅이며, 그 땅의 돌은 철이요, 산에서는 동을 캘 것이라. 네가 먹어서 배부르고 네 하나님 여호와께서 옥토를 네게 주셨음으로 말미암아 그를 찬송하리라"(신 8:7-10).

그러면 그 좋은 땅은 어떤 성격의 땅인가? "네가 들어가 차지하려 하는 땅은 네가 나온 애굽 땅과 같지 아니하니, 거기에서는 너희가 파종한 후에 발로 물 대기를 채소밭에 댐과 같이 하였거니와 너희가 건너가서 차지할 땅은 산과 골짜기가 있어서 하늘에서 내리는 비를 흡수하는 땅이요, 네 하나님 여호와께서 돌보아 주시는 땅이라. 연초부터 연말까지 네 하나님 여호와의 눈이 항상 그 위에 있느니라. 내가 오늘 너희에게 명하는 내 명령을 너희가 만일 청종하고 너희의 하나님 여호와를 사랑하여 마음을 다하고 뜻을 다하여 섬기면, 여호와께서 너희의 땅에 이른 비, 늦은 비를 적당한 때에 내리시리니 너희가 곡식과 포도주와 기름을 얻을 것이요, 또 가축을 위하여 들에 풀이 나게 하시리니 네가 먹고 배부를 것이라"(신 11: 12-15).

젖과 꿀이 흐르는 땅은 애굽의 땅과 근본적으로 다르다. 애굽의 땅은 인위적인 관개시설을 갖추어 사람이 발로 물 대기를 하지만, 가나안 땅은 하늘에서 내리는 비를 흡수하는 땅이다. 즉, 하나님이 내려주시는 빗물로 농사짓는 땅이다. 오늘날로 말하면 천수전답이다. 인위人為의 그 어떤 수단도 허락되지 않는, 온전히 하나님의 능력만을 의지하는 농사이다. 땅의 생산력은 농업 기술에 있는 것이 아니라 그 땅에서 농사짓는 사람이 얼마나 하나님의 말씀을 잘 지키며 사느냐에 달려 있는 것이다. 이와 같이 신명기 저자는 문명의 기술 농업 없이 농사지을 수 있는 땅을 좋은 땅이라고 평가하고 있다. 인위의 농사를 멀리하고 하나님의 말씀을 따라 사는 농인農人이 농사짓는 땅이 진정 좋은 땅인 것이다. 땅과 인간과 하나님(道)과의 관계가 어떠해야 되는지에 대하여 근본적인 통찰을 보여 주고 있다. 이 말은 『장자莊子』, 「외편」에 나오는 말과 상통하는 뜻을 담고 있다.[18]

---

18 『장자』(莊子), 「외편」(外篇)의 천지(天地)에 다음과 같은 내용이 있다. 자공(子貢, 공자의 제자)이 남쪽의 초(楚)나라를 유람하다 진(晉)나라로 가는 길에 한수(漢水) 남쪽을 지나다가 밭에서 일하는 노인을 보았다. 땅을 파서 길을 뚫고 우물에 들어가서 물동이를 안고 나와 밭에 물을 주고 있었다. 힘들게 일하고 있었으나 효과가 별로 없었다. 자공이 말했다. "여기 기계가 있는데 하루에 백 이랑에 물을 줄 수가 있습니다. 힘을 적게 들이

좋은 땅에서 오래 행복하게 살아가려면 어떻게 해야 할까? "네가 먹어서 배부르고 아름다운 집을 짓고 거주하게 되며, 또 네 소와 양이 번성하며 네 은금이 증식되며 네 소유가 다 풍부하게 될 때에 네 마음이 교만하여 네 하나님 여호와를 잊어버릴까 염려하노라"(신 8:12-14 상반절).

오늘날 농사짓기 좋은 땅은 생산력이 높은 땅이다. 농사짓는 사람들은 화학 농업, 기계 농업으로 땅을 착취하여 생산력을 최대로 높여 돈을 벌려고 한다. 상업적인 목적으로 농사짓는다. 그렇게 해서 돈을 벌어 물질과 소유가 풍부해지면 교만해진다. 하나님을 멀리하게 된다. 인간에게 가장 큰 유혹은 풍요로운 세상의 능률과 번영을 숭상하는 우상숭배의 유혹이다. 이스라엘 백성들은 풍요와 번영을 약속해 주는 신神 바알 숭배에서 벗어나지 못하여 결국 멸망하고 말았다. 이 신명기의 말씀은 오늘날 우리에게도 여전히 경종을 울려주는 말씀이다. 따라서 성경이 말하는 좋은 땅은 생산량이 많은 땅이 아니라, 창조주 하나님의 섭리에 모든 것을 맡기고 그 뜻에 따라 모든 생명을 살리고 함께 어울려 생명 공동체를 이루어 살아가기를 소망하는 농인農人들이 사는 땅이다.

고도 그 효과는 매우 큽니다. 노인장께서는 이를 쓰지 않으시렵니까?" 밭일을 하던 노인이 얼굴을 들어 쳐다보며 말했다. "어떻게 하는 거요?" 자공이 대답했다. "나무를 깎아 만든 기계인데 뒤는 무겁고 앞은 가볍습니다. 물을 잡아 올리듯 끌어 올리는데 그 빠르기가 콸콸 넘치듯 합니다. 그 이름을 용두레라고 합니다." 밭일하던 노인이 불끈 낯빛을 붉혔다가 웃으면서 말했다. "내가 우리 스승께 들은 것이지만, 기계가 있으면 반드시 기계로 인해 일이 생기고(機事), 그런 일이 생기면 반드시 효율을 생각하게 되고(機心), 그런 욕심이 마음에 자리를 잡으면 본성을 보전할 수 없게 되고(純白不備), 본성을 보전하지 못하게 되면 생명의 자리를 잃게 되고(神生不定), 생명의 자리를 잃으면 도(道)가 깃들지 못하는 법이오. 내가 (기계를) 몰라서가 아니라 부끄러워서 쓰지 않을 뿐이오."

VI. 왕국 시대의 이스라엘

출애굽 공동체는 200년간의 사사 시대를 지나 왕국 시대로 들어
간다. 평등과 평화의 계약 공동체는 사사 시대 동안 그 정신을
어느 정도 지키고 보전하였다. 위기가 닥치면 사사가 나타나 극복하
곤 하였다. 열두 명의 사사가 나타났다. 그러나 주변 국가들, 특히
블레셋이 철기 문명을 받아들여 점차 강성해지자 이스라엘을 괴롭
히기 시작했다. 언약궤까지 빼앗기는 사건이 발생하였다. 백성들은
왕을 세워달라고 요구했다. 사무엘이 지도자로 있을 때였다. "이스
라엘 모든 장로가 모여 라마에 있는 사무엘에게 나아가서 그에게
이르되 보소서 당신은 늙고 당신의 아들들은 당신의 행위를 따르지
아니하니 모든 나라와 같이 우리에게 왕을 세워 우리를 다스리게 하소서
한지라"(삼상 8:4-5).

하나님은 원치 아니 하셨으나 마지못해 허락하셨다. 사울을
초대 왕으로 세웠다. 이후 다윗이 통일 왕국을 세웠고, 솔로몬
시대에 영화를 누렸으나 그 아들 르호보암 때에 북쪽 지파들이
떨어져 나가므로 남북 왕국으로 분단되었다. 분단 후 계속 서로
티격태격하다가 북 왕국은 앗시리아에 망하고(BC 721년), 남 왕국은
바빌로니아에게 멸망한 후(BC 587년) 포로로 끌려가 70년을 살고,
페르시아 고레스왕에 의해 귀환하였다. 이후 완전한 독립 왕국을
세우지 못하고 내려오다 로마의 식민지가 되고 말았다.

왕국 시대가 되자 이전에 없었던 세금과 부역(토목공사), 군역(전쟁)
이 크게 부과되었다. 왕을 비롯한 지배 계층과 그 체제를 유지하기
위해 백성들은 막대한 희생을 강요당했다. 이것이 남북 분단의

원인으로도 작용했으나 무엇보다도 지배 계층에 의해 사회 정의가 파괴되어 많은 농민이 억압과 착취에 시달렸다. 무엇보다 우상숭배가 근절되지 않았다. 왕국 시대에 예언자들이 등장한 것은 바로 이러한 이유 때문이었다. 우상숭배와 사회 불의는 왕국 체제가 등장하면서 만연하였고, 예언자들은 이를 통렬히 비판하였다.

이영재 목사는 이 시대의 예언자 중 북 왕국에서 활동한 엘리야와 엘리사 두 사람에 대하여 많은 글을 썼다. 두 사람을 다 참된 농인農人으로 묘사하고 있으며, 그들이 왕국을 개혁하기 위해 어떤 노력을 기울였는지에 대하여 설명하고 있다. 생존했다면 다른 예언자들에 대해서도 글을 썼으리라 생각된다. 특히 농민들의 입장에서 활동한 예언자인 아모스, 이사야, 미가 등에 대하여는 살펴볼 점이 많기 때문이다.

농신학적 관점에서 보면 예언자들의 활동과 함께 벧엘과 예루살렘 중심의 남북 왕권 체제가 갖고 있는 반反농민적 체제에 초점을 맞추어 보아야 할 것이다. 사사 시대의 평등했던 지파 동맹 체제가 붕괴되고, 북 왕국의 아합왕 때에는 왕비 이세벨에 의해 왕토 사상이 들어와 농민인 나봇의 땅을 강제로 빼앗고 죽이기까지 하는 폭력적인 사건이 발생하였다. 도시 중심의 국가체제가 갖는 폭력과 불의가 판치고 불평등 불공정한 일들이 만연하였다. 결국 사무엘에게 주신 하나님의 말씀이 그대로 이루어졌다.

사무엘이 왕을 요구하는 백성에게 여호와의 모든 말씀을 말하여 이르되 너희를 다스릴 왕의 제도는 이러하니라. 그가 너희 아들들을 데려다가 그의 병거와 말을 어거하게 하리니, 그들이 그 병거 앞에서 달릴 것이며, 그가 또 너희의 아들들을 천부장과 오십부장을 삼을 것이며, 자기 밭을 갈게 하고, 자기 추수를 하게 할 것이며, 자기 무기와 병거의 장비도 만들게 할 것이며, 그가 또 너희의 딸들을 데려다가 향료 만드는 자와 요리하는 자와 떡 굽는 자로 삼을 것이며, 그가 또 너희의 밭과 포도원과 감람원에서 제일 좋은 것을 가져다가 자기의 신하들에게 줄 것이며, 그가 또 너희의 곡식과 포도원 소산의 십일조를 거두어 자기의 관리와 신하에게 줄 것이며, 그가 또 너희의 노비와 가장 아름다운 소년과 나귀들을 끌어다가 자기 일을 시킬 것이며, 너희의 양 떼의 십분의 일을 거두어 가리니 너희가 그의 종이 될 것이라(삼상 8:10-17).

왕권 체제의 억압과 수탈이 만연하게 될 것과 결국은 백성들이 왕의 종이 될 것이라는 말씀이 그대로 이루어졌다. 도시 중심의 국가 체제는 하나님이 원하시는 것이 아니었다. 이스라엘은 이 왕권 국가 체제로 말미암아 하나님의 구원 역사로부터 일탈하였고, 결국 선택받은 민족으로서의 역할을 수행하는 데에 실패하였다. 적어도 하나님의 나라는 도시 중심의 국가 체제에서는 불가능하다는 결론을 내릴 수 있을 것이다.

VII. 이영재 목사의 예수 이해

이영재 목사는 특별히 기독론에 대하여 글을 쓴 것은 없다. 그의 유고 글 속에서 볼 수 있는 단편적인 글들만 접할 수 있을 뿐이다. 그는 구약성서 창세기의 말씀을 해석하면서 예수와 연관하여 말하였다.

"태초의 인간은 '땅을 갈 사람'으로 지음을 받았는데 이 말은 히브리어로 '흙(아다마)을 섬기는(아바드) 사람'이다. 모든 생명체는 흙이며 따라서 흙은 모든 존재자이다. 그러므로 흙을 섬기는 사람은 모든 생명을 살리는 일꾼이며 타자를 위하여 일하는 사람이다. 이런 일꾼이 있어야 하나님의 창조 작업은 계속될 수 있다. 예수는 전적으로 타자를 위해 사신 분이다. 예수는 창조의 원인간의 삶을 살아내신 것이다. 본회퍼는 예수를 '전적으로 타자를 위해 사신 분'(Being for others)으로 정의하였다."

"예수는 '내가 세상을 이기었노라'고 선언하셨다. 이는 하나님의 창조세계가 예수 그리스도를 통하여 회복되었음을 뜻하는 것이다. 마침내 마지막 날에 하나님은 하늘에서 새로운 도성을 손수 지으셔서 죄악의 도성 예루살렘 대신 새 예루살렘을 내려 주신다. 그때까지 예루살렘의 대안으로 주신 것이 교회이다."

"죄의 올무에 걸린 타락한 농인이 가인의 때부터 저주받은 존재의 불행을 벗어나려면 모든 타자에게 생명을 주시려고 자신을 십자가 위에서 희생하신 예수님을 구주로 믿고 고백하며 사는 길밖에 없다. 이것이 성경이 일관되게 제시하는 진리의 길, 생명의 길이다."

"예수 그리스도는 하나님의 형상이시니 예수를 믿는 성도도 하나님의 형상을 회복하게 된다. 하나님의 형상을 회복한 상태는 창세기 1장의 원인간으로 회복된 것이다"(고후 4:4 하반절).

VIII. 나가는 말

지금까지 이영재 목사의 유고遺稿를 중심으로 그가 주장한 내용들을 간략하게 생각해 보았다. 인간은 태초에 농인農人으로 창조되었다. 아담과 가인, 그 후예들에 의해 타락의 길을 걸어 도시 문명의 건설과 확산 그리고 육식 생활이 인간의 삶 속에 자리 잡았지만, 그것은 하나님이 원하시는 구원의 길이 아니라는 것이 성경의 증언이다. 하나님은 도시 문명에 대하여 경고하셨고, 심판하셨다. 도시 문명의 속성은 폭력과 전쟁, 억압과 수탈, 불평등과 차별, 쾌락 추구와 질병, 우상숭배가 만연한 곳이다. 인간이 하나님의 자리에 앉아 세상을 호령하는 오만과 교만이 하늘을 찌르는 곳이다. 도시 문명이 건설되기 시작하면서 농민들은 지배 계층의 노예로 전락하여 오랜 세월 고난의 삶을 살아왔다. 농은 도시에 속박되어 도시를 먹여 살리는 식량 공급 기지가 되었다. 진정한 구원은 이런 도시 문명을 극복하고 새로운 삶의 양식과 사회체제를 형성하는 데서 이루어져야 한다. 그 구체적인 방안이 무엇인지에 대해서는 지속적인 논의가 필요하고, 운동으로 전개되려면 현실과 너무 동떨어지지 않아야 한다.

먼저 사람들이 '농인農人'으로 회복되어야 한다. 회복된 농인들이 생명의 길을 닦아야 한다. 폭력과 우상숭배와 죽음의 세력과 대결하여 생명을 살리고, 하나님의 정의를 높이 세우며, 평화의 세상을 이루어가야 한다. 모든 차별이 사라지고, 모든 생명이 풀을 뜯으며 평화를 누리는 세상을 만들어가야 한다. 생존에 쫓기어 도시 체제에 예속되어 살아가는 농민들이 많이 있다. 이들이 상업적 농민에서 벗어나 참된 농인으로 변화되어야 한다. 기독교인들부터 농인으로 서의 자기 정체성을 분명히 가져야 한다. 큰 농인이신 예수의 뒤를 따르며 타자를 살리는 작은 농인들이 되어야 할 것이다. 우리가 꿈꾸는 이상사회에 대하여 이사야는 이미 말하였다.[19]

> 그 때에 이리가 어린 양과 함께 살며 표범이 어린 염소와 함께 누우며 송아지와 어린 사자와 살진 짐승이 함께 있어 어린 아이에게 끌리며, 암소와 곰이 함께 먹으며 그것들의 새끼가 함께 엎드리며 사자가 소처럼 풀을 먹을 것이며, 젖 먹는 아이가 독사의 구멍에서 장난하며 젖 뗀 어린 아이가 독사의 굴에 손을 넣을 것이라. 내 거룩한 산 모든 곳에서 해 됨도 없고 상함도 없을 것이니 이는 물이 바다를 덮음 같이 여호와를 아는 지식 이 세상에 충만할 것임이니라(사 11:6-9).

야훼를 아는 지식이 충만한 세상이 오면 생명 세계가 다 함께 어우러져 서로를 보듬고 돌보며 평화롭게 살아갈 수 있다. 이것이 하나님의 나라요 농인들이 바라는 이상향이다.

---

19 동양적인 표현으로는 농인(農人)은 곧 도인(道人)이다. 그리고 도인이 사는 곳이 바로 장자가 말하는 이상향인 무하유지향(無何有之鄕)이다. 그곳은 무위자연(無爲自然)의 도(道)가 행해질 때 도래하는, 생사도 없고, 시비도 없으며, 인위적인 것도 없는 참으로 행복한 곳이다.

글의 출처

3부 _ 엘리야, 엘리사와 농(農)신학

4부 _ 사회적 현안과 농(農)신학